现代交通运输概论

（第二版）

本书编委会　编著

中国铁道出版社有限公司

2 0 2 0年·北　京

内 容 简 介

本书是根据教育部有关普通高等学校高职高专教育文件的通知精神和近年来交通运输部门所使用的新技术、新设备以及现代管理方法编写的，全书共分八章，主要内容包括绪论，公路运输，铁路运输，城市轨道运输，水路运输，民航运输，港口运输，管道运输等。系统、扼要地介绍了我国现代交通运输业的技术和发展。取材丰富，图文并茂，简明扼要，实用性强，兼有专业性和综合性的特点，适用范围较广。

本书适合作为交通运输职业技术学院教材，也可作为普通高校交通运输专业的教材和交通运输企业职工培训教材。

图书在版编目(CIP)数据

现代交通运输概论/《现代交通运输概论》编委会编著.—2版.—北京：中国铁道出版社，2012.3(2020.8重印)

ISBN 978-7-113-14169-1

Ⅰ.①现… Ⅱ.①现… Ⅲ.①交通运输-高等学校-教材 Ⅳ.①U

中国版本图书馆CIP数据核字(2012)第042069号

书　　名：现代交通运输概论(第二版)
作　　者：本书编委会

责任编辑：梁兆煜　　**编辑部电话**：010-51873055　　**电子信箱**：tdysbjb@126.com
封面设计：郑春鹏
责任校对：王　杰
责任印制：高春晓

出版发行：中国铁道出版社有限公司(100054，北京市西城区右安门西街8号)
网　　址：http://www.tdpress.com
印　　刷：三河市宏盛印务有限公司
版　　次：2007年10月第1版　2012年3月第2版　2020年8月第8次印刷
开　　本：787mm×1092mm　1/16　印张：19.75　字数：498千
书　　号：ISBN 978-7-113-14169-1
定　　价：40.00元

本书编委会

主　编　陈维亚　吴庆杰

副主编　李效林　黄　骅

主　审　宾任祥　金友良

编委会成员：

宾任祥　中南大学　教授

周越江　湖南省公路桥梁建设总公司　高级工程师

陈维亚　中南大学交通运输工程学院　博士后　副教授

吴庆杰　黑龙江交通职业技术学院　副教授

金友良　中南大学　副教授

熊安春　中国铁道出版社铁道分社副社长

安银发　中国铁道出版社成都发行部主任

李效林　武汉捷讯信息技术有限公司

黄　骅　湖南铁路科技职业技术学院　讲师

廖　弘　广州铁路集团公司党校　副教授

过　莉　广州铁路集团公司党校　副教授

胡朝晖　广州铁路集团公司党校　讲师

蒲　巍　武汉铁路局武汉桥工段

黄孚嘉　湖南中大设计院有限公司

前　言

现代交通运输体系由公路、铁路、城市轨道、水路、民航、港口、管道等七种运输方式组成。交通运输是我国重要的基础设施，是国民经济的大动脉和大众化交通工具，为社会主义建设和市场经济的持续发展发挥了重要作用。改革开放以来，特别是20世纪90年代以来，我国交通运输各行业都取得了突破性进展，在适应市场经济发展等方面取得了显著的成绩，交通运输各行业的建设都获得了前所未有的发展。随着科学技术的不断发展，运输技术设备有了长足的进步。特别是高速铁路的建成和运营，试验运营最高时速达480多公里，目前运营速度每小时300公里，这标志我国交通运输业跨入了世界先进行列。

21世纪头20年，对我国来说，是大有作为的重要战略机遇期，也是交通运输发展的一个重要战略机遇期。交通运输各行业必须抓住这个机遇，更好地承担起当好先行的历史使命，适应全面建设小康社会的要求。在这一发展过程中，交通运输各行业将实现技术装备和管理现代化。

《现代交通运输概论》是根据教育部高教〔2004〕3号文件《普通高等学校高职高专教育指导性专业目录(试行)》的通知精神和我国交通运输各行业目前运输组织、设备的实际情况编著的。书中简要介绍了交通运输各行业的发展情况，详细阐述了各行业先进的技术装备及发展趋势和现代运营管理信息系统等内容。全书分八章，包括绪论、公路运输、铁路运输、城市轨道运输、水路运输、民航运输、港口运输、管道运输等。

本书在编著时，力求文字简明扼要、通俗易懂；结合各运输行业的实际，突出现代技术装备、现代企业管理；努力做到图文并茂，使之成为一本实用性强、具有新意的现代交通运输科技书籍。该书适合做交通运输类职业技术学院的教材，也可做普通高校交通运输和物流专业的学生学习交通运输基本知识的教材，同时也可以供各交通运输行业现场人员学习现代交通运输基本知识之用。

本书由中南大学交通运输工程学院博士后、副教授陈维亚和黑龙江交通职业技术学院吴庆杰副教授任主编，武汉捷讯信息技术有限公司李效林和湖南铁路科技职业技术学院黄骅任副主编；参加编著的有周越江、廖弘、过莉、胡朝晖、蒲巍、黄孚嘉等。各章节的编著分工为：陈维亚，第一章和第三章的第十一节；吴庆杰，第二章、第三章的第四节～第七节；蒲巍，第三章的第三节、第十节；黄孚嘉，第三章的第一节、第二节；李效林，第四章和第三章的第八节、第九节；黄骅，第五章；过莉，第六章；廖弘，第七章；胡朝晖，第八章；周越江，部分插图。全书由中南大学宾任祥教授和中南大学金友良副教授统稿、审定。

该书本次再版对原书的部分内容进行了修改和补充，如铁路运输增加了高速铁路方面的内容；综合运输体系增加了“十二五”规划的内容；各交通运输方式的统计数据按最近公布的数据进行了修改等。

本书在编写过程中，得到了中南大学、黑龙江交通职业技术学院、广州铁路集团公司党校、湖南铁路科技职业技术学院、湖南省公路桥梁建设总公司等单位有关领导的关心、支持；同时参考了有关人员的相关文献资料，在此一并致以衷心的感谢。由于编写人员的水平有限，本书的内容、资料如有不妥之处，敬请各位领导、同仁、广大读者给予批评指正。

本书编委会

2011.12

目　　录

第一章 绪论

第一节　交通运输业概述

交通运输是人类社会不可缺少的生产部门。它是人们利用各种交通工具和运输路线把运输对象从一个地方运送到另一个地方，使其空间位置发生变化。在当今社会，它与人类生产和生活密不可分，对整个社会的各个方面起着十分重要的作用。它是联系生产与消费、城市与乡村、各行业之间的桥梁，是地区与地区之间联系的纽带。

交通运输的产生和发展，经历了极其漫长的历史过程。它伴随着社会生产力的发展和科学技术的进步而产生、发展，促进了社会、经济、政治和文化的发展与进步，是人类社会进步的动力，是人类文明的车轮。纵观交通运输的发展史，人类为了从事生产活动，从利用人力、畜力、水力、风力进行搬运开始，经过三次革命和四个发展阶段，逐步形成了目前以公路、铁路、城市轨道、水路、民航、港口和管道等七种运输方式为主的现代交通运输体系。

一、现代交通运输方式

运输业是一个专门担当旅客和货物运输的生产部门，按运送的方式，可分为公路运输、铁路运输、城市轨道运输、水路运输、民航运输、港口运输和管道运输。

1. 铁路运输

铁路运输是我国运输业中的主要运输方式，也是世界上大多数国家陆上运输的主要方式。铁路运输是利用铁路线路、运输设备进行运输生产活动，使旅客、货物发生空间位移。铁路运输具有以下特点：

(1)运量大。铁路每一列旅客列车可载运旅客 1 500～2 000 人；目前我国铁路的一列货物列车一般能运送 3 000～4 000 t 货物；重载单元列车可运送 5 000 t 以上的货物；煤运专线可开行 1 万 t 的重载列车。双线铁路每昼夜通过的货物列车达 100 多对，因而其货物运输能力每年单方向可超过 1 亿 t。

(2)速度快。我国铁路于 1997 年 4 月 1 日开始实施第一次提速，后又经过多次提速，全路繁忙干线特快旅客列车最高速度可达 140～160 km/h。例如，从北京到上海全程 1 463 km，直达特快列车夕发朝至，14 个小时即可到达。铁路动车组速度可达 200 km/h，例如，从上海到长沙，全程 1 173 km，9 小时 16 分可到达。高速铁路速度可达 300 km/h，京沪高速铁路全程 1 318 km，从北京到上海的直达高速列车 4 小时 48 分就可到达。又如武广高速铁路，全程 1 068.8 km，从武汉到广州南的直达高速列车 3 小时 33 分可到达。由此可见，由于高速铁路的建成运营，大大提高了旅客列车的旅行速度，节省了旅途时间，方便了广大旅客的出行。

货物运输方面，虽然铁路货物列车的速度比不上旅客列车，但长途运输均比水运和公路运输快得多。

(3)运输成本低。虽然铁路运输成本高于水运和管道运输,但比公路运输和航空运输成本低得多。一般铁路运输的成本仅为公路运输的成本几分之一或几十分之一。

(4)准时、安全可靠。铁路运输基本上不受气候条件的影响,可一年四季不分昼夜地进行生产,有可靠的安全行车设施和运行规章制度。随着先进技术的发展和采用,铁路运输的安全程度越来越高。在各种现代运输方式中,按所完成的旅客人公里和货物吨公里计算的事故率,铁路运输是较低的。

(5)环境污染小。相比之下,铁路运输对环境和生态平衡的影响度小,特别是电气化铁路影响更小。

(6)建设周期长,初期投资大。修建铁路时,需要开凿隧道、修建桥梁和开挖大量的土石方工程,需要大量的钢材、水泥、木材等材料及设备。

铁路运输一般适用于大宗货物和中、长距离的旅客运输。各种运输方式服务特性相对优势的比较如表1-1所示。

表1-1 各种运输方式服务特性相对优势的比较

项　目	公路	铁路	水运	民航	管道
成本	4	3	2	5	1
运达时间	2	3	4	1	—
可靠性	1	2	4	3	—
服务能力	1	2	4	3	5
可达性	1	2	4	3	—
安全性	3	2	4	1	—

注:1表示最好,5表示最差;城市轨道和港口运输未列入比较。

2. 公路运输

公路运输是利用道路和交通工具进行运输生产活动,使旅客、货物发生位移的陆路运输。公路运输主要是指汽车运输。改革开放以来,我国公路客、货运输发展十分迅速,现已成为国民经济中的重要行业。它具有以下特点:

(1)灵活性强。修筑公路要比修建铁路简单易行,造价低廉,养护方便,可以伸展到全国各个角落。

(2)汽车运输速度较高。目前,汽车运行速度一般可达50～60 km/h,高速公路可达80～120 km/h。

(3)汽车运输中转环节少。汽车运输可实现“从门到门”、“送客到家”的运输。

汽车运输主要适用于短途运输,对铁路、水上运输进行接运。但是,汽车运输运载能力小,一般为3～8 t。另外,汽车运输耗能高,对环境污染大,运输成本高。近年来,由于高速公路的发展,公路货物运输正逐步向中、长距离发展,汽车运输的范围正在扩大。

3. 城市轨道运输

城市轨道运输是利用地铁、城市快速铁路、轻轨铁路、单轨交通和索道交通等运输方式运送旅客,是城市公共交通的重要组成部分。随着城市化进程加快,特大城市的轨道运输得到迅速发展。它具有以下特点:

(1)运载能力较大。城市轨道运输属于大、中运量交通方式,运载能力比公共汽车大得多。

(2)速度比较快。城市轨道运输最高时速为80～100 km,平均运行速度可达30～40 km/h。

(3)不堵车。城市轨道运输均采用专用线路,因而不会造成堵车。

(4)节能与环保具有明显优势。

(5)造价比较高。初期投资大,特别是地铁造价昂贵。

4. 水路运输

水路运输是利用可通航的水域(含内河、海洋)和船舶进行的生产活动,使旅客和货物发生位移。水路运输可分为内河运输、沿海运输和远洋运输。改革开放以来,对外贸易持续发展,远洋运量加大。由于远洋运输运量大、运输距离长,因而货物周转量在各种运输中所占比重大,一般都超过50%。水路运输主要有以下特点:

(1)运载能力大。海洋运输的大型轮船可运载万吨以上货物,最大的油轮可装运50万t。

(2)运载成本低。水路运输成本是铁路的1/2,是公路的3%左右。

(3)投资小、能耗少。水路不需要投资修建专门的通道,只需修建港口、码头、导航设施和购置运输设备,因而投资小。水路一般不占用耕地。

水路运输适合运送大宗、大件和笨重货物。但是,水路运输速度慢,受气候影响大。

5. 民航运输

航空运输(民用)是利用空中航线和航空器(飞机)进行生产活动,使旅客和货物发生位移。它具有以下主要特点:

(1)速度高。目前现代喷气式飞机一般可达900~1 000 km/h。

(2)机动性大。航空运输具有较大的机动性,能到达其他运输工具难以到达的地区。

(3)运载能力小、能源消耗大、运输成本高。

(4)受气候影响大。一般遇到强烈的雷、电、雨、大雾天气,飞机就不能按时起飞。

航空运输适合长途旅客和邮件、贵重、紧急货物的快运。民航事业的迅速发展在加强边远地区与内地的联系、信息传递和发展国内、国际旅游事业等方面发挥着很大的作用。

6. 港口运输

港口运输是水路运输的一个重要环节。船舶的装卸、补给、修理和船员的休整等都要在港口进行,因而港口是水路运输的关键所在。同时,港口又是水陆联运的重要场所。不论是内河港口还是海港,其最基本的功能就是为船舶进行装卸搬运工作,因而各类大型、现代化装卸机械是港口运输的重要设备之一。

7. 管道运输

管道运输是利用地下铺设的管道,通过加压使能流动的货物(气体、液体货物)发生位移。它是一种输送能力大,既经济又不污染环境的新型运输方式。

管道运输一般适合气体、液体货物的运输,也可以将矿石、煤炭等固体货物磨制成浆液后运往目的地。管道运输是一种很有发展前景的现代运输方式。但管道运输只能运送货物,而且品种单一,修建管道的初期投资较大。

我国各类运输方式2010年概况如表1—2所示。

表1—2 2010年我国各类运输方式概况

项目	铁路	公路	水运	民航	管道	合计
营业里程(万 km)	9.12	400.82	12.42	276.51	7.8	
客运量(万人)	167 609	3 052 738	22 392	26 769	—	3 269 508
占总完成量的(%)	5.13	93.37	0.68	0.82	—	100.00
旅客周转量(亿人・km)	8 762.18	15 020.81	72.27	4 039.00	—	27 894.26

续上表

项目	铁路	公路	水运	民航	管道	合计
占总完成量的(%)	31.41	53.85	0.26	14.48	—	100.00
货运量(万 t)	364 271	2 448 052	378 949	563	49 972	3 241 807
占总完成量的(%)	11.24	75.52	11.69	0.02	1.54	100.00
货物周转量(亿 t · km)	27 644.1	43 389.7	68 427.5	178.9	2 197.2	141 837.4
占总完成量的(%)	19.49	30.59	48.24	0.13	1.55	100.00

注:1. 水运的营业里程是指内河的营业里程。

2. 水运货运周转量比重大,是由于我国远洋运输量大、运距长的原因。

3. 数据来源:2011 年《中国统计年鉴》。

各种运输方式都有它的优缺点,然而又都有各自适合的应用范围。新中国成立以来,特别是改革开放以来,我国交通运输业发展较快,一个由铁路、公路、水运、民用航空和管道等所组成的全国综合运输体系已初步形成。在目前深化改革开放的形势下,运输业还不能满足国民经济发展的需要,共同面临一个历史性的大发展时期,需要统筹安排、各展所长、互相促进、共同发展,做到合理布局,科学分工,协调运营,经济利用,形成科学的综合运输体系,以逐步满足国民经济发展和人民物质文化生活日益提高的需要。

二、世界交通运输的四个发展阶段

纵观交通运输业的发展史,从世界范围内交通运输业的发展侧重点和起主导作用方面考察,整个交通运输业的发展可划分为四个阶段和三次革命。每个阶段以一种或几种运输工具为标志,每次革命都给人类社会带来了深刻影响,使社会文明进程加快。

1. 第一个阶段——水上运输阶段

这个发展阶段经过了漫长的历史时期,大约从原始社会到 19 世纪 20 年代。在原始社会,早期的运输方式是人类用手提手搬、背扛肩挑和头顶,后来发展到绳拖棍撬。随着人类活动范围的扩大,为了求得生存和发展,出现了最早的交通工具——筏和独木舟,以后逐渐出现了车,进而出现了最原始的水路航线和陆上道路。船和车的发明与使用,使运输进入了新的发展阶段,这就是运输史上的第一次革命。船和车的使用,使得邮递业、客运业、货运业发展起来,逐渐出现了专门从事运输的商人,运输业开始萌芽。车的出现,促进了道路的发展。陆上交通发展的同时,水上运输发展尤为迅速,随着人类对河流和海洋认识的深化、造船技术的进步、新航路的开辟、指南针的使用、人工运河的开凿,使得内河运输和沿海海洋运输迅速发展。这个时期船舶主要靠人力拉纤、划撑,以小帆船为主。

14 世纪以后,出现了以风力为动力的远程三桅帆船。凭借这些大帆船以及改进了的航海设备和航海技术,欧洲人离开了自己的海岸,开辟了新航路,进行了环球航行,发现了新大陆,进入了"地理大发现"时代,揭开了世界历史的新篇章。对世界政治、经济、文化产生巨大而深刻的影响。三桅帆船也就成为运输业第二次革命的标志。这一时期,水上运输同以人力、畜力为动力的陆上运输工具相比,无论从运输能力和运输成本,还是从方便程度上,都处于优势地位,因而称为"水运阶段"。

2. 第二个阶段——铁路运输阶段

这个发展阶段大约经历了一个世纪,即从 19 世纪 30 年代到 20 世纪 30 年代。

两次交通运输的革命，使得交通运输有了巨大的发展，但运输工具的动力还仅靠畜力、人力和风力。18世纪80年代到19世纪初，蒸汽机相继用于船舶和火车上。蒸汽机的发明是人类历史上一个重要里程碑。由于动力的改变，交通运输有了突飞猛进的发展。1807年世界上第一艘蒸汽船"克莱蒙特"号在纽约哈德孙河下水。1825年，从英国斯托克顿到达灵顿的世界上第一条铁路正式通车，标志着运输史上第三次革命的到来，也宣告了铁路运输时代的开始。

由于铁路能够高速地、大量地运输旅客和物资，几乎垄断了当时的运输，成了当时最新的、最好的交通运输工具。欧美各国掀起了铁路建设的高潮，并扩展到亚非拉地区。这一时期，水上运输也发展较快，由于改变了动力，消除了以前航海依赖信风的现象，轮船在任何季节都能航行。

3. 第三个阶段——公路、航空和管道运输阶段

这个发展阶段经历较短时间，即从20世纪30年代到50年代。

19世纪末，在铁路运输发展的同时，随着汽车工业的发展(1886年德国人本茨发明了真正的汽车)，公路运输悄然兴起。由于公路运输机动灵活、迅速方便，不仅在短途运输方面显示出优越性，而且随着大载重专用货车、各种完善的长途客车和高速公路的出现，在长途运输方面也显示出优越性。

世界航空业产生于19世纪末20世纪初(1905年美国人莱特兄弟制造了真正的飞机)。由于航空运输在速度上的优势，不仅在旅客运输方面占重要地位，在货运方面发展也很快。随着石油工业的发展，管道运输开始崭露头角(19世纪60年代，美国出现第一条木质的专供输油的管道)。由于管道运输具有成本低、输送方便、有连续性的特点，目前它主要运输的货物是原油、成品油、天然气、矿砂和煤浆等化工流体。这一阶段，铁路运输、水上运输也有长足的发展，但公路、航空、管道这三种运输发挥的作用显著增强，从而成为交通运输业发展的第三阶段。

4. 第四个阶段——综合运输阶段

这个阶段是从20世纪50年代以后开始的。

20世纪50年代以后，人们开始认识到在交通运输业的发展过程中，水路、铁路、公路、航空和管道等运输方式是相互制约相互影响的，许多国家开始有计划地进行综合运输，协调各种运输方式之间的关系，其重点是进行铁路、公路、航空、水路和管道运输之间的分工，发挥各种运输方式的优势，各显其能，开展联运，构建海陆空立体交通的综合运输体系。

除了上述几种运输形式，在世界某些地区还存在其他落后或先进的运输方式，但不起主导作用。以上分析是基于整个世界交通发展总的方面。各个国家、地区由于地理条件、社会环境和运输发展的历史和现状不同，不可能有统一的运输模式。在不同时期，不同地区，某种运输形势仍占主导地位，如铁路运输现在仍然是世界上大多数国家最主要的运输方式；海洋运输仍是当今国际贸易最主要的运输方式；内河运输在欧洲、我国长江流域、美国的密西西比河流域仍占重要地位。

三、运输业是一个物质生产部门

马克思指出：运输业是除了采掘业、农业和加工工业以外的第四个物质生产部门。很多人初接触到这个问题，会产生许多疑问，这个问题可以从以下四个方面理解：

1. 运输业具有物质生产的三要素

物质生产的三要素，即人的劳动、劳动资料、劳动对象。这三要素中的劳动对象，指运送的旅客和货物。在物质生产过程中，运输业对其劳动对象只能提供服务而不能自由支配，因而，

运输业虽然是一个物质生产部门，但是还具有明显的服务功能。

2. 运输业是物质生产的三种基本形式之一

物质生产的三种基本形式是改变劳动对象的性质(如炼钢)、改变劳动对象的形态(如金属机械加工)、改变劳动对象的空间位置。后者就是运输业的生产形式。

3. 运输是工农业生产能够顺利进行的必要条件

运输业虽然不创造新的物质产品，却是生产有形物质产品的组成部分。例如农业生产中，肥料、种子、收获物的运送要由田间运输完成。工业生产各工序中原料、毛坯、半成品的运送要由厂内运输完成。对于石油、煤炭、矿石生产过程的核心，往往就是将地下资源运送到地面的过程。工农业生产都需要运送大量的原料和产品，这就要由运输业来承担。以钢铁生产为例，每生产 1 t 钢就有 5 t 的运量要由运输业完成，并且大部分由铁路承担。

4. 运输业是国民经济中的重要环节

运输业把产、供、销紧密地联系在一起，成为国民经济中的重要环节。它运送旅客满足了人民旅行的需要，运送货物是生产性质的价值增值过程，也是生产过程在流通领域中的继续，生产只有在产品运到消费地点之后才算完结。

综上所述，运输业是一个具有明显服务功能的物质生产部门。

四、运输业生产的特点

运输业虽然是一个物质生产部门，但又不同于其他物质生产部门，它有以下三个最明显的特点：

1. 运输业不为社会创造新的物质产品

运输业的产品是旅客和货物的空间位移。在运输过程中，一不增加运送对象的数量，二不改变运送对象的性质，运送旅客和货物的结果，只是改变了他(它)们的空间位置。因此，“位移”就是运输业的“产品”。它的计算单位分别是人·公里和吨·公里。

为了统计上的方便，通常采用换算吨公里的折算方法：

1 换算吨公里＝1 旅客人公里＝1 货物吨公里

在日常统计工作中，还通常以周转量来表示。周转量就是旅客人数或货物吨数与其运送距离的乘积。周转量分旅客周转量、货物周转量、全部周转量。他(它)们之间的关系用下式表示：

全部(换算)周转量＝旅客周转量＋货物周转量

2. 运输业的产品既不能储备也不能调拨

运输业的产品——旅客或货物的位移，同运输过程本身不能分离，即生产与消费是同时进行的，在它被生产出来的同时就被消耗掉了。更确切地说，运输产品是先销售后生产。因而运输产品既不能储存，又不能积累，更不能调拨。这和工农业生产可以用产品建立储备不一样，运输业只能储备运输能力。同时，运输业不能用调拨产品的方法调节不同时期、不同地区对运输的需求，而只能调动运输业的生产能力——如机车、车辆、汽车等生产工具来进行调剂。所以，运输业必须有一定的后备运输能力，才能适应战备、自然灾害等需要。

3. 运输业是通过运输工具的移动来实现生产过程

在运输过程中，运输业的生产人员不直接作用于劳动对象(旅客和货物)，而是作用于运输工具(船舶、机车、车辆)。在运输途中，旅客和货物随着机车、车辆、汽车、船舶、飞机等的运行而改变其所在位置。因此，要使运输业满足国民经济不断发展的需要，就必须发挥运输人员的主观能动性，充分、合理地利用运输工具的运载能力和加速运载工具的周转，提高运输效率，确保运输安全。

五、运输业在国民经济中的地位和作用

1. 运输业的地位

在国民经济中，交通运输业是属于第三产业中的流通部门。在我国的社会主义初级阶段，现代运输业是社会主义市场经济的重要组成部分，是现代化建设的必要手段。实践证明，运输业是国民经济中的先行部门，只有运输业的先行发展，才能保证国民经济稳定持续地发展。从现代化运输工具的角度看，运输业也是社会主义现代化的基础设施。运输业的发展对祖国各地区的开发，对国家的安全，对人民物质文化生活水平的提高都有着现实和长远的影响。只有把运输业当作国民经济发展的战略重点，并不断加速发展，才能使运输业真正成为国民经济的“先行”，才能保证国民经济宏伟战略目标的实现，即“第三步”目标，到 21 世纪中叶(新中国成立 100 周年之际)，国民生产总值再翻两番，使中国达到中等发达国家的水平，人民生活比较富裕，基本实现现代化。

2. 运输业的作用

运输业是国民经济中的重要物质生产部门，它在国家政治、经济、文化、国防等各方面都发挥着重要作用。

(1)运输业就像布满祖国大地上的脉络，把全国各地连成一个统一的整体，为巩固全国各民族的团结，为建设小康社会和提高各地区、各民族人民的物质文化生活做出了重要贡献。

(2)运输业把全国工农业等各行业的产、供、销有机地联系在一起，成为发展社会主义市场经济和建设社会主义新农村的先导。

(3)运输业，尤其是公路和铁路运输业，对巩固社会主义祖国的国防，实现国防现代化，在反抗侵略战争中都发挥着重要作用。铁路军事运输已成为国家运输的重要组成部分，是保障部队机动和军事物资供应的重要手段。

(4)运输业也在对外开放、对外贸易和发展各国人民友好往来，进行国际间经济、文化、技术交流活动中发挥着重要作用。

六、我国交通运输业“十二五”规划的发展战略

1. 优先发展交通运输业，构建综合交通运输体系

国民经济和社会发展第十二个五年规划中明确规定：“按照适度超前原则，统筹各种运输方式发展，基本建成国家快速铁路网和高速公路网，初步形成网络设施配套衔接、技术装备先进适用、运输服务安全高效的综合交通运输体系。”具体内容如下：

(1)完善区际交通网络。加快铁路客运专线、区际干线、煤运通道建设，发展高速铁路，形成快速客运网，强化重载货运网。完善国家公路网规划，加快国家高速公路网剩余路段、瓶颈路段建设，加强国省干线公路改扩建。大力推进长江等内河高等级航道建设，推动内河运输船舶标准化和港口规模化发展。完善煤炭、石油、铁矿石、集装箱等运输系统，提升沿海地区港口群现代化水平。完善以国际枢纽机场和干线机场为骨干、支线机场为补充的航空网络，积极推动通用航空发展，改革空域管理体制，提高空域资源配置使用效率。

(2)建设城际快速网络。适应城市群发展需要，以轨道交通和高速公路为骨干，以国省干线公路为补充，推进城市群内多层次城际快速交通网络建设。建成京津冀、长江三角洲、珠江

三角洲三大城市群城际交通网络，推进重点开发区域城市群的城际干线建设。

(3)优先发展公共交通。实施公共交通优先发展战略，大力发展城市公共交通系统，提高公共交通出行分担比率。科学制定城市轨道交通技术路线，规范建设标准，有序推进轻轨、地铁、有轨电车等城市轨道交通网络建设。积极发展地面快速公交系统，提高线网密度和站点覆盖率。规范发展城市出租车业，合理引导私人机动车出行，倡导非机动方式出行。优化换乘中心功能和布局，提高出行效率。统筹城乡公共交通一体化发展。

(4)提高运输服务水平。按照客运零距离换乘、货运无缝化衔接的要求，加强铁路、公路、港口、机场、城市公共交通的有机衔接，加快综合交通枢纽建设。推广先进装备技术应用，提高交通运输信息化水平。优化运输组织，创新服务方式，推进客票一体联程、货物多式联运。大力发展节能环保的运输工具和运输方式。积极发展公路甩挂运输。加强安全管理，保障运输安全。

2. 充分发挥各种运输方式的优势，突出交通建设重点

根据国民经济和社会发展第十二个五年规划关于构建综合交通运输体系的整体要求，在具体实施发展战略时，必须充分发挥综合交通运输体系中各种运输方式的各自优势，并突出各自建设重点，具体内容如下：

(1)铁路运输建设重点。建成“四纵四横”客运专线，建设城市群城际轨道交通干线，建设兰新铁路第二双线、郑州至重庆等区际干线，基本建成快速铁路网，营业里程达到 4.5 万 km，基本覆盖 50 万以上人口城市。建成拉萨至日喀则等西部干线，建设山西中南部、蒙西至华中地区等煤运通道。研究建设琼州海峡跨海工程、川藏铁路。

(2)城市轨道交通建设重点。建设北京、上海、广州、深圳等城市轨道交通网络化系统，建成天津、重庆、沈阳、长春、武汉、西安、杭州、福州、南昌、昆明等城市轨道交通骨干线路。

(3)公路运输建设重点。基本建成由 7 条放射线、9 条纵线和 18 条横线组成的国家高速公路网，通车里程达到 8.3 万 km，基本覆盖 20 万以上人口城市。加大国省干线公路改造力度，国道二级及以上公路里程比重达到 70%以上，基本实现具备条件的县城通二级及以上标准公路。

(4)沿海港口运输建设重点。建设北方煤炭下水港装船码头及华东、华南煤炭中转储运基地工程，大连等港口的大型原油接卸码头工程，宁波—舟山等港口的大型铁矿石接卸码头工程，上海、天津等港口的集装箱码头工程。新增万吨级及以上深水泊位 440 个左右。

(5)内河水运建设重点。整治长江上游航道，实施长江中游荆江河段航道治理工程，稳步推进长江口 12.5 m 深水航道向上延伸。实施西江航运干线扩能工程和京杭运河升级改造工程，推进长江三角洲高等级航道网及其他高等级航道建设。

(6)民航运输建设重点。建设北京新机场，扩建广州、南京、长沙、海口、哈尔滨、南宁、兰州、银川等机场，新建一批支线机场和通用机场。研究建设成都、青岛、厦门等新机场。加快新一代空管系统建设。

(7)综合交通枢纽建设重点。建设 42 个全国性综合交通枢纽。

第二节 建立和完善综合运输体系

“十一五”规划纲要指出：优先发展交通运输业时，要统筹规划、合理布局交通基础设施，做好各种运输方式相互衔接，发挥组合效率和整体优势，建设便捷、畅通、高效、安全的综合运输

体系。

一、综合运输体系概述

1. 运输市场需求的多样性营造了各种运输生存和发展空间

在商品生产的市场经济体制中，在运输市场上各种运输方式之间不可避免地存在着激烈的竞争。例如，在我国的交通运输体系中，短途、中途客货运输，公路与铁路之间竞争十分激烈，高速公路出现之后，中途旅客运输竞争进一步加剧；长途旅客运输，铁路与民航之间竞争激烈，快速列车和高速铁路出现后，这种竞争也进一步加剧，铁路长途旅客运量呈大幅度上升的趋势。

但是，一方面由于各种运输方式均拥有自己固有的技术经济特征和相应的竞争优势，另一方面由于运输市场上需求本身的多样性，如表现在运输的数量、距离、空间位置、运输速度等诸多方面，这样就为各种运输方式在社会经济发展过程中营造了它们各自的生存和发展空间。因此，在进行交通运输网络规划时，首先必须根据上述两方面的分析来规划各种运输方式的发展和分工，进行基础设施建设，形成一个确保各种运输方式协调发展的、合理的综合运输体系。

2. 各种运输方式各自的运营特性使之有合理使用范围

上一节简要介绍了我国现代交通运输业是由公路、铁路、城市轨道、水路、民航、港口和管道 7 种主要运输方式组成的，每一种运输方式有其特定的运输线路和运输工具，形成了各自的技术运营特点、经济性能和合理使用范围。铁路运输能力大，费用低，连续性强，可以全天候运行。公路运输机动灵活，通用性强，时效性好，能实现门到门运输。随着我国市场经济的发展，高速公路的出现，公路运输越来越显示出其重要的作用。水路运输能力大，投资小，费用低，占地少，特别是沿海和长江，既是国内运输干线，又是国际运输重要口岸，在对外贸易、吸引外资和技术引进方面具有明显优势。民航运输速度快，舒适性好，是大城市间及边远地区长途客运的重要力量。在对外交往中，民航运输作用更为显著。管道运输能力大，占地少，成本低，是石油和天然气运输的最佳方式。进入到 21 世纪之后，城市轨道运输得到迅速发展。

3. 综合运输体系的定义

关于综合运输体系这个问题，在国内外都有不同的认识和理解。有人认为，综合运输体系就是各种运输方式之间的联合运输系统，特别是集装箱运输系统；也有人认为，把综合运输作为政府干预和调节各种运输方式发展和经营的总政策；还有人认为，综合运输体系是各种运输方式的总体和总和。这些看法都从不同侧面反映了综合运输体系的内涵，但在概括和表述上看似有不够完整的地方。

目前，比较普遍地认为，综合运输体系，或者叫综合的交通运输体系，是对单一的运输体系而言的，就是各种运输方式在社会化的运输范围内和统一的运输过程中，按其技术经济特点组成分工协作、有机结合、连接贯通、布局合理的交通运输综合体。

4. 综合运输系统

(1)系统的概念。系统论者认为，系统是由相互作用和相互依存的若干组成部分组合起来的具有某种特点和功能的有机整体。任何一个系统都是一个更大系统的组成部分，而它本身又是由众多的子系统组成的。例如，交通运输系统是国民经济系统的一个子系统，而其本身又是由公路、铁路、城市轨道、水路、民航、港口和管道等 7 个子系统组成的。

一般来说，系统都具有综合性、整体性、结构性、关联性、功能性、学习性和适应性等特征。

(2)综合运输系统。综合运输系统是由各种运输方式组成的、独立的系统，它具有系统所有的特征:由各种运输方式组成;各种运输方式的存在和发展不是孤立的,而是相互协调、相互影响的;它们形成一个完整的运输网络,为国民经济发展提供运输服务,发挥着运输的社会功能;运输系统又是整个国民经济的一个子系统,它受到这个大系统的其他子系统的影响和制约。因此,对交通运输问题的研究,必须具有系统的观念,采用系统分析的方法来研究、解决交通运输有关问题,使之达到最佳效果。

二、综合运输体系产生的基本原因

随着社会主义市场经济体制的建立,交通运输要在不断提高经济效益、社会效益的前提下,在我国逐步建立和完善公路、铁路、城市轨道、水路、航空、港口和管道几种运输方式协调发展、优势互补的综合运输体系,以适应国民经济发展、改革、开放、建设小康社会、建设社会主义新农村和国防建设对交通运输的需要。

1. 综合运输体系是运输生产力发展的产物

随着经济和社会的发展,科学技术的进步,运输过程由单一方式向多样化发展,运输工具由简陋向现代化发展,而人流和物流移动的全过程往往要使用多种运输工具才能实现,因此运输生产本身就要求把多种运输方式组织起来,形成统一的运输过程。所以,综合运输体系是7种运输方式的运输生产力发展到一定阶段的产物。或者说,综合运输体系是在7种运输方式的基础上组建起来的。

2. 综合运输体系是各种运输方式本身的要求联系起来的

伴随着社会的发展、科学技术的进步,各种运输方式也随着发展和进步。发展到一定阶段,各种运输方式就出现了分工,发挥各自的优势和特长。但是,在分工的基础上,又出现了一种协作配合、优势互补的要求,即在运输生产过程中的有机结合,在各个运输环节上的连接贯通,以及各种交通运输网和其他运输手段的合理布局。例如,新开辟的飞机场、港口、火车站等,同时必须修建与之配套的公路、高速公路或铁路,否则,新建的这些基础设施就不能投入使用。所以,如果没有这种内在的要求,或者这种内在要求受到限制,也就不可能建立和完善综合运输体系。

3. 各种运输方式的优势互补和相互竞争促进综合运输体系不断发展

纵观运输业发展的历史和现状,各种运输方式一方面在运输生产过程中存在着协作配合、优势互补的要求,另一方面,在运输市场和技术发展上又相互竞争。这两种要求交织在一起,使综合运输体系的发展成为一个长期的由低级向高级发展的过程。在我国实际的经济生产活动中完全证实了这种发展过程。例如,山西煤炭运到华东,可先经公路由汽车集运到火车站,后经铁路干线运到沿海港口或长江港口再换装到船上,由水运到达上海港,之后,再经铁路、公路和内河疏运到各用煤单位。要完成这样的全程运输,不仅要有协调发展和连接贯通的各种运输线路、运输工具及其相应环节的结合部设施(装卸或换装、换乘点),而且要对各种运输方式组织起联合运输,并进行综合运输管理,才能完善煤炭运输的全过程。

从以上分析可以看出,综合运输体系大致由3个系统组成:

①综合运输网及其结合部系统。这个系统具有一定技术装备,是综合运输体系的物质基础,系统的布局要合理协调,运输环节要相互衔接,技术装备要成龙配套,运输网要四通八达。目前的煤炭运输、集装箱运输网等已达到这些要求。

②综合运输生产系统。这个生产系统就是各种运输方式的联合运输系统。这个系统要实现运输高效率,经济高效益,服务高质量,充分体现各种运输方式综合利用的优越性。

③综合运输组织、管理和协调系统。这个系统要有利于宏观管理、统筹规划和组织协作。

以上三个系统构成了综合运输体系生产能力的主要因素。实践表明，要发展和完善综合运输体系，主要在这三个方面下功夫。

三、综合运输系统的构成

随着社会和经济的发展，交通运输业从各种方式的独立运行朝着相互联合、相互协调的方向发展。综合运输体系在这种自然的演变中逐渐形成了。综合运输体系不仅仅是几种运输方式的简单合并，而且有着内在的联系。各种运输方式分工合作，形成统一的、协调的综合运输生产系统，实现运输高效率、经济高效益、服务高质量，充分体现出各种运输方式综合利用的优越性。在综合运输体系中，各种运输方式不仅有各自的运输网络、固定和移动的设施设备，运输场站的结合部，还必须建立综合的运输枢纽。同时，各运输方式既有各自的运输组织管理系统，也有相互联合的多式联运和综合协调系统。一般来说，综合运输体系由以下几个部分构成：

1. 运输方式的构成

综合运输体系中的运输方式结构，包括公路、铁路、城市轨道、水路、民航、港口和管道 7 个运输子系统，这些子系统各有优势，在一定的地理环境和经济条件下有其各自的合理使用范围。

按照系统论的观点，建立合理的运输结构，不仅要科学地确定各种运输方式在综合运输系统中的地位和作用，而且还必须在全国范围内根据运输方式的合理分工和社会经济发展对运输的需求，做到宜铁路则铁路，宜公路则公路，宜水路则水路，宜航空则航空，宜管道则管道，逐步建立一个经济协调、合理发展的综合运输系统。

2. 运输设备构成

现代综合运输系统的设备结构基本上由固定设备子系统和移动设备子系统组成(管道运输只有固定设备，没有移动设备，是直接由动力推进的)。

(1)固定设备子系统。综合运输系统的固定设备包括线路、港站的土木建筑及相关的技术设备，即铁路线路、公路线路、航道、管道、桥梁隧道、车站、枢纽、港口、码头、船闸、客货运设施、航空港、机场、管道、油汽泵站以及相关的通信信号与控制等设备。固定设备一经建成就不能移动，因此，如何根据国民经济发展和地区经济发展的需要，及时地、科学地建设好交通运输的固定设备是极为重要的。

(2)移动设备子系统。综合运输系统的特点是使用机械动力驱动载运工具在线路上(铁路线、公路线、水运航道、空中航线)运送人员和物资。这些动力装置和运载工具，就是铁路的机车及车辆、公路的汽车、城市的电车、地铁的动车组、水上的船舶、空中的飞机等，这些设备都是在交通网上移动的，所以称它们为移动设备。

3. 综合运输网络系统

综合运输网是在一定空间范围内由几种运输方式的线路、站场和枢纽等固定技术装备组成的综合体，它们是运输生产的基础设施、主要的物质基础，其空间分布、通过能力和技术装备体现了整个运输系统的状况与水平，在运输业发展中占有十分重要的地位。运输网一般由主干线路、开发线路、给养线路、腹地线路和企业线路组成。

(1)主干线路。它们是全国运输网的骨干和大动脉，把全国各省(自治区、直辖市)、各大经济区连成一个有机的整体；把全国主要工矿区、大城市、重要海港和主要粮食、商品、农副产品基地联系起来，形成四通八达的运输网络。我国的主干线路由铁路干线、公路干线(一级公路和高速公路)、长江干流及沿海水域组成。

(2)开发线路。它们是主干线路向边疆地区和新开发区的延长。这种线路对开发资源、改变原来生产力分布的不平衡性有巨大意义,它们在国民经济中起先行作用。例如,被称为雪域天路的青藏铁路2006年7月1日正式通车,它对改变西藏自治区的落后面貌、发展西藏经济、加强民族团结、巩固西藏边防等将起巨大作用。

(3)给养线路。它们是联系主干线路、联系工业、农业以及矿产品,以运入肥料、工矿设备、粮食和日用品等给养物资的线路。给养线路一般是铁路、公路;有的地区是大河的支流或人工运河。我国很多大型工矿区、产粮基地、蔬菜、副食品基地并不分布在各种运输的主干线路上,因而就必须修建相关线路将其连接起来。按一般的惯例,工厂、矿山在开始建设前,就先要修建铁路或公路支线,然后再开始兴建工厂、矿山。

(4)腹地线路。它们是分布在广大农村和工矿区内部的交通线,一般呈网状分布,像微血管一样贯通全国各地区。腹地线路一般为三级以下公路或小河航线。在较大城市、工矿区有时也采用铁路和高等级公路。

(5)企业线路(铁路称为专用线)。它们是为工矿区企业和乡镇、国营农场内部生产、生活服务的交通线,本身也是企业生产过程的组成部分。它们好像微血管一样和企业外部的运输系统连通起来。

全国和大经济区级的运输网的骨干主要是由现代化的铁路、水运干线、高等级公路和航空线组成的;省级的运输网还包括一定比例的一般公路和地方航道;省内的地方综合运输网则根据各省经济水平和自然条件的差异,技术状态等也会有所不同。例如,淮河、长江流域的一些地区,内河运量和公路运量占的比重很大;东北、华北、华东地区,与其发达的工业对应的则是以铁路、公路为主的运输网。

4. 运输枢纽

(1)枢纽的概念。运输枢纽是在两条或两条以上运输线路的交汇、衔接处形成的,具有运输组织、中转、装卸、仓储、信息服务及其他辅助服务功能的综合性设施。

运输枢纽一般可分为单式和复式运输枢纽两类。服务于同一种运输方式的叫单式运输枢纽;服务于两种或两种以上运输方式的枢纽叫复式运输枢纽。

(2)运输枢纽的重要地位。运输枢纽是国家或区域交通运输大系统的重要组成部分,是运输网相邻路径的交汇点,是由若干种运输方式所连接的固定设施和移动设备组成的整体,共同完成旅客和货物运输任务。

运输枢纽大都依托于一个城市,对城市的形成和发展有着很大的作用,是城市实现内外联系的桥梁和纽带。

(3)运输枢纽的分类。运输枢纽可按以下几种方法进行分类:

①按地理位置分。按地理位置的不同,可分为陆路、滨海、通航江河岸边运输枢纽。陆路运输枢纽如北京、郑州等。滨海运输枢纽如上海、大连、青岛等。通航江河岸边运输枢纽如长江干流从宜宾至上海共有13个此类运输枢纽。

②按承担的客货运输业务分。按承担客货运输业务的不同,可分为中转、地方性和混合性运输枢纽。中转枢纽是以办理中转或直通客货运输业务为主,地方运量比例较小,如郑州枢纽。地方性枢纽是以办理地方作业为主,中转运输量较少,如本溪、鞍山枢纽。混合枢纽是具有大量的地方业务,同时还办理相当数量的直通客货运输业务,如兰州、成都枢纽。

③按交通方式的组合分。按交通方式的不同组合可分为铁路—公路、水路—公路、水路—

铁路—公路枢纽。铁路—公路运输枢纽是由陆路干线组成的枢纽。此类枢纽都分布于内陆地区,是运输枢纽的主要形式,所占比例较大。水路—公路运输枢纽,由河运或海运与公路运输方式组成,一般水运起主要作用,公路以集散客货为主。水路(海运、河运)—铁路—公路运输枢纽,有的以海运为主,并有庞大的水路联运设施系统,如我国的上海、俄罗斯的圣彼得堡(列宁格勒);有的以铁路大宗运输为主,也有些以水运为主,如武汉枢纽。

④按交通运输干线与场站空间分布形态分。此类枢纽可分为终端式枢纽、伸长式枢纽、辐射式枢纽、辐射环形枢纽、辐射半环形枢纽等。终端式枢纽分布于陆上干线的尽端或陆地的边缘处,如青岛枢纽。伸长式枢纽是干线从两端引入呈延长式布局,如兰州枢纽。辐射线枢纽是各种干线从各个方向引入,如郑州、徐州、株洲枢纽。辐射环形枢纽是由多条放射干线和将其连接起来的环线构成,如北京枢纽。另外,还有辐射半环形枢纽,分布于海湖、河岸边。

铁路各种类型的枢纽,都有相应的公路与之配套,使客货运输更为便利,更好地满足广大旅客和货主的需求。

四、综合运输体系的发展趋势

根据建国、改革开放以来,特别是党的十六大以来的经验,确定发展综合运输体系作为我国交通运输业发展的重要方针,这是符合我国国情的,也是具有现实和深远意义的。

1. 综合运输体系发展的两大趋势

发展综合运输体系是当代运输业发展的新趋势、新方向。当代交通运输业的发展,出现了两大趋势:

(1)广泛采用新技术。随着世界新技术革命的发展,交通运输广泛采用新技术,实现运输工具和设备的现代化。

(2)运输方式多样化,过程统一化。随着运输方式的多样化,运输过程的统一化,各种运输方式朝着分工协作、协调配合、建立综合运输体系的方向发展。

在世界范围内,这两种趋势结合起来,成为当代运输业发展的新方向,已经或正在改变着交通运输业原来的面貌。我国把发展综合运输体系作为发展运输业的途径和方向,既符合运输生产发展规律,也符合世界交通发展趋势,必将使我国运输业发生广泛而深刻的变化。

发展综合运输体系是我国运输业发展的新模式。我国工业和交通运输管理基本上以条块为主,各种运输方式缺乏横向联系,这往往会使该建设的项目没有及时建设,而不该建设的反而建成了,造成浪费。运输业的建设由单一的、孤立的发展模式向综合的、协调的模式转变,这是一个进步,特别对大宗的稳定的客货流方向按照综合运输体系的要求进行建设,一定会收到良好的效果。

2. 综合运输体系发展方向的要点

综合运输体系是一个庞大的系统工程,要在我国逐步建成具有中国特色社会主义的综合运输体系,并使之不断完善和提高,必须从我国国情出发,处理好国民经济大系统与运输系统的关系,综合运输总系统与各种运输方式子系统的关系,各种运输方式内部各个环节之间的关系等。国家科委制定的《中国技术政策》(交通运输)及其他部门研究成果表明,我国综合运输体系发展方向的要点是:

(1)大力发展联合运输。要搞好各种运输方式的综合发展和协作,在全国范围内建设综合运输网,因地制宜地发展相应的运输方式,发挥城市交通在综合交通运输网中的枢纽作用,大力发展各种运输方式的联合运输。

(2)加快发展铁路运输。在可预见的将来,铁路仍将是中、长距离客货运输的主力。要加快铁路的技术改造和新线建设,特别是以旅客运输为主的高速铁路和以运煤为主的干线建设。近期内还要加快既有铁路的改造和扩建。要发挥铁路在中、长距离大宗货物运输中的优势,对短途客货运输以及成品油运输,应逐步由其他运输方式分担。但当前,铁路方面仍要为此做出不懈的努力。

(3)进一步完善公路网络。充分发挥公路运输机动灵活、送达快、门到门运输的优势,发挥公路运输在短途客、货运输中的主力作用。随着高速公路的大量修建和公路状况的改善、汽车技术的进步和大型车的增加,公路运输将逐步成为高档工农业产品运输以及中距离客运的重要力量。要加速公路尤其是干线公路(高速公路和高等级公路)的技术改造,使公路建设有一个较大的发展。

(4)积极发展水路运输。沿海和内河运输是大宗和散装货物运输的主要方式之一。要加强内河航道建设,以及沿海和内河港口的改造和建设,发展沿海和长江等主要内河运输,实现干支道直达运输和江海联运。

(5)长距离客运优先发展民航运输。民航运输建设周期短、效益高、速度快,大中城市间长距离客运应优先发展民航运输。对发展边远地区、高档外贸物资和急需物资的运输,民航运输也有其特别的优势。

(6)积极发展管道运输。除发展原油和天然气管道运输外,在成品油集中的流向上,要建设成品油管道,积极慎重地发展输煤管道。

第三节 综合运输布局与规划

一、概　　述

综合运输布局的任务和目的是快速、准确、经济地为国民经济发展提供运输服务。综合运输系统担负着国民经济发展的运输任务,并要适应国民经济发展,不仅要在发展的规模、结构、速度上相适应,而且要在空间地域分布上(即布局上)相适应。在综合运输体系中,各种运输方式都有其具体的经济特征,且担负着不同的运输任务,其中包括干线运输、支线运输、长途运输(跨区域)及生产短途运输。为使交通运输畅通,以便担负起国家和地区的旅客、货物运输任务,则必须形成系统的综合能力,既要有国家需要的担负干线和长途运输任务的铁路和高速公路、沿海和内河水运干线的运输能力,同时,还必须有相当的担负支线、短途运输任务的公路、内河航运的能力。综合与布局是实现运输方式相互协调、相互合作的手段和方法。

1. 生产布局的概念

生产布局指的是社会物质生产部门(工业、农业、运输业等)在一个国家或地区的空间分布、结合形式,以及区域之间的经济联系等。它是生产发展的一个重要方面,随着生产的发展而变化。生产布局合理与否,将会促进和影响生产的发展。生产布局的规律和特点取决于社会生产方式,并受社会历史、经济条件、技术水平、自然条件、人口和劳动力条件诸因素的综合影响。

2. 综合运输布局的概念

综合运输布局指公路、铁路、城市轨道、水路、民航、港口和管道等 7 种现代化运输方式的线路(包括铁路线、公路线、城市轨道线、水运航道和航空线、管道线等)、站(包括河港、海港、航空港等)的土木建筑物及相关技术设备和交通运输工具组成综合运输网的地区分布。综合运输布局取决于工农业生产的特点、水平和布局、当地的自然条件、各种运输业的技术经济特征，城镇居民点分布、国防要求，以及现有运输是否是生产过程的延续，是否是社会生产和再生产的条件。

3. 生产布局与综合布局的相互联系

(1)综合运输的发展对生产布局产生相当的影响。在一定的社会经济前提下，综合运输的发展和变化，必然对生产布局有相当的影响。交通工具的改进，会给生产布局带来难以预测的变化，大型油船和远程输油管道的采用使炼油和石油化学工业远离港口，便是一例。交通线的建设和交通网的完善，对工业基地的建立、农业商品基地的建立和形成都起着重要作用，也会使线路上兴起新的城镇。另外，生产布局状况可以通过交通网中货物的运输反映出来，还可以通过货物的流量、流向分析，发现生产布局中存在的问题。如根据原料和成品间的大量相向调运，可看出企业分布点与原料地、消费区在地理上的脱节现象，从而制定其改善措施。

(2)生产力及其布局决定综合运输的布局。尽管综合运输对生产力及其布局有巨大影响，但是，前者的性质和规模还是由后者决定的。不同的社会生产方式，决定不同的运输布局规律。综合运输布局是宏观国民经济和社会生产布局的一个方面，运输部门与工业、农业、采掘业和地域人口有着特定的供求关系，而国民经济各个部门对运输业的质和量要求也各有不同。因此，综合运输布局也要因时、因地、因部门而异。

(3)生产布局与综合运输布局的发展相互制约、相互促进。综合运输布局是一项战略性、综合性的工作。从地域空间看，工业、农业、采掘业、商业和国防需要，以及劳动人口、生产力与社会经济生活的地区分布决定了综合运输布局。生产布局和综合运输布局的发展是相互制约的。工农业部门生产的发展和技术改进，给交通运输提供了物质条件和运输需求。同时，交通运输是生产过程在流通领域中的继续，为国民经济发展提供运输服务。

实践表明，交通运输促进区域经济(生产)结构的形成和发展，而区域经济结构和自然环境结构的情况和特征，又对交通运输网的建设提出了多样化、现代化的要求。

(4)生产布局的经济效果应服从全社会的经济效果。核算生产布局的经济效果，既要估计生产本身的消耗，又要估计其运输耗费。也就是说，从生产布局的观点而言，不是要求个别企业或个别部门的产品劳动耗费或成本达到最低，而是要求产品的总劳动耗费或社会成本(完全成本)达到最低。可见，通过考虑综合运输这个环节，对生产布局的合理化将起到重要作用。

二、影响综合运输布局的主要因素

运输泛指人和物的载运和输送，是社会物质生产和生活过程的必备条件。交通运输业是国民经济的基础产业，它不生产新的物质产品，只改变运输对象(人和物)的空间位置即“位移”。运输产品不能储存，随着运输生产过程的结束，产品也随之消失。运输业与国民经济部门关系密切，保持交通运输的循环畅通是解决社会、经济、环境问题和其他矛盾的决定性因素。影响综合运输布局的主要因素有：

1. 国民经济的发展需求是影响综合运输布局的首要因素

运输业是社会物质交流、商品流通和社会发展生产的一个非常重要条件，综合运输布局必须从生产和消耗两个方面来考虑，那就是既为生产服务又为消费者服务。因此，综合运输布局要以满足全国或地方国民经济发展的需要为前提，使运输系统在发展生产和保障供给之间起桥梁和先行作用。

2. 自然条件是影响综合运输布局的重要因素

(1)自然条件的影响很大。各种运输方式的运输活动都是在广阔的地域空间中进行的。因此,自然条件对综合运输布局的影响很大。同时,地形、地质、气候、水文条件对铁路技术条件、线路、车站、港口码头的地基和周围地段的稳定性有重要影响,在地震活动地段、断裂破碎带、软土沼泽地区不宜布置线路和港口。对于滑坡、泥石流、岩溶地段等也应尽可能避开,或采用必要的工程措施加以防护。

(2)气候条件有一定影响。气候条件对各种运输方式的正常运行有着一定影响。特别是水运和航空运输受气候条件影响很大。有些河流在冬季封冻,使轮船无法通航,有些河流季节性枯水,达不到一定水位也无法行船;有些气候不宜飞行。所以,水运和航空运输受气候影响最大。

(3)水文因素也有直接影响。水文因素中的流量、水深及其季节性变化,直接影响到水运、港址的选择、码头位置及规模等,地下水的高度对于铁路、公路、管道的路基稳定性也有一定影响。

应该指出,自然条件对综合运输布局的影响随着现代科学技术的发展而逐渐减少,但自然条件对综合运输布局的选线,港、站、场的选址,建设投资,综合运输能力以及建成后的综合运输成本和运营费用支出的影响仍不可忽视,必须给予正确的估价。

3. 技术条件是影响综合运输发展的重要因素

随着科学技术的不断进步,技术条件对综合运输布局的影响越来越大。新型交通工具的出现,对运输业的发展产生更深远的影响。19世纪,随着蒸汽机的发明应用,铁路成为当时人类的主要交通工具。20世纪以来,随着公路、民航、管道等运输业相继高速发展,大大改变了世界范围内综合运输布局的面貌。当前高速铁路、高速公路的快速发展,给铁路、公路增加了活力,相应也将改变综合运输的布局。

4. 名胜古迹和旅游胜地对综合运输布局也有重要影响

一方面,名胜古迹吸引大量的国内外游客,客观上要求提供舒适、安全、迅速、方便的交通运输条件。另一方面,在铁路、公路线路和机场布局时,应注意靠近名胜古迹,同时要注意保护,严禁由于交通运输线路设施的建设破坏了沿途的文物古迹。

三、综合运输布局的原则

在研究、分析和确定综合运输布局,一般应注意以下原则:

1. 要符合国家建设与国民经济发展的要求

在进行运输布局时要满足国民经济发展的要求,同时要起到促进国民经济各部门协调发展,并要与工农业布局和人口分布相适应。另外,由于运输生产不改变运输对象的属性,只改变运输对象的空间位置,其产品不具有实物形态,既不能储存,又不能调拨,只能储备运输工具,即铁路运输储备一定数量的机车、车辆,公路运输储备一定数量的汽车,水路运输储备一定数量的船舶,航空运输储备一定数量的飞机,遇到特殊情况时,如救灾、抢险、战争等情况需要时,对这些交通工具进行一定调拨使用,以满足特殊情况的需要。

2. 科学预测近、中、远期客、货运量是做好综合运输布局的基础

各种运输方式的客、货运量的大小,是决定各种运输方式的发展规模、改造标准,同时也是决定综合运输布局的主要因素。因此,科学地预测近、中、远期客、货运量,是做好综合运输布局的基础。

3. 因地制宜是处理好综合运输布局的前提

在分析、确定综合运输布局时，应因地制宜，充分考虑各地区的自然条件和特点。地形、地质、气候、水文等因素可能影响交通线及场站的位置、走向和技术标准。因此，在综合运输布局时，必须重视影响较大的地形、气候、水文、地质等自然条件的研究分析工作。实际上，因地制宜的原则是处理好综合运输布局的前提。

4. 综合利用各种运输方式并充分发挥其作用

在综合运输网中，公路、铁路、城市轨道、水路、民航、港口、管道运输各有其不同的技术和经济特点，都占有一定的地位和作用。因此，要综合利用各种运输方式，加速综合运输网的形成，保证运输枢纽有规律、步调一致的组织经营。一般来说，旅客从始发地到目的地，货物从产地到消费地，往往要由几种运输工具共同完成。综合运输布局要做到点(站、港、枢纽)、线(线路、航线)、面(交通网)的结合，形成综合运输能力；要根据客、货流量和流向来规划运输网，在规划综合交通运输网的基础上，安排好交通运输枢纽的分布和建设。

5. 要尽量少占土地及节约用地

我们国家人多地少，土地资源非常宝贵。所以，在满足运输需要的前提下，尽量做到节约用地，少占农田，不占良田。

6. 要与城市规划相结合

交通运输是城市建设和发展的基本条件，交通运输条件的变化必然影响到城市的兴衰，而城市建设和发展反过来促进交通运输业的发展。因此考虑综合运输布局时，必须要与城市规划相结合，促使交通运输业和城市建设协调发展。

7. 要适应巩固国防和加强战备的需要

综合运输布局对实现全国政治稳定，巩固国防有着重要的作用。无论新线建设和旧线改造都要满足国防安全的需要，处理好国防需求与经济建设需求的关系。

综合运输布局是生产布局的重要组成部分。一般来说，生产布局的原则对综合运输布局同样适用，综合运输布局必须遵守这些原则。各种运输方式并存，互相配合，由各种运输方式的运输线路共同组成综合运输网，是世界各国综合运输布局的一个规律。我们也必须遵循这个规律，使综合运输布局更加合理，以满足社会主义市场经济和广大人民群众对交通运输的需求。

四、综合运输规划的任务和类型

综合运输规划是根据国民经济发展的要求，在一定地域范围内对交通运输系统进行总体战略部署，即从当地具体的自然条件和经济条件出发，通过综合平衡和多方案的比较，确定交通运输发展方向和地域空间分布。综合运输规划是实现国民经济对运输要求的重要手段，也是编制运输方式总体规划的基本依据。

1. 综合运输规划的任务

综合运输规划主要有以下几个方面的任务。

(1)查明所规划地区(一个国家或地区)的自然条件、自然资源、经济地理条件、现有经济基础和历史发展特点、工农业生产布局状况，从而确定对交通运输的需求量。

(2)确定规划区的交通运输发展方向，包括运输系统总的发展方向和各个运输部门的发展方向，拟定交通运输发展的合理规模。

(3)选择交通运输系统中各种运输方式的适用地区并进行合理组织和布局。

2. 综合运输规划的类型

综合运输规划按其任务要求、内容和深度的不同，分为总体规划和详细规划两阶段。总体规划是关于交通运输发展的纲领性规划，是交通运输业各项建设的战略部署，它一般规定了交通运输发展的总原则性问题，如交通运输发展的规模、总的布局状况以及选定的交通运输发展的主要定额指标和重大工程措施方案。总体规划有一期限问题，我国一般分为20年，并适当考虑远景。但是，为了使总体规划逐步实现，还要编制近期建设规划(5～10年)，分阶段地安排建设项目。近期建设规划是实现总体规划的重要阶段，是总体规划的重要组成部分。详细规划是总体规划的深化和具体化，也就是近期规划的具体化。

总体规划和详细规划是互相密切联系的两个阶段(或部分)，就一般程序而言，应先完成总体规划再进行详细规划。当然，通过详细规划也可对总体规划做局部调整和修改。

五、综合运输规划的内容

在综合运输的总体规划中，基本内容包括3个组成部分：

1. 交通运输系统发展规划

在发展规划中应提出交通运输系统发展的依据，包括交通运输系统发展的方向、性质和规模。

2. 综合运输系统的布局规划

布局规划主要研究交通运输系统中各种运输方式的空间分布，包括综合运输布局形式、用地结构和功能。

3. 研究交通运输系统各专项工程的规划

交通运输系统发展规划是整个交通运输系统整体规划的基础和基本依据，关系到究竟是"建立一个怎样的交通运输系统"的根本问题。这是因为只有对交通运输系统的发展规划进行科学论证，才能使交通运输系统布局规划落实在可靠的基础上。发展规划是对交通运输系统发展的一种科学预测和论证。

交通运输系统布局规划，是交通运输系统总体规划的核心部分。根据发展规划提供的依据，通过对规划地区的自然、经济条件的历史和现状分析，以及交通流的分析，确定交通运输系统布局模型。

第四节　各种运输方式的运输设施及合理配置

一、各种运输方式的主要运输设备

1. 铁路运输的基本设施

铁路运输业是我国一个庞大的物质生产部门，它拥有几千亿元的固定资产。基本设施、设备占整个铁路固定资产约80%。铁路运输的基本设施、设备主要有以下几类：

(1)线路。铁路线路是机车、车辆和列车运行的基础，起着承受列车重量、引导列车运行方向等作用。铁路线路是由路基、桥隧建筑物和轨道三大部分组成的一个整体工程结构物，是铁路运输基本设施中的主要组成部分。

(2)机车。机车是牵引列车和调车的基本动力。机车分为电力机车、内燃机车和蒸汽机车。蒸汽机车因热效率低、污染环境严重、乘务员劳动强度大等因素已逐渐被淘汰。电力机车和内燃机车是我国铁路主要的牵引动力。

(3)车辆。车辆是运送旅客和货物的工具。车辆分为客车和货车两大类。新型客车有25K型、25G型、25T型等，车内设施比较完善。货车正在向大型化、专业化方向发展。

(4)车站。铁路沿线的各种车站是办理旅客和货物运输的生产基地。车站按业务性质分，可分为客运站、货运站和客货混合站；按技术作业分，可分为编组站、区段站和中间站；按等级分，可分为特等站，一、二、三、四、五等站。

(5)通信信号设备。通信与信号设备是铁路运输的"耳目"，是确保行车安全和提高运输效率的必要手段。

此外，铁路还有配套的供电、供水等设备。为了保证铁路运输正常运转，各类设施、设备都有相应的检测、维修设备。

2. 公路运输的基本设施

改革开放以来，我国公路运输进入了一个新的发展时期，公路里程、公路载运工具均有大幅度增长。公路建设的快速发展，为公路运输发挥在综合运输体系中的基础作用奠定了良好的基础。

公路是一种线形工程构造物，主要包括路基、路面、桥梁、涵洞、隧道及交通标志、路面标线和其他辅助建筑物等。

(1)公路网络。我国的公路网络是由国道、省道和县乡道路构成。公路线路按等级分，可分为高速公路，一、二、三、四级公路。高速公路的出现，有效地改善了干线公路的交通状况，使干线公路在全国公路网络中的地位和作用更加突出。

(2)公路站场。站场是公路运输办理客、货运输业务及保管、保修车辆的场所，是公路运输网点的重要组成部分。站场按其使用性质分，可分为客运站、货运站、技术站和停车场等。

(3)载运工具。汽车是公路运送旅客和货物的载运工具。按用途分，汽车可分为客车和货车以及特种用途车。

为了保证公路运输的正常运行，各类设备都有相应的维修保养设备。

3. 城市轨道运输的基本设施

近年来，我国一些特大城市借鉴世界各国治理和解决大城市交通问题的成功经验，正在积极发展立体化的大、中运量城市轨道运输，如地下铁道、轻轨交通、单轨交通、索轨交通等。

(1)线路。各种城市轨道运输方式都具有各自的线路。线路是各类车辆运行的基础。

(2)载运工具。车辆是城市轨道运输的载运工具，一般是自带动力的。

(3)车站。车站是旅客售票、乘降的场所。

(4)通信信号。通信信号系统是确保行车安全，指挥列车运行，提高运营效率的重要设备。

4. 水路运输的基本设施

水路运输的主要对象是旅客和货物。为了完成运输任务，就需要水上航道、船舶、港口及通信、导航等设施。

(1)航道与航线。航道、航线是指内河和海洋船舶航行的干线。我国水运资源极为丰富，居世界第一位，航运发达的内河水系有长江、珠江、黑龙江、淮河和京杭运河；远洋航线通达160多个国家和地区。

(2)船舶。船舶是能航行或停泊于水域内，用以完成运输的运载工具。船舶分为客船和货船两大类。

(3)港口。港口是水路运输生产的重要环节。船舶的装卸、补给、修理工作和船员的休整等都在港口进行。按地理位置分类，可分为海港、河港、湖港；按用途分类，可分为商港、渔港、工业港、军港、避风港等。

(4)航道与航标。航道是供船舶航行的水道,航道应有足够的深度、宽度,有适宜的航道转弯的半径等。

航标是引导船舶安全行驶的标志。

为了保证水路运输的正常运行,还应有相应的维修保养设备。

5. 民航运输的基本设施

民航运输主要担负长途旅客运输和快速货物运输。为了完成运输任务,就需要有空中航线、飞机和机场等设施。

(1)航线。航线是航空公司开辟的营业线路。

(2)飞机。飞机是航空运输的载运工具。按用途分,飞机可分为民用飞机和军用飞机两大类。民用飞机又可分为客机和货机。

(3)机场。机场是航空运输系统的重要组成部分,是航空运输系统中机场、航空公司、用户三大部分的相互作用点。机场一般可分为军用机场与民用机场两大类。民用机场又可分为地方机场、国家机场等。机场由跑道、滑行道和停机坪等组成。

6. 管道运输的基本设施

管道运输是一种较为特殊的运输方式,目前我国采用管道运输的主要是石油和天然气。由于管道运输所涉及的货物品类较少,较为单一,因此,管道运输在综合运输系统中的影响力较小。但由于管道运输安全性、稳定性较高,输送成本较低,而且占地较少,对环境基本上不造成污染,因此,在气体、液体货物运输方面占有绝对优势,有较大发展空间。

长距离输油(气)管道由管线和输油(气)站两大部分组成。

(1)管线。管线是输油(气)管道的线路,包括管道、沿线阀室、穿越江河、山谷等的设施。

(2)输油(气)站。输油(气)站分为首站、末站、中间泵站等。

首站的任务是集油(气),经计量后加压向下一站输送,故首站的设备除输油(气)机泵外,还有较多的油(气)罐。

中间泵站是对所输送油(汽)加压。

末站是接受输油(气)管道送来的全部油(气)品,供给用户或其他方式转运。

二、各种运输方式的合理分工

1. 世界各国高度重视各种运输方式的合理分工和协调发展

在国民经济和社会发展以及运输技术不断进步的条件下,综合利用和发展各种运输方式的问题,日益受到各国的重视。在各国综合运输体系的发展中,都很注意研究如何随着运输需求的变化,充分发挥各种运输方式的技术经济优势和功能,合理分工和协调发展,力求达到最经济合理地满足运输需求,保证运输安全,合理利用自然资源,保护环境等目标。

欧洲共同体国家在发展综合运输体系方面制定了各成员国必须共同执行的运输政策。早在 1969 年建立了一个自由的运输市场体系,各成员国之间享有相互开展运输业务的自由,并且建立了一整套规章制度,监督各成员国对运输市场设置的壁垒,使各成员国的运输者不会因国籍、地点或时间的不同而遭到歧视。各国政府的运输政策是:对运输经营和用户是自由竞争选择,而对运输基础设施投资、运价、税收和财政补贴则实行国家调控,以保证各种运输方式的平等竞争和合理发展,强调要按照运输需要和各种运输方式固有的技术经济特点,合理分担客货运量,同时注意环境保护和资源的合理利用。

日本对综合运输体系的政策包括:确定经济发展与国土开发计划协调配合的运输系统;各

种运输方式的合理分工；综合运输设施的建设；运价政策；税收政策；税收、补贴及财源筹集；能源、环境保护对策等。日本运输省对运输政策的方向是：从汽车社会向大众的公共交通运输的交通体系转移。主要的政策措施是：铁路干线的高速化，发展城市铁路；发展航空网络；充分利用铁路、海运等物资交流运输系统。

我国也高度重视各种运输方式的合理分工和协调发展，并制定了发展综合运输体系方面的运输政策和具体措施。

2. 各种运输线路和装备结构的比例协调发展

在综合运输体系中，运输结构应该反映各种运输方式的运输线路和装备的比例结构。各国由于领土面积、地理位置、经济发展水平不同，各种运输方式间的里程比例也不同。例如，美国铁路与公路里程之比例为 1∶30.4；英国为 1∶21.2；法国为 1∶23.3；原联邦德国为 1∶16.2；前苏联为 1∶11.8；日本为 1∶51.9；中国 2010 年底统计数据，比例为 1∶43.95。中国 1980～2010 年 30 年间，各种运输线路的具体情况如表 1—3 所示，各种运输方式的客运主要运输工具数量如表 1—4 所示。

表 1—3 各种运输方式运输线路长度(万 km)

年份	铁路	公路	水路	民航
1980 年	5.33	88.33	10.85	19.53
1985 年	5.50	94.24	10.91	27.72
1990 年	5.78	102.83	10.92	50.68
1995 年	6.26	115.70	11.10	112.90
2000 年	6.87	140.27	11.93	150.29
2005 年	7.54	193.05	12.33	199.85
2010 年	9.12	400.82	12.42	276.51

数据来源：2006 年《中国交通年鉴》；2011 年《中国统计年鉴》。

表 1—4 各种运输方式的客运主要运输工具数量

运输方式	单位	1980 年	1985 年	1990 年	1995 年	2000 年	2005 年	2010 年
铁路客车	辆	16 381	21 106	27 526	32 663	37 249	41 974	50 391
民用载客汽车	万辆	35.08	79.45	162.19	417.90	853.73	2 132.46	6 124.13
民用机动船	艘	64 307	260 296	325 858	299 717	185 018	165 900	155 624
民用飞机	架	143	170	222	722	828	1 386	2 405

数据来源：2011 年《中国统计年鉴》等。

对运输设备增长速度的分析，我们以 1980 年为基数，到 2010 年底，各种运输方式线路和上述客运主要运输工具数量增长情况如表 1—5 所示。

表 1—5 各种运输方式线路、客运主要运输工具数量增长情况

运输方式	运输线路增长情况			客运主要运输工具数量增长情况		
	1980 年(万 km)	2010 年(万 km)	增长幅度(%)	1980 年	2010 年	增长幅度(%)
铁路运输	5.33	9.12	71.11	16 381	50 391 辆	207.62
公路运输	88.33	400.82	353.78	35.08	6 124.13 万辆	17 357.61
水路运输	10.85	12.42	14.47	64 307	155 624 艘	142.00
民航运输	19.53	276.51	1 315.82	143	2 405 架	1 581.82

数据来源：2011 年《中国统计年鉴》等。

3. 各种运输方式的运量与周转量结构情况

(1)不同时期客运量的结构情况。1980～2010 年我国各种运输方式客运量变化的情况如

表 1－6 所示。

表 1－6　各种运输方式客运量情况(万人)

年份	总计	铁路	公路	水路	民航
1980 年	341 785	92 204	222 799	26 439	343
	占%(100)	占 27.0%	占 65.2%	占 7.7%	占 0.1%
1985 年	620 206	112 110	476 486	30 863	747
	占%(100)	占 18.1%	占 76.8%	占 5.0%	占 0.1%
1990 年	772 682	95 712	648 085	27 225	1 660
	占%(100)	占 12.4%	占 83.9%	占 3.5%	占 0.2%
1995 年	1 172 596	102 745	1 040 810	23 924	5 117
	占%(100)	占 8.8%	占 88.8%	占 2.0%	占 0.4%
2000 年	1 478 573	105 073	1 347 392	19 386	6 722
	占%(100)	占 7.1%	占 91.1%	占 1.3%	占 0.5%
2005 年	1 847 018	115 583	1 697 381	20 227	13 827
	占%(100)	占 6.3%	占 91.9%	占 1.1%	占 0.7%
2010 年	3 269 508	167 609	3 052 738	22 392	26 769
	占%(100)	5.13%	93.37%	0.68%	0.82%

数据来源:2006 年《中国交通年鉴》;2011 年《中国统计年鉴》。

(2)不同时期旅客周转量的变化情况。旅客周转量是旅客运输量和运送距离的乘积。我国各种运输方式的旅客平均运程情况如表 1－7 所示。

表 1－7　各种运输方式旅客平均运程情况(km)

年份	总计	铁路	公路	水运	民航
1980 年	67	151	33	49	1 160
1985 年	75	218	37	64	1 566
1990 年	91	275	45	81	1 388
1995 年	131	345	53	107	1 331
2000 年	83	431	49	52	1 444
2005 年	95	524	55	34	1 479
2010 年	85	523	49	32	1 509

数据来源:2011 年《中国统计年鉴》等。

1980～2010 年各种运输方式旅客周转量的变化情况如表 1－8 所示。

表 1－8　各种运输方式旅客周转量情况(亿人・km)

年份	总计	铁路	公路	水运	民航
1980 年	2 281.34	1 383.16	729.50	129.12	39.56
	100%	60.63%	31.98%	5.66%	1.73%
1985 年	4 436.39	2 416.14	1 724.88	178.65	116.72
	100%	54.46%	38.88%	4.03%	2.63%

续上表

年份	总计	铁路	公路	水运	民航
1990 年	5 628.64	2 612.63	2 620.62	164.91	230.48
	100%	46.42%	45.56%	2.93%	4.09%
1995 年	9 001.90	3 545.70	4 603.10	171.80	681.30
	100%	39.38%	51.13%	1.91%	7.58%
2000 年	12 261.09	4 532.59	6 657.42	100.54	970.54
	100%	36.96%	54.30%	0.82%	7.92%
2005 年	17 466.74	6 061.96	9 292.08	67.77	2 044.93
	100%	34.70%	53.20%	0.39%	11.71%
2010 年	27 894.26	8 762.18	15 020.81	72.27	4 039.00
	100%	31.41%	53.85%	0.26%	14.48%

数据来源：2011 年《中国统计年鉴》。

从表 1—6、表 1—7、表 1—8 的情况综合分析可以看出，公路的旅客运量很大，由于运输距离不长，旅客周转量就不大；铁路的旅客运输量比公路小得多，由于运输距离较长，旅客周转量就较大。铁路的旅客平均运程在 150～430 km，属于中等距离；公路和水路的旅客平均运程在 30～50 km，属于短距离；民航的旅客平均运程在 1 000～1 500 km，属于长距离。

从上述分析可见，公路和水路主要担负短途旅客运输(高速公路也适合中距离旅客运输)；铁路主要担负中等距离的旅客运输；航空主要担负长途旅客运输。这样，在旅客运输方面，各种运输方式得到合理分工，并促进互相之间的协调发展，满足旅客运输方面的需求。

(3)不同时期货运量的情况。各种运输方式 1980～2010 年不同时期货运量变化情况如表 1—9 所示。

从表 1—9 的统计数字看出，从 1980～2010 年期间，铁路货运量所占运输市场份额大体上是逐年下降的；公路货运量所占运输市场份额越来越大，并逐年上升。

表 1—9 不同时期货运量情况(万 t)

年份	总计	铁路	公路	水运	民航	管道
1980 年	546 537	111 279	382 048	42 676	9	10 525
1985 年	745 763	130 709	538 062	63 322	20	13 650
1990 年	970 602	150 681	724 040	80 094	37	15 750
1995 年	1 234 937	165 982	940 387	113 194	101	15 274
2000 年	1 358 682	178 581	1 038 813	122 391	197	18 700
2005 年	1 862 066	269 296	1 341 778	219 648	307	31 037
2010 年	3 241 807	364 271	2 448 052	378 949	563	49 972

数据来源：2006 年《中国交通年鉴》；2011 年《中国统计年鉴》。

(4)不同时期货物周转量情况。各种运输方式 1980～2010 年不同时期货物周转量变化情况如表 1—10 所示。

从表 1—9 的统计数据可以明显看出，铁路、水运、公路担负着货运量的绝大部分；对比表 1—9、表 1—10 的统计数据可以明显看出，公路主要担负短途货物运输，铁路主要担负中、长途

表 1—10 不同时期货物周转量情况(亿 t·km)

年份	总计	铁路	公路	水运	民航	管道
1980 年	12 026.0	5 716.9	764.0	5 052.8	1.4	491.0
1985 年	18 365.3	8 125.7	1 903.2	7 729.3	4.2	603.0
1990 年	26 207.6	10 622.4	3 358.1	11 591.9	8.2	627.0
1995 年	35 908.9	13 049.5	4 694.9	17 552.2	22.3	590.0
2000 年	44 320.6	13 770.5	6 129.4	23 734.2	50.3	636.2
2005 年	80 258.1	20 726.0	8 693.2	49 672.3	78.9	1 087.7
2010 年	141 837.4	27 644.1	43 389.7	68 427.5	178.9	2 197.2

注:1. 数据来源:2006 年《中国交通年鉴》;2011 年《中国统计年鉴》。

2. 水路货物周转量比重大,是由于我国远洋运量大、运距长的原因。

货物运输,水运主要担负远洋的货物运输,管道主要担负适合管道运输的石油和天然气,航空货物运量极小,主要担负批量小的快运、急运物资。这样,各种运输方式在运输市场激烈的竞争中充分发挥各自的优势,也促进了它们之间的合理分工,并基本达到了平衡和协调,满足了全社会各部门货物运输的需求。

4. 运输市场出现前所未有的活跃局面

在市场经济条件下,各种运输方式之间竞争是十分激烈的。以下我们以 1998 年的情况为例,来说明运输市场的变化。

以 1998 年 10 月 1 日铁路第二次大面积提速为标志的运输市场第二次全方位竞争,在一个多月的时间内即显示出连锁互动、此消彼长的调整态势,市场机制推动各种运输方式之间各展所长、互相促进,人便于行、货畅其流的时代正在一步步走近,运输市场出现了前所未有的活跃局面。

"公铁斗法"是第二轮竞争的焦点。由于快速列车的平均旅行速度已达到 100 km/h,使最高时速 110 km、平均运行时速 80 km 的豪华大巴相形之下略逊一筹。铁路提速不提价,欲借提速之势收复失地,即使是短途也不放弃。京津间,由于往返东北方向的列车改走京秦线,京津段得以腾出空间,于是就将发车密度猛增至每日 10 对,白天几乎是每小时一趟,虽不及汽车每 8 min 一班,但由于火车站地处市中心,再加上速度优势,已在京津间客运市场上成为龙头老大。中途客运,同样将豪华大巴甩在后面。铁路又重新找回来往日霸主的感觉。由于这次提速仍局限于三大干线,在未提速路段如成渝铁路,高速公路的优势仍居铁路之上,但铁路终究不甘居人之后。

面对铁路咄咄逼人的反攻,刚刚取得优势的公路运输行业不约而同地采取"提优"战术来巩固阵地。虽然速度赶不上,但龟兔赛跑输家未必非龟莫属。铁路快是快,但中长途车每天最多 3 趟,旅客等车而非车等旅客,公路运输通过加密班次,使旅客随到随走。此外还提高乘车环境和服务水平,开行门到门车次等。由于公路客运行业对铁路再次提速早有准备,以优见长,方便度、舒适度和服务质量稳步提高,因此得以与铁路一起取得双赢。国庆节"黄金周"假期内,京石、京郑线快速列车客员爆满;而豪华大巴的生意也一样红火,河南"宇通快运"和北京"阿尔萨浩达"也都座无虚席,在原有班次满额售票的基础上,还另外加开班次,保证进站旅客均能上车出行。

靠着"提优"策略,豪华大巴和提速列车打了个平手,但是在其他地方则互有高低,此起彼伏。广州—深圳区间铁路从瑞典引进新时速摆式列车，时速达到 200 km，全程运行仅需 70 min左右，虽然“新时速”每日仅有 2 对，但其他准高速列车时速也已达到 160 km。而“灰狗”、“银湖”、“锦江”等豪华大巴时速仍在 100 km 徘徊。

公铁竞争，其目标是市场，而手段则分别是速度、时间、价格、服务和密度等，通过竞争，旅客从中受益，得以从容选择，节省时间和费用，而公路和铁路两者也互相促进，各展所长，共同发展，最终出现双赢结局。可以说，没有高速公路的兴起，也就不会有铁路提速；而铁路提速反过来又刺激公路的发展，如浙江省金温铁路开通前，两地交通只有公路 1 条，路况差、车辆破，服务质量长期处于低水平，旅客视若畏途。金温铁路建成通车尤其是实施 1998 年新营运图后，促进公路弃旧扬新，配有车载电话新式客车投入运营。路况改善，速度密度均大为提高，“导乘小姐” 服务周到……。在此基础上，浙江省还计划修建金温及杭金衢高速公路。届时温州人出入沪杭宁一带将更加便利。随着全国高速公路的不断延伸，旅客运行除了乘火车外，更多人也可选择随到随走、舒适方便的长途汽车。

公铁之间在互相争雄的同时，两者的共同提速还将分流民航的客运量。由于高速公路开通，成渝、沪宁、深汕、济青间短程航班一减再减；铁路实施新图后，长途客车缩短旅行时间，并新辟京厦(门)、京温(州)、京柳(州)等线路，都将吸引部分民航客源，打破民航在上述 3 条长途线路上的垄断局面。

水路运输面临铁路、公路和民航 3 家对手的竞争，由于速度慢，行业所占市场份额一降再降。平均时速在 60～80 km 高速客轮的出现，从技术上讲有望遏制其下滑势头，但由于国内尚未形成规模生产能力，进口高速客轮票价太高，仍然难以与铁路和公路竞争。

三、各种运输方式合理分工和协调的内容

各种运输方式合理分工和协调的内容主要有以下几个方面：

1. 货物流向流量和运输线路的协调

客货运输量及其周转量乃是经济和社会活动对交通运输需求的集中表现，彼此之间存在着相对稳定的变化规律和比例关系。经济发达国家和发展中国家在工业化过程中，客货运量和周转量的增长速度，一般都高于国民经济总值的增长速度。但是在不同经济发展阶段，由于经济发展任务与方针政策的变化，在运输能力与运输需求相适应的情况下，交通运输增长与国民经济增长之间的比例关系也将有不同变化。货物运输量的产生，在很大程度上取决于国家的资源和生产力布局。因此，在考虑运输方式分工时，必须注意以下 3 个方面的问题：

①必须研究国民经济对运输需求的总运量同运输通道上的总运输能力之间是否协调；

②要研究具体货物的流向和流量同运输方式和运输路径是否协调；

③对运输通道上能承担运量的不同运输方式，应进行技术经济比较，既要对几种可能承担的运输方式从适应需要方向进行比选，又要从不同运输方式的物资消耗和建设投资费、运营费及货物在途时间和损耗等方面进行比较。

总之，应根据国民经济整体利益来实现运输的合理分工。

2. 地区间各种运输方式的协调

我国幅员辽阔，每个地区的自然条件都不同，地区之间和地区内部，运输联系及运输方式的发展和布局也不同。如西北、西南地区是内地大陆区，以陆上运输方式为主，铁路、公路在地区之间和内部的运输联系方面起主导作用。西北内地开发石油，从长远看则以发展管道运输为宜。在中部、东部和南部沿海地区，运输方式有铁路、公路、城市轨道、水路、港口、管道运输

等。在研究各种运输方式分工时，除了要研究地区之间大通道运输联系外，还要研究地区内部与大通道相联系的干支线运输方式，两者是密切相关的，只有两者协调，才能达到合理分工的要求。

3. 各种运输方式设备能力的协调

各种运输方式各自有其特点，在完成整个运输过程中，犹如一套联动机，要求各个环节相互配合和协作。随着科学技术的进步和发展，运输业采用新技术装备日益增加，这对运输方式的分工有很大影响。

(1)铁路运输。我国铁路运输逐步向重载、高速等方向发展，机车车辆和线路必须与之相适应。铁路采用重型钢轨，制造大功率的电力和内燃机车。车辆方面逐步采用大型货车、专用车，以代替原来载重量小的货车。旅客列车为了高速运行而采用动车组。这些新技术的应用，可以提高铁路运输的经济性能，降低运输成本和能源消耗，扩大运输能力。

(2)公路运输。在公路运输中发展大吨位车、柴油车、集装箱车、特种车，并与公路主干线相适应，提高公路运输的经济性和机动灵活性，扩大汽车运输的使用范围。

(3)城市轨道运输。在有条件的特大城市发展城市轨道运输，根据各城市的特点和经济实力选择发展地下铁道或轻轨交通或单轨交通等。

(4)水路运输。在沿海运输中发展大吨位、专业化、装备先进的适用船舶，可以提高海运经济性能，降低能耗，降低运输成本，扩大运输能力。

(5)港口运输。港口运输应积极发展集装箱运输，采用大型装卸机械，实现装卸现代化。

(6)民航运输。民航运输将根据国际和国内航线客流量的迅速增加，发展大、中型客机，选用单位油耗省的客机，逐步淘汰耗油量大的陈旧客机，以充分发挥长途快速运输的优越性和经济性。

4. 各种运输方式组织工作的协调

不同的运输方式，其运输组织工作也不同，运输组织工作对运输分工和选择运输方式有很大影响。两种或两种以上的运输方式(工具)或两个以上的运输企业相互接力，联合完成货物或旅客的全程运输任务时，更要加强运输组织工作。

我国大宗货物大量联运的主要是煤炭、石油、矿石、钢铁、粮食、化肥、木材等物资。主要联运海港有大连、秦皇岛、天津、青岛、连云港、上海、宁波、广州、湛江等，通过铁路、公路、水路、管道等运输方式组成联合运输网。

加强运输组织工作，各方面协调配合好，可以充分发挥各自的优势，加快车、船周转，提高运输效率，加速港口、车站、库场、货位周转，提高运输能力和吞吐能力，缩短货物送达期限，节约运输费用。由此可见，加强运输组织工作的协调配合，对各种运输方式合理分工起到重要作用。

5. 运价和运输费用的协调

运价和运输费用对货主和旅客在选择运输方式时占有很重要的地位。当各种运输方式的运输能力都能够满足需求时，货主和旅客将从本身需要出发，如从运输速度、安全、方便、及时以及运价和运输费用等方面考虑选择何种运输方式承运。

四、各种运输方式合理分工的原则

各种运输方式合理分工主要遵循以下几个方面的原则：

1. 自然地理条件

各种运输方式的合理分工，要根据具体地区的自然地理条件，进行合理分工，宜水则水，宜陆则陆。

2. 社会经济条件

各种运输方式的合理分工及协调发展，必须要同所在地区的经济和社会发展相适应，要充分满足这个地区的客货运输量增长的要求。

3. 生产布局条件

各种运输方式合理分工要同地区内工农业生产布局相适应。

4. 运输结构条件

各种运输方式合理分工应考虑历史上已经形成的运输结构，如水陆分工、铁路与公路的分工。

5. 运输技术条件

运输方式间的分工，并不是机械的分工，在很多情况下，是通过两种或两种以上运输方式的联运，才能实现整个运输过程。如在水陆联运中，既要考虑铁路、公路的运输能力，陆水衔接换装和港口能力，枢纽内部能力和航运能力的配合协调，同时又要考虑在采用运输新技术后，运输能力和运输效率将有很大的提高以及这些因素将对运输方式的分工产生较大的影响。

6. 经济效益条件

合理运输方式合理分工，要讲究经济效益，应根据技术经济论证，以最少的社会劳动(活劳动和物化劳动)消耗，使国民经济和社会获得最大的经济效益为准绳。

7. 国家运输政策

各种运输方式的合理分工，必须要在国家制定的运输政策指导下进行。国家的政策是多方面的，如产业政策、技术政策、投资政策、运输政策、运价政策等，这些政策对运输方式分工和协调发展非常重要。

五、各种运输方式合理分工的研究方法

调查研究各种运输方式合理分工的方法，主要有以下几种方法：

1. 进行国民经济和社会对运输需求的预测。搜集社会经济历史和现状统计资料，如国民经济统计资料；交通运输网历年变化状况(设备和能力)；各种运输方式历年完成的客货运输量和周转量统计资料；地区内工业布局状况及重要物资产量和运量。

研究全国或地区的国民经济发展规模，如社会总产值、国民生产总值、国民收入；重要物资如钢铁、煤炭、石油、矿石、水泥、粮食等与运输关系较大的物资产量；人口增长率及旅游事业的发展等。

根据国家(地区)的社会经济发展战略、产业政策、技术政策、价格政策、经济结构、产业结构、产品结构、交通运输政策等研究对运输业发展的影响。

综上所述，研究和预测未来时期客货运输量和周转量的增长量，包括总量和各种运输方式各自可能分担的运输量。

2. 进行运输能力与运量增长的平衡分析。根据预测的客货运输量对照现有的运输能力，衡量其能否承担以及满足需要的程度，并根据各种运输方式适应运量增长需要而列出应采取的措施，如增加运输设备的能力。

3. 对各种运输方式综合利用和协调发展进行技术经济评价。进行技术经济评价主要包括以下内容：

①各种运输方式合理分工的经济评价次序；

②各种运输方式的技术特征；

③各种运输方式的运输费用计算；

④各种运输方式能力扩展费用，如线路、站场、港口、机场、管道、运输工具、运输设备等的投资；

⑤各种运输方式根据运输建设项目经济评价方法，确定发展运输业的国民经济效益和社会效益，以及财务效益。

4. 选择最佳方案。对各种运输方式扩展能力的投资收益的研究和分析，选择最佳方案。同时要研究考虑国家(地区)发展交通运输投资来源和筹措资金，使运输项目建设资金来源有保障。

5. 确定国家(地区)综合运输网模型。

第二章 公路运输

第一节 公路运输概述

一、公路运输的概念及其特点

交通运输业是国民经济体系的重要组成部分，而公路运输是交通运输大系统中的一个重要的子系统。

1. 公路运输的概念

公路运输是指汽车及其他道路运输工具在公共道路上从事客货位移及相关业务活动的总称，具体包括道路与旅客货物运输、机动车维修与综合性能检测、道路搬运装卸和道路运输辅助服务。汽车运输则是公路运输的现代表现形式。

在我国，公共道路泛指城市内、城市间、城乡间、乡村间能行驶汽车和其他车辆的所有道路。

2. 公路的等级

根据交通量及其在路网中的作用，公路分为五个等级，如表 2－1 所示。

表 2－1 公 路 等 级

公路等级	在交通运输中的意义	年平均昼夜交通量
高速公路	具有特别重要的政治、经济意义，专供汽车分道行驶，全部控制出入	25 000 辆以上
一级公路	连接重要政治、经济中心，通往重点工矿区，可供汽车行驶，部分控制出入	5 000～25 000 辆
二级公路	连接政治、经济中心或大工矿区的干线公路，或运输任务繁忙的城郊公路	2 000～5 000 辆
三级公路	沟通县以上城市的一般公路	200～2 000 辆
四级公路	沟通县、乡、村等的支线公路	200 辆以下

1998 年我国按技术等级划分的公路里程及其结构如表 2－2 所示。

表 2－2 按技术等级划分的公路里程及其结构表

项目	总计	等级公路						等级外公路
		合计	高速	一级	二级	三级	四级	
里程(km)	1 278 474	1 069 243	8 733	15 277	125 245	236 437	683 551	209 231
结构(%)	100	83.63	0.68	1.19	9.80	18.49	53.47	16.37

1998 年我国公路按行政级别分类里程及结构如表 2－3 所示。

3. 公路运输的分类

公(道)路运输根据不同标准，一般可作如下分类：

表 2—3 按行政级别分类里程及结构表

项目	总计	国道	省道	县道	乡道	专用公路
里程(km)	127.85	10.62	19.81	44.75	49.86	2.81
结构(%)	100	8.3	15.5	35.0	39.0	2.2

(1)从业务活动分:有客货运输、车辆维修、搬运装卸和运输服务等;

(2)从运输对象分:有旅客运输和货物运输;

(3)从服务性质分:有为社会提供经营性劳务的营业性运输和为本单位生产生活服务的非营业性运输;

(4)从运输工具分:有汽车、拖拉机、摩托车等机动车运输和人力板车、三轮车等非机动车运输。

4. 公(道)路运输业的特点

公(道)路运输业较之其他运输方式的特点,主要表现在以下几个方面:

(1)通达性。公路运输机动灵活,点多面广,流动分散,能将客货通达到任何指定的地方,能有效地实现门到门运输,空间通达程度高。

(2)快捷性。公路运输载运量小,装卸作业与运输组织工作简便,车辆在线路上行驶的机动性强,运行速度高,因而送达速度快,尤其在鲜活易腐货物运输、危险货物运输及快件运输中,表现出良好的快捷性。

(3)适应性。公路运输车辆的行驶对道路专用性程度和装卸作业技术组织的基本要求较低,对运输环境要求不高,因而具有较强的工况适应性。

(4)衔接性。公路运输在交通运输体系内各种运输方式中,能有效实现旅客、货物集疏与衔接运输,使各种运输方式的协调运行得以实现,具有较强的衔接性。

(5)投资者进出市场的方便性。公路运输业所需的初始投资相对较少,资金周转快,行业技术基本要求相对较低,因此,投资者可根据公路运输业发展的前景,方便、灵活地进入或退出运输市场。

二、公路运输业的地位和作用

1. 公路运输在国民经济中的地位

公路运输作为一个重要的、独立的、特殊的物质生产部门,在国民经济体系中处于基础地位,这是由其先行性所决定的。随着社会生产力的快速发展,科学技术的突飞猛进,高速公路的比重加大,公路运输在社会、政治、经济及人民生活各个领域,地位不断提高,作用日趋重大。

2. 公路运输在国民经济中的作用

公路运输是社会生产、流通、分配、消费各环节正常运转和协调发展的先决条件,对保障国民经济持续快速发展、改善人民生活和促进国防现代化等具有十分重要的作用,主要体现在以下几个方面:

(1)公路运输对社会经济发展起基础保证作用。公路运输既是保证社会生产、经济生活及其他各领域正常化的基本前提条件,又是促进社会经济及其他各方面快速发展的先决条件,对社会经济的发展起重要的保障作用。

(2)公路运输对国民经济发展起重要的桥梁作用。从宏观经济领域来看,在生产、分配、交换、消费 4 个环节中,公路运输是连接这 4 个环节,并使它们得以连续运转的桥梁。从微观经济领域来看,在产、供、运、销 4 个环节中,运输不仅是其中的重要环节之一,而且是产、供、销 3

大环节得以联系和互为整体的条件。在产、供、销各个环节内部,也离不开运输活动为之提供有效的服务。

(3)公路运输对人民生活水平的提高起着重要的推动作用。在人们的日常生活中,运输不仅是人们生活的基本要求,而且是提高"衣、食、住"等要素水平的条件。随着人们生活水平和生活质量的日益提高,对"行"的要求也不断增添新的内容。

(4)公路运输对提高人们生产与生活效率起重要促进作用。现代公路运输,特别是高速公路迅速发展的今天,能产生良好的时空效应;能大大缩短时间和空间的"距离",改变人们的时空观念;能大量节省时间和缩小空间,减少在途积压资金,提高人们生产和生活的效率。

(5)公路运输在综合运输体系中起重要的纽带作用。在综合运输体系中,铁路、城市轨道、水路、民航、港口和管道运输方式均不能实现门到门运输,只有公路运输可以实现。因此,公路运输是提高其他各种运输方式通达程度的执行者。公路运输承担集运任务、疏运任务、衔接任务等,使其他各种运输方式的运输活动得以联系贯通,形成运转灵活的综合运输体系。

(6)公路运输对国防建设发挥重大作用。国防建设离不开现代交通运输系统,而现代公路运输也是形成快速可靠的军事后勤保障体系的一种主要运输方式,会极大地提高军队快速反应和军需供给的能力,有力地保障国家安全,保证战争的胜利和边防的巩固。

三、公路运政管理机构

1. 公路运政管理机构的设置

当前我国的公路运政管理机构的设置是在交通部1987年发布的《公路运输管理部门工作条例》基础上,根据《国务院办公厅关于印发交通部职能配置、内设机构和人员编制方案的通知》,参照各省、自治区的有关《道路运输管理条例》,按中央、省(自治区、直辖市)、市(地、盟、州)、县(市、旗、区)、乡(镇)五级管理层次设置的组织机构。具体是:

(1)交通部设立公路司,负责对全国道路运输行业的指导、监督工作;

(2)省(自治区、直辖市)交通厅(局、委)下设道路运输管理局或厅(局)内设道路运输管理处,负责本省(区、市)行政辖区内道路运政管理的指导、监督工作;

(3)市(地、盟、州)交通局下设道路运输管理处,负责市(地、盟、州)行政辖区内的道路运政管理工作;

(4)县(市、旗、区)交通局下设道路运输管理所,负责本县(市、旗、区)行政辖区内的道路运政管理工作;

(5)乡(镇)设立道路运输管理站,属县道路运输管理所派出机构,负责本乡(镇)规定辖区内的道路运政管理工作及县交通局委托的工作。

2. 各级运政管理机构的任务、作用

各级道路运政管理机构,由于其职责、任务不同,所起的作用也不同。

(1)交通部公路司和省(自治区、直辖市)道路运输管理局(处),分别是全国及省(自治区、直辖市)道路运政管理的决策机构。

(2)各市(地、盟、州)道路运输管理处,有决策层和执行层的双重职责,起承上启下作用,属中间层次机构。

(3)各县(市、旗、区)道路运输管理所和乡(镇)道路运输管理站,属执行层次机构,是道路运政最基层的行政执法机关。

3. 我国公路运政管理机构体系

我国的公路运政管理机构体系如图 2—1 所示。

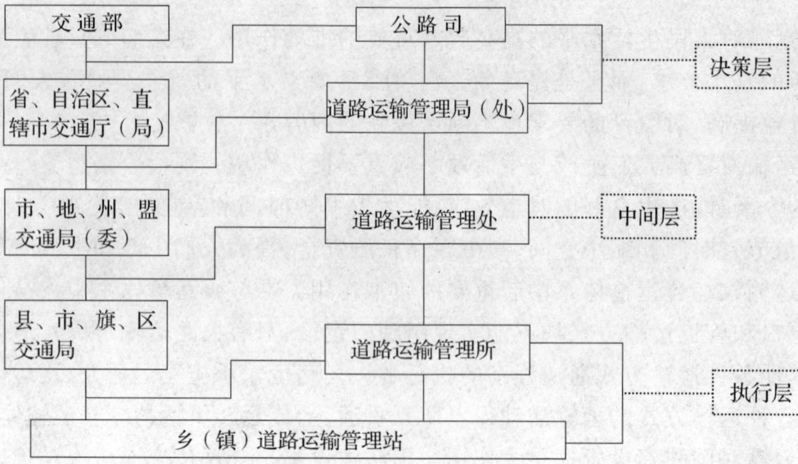

图 2—1　公路运政管理机构体系

四、我国现行公路网

1. 我国的公路命名及编号

在我国公路网体系中，国道的命名和编号由交通主管部门确定；省道、县道、乡道的命名和编号，由省（自治区、直辖市）人民政府交通主管部门按交通主管部门的有关规定确定。公路路线命名编号和编码规则均依据国标《公路线路标志规则　命名、编号和编码》(GB 917.1—2000)进行。

(1)公路命名与编码的原则

①公路路线编码原则。公路路线编码规则和代码规定分别给出，结构有所区别。在全国自动化处理与传递公路路线信息时，其编码可作代码使用。我国公路以行政区划的边界作为分界点，按行政区划划分为各路段，各路段（含穿越城市的路段）按 GB 917—1989 的规定予以编号及编码。

②公路路线代码。公路路线代码是指公路路线编号在全国信息共享与交换时，为保证其唯一性而规定的代码。国道路线代码即为国道路线编号，代码结构为 G×××。省道及省道以下公路路线代码由相应的公路路线编号和中国省级行政区划代码(GB/T 2260—2002)组配而成。代码结构如图 2—2 所示，代码结构中，S、X、Y、Z、Q 分别表示省道、县道、乡道、专用公路和其他公路。

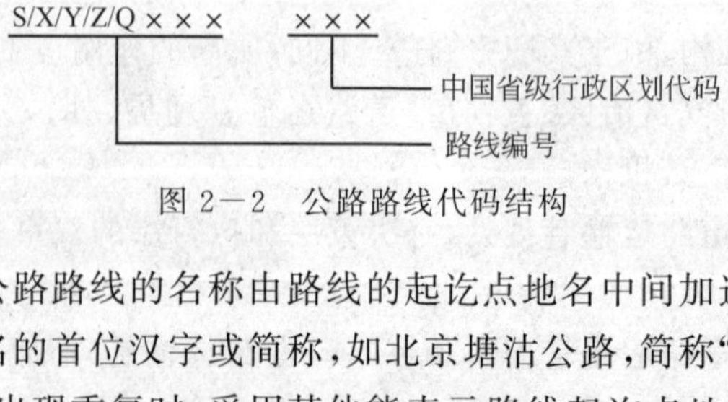

图 2—2　公路路线代码结构

③公路路线命名。公路路线的名称由路线的起讫点地名中间加连接符"—"组成。路线名称的简称采用起讫点地名的首位汉字或简称，如北京塘沽公路，简称"京—塘线"。干线公路名称及简称不可重复，个别出现重复时，采用其他能表示路线起讫点地名特征的简称加以区别。路线起讫点若是两条公路的连接点或某居民区，应采用该点所在地名。

④公路路线编号规则。公路路线编号由1位公路管理等级代码和3位数字构成。国道按首都放射线、北南纵线、东西横线分别顺序编号。以首都为中心的放射线由1位标识码“1”和2位路线顺序号构成；由北向南的纵线由1位标识码“2”和2位路线顺序号构成；由东向西的横线由1位标识码“3”和2位路线顺序号构成。省道在各省（自治区、直辖市）界内按省会（首府）放射线、北南纵线、东西横线分别顺序编号。县、乡、专用公路及其他公路以各省（自治区、直辖市）公路管理区域为基础分别顺序编制，均由3位路线顺序构成。顺序号不足3位数字时，在前位补充“0”。

公路路线编号设定了编号区间。国道为G101～G199、G201～G299、G301～G399；省道为S101～S199、S201～S299、S301～S399；县、乡专用公路及其他公路为X/Y/Z/Q001～X/Y/Z/Q999。

（2）国家干线公路路线名称和编号

国家干线公路的名称和编号依据国标《公路路线标志规则　命名、编号和编码 国家干线公路路线编号》（GB 917.2－2000）进行，其名称和编号如表2－4所示。

表2－4　国家干线公路名称和编号表

编号	路线名称		穿越的省（自治区、直辖市）的代码
	全称	简称	
G101	北京（－承德－）沈阳	京沈线	11,13,21
G102	北京（－山海关－沈阳－长春－）哈尔滨	京哈线	11,13,12,21,22,23
G103	北京（－天津－）塘沽	京塘线	11,13,12
G104	北京（－济南－南京－）福州	京福线	11,13,12,37,32,34,33,35
G105	北京（－南昌－广州－）珠海	京珠线	11,13,12,37,41,34,42,36,44
G106	北京（－兰考－黄冈－）广州	京广线	11,13,37,41,42,43,44
G107	北京（－郑州－武汉－广州－）深圳	京深线	11,13,41,42,43,44
G108	北京（－太原－西安－成都－）昆明	京昆线	11,13,14,61,51,53
G109	北京（－银川－兰州－西宁－）拉萨	京拉线	11,13,14,15,64,62,63,54
G110	北京（－呼和浩特－）银川	京银线	11,13,15,64
G111	北京（－通辽－乌兰浩特－）加格达奇	京加线	11,13,15
G112	北京环线（宣化－唐山）	京环线	13
	（天津－涞源）	京环线	12,13
G201	鹤岗（－牡丹江－）大连	鹤大线	23,22,21
G202	爱辉（－哈尔滨－吉林市－沈阳－）大连	爱大线	23,22,21
G203	明水（－扶余－）沈阳	明沈线	23,22,15,21
G204	烟台（－连云港－）上海	烟沪线	37,32,31
G205	山海关（－淄博－南京－屯溪－）广州	山广线	13,12,37,32,34,33,35,14
G206	烟台（－徐州－合肥－景德镇－）汕头	烟汕线	37,32,34,36,44
G207	锡林浩特（－张家口－襄樊－常德－梧州－海安）	锡海线	15,13,14,41,42,43,45,44
G208	集宁（－太原－）长治	集长线	15,14
G209	呼和浩特（－三门峡－柳州－）北海	呼北线	15,14,41,42,43,45
G210	包头（－西安－重庆－贵阳－）南宁	包南线	15,61,51,52,45

续上表

编　号	路线名称		穿越的省(自治区、直辖市)的代码
	全　称	简　称	
G211	银川—西安	银陕线	64,62,61
G212	兰州(—广元—)重庆	兰渝线	62,51
G213	兰州(—成都—昆明—)景洪	兰景线	62,51,53
G214	西宁(—昌都—)景洪	西景线	63,54,53
G215	红柳园(—敦煌—)格尔木	红格线	62,63
G216	阿勒泰(—乌鲁木齐—)巴仑台	阿巴线	65
G217	阿勒泰(—独山子—)库车	阿库线	65
G218	伊宁(—库尔勒—)若羌	伊若线	65
G219	叶城(—狮泉河—)拉孜	叶拉线	65,54
G220	北镇(—济南—)郑州	北郑线	37,41
G221	哈尔滨—富锦	哈富线	23
G222	哈尔滨—伊春	哈伊线	23
G223	海口—榆林(东)	海榆(东)线	44
G224	海口—榆林(中)	海榆(中)线	44
G225	海口—榆林(西)	海榆(西)线	44
G226	楚雄—墨江	楚墨线	53
G227	西宁—张掖	西张线	63,62
G228	台湾环线		71
G301	绥芬河(—哈尔滨—)满洲里	绥满线	23,15
G302	图们(—吉林市—长春—)乌兰浩特	图乌线	22,15
G303	集安(—四平—通辽—)锡林浩特	集锡线	22,21,15
G304	丹东(—通辽—)霍林河	丹霍线	21,15
G305	庄河(—营口—翁牛特旗—)林西	庄林线	21,15
G306	绥中—克什克腾旗	绥克线	21,15
G307	歧口(—石家庄—太原—)银川	歧银线	13,14,61,64
G308	青岛(—济南—)石家庄	青石线	37,13
G309	荣城(—济南—宜川—)兰州	荣兰线	37,13,14,61,62,64
G310	连云港(—徐州—郑州—西安—)天水	连天线	32,37,34,41,61,62
G311	徐州(—许昌—)西峡	徐西线	32,34,41
G312	上海(—南京—合肥—西安—兰州—乌鲁木齐—)伊宁	沪伊线	31,32,34,41,42,61,62,64,65
G313	安西(—敦煌—)若羌	安若线	62,65
G314	乌鲁木齐(—喀什—)红旗拉甫	乌红线	65
G315	西宁(—若羌—)莎车	西莎线	63,65
G316	福州(—南昌—武汉—)兰州	福兰线	35,36,42,61,62
G317	成都(—昌都—)那曲	成那线	51,54
G318	上海(—武汉—成都—拉萨—)聂拉木	沪聂线	31,32,33,34,42,51,54
G319	厦门(—长沙—重庆—)成都	厦成线	35,36,43,51

续上表

编号	路线名称		穿越的省(自治区、直辖市)的代码
	全称	简称	
G320	上海(—南昌—昆明—)畹町	沪畹线	31,33,36,43,52,53
G321	广州(—桂林—贵阳—)成都	广成线	44,45,52,51
G322	衡阳(—桂林—南宁—)凭祥	衡凭线	43,45
G323	瑞金(—韶关—柳州—)临沧	瑞临线	36,44,45,53
G324	福州(—广州—南宁—)昆明	福昆线	35,44,45,52,53
G325	广州(—湛江—)南宁	广南线	44,45
G326	秀山(—毕节—)个旧	秀个线	51,52,53
G327	菏泽(—济宁—)连云港	菏连线	37,32
G328	南京(—扬州—)海安	宁海线	32
G329	杭州(—宁波—沈家门)	杭沈线	33
G330	温州—寿昌	温寿线	33

注:1. 穿越省(自治区、直辖市)的代码见我国行政区划代码国标 GB/T 2260—2002。
2. 台湾省资料暂缺。

2. 我国公路干线系统

国道主干线系统是我国公路网络体系的一部分,由以高速公路为主的高等级公路组成,是全国公路网的主骨架,也是全国综合运输大通道的组成部分。这个系统具有完善的安全保障、通信信息和综合管理服务体系,为重要城市间、省际间公路客货运输的开展提供基础保障,并大力提高公路运输的服务质量。

国道主干线贯通了首都和直辖市及各省(自治区)省会(首府),连接了所有目前 100 万人以上人口的特大城市和绝大部分目前 50 万人以上人口的城市。我国公路网国道主干线总体布局为"五纵七横"12 条路线,总里程共 3.5 万 km,具体路线如表 2—5 所示。

表 2—5 国道主干线总体布局表

"五纵"		里程(km)	"七横"		里程(km)
1	同江—三亚	5 440	1	绥芬河—满洲里	1 530
2	北京—福州	2 480	2	丹东—拉萨	4 790
3	北京—珠海	2 310	3	青岛—银川	1 600
4	二连浩特—河口	3 450	4	连云港—霍尔果斯	4 380
5	重庆—湛江	1 340	5	上海—成都	2 770
			6	上海—瑞丽	3 660
			7	衡阳—昆明	1 850

五、我国重点公路建设规划

1. 国家重点规划建设公路的技术政策

国家重点公路是国道主干线系统主体建设取得重大进展之际,为适应我国社会经济发展需要而确定的、急需重点建设的干线公路,它与国道主干线共同构成全国骨架公路网,连接大中城市、区域性经济中心、交通枢纽及旅游名胜,承担大经济区间和省际间中长距离客货运输的基础承载任务,为全国及区域经济发展服务。国家重点公路的规划技术等级,东部和中部地区原则上采用高速公路和一级公路标准,西部地区原则上应达到二级以上标准,在人口稀少、地形特别困难的区域,标准可适当降低。

2. 国家重点规划建设的公路

国家重点公路规划方案由 13 条纵向线路和 15 条横向线路组成,总规模约 8.1 万 km,扣除重复里程,规划建设里程约 7.1 万 km,其中,东部地区约 1.5 万 km,中部地区约 1.8 万 km,西部地区约 3.7 万 km(广西和内蒙古按西部地区计)。据初步预计,国家重点公路的等级构成是:高速公路 3.3 万 km,一级公路 0.9 万 km,二级公路 1.9 万 km,三级公路 1.0 万 km。完成国家重点公路建设的静态投资需约 1.2 万亿元。在目前政策环境不变的情况下,实施这个长远规划需要 20 年左右,力争在 2020 年完成。国家重点公路规划路线如表 2—6 所示。国道主干线系统如图 2—3 所示。

表 2—6 国家重点公路规划路线及主要控制点

走向	序号	路线名称	主要控制点	里程(km)
纵向路线	1	嘉荫—南平	嘉荫—伊春—鹤岗—佳木斯—鸡西—牡丹江—敦化—通化—丹东—大连—烟台—连云港—盐城—南通—苏州—嘉兴—上虞—台州—丽水—南平(含支线抚远—同江—佳木斯、南通—崇明岛—浦东—嘉兴)	4 020
	2	黑河—通化	黑河—绥化—哈尔滨—吉林—海河口—通化(含支线伊春—绥化—大庆)	1 440
	3	加格达奇—锦州	加格达奇—嫩江—齐齐哈尔—大庆—松原—双辽—阜新—锦州(含支线齐齐哈尔—白城)	1 570
	4	天津—汕尾	天津—黄骅—东营—青州—临沂—淮阴—南京—芜湖—铜陵—黄山—常山—南平—三明—龙岩—梅州—汕尾(含支线盐城港—盐城—淮阴—徐州)	2 700
	5	东营—香港	东营—济南—菏泽—商丘—阜阳—六安—安庆—景德镇—鹰潭—瑞金—河源—惠州—深圳—香港(口岸)(含支线滨州—德州—衡水、铜陵—安庆—九江)	2 720
	6	阿荣旗—深圳	阿荣旗—乌兰浩特—通辽—阜新—朝阳—承德—北京—衡水—濮阳—开封—周口—黄石—南昌—吉安—赣州—河源—深圳(含支线赤峰—承德—秦皇岛—唐山—京唐港)	4 460
	7	太原—澳门	太原—长治—晋城—洛阳—南阳—襄樊—荆门—荆州—常德—邵阳—永州—连州—广州—珠海—澳门(口岸)(含支线新乡—焦作—晋城、珠海—阳江)	2 327
	8	临汾—三亚	临汾—三门峡—十堰—恩施—永顺—吉首—怀化—桂林—梧州—茂名—湛江—海安—海口—东方—三亚(含支线海口—通什—三亚)	3 281
	9	包头—友谊关	包头—东胜—榆林—延安—西安—安康—达州—重庆—内江—泸州—毕节—六盘水—安顺—安龙—百色—友谊关	2 920
	10	兰州—磨憨	兰州—临夏—汶川—成都—雅安—西昌—攀枝花—昆明—玉溪—元江—思茅—景洪—磨憨(含支线勐养—景洪—打洛)	2 730
	11	张掖—打洛	张掖—西宁—玉树—昌都—芒康—中甸—大理—临沧—澜沧—打洛(含支线西宁—临夏)	4 120
	12	阿勒泰—若羌	阿勒泰—乌鲁木齐—托克逊—库尔勒—若羌	1 580
	13	阿勒泰—拉孜	阿勒泰—克拉玛依—奎屯—库车—阿克苏—喀什—叶城—噶尔—撒嘎—拉孜	3 990

续上表

走向	序号	路线名称	主要控制点	里程(km)
横向路线	1	长白山－阿尔山	长白山－长春－白城－乌兰浩特－阿尔山	1 140
	2	集安－锡林浩特	集安－通化－四平－双辽－通辽－赤峰－锡林浩特(含支线通化－抚顺－沈阳－阜新)	1 790
	3	丹东－伊尔克斯坦	丹东－海城－盘锦－锦州－朝阳－赤峰－集宁－呼和浩特－包头－临河－额济纳旗－哈密－吐鲁番－库尔勒－库车－阿克苏－喀什－伊尔克斯坦(含支线二连浩特－化德－张家口－宣化－大同)	6 040
	4	威海－乌海	威海－烟台－龙口－莱州－东营－黄骅－天津－保定－涞源－朔州－东胜－乌海(含支线威海－海阳－青岛、黄骅港－沧州－石家庄)	2 400
	5	青岛－红其拉甫	青岛－莱芜－泰安－聊城－邯郸－长治－临汾－庆阳－平凉－定西－兰州－西宁－格尔木－茫崖－若羌－和田－叶城－喀什－红其拉甫(含支线安西－敦煌－茫崖)	6 080
	6	日照－南阳	日照－济宁－菏泽－兰考－许昌－平顶山－南阳	810
	7	上海－洛阳	上海－常熟－常州－溧水－南京－蚌埠－周口－漯河－平顶山－洛阳(含支线扬州－镇江－粟阳)	1 230
	8	上海－武威	上海－湖州－芜湖－合肥－六安－信阳－南阳－商州－西安－平凉－固原－中宁－武威(含支线合肥－铜陵、六安－武汉)	2 750
	9	杭州－兰州	杭州－黄山－景德镇－九江－武汉－荆门－宜昌－万州－达州－广元－武都－兰州(含支线武汉－襄樊－十堰－安康－汉中)	3 460
	10	成都－那曲	成都－马尔康－甘孜－昌都－那曲	2 620
	11	宁波－樟木	宁波－金华－常山－景德镇－九江－咸宁－岳阳－常德－吉首－重庆－泸州－宜宾－乐山－雅安－芒康－林芝－拉萨－樟木(含支线金华－丽水－温州、广元－南充－重庆、重庆－遂宁－锦阳、拉萨－错那)	6 020
	12	泉州－毕节	泉州－三明－吉安－萍乡－长沙－常德－吉首－遵义－毕节(含支线常德－张家界－永顺、吉安－衡阳－邵阳)	2 430
	13	厦门－昆明	厦门－龙岩－瑞金－赣州－郴州－桂林－三江－都匀－贵阳－毕节－六盘水－曲靖－昆明	2 400
	14	汕头－昆明	汕头－梅州－连平－英德－贺州－平乐－柳州－河池－兴义－石林－昆明	1 870
	15	汕尾－清水河	汕尾－惠州－广州－肇庆－云浮－梧州－玉林－南宁－百色－开远－元江－普洱－临沧－清水河(含支线玉林－山口)	2 460

注:路线里程合计 8.1 万 km,其中约有 1 万 km 重复里程。

3. 高速公路建设规划

(1)形成国家高速公路网架

我国《“十一五”规划纲要(草案)》提出,要优先发展交通运输业,进一步完善公路网络,重点建设国家高速路网,基本形成国家高速公路网架。继续完善国道、省道干线公路网络,打通省际间通道,发挥路网整体效率,公路总里程达到 230 万 km,其中高速公路达到 6.5 万 km。

国家高速公路网,采用放射线与纵横网络相结合的布局方案,由 7 条首都放射线,9 条南北纵线和 18 条东西横线组成,简称为“7918”网。

国家高速公路网基本形成后,将连接所有目前城镇人口超过 20 万的中等及以上城市,形成高效运输网络。到 2010 年,从国家高速公路网实现的效果上看,可以基本贯通“7918”当中

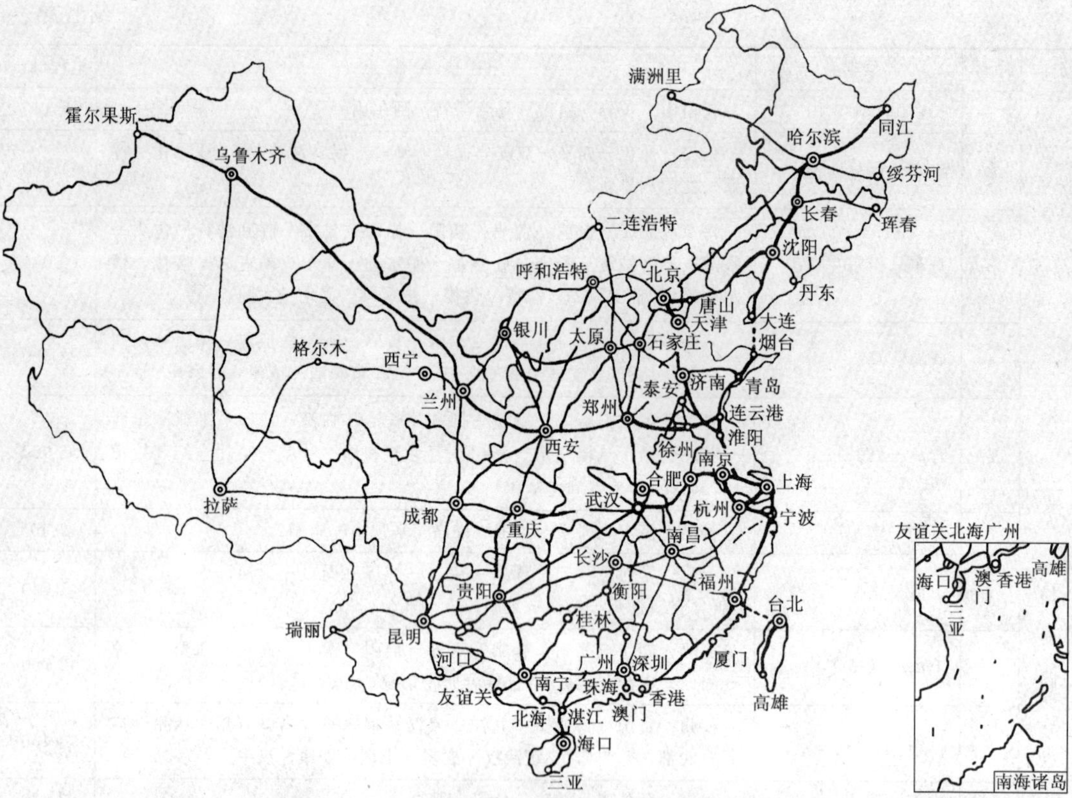

图 2－3 国道主干线系统示意图

的“五射两纵七横”14 条路：

五射是：北京－上海，北京－福州，北京－香港、澳门，北京－昆明，北京－哈尔滨。

两纵是：沈阳－海口，包头－茂名。

七横是：青岛－银川，南京－洛阳，上海－西安，上海－重庆，上海－昆明，福州－银川，广州－昆明。

(2)实现“东网、中联、西通”的目标

到 2010 年，国家高速公路网总体上将实现“东网、中联、西通”的目标。即东部地区基本形成高速公路网，长江三角洲、珠江三角洲、环渤海地区形成较完善的城际高速公路网络；中部地区实现承东启西、连南接北、东北与华北、东北地区内部的连接更加便捷；西部地区实现内引外联、通江达海，建成西部开发 8 条省际公路通道。

(3)大幅度提高高速公路覆盖率

从《国家高速公路网规划》总体来看，建成后可以在全国范围内形成“首都连接省会、省会彼此相通、连接主要地市、服务全国城乡”的高速公路网络。全国所有的省会级城市，目前城镇人口超过 50 万的大城市以及城镇人口超过 20 万的中等城市，都将通过高速公路连接，覆盖全国 10 多亿人口；另外，将实现我国东部地区平均 30 min 上高速，中部地区平均 1 h 上高速，西部地区平均 2 h 上高速。

六、公路运输业的发展趋势

自 2001 年 11 月我国正式加入世界贸易组织（WTO）以来，社会、经济和科学技术突飞猛进，有力地推动了公路运输业的快速发展。国民经济的发展与人民生活水平的不断提高，交通运输业内部的激烈竞争,也对公路运输业不断提出了更新更高的要求。公路运输业面临着这种机遇与挑战同在,压力与动力并存的内外环境,今后的发展趋势主要体现在以下几个方面:

1. 经营主体成分多元化

随着改革开放的深入发展和我国市场经济体制的日渐完善,公路运输业自身的迅速发展,国内外众多的投资者看好并投资于这一行业,这样不仅打破了国有一家独立经营的公路运输,很快出现国有、集体、个人一起上的市场格局,而且以多种渠道、多种形式形成的股份制企业、合伙制企业、中外合资企业、外国独资企业等,经营主体的经济成分日趋多元化。例如,1988 年 8 月交通部批准了第一个中外合资道路运输项目,标志着我国道路运输业从此正式对外开放。到 2001 年底,经交通部批准立项的道路运输业外商投资项目共 812 个,其中道路客运项目 118 个,道路货运和物流项目 465 个,车辆维修项目 229 个。由于地方政府,特别是一些经济特区政府近年来也批准了一些项目,因此外商投资道路运输业项目的实际数在 1 000 个左右。

2. 经营主体规模集团化

在经济国际化浪潮中,国内市场国际化和国际市场国内化的态势,迫切要求我国采用超常规的办法加速培育一批"航空母舰"式的大型企业集团。在公路运输领域,不少经营者已积极着手广泛寻求经济合作,通过资产重组、收购兼并、合作经营等多种形式,按照现代企业制度的基本模式构建大型企业集团,增强企业实力。同时,企业集团着眼于运输行业与其他产业的紧密联系,以运输业为主导,以工业、商贸为两翼,加速经济结构调整,积极开拓第三产业,逐步形成集产、运、销、吃、住、行于一体的多元化经营模式,广泛开拓市场,掌握竞争主动权。

3. 行业内部分工专业化

随着市场经济的不断发展,公路运输活动诸环节分工日益深化,旅客运输、货物运输、装卸搬运、运输服务、车辆维修各个子系统不断从"大而全、小而全"的模式中分化出来,向专业化的方向发展,以积极适应社会化大生产的要求,有效发挥各自的专业技术优势,促进行业技术进步。

4. 运输工具专用化

随着商品加工的日趋精深和人民生活水平的日益提高,货物流通与人们出行在流通(出行)理念、时空范围、服务内容等多个方面,均对公路运输业提出了多维的要求。现代汽车工业技术不断革新,使分别具有集装化、散装化、零担化、特征化(如冷藏、保鲜、保活、防危险等)、快速化、轻型化、重型化等多种功能的特种运输工具得以问世,大力推动了运输工具的专用化和运输服务的专门化,最大限度地满足社会对公路运输业的多维性需求。

5. 运输网络协同化

公路运输作为现代综合运输体系的重要组成部分,随着线路里程的延长、线路技术等级的提高、高速公路的迅速发展以及路网系统的形成,公路运输业与其他各种运输方式的协作日益紧密。它不仅在国内运输体系中扬长避短,发挥优势,与铁路、城市轨道、水路、民航、港口、管道等运输方式协同运行,而且,在交通全球化和世界陆桥运输迅速发展的大环境中,积极参与国际多式联运,扩展运输网络与协同运输的范围,从而推动交通运输体系运转的协同化与综合化。

6. 运输服务一体化

科学技术的进步与经济体系的全球化,势必要求公路运输业尽快改变以运输活动为特征的单一运作模式。公路运输必须努力寻求跨行业、跨区域的横向合作,大力加快公路运输管理信息系统的开发与通信信息网络建设,积极推进载运工具、装卸机械、仓储设备等各项设施的专用化、成套化与标准化。广泛开辟生产、供应、送达、销售、仓储、包装、流通加工、配送等各领域的服务业务，建立完善的一体化供应体系，最终推动现代化的物流系统的形成。

7. 国际运输逐步实现自由化

根据世贸组织的有关规定，各成员在服务贸易领域需遵守《服务贸易总协定》所确定的有关最惠国待遇、透明度等普遍的多边贸易原则与纪律，要求各成员通过逐轮谈判逐步实现自由化，并各自作出有关承诺。公路运输业对外承诺的主要内容有以下几个方面：

(1)道路货运。从加入时起，允许外商设立合营企业从事道路货物运输，但外资比例不得超过49%；加入后一年内，允许外资控股；加入后三年内，允许外商独资经营；合资和独资企业可享受国民待遇。

(2)汽车维修服务。从加入时起，允许外商设立合营企业从事汽车维修服务，但外资比例不得超过49%；加入后一年内，允许外资控股；加入后三年内，允许外商独资经营；合资和独资企业可享受国民待遇。

(3)仓储行业(公路运输的辅助服务)。从加入时起，允许外商设立合营企业从事仓储服务，但外资比例不得超过49%；加入后一年内，允许外资控股；加入后三年内，允许外商独资经营；合资和独资企业可享受国民待遇。

第二节　公路运输基础设施

公路是连接城市、乡村，主要供汽车行驶的具备一定技术条件和设施的道路。公路是一种线型带状工程结构物，主要承受汽车荷载的反复作用，并经受水、阳光、温度等自然因素的长期影响。公路包括线形组成、结构组成和沿线设施三大部分。

一、线形组成

1. 基本概念

公路路线是指公路的中线。线形是指公路中线在空间的几何形状和尺寸。公路中线是一条三维空间曲线，由直线和曲线组成。为了把公路这个三维空间的实体表达出来，通常采用三个不同方向的投影图来分别研究公路的位置和形状。公路在水平面上的投影图称为公路的平面图；通过公路中线的竖向剖面图称为公路纵断面图；公路上任一点垂直于公路中线的竖向剖面图称为公路的横断面图。

公路线形是从平面、纵面和空间三个方面来进行研究的。公路线形设计包括平面线形设计、纵面线形设计和空间线形(又叫平、纵组合线形)设计三个部分。

2. 公路的路线平面图

路线平面图是公路路线设计文件中主要内容之一，通过路线平面图可以体现公路路线的平面位置、走向和海拔高程，还可以反映沿线人工构造物和工程设施布置以及它们与地形、地物的关系。

按照《公路基本建设工程设计文件编制办法》要求，路线平面图一般应示出地形、地物、路线位置、里程及百米桩、断链、水准点和大中桥、隧道位置，以及省、市、自治区、县分界线，并示出曲线元素。

某山岭区一般公路的路线平面图如图2－4所示。

3. 路线平面的基本线形

(1)平面线形的组成要素。由于各种因素及地形、地物、地质等自然条件的限制，一条较长

曲线元素表

JD		A		R	LS	T	L	E	J	ZH	HY(ZY)	QZ	YH(YZ)	HZ
		Z	Y											
Z48	K53+002.52		34°33′	50	0	15.54	30.14	2.36	0.95		K52+986.98	K53+003.05	K53+017.11	
Z49	+110.80	51°47′		35	0	16.99	31.63	3.91	2.34		K53+093.81	+109.63	+125.44	
Z50	+161.45		65°08′	25	0	15.97	28.42	4.66	3.51		+145.46	+159.69	+173.90	
Z51	+217.96	87°17′		25	0	23.84	38.08	9.55	9.60		+194.12	+213.16	+232.20	
Z52	+259.96	26°26′		75	0	17.61	34.60	2.04	0.63		+242.35	+259.65	+276.95	
Z53	+352.66	38°38′		45	0	15.78	30.36	2.69	1.21		+346.88	+362.06	+377.24	
Z54	+372.44		38°42′	90	0	31.61	60.78	5.39	2.42		+340.83	+371.23	+401.62	
Z55	+448.43	6°20′		300	0	16.60	33.16	0.46	0.03		+431.83	+448.41	+464.99	
Z56	+628.54		51°10′	90	0	43.09	80.37	9.78	5.80		+583.45	+623.64	+663.82	
Z57	+757.11	62°18′		30	0	18.13	32.62	5.05	3.65		+748.96	+765.29	+781.60	
Z54	+822.72		25°45′	60	0	13.71	26.97	1.55	0.46		+808.01	+822.49	+835.98	
Z59	+895.91	15°20′		150	0	20.19	40.14	1.35	0.24		+875.72	+895.79	+915.86	
Z60A	+976.44		28°58′											
Z60	+994.56		62°33′	S1.9	0	31.52	56.66	8.82	6.39		+963.04	+991.37	K54+019.69	
Z60D	K54+005.51		33°35′											

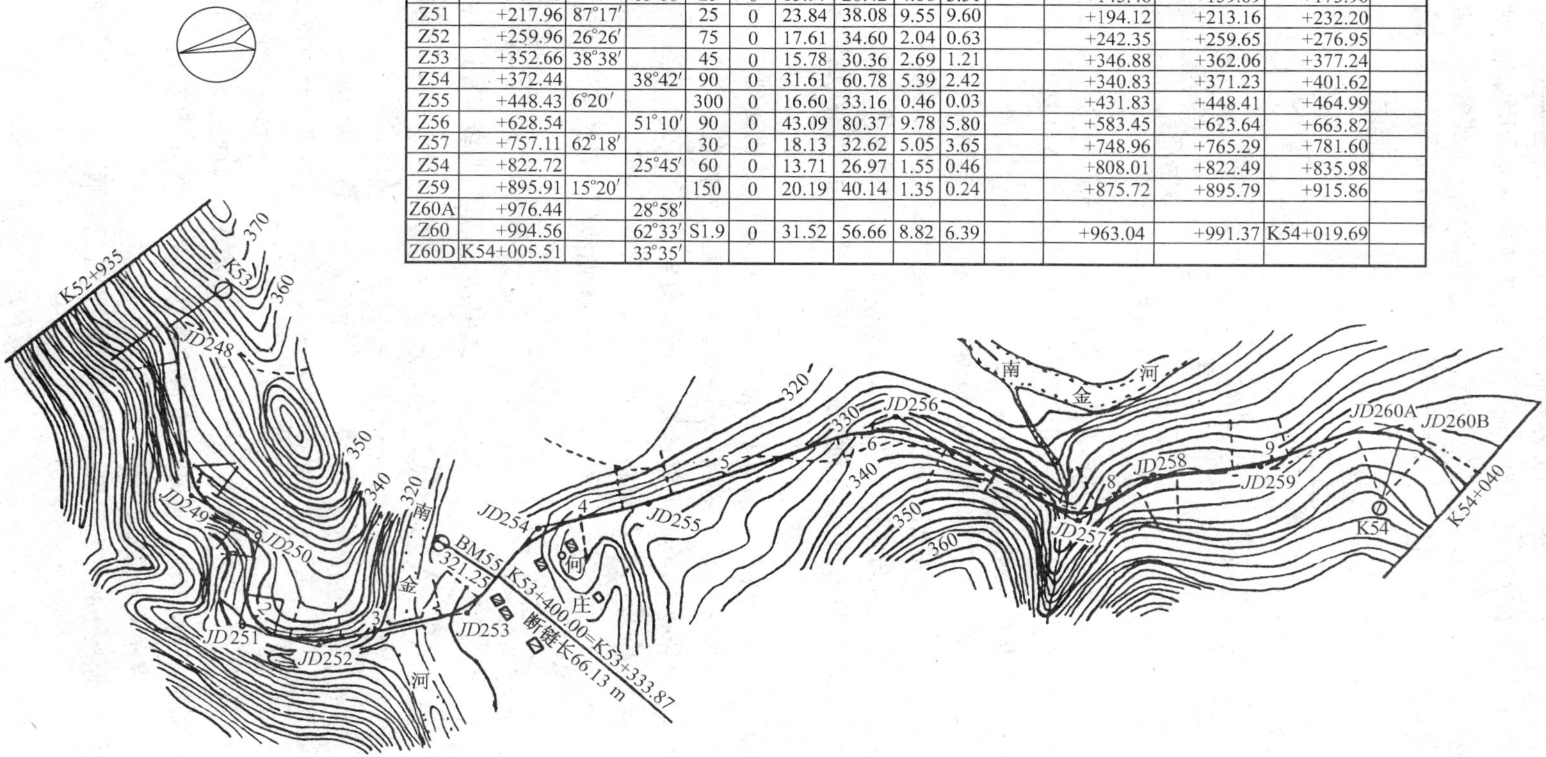

图 2—4　路线平面图

的公路从起点到终点在平面上不可能是一条直线，而且常常需要有很多转折，每到转折处都需要设置平缓的曲线，以消除公路的突然转折，使汽车安全顺适地通过。因此，公路的平面线形就是由一系列的直线段及曲线段组合而成的。公路曲线一般为圆曲线，对于三级及其以上的公路，在直线和圆曲线之间还要插入缓和曲线。这样，直线、圆曲线和缓和曲线就是平面线形的主要组成要素，其示意图见图 2－5。

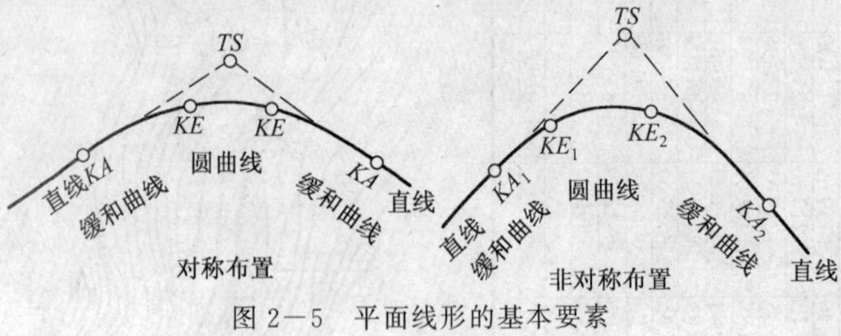

图 2－5 平面线形的基本要素

(2)直线。直线是平面线设计的基本要素之一，具有能以最短的距离连接两控制点。但直线线形灵活性差，难以适应地形的变化，不易于与地形、地物等周围环境相协调。另外，如直线路段过长，易引起驾驶员的厌倦、疲劳、注意力难以集中等，对行车安全不利。因此，在设计直线线形和确定直线长度时，均应视地形、地物等情况而慎重选用。

(3)圆曲线。当公路需要改变方向时，在转弯处需要设置圆曲线来连接两条相交的直线段，连接方式采用圆曲线与两直线相切，采用平缓而适当的圆曲线，既能保证汽车平稳地行驶，又可引起驾驶员的注意力集中，有利于安全行车；同时，采用圆曲线也能符合汽车作转向行驶的行驶轨迹。

①圆曲线半径。汽车在圆曲线上行驶时，除受重力外，还要受到离心力的影响。离心力使汽车产生两种不稳定的危险，一是汽车向外滑移，二是向外倾覆。离心力的大小是与圆曲线半径成反比的，即半径越小，离心力就越大，对行车安全很不利。为了保证行车安全与舒适，需要对圆曲线半径的最小值进行限制。

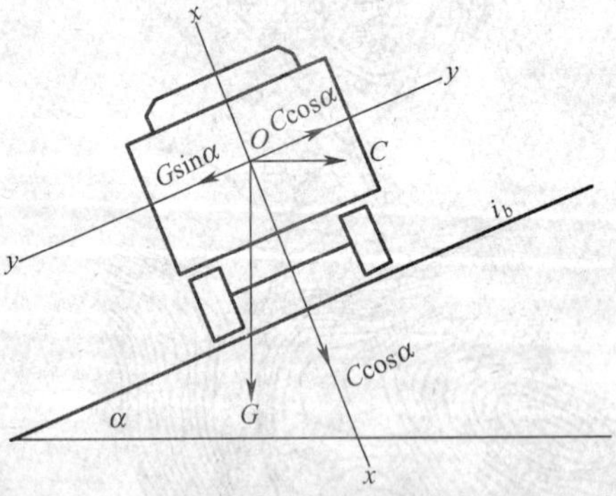

图 2－6 汽车在超高横坡上的横向力示意图

圆曲线的半径按下式确定：

$$R = \frac{v^2}{127(\mu \pm i_1)}$$

式中：R —— 圆曲线半径(m)；

v —— 计算行车速度(km/h)；

μ —— 横向力系数；

i_1 —— 路面横向坡度；

“±”——当汽车行驶在曲线内侧时取“＋”，在曲线外侧时取“－”。

为了减小横向力，一般圆曲线段上路面做成外侧高、内侧低的单向内倾横坡，称为弯道的超高。汽车行驶在具有超高的曲线上，如图 2－6 所示，其车重的横向分力与离心力的分力方向相反，故可抵消一部分离心力的作用。因此，路面设置超高后，曲线上行车所受横向力将减小。设置超高后，圆曲线半径则按下式计算：

$$R = \frac{v^2}{127(\mu \pm i_b)}$$

式中：i_b——路面超高横坡度。

②圆曲线最小半径(R_{min})。汽车在曲线上行驶时，由于横向力的作用，使行车的安全与

舒适程度受到影响，而且横向力越大，对行车就越不利，因此，必须对曲线行车的横向力大小加以限制。横向力的大小是和圆曲线的半径成反比的，要想降低横向力，就应采取较大的平曲线半径。允许采用的最小平曲线半径可按下式计算：

$$R_{\min}=\frac{v^2}{127(\mu_{\max}\pm i_b)}$$

式中：$\mu_{\max}$——最大横向力系数。

对于不同等级的公路，规定了圆曲线最小半径，即极限最小半径。一般最小半径和不设超高最小半径，如表 2－7 所示。

表 2－7 各级公路平曲线最小半径

公路等级	高速公路				一		二		三		四	
计算行车速度(km/h)	120	100	80	60	100	60	80	40	60	30	40	20
极限最小半径(m)	650	400	250	125	400	125	250	60	125	30	60	15
一般最小半径(m)	1 000	700	400	200	700	200	400	100	200	65	100	30
不设超高最小半径(m)	5 500	4 000	2 500	1 500	4 000	1 500	2 500	600	1 500	350	600	150

③平曲线最小长度。汽车在公路曲线上行驶时，如果曲线很短，则驾驶员操作方向盘频繁而紧张，这在高速行驶的情况下是很危险的。同时，从乘客心理状况来看也是不好的。所以，从便于驾驶员操作，有利于行车安全和对乘客的舒适来说，曲线必须具有一定的长度。我国各级公路平曲线最小长度如表 2－8 所示。

表 2－8 各级公路平曲线最小长度

公路等级	高速公路				一		二		三		四	
地　　形	平原微丘	重丘	山岭		平原微丘	山岭重丘	平原微丘	山岭重丘	平原微丘	山岭重丘	平原微丘	山岭重丘
最小长度(m)	200	170	140	100	170	100	140	70	100	50	70	40
最小长度低限值(m)	—	—	—	—	—	—	—	—	—	—	40	20

④平曲线加宽。汽车在曲线上行驶时，每一个车轮都以不同的半径绕圆心运动，汽车前后轮的轨迹不重合，因此，汽车在曲线上行驶所占路面宽度就比在直线上的大，其增宽值如图 2－7 所示。另外，由于曲线行车受横向力系数 μ 的影响，汽车会出现不同程度的摆动。因此，为保证行车安全，曲线段的路面应适当加宽。

平曲线上双车道路面加宽值按下式计算：

$$b_j=\frac{L_0^2}{R}+\frac{0.1v}{\sqrt{R}}$$

式中：b_j——双车道路面加宽值(m)；

L_0——汽车轴距加前悬(m)；

v——计算行车速度(km/h)；

R——圆曲线半径(m)。

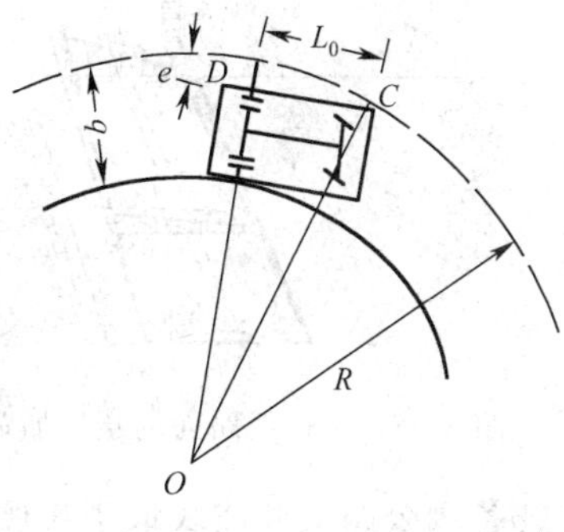

图 2－7 平曲线的路面加宽示意图

我国相关标准对各种车辆组成情况下的不同半径加宽值作了统一规定，如表 2－9 所示。

⑤平曲线超高。当汽车在弯道上行驶时，将受到横向力的作用，其值的大小用横向力系数 μ 表示。横向力系数对行车的安全性、舒适性和经济性都有不利影响，而且横向力系数越大就

表 2—9 平曲线加宽表

加宽类别	加宽值(m) 汽车轴距加前悬(m) \ 平曲线半径(m)	250~200	<200~150	<150~100	<100~70	<70~50	<50~30	<30~25	<25~20	<20~15
1	5	0.4	0.6	0.8	1.0	1.2	1.4	1.8	2.2	2.5
2	8	0.6	0.7	0.9	1.2	1.5	2.0	—	—	—
3	5.2+8.8	0.8	1.0	1.5	2.0	2.5	—	—	—	—

越不利。为保证行车的安全、舒适和经济，就必须减小横向系数 μ，这可以通过两种途径实现，一是增大曲线半径或降低行车速度，二是设置向内侧倾斜的单项横坡——超高横坡。降低车速的措施不可取，而增大曲线半径要受地形、地物的限制，因此，采用设置超高，降低横向力系数的措施，是非常有效而经济适用的。超高值按下式计算：

$$i_b = \frac{v^2}{127R} - \mu$$

平曲线路面的超高加宽示意图如图 2—8 所示。

(4)缓和曲线

①缓和曲线的作用。当汽车从直线进入圆曲线时，驾驶员应逐渐转动方向盘，以改变前轮的转向角，使其适应相应半径的圆曲线。直线半径为无穷大，圆曲线半径为 R，从直线过渡到圆曲线，汽车行驶轨迹的曲率半径是不断变化的，这一变化路段就是缓和曲线段。也就是说，缓和曲线就是指从直线上半径无穷大到圆曲线的定值之间的曲率半径逐渐变化的过渡段。缓和曲线具有便于驾驶操作，消除离心力的突变和完成超高及加宽的过渡作用。

②缓和曲线与圆曲线的衔接示意图，如图 2—9 所示。

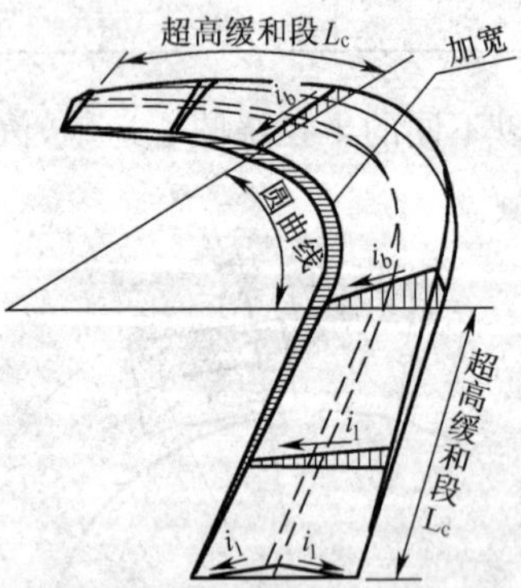

图 2—8 平曲线路面的超高加宽示意图

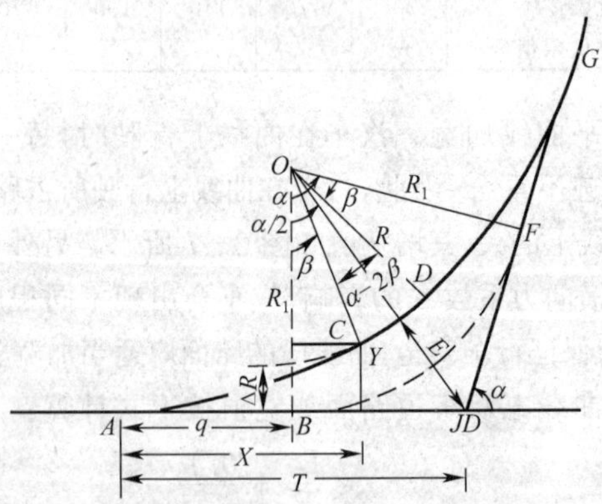

图 2—9 缓和曲线与圆曲线的衔接示意图

③各级公路缓和曲线最小长度。我国制定的各级公路的缓和曲线最小长度，如表 2—10 所示。

(5)平面视距

①视距的含义。视距就是指驾驶员在行驶过程中的通视距离。为了保证行车安全，驾驶员应能看到前方一定距离的公路以及公路上的障碍物或迎面的来车，以便及时刹车或绕过。汽车在这段时间里沿公路路面行驶的必要安全距离，称为行车视距。无论在道路的平面上或

纵断面上，都应保证必要的行车距离。

表 2—10 各级公路的缓和曲线最小长度

公路等级	高速公路				一		二		三		四	
地 形	平原微丘	重丘	山岭		平原微丘	山岭重丘	平原微丘	山岭重丘	平原微丘	山岭重丘	平原微丘	山岭重丘
缓和曲线最小长度(m)	100	85	70	50	85	50	70	35	50	25	35	20

②停车视距。停车视距是指驾驶员看到障碍物后立即采取制动措施，至汽车在障碍物前停下来的最小安全距离。

③超车距离。对于双向行驶的双车道公路，根据需要，应结合地形设置保证具有超车视距的路段，以使汽车行驶时安全超越前车。

④各级公路停车与超车视距，如表 2—11 所示

表 2—11 各级公路停车与超车视距

公路等级	高速公路				一		二		三		四	
地 形	平原微丘	重丘	山岭		平原微丘	山岭重丘	平原微丘	山岭重丘	平原微丘	山岭重丘	平原微丘	山岭重丘
计算行车速度(km/h)	120	100	80	60	100	60	80	40	60	30	40	20
停车视距(m)	210	160	110	75	160	75	110	40	75	30	40	20
超车视距(m)							550	220	350	150	200	100
超车视距低限值(m)							350	150	250	100	150	70

二、结构组成

公路的结构组成主要包括：路基、路面、桥涵、排水系统、防护工程、隧道、特殊构造物等部分。

1. 路基

路基是公路行车部分的基础，是由土、石按照一定尺寸和结构要求所构成的带状土建工程构造物。路基横断面构成如图 2—10 所示。路基横断面有路堤、路堑、半填半挖路基三种基本形式，如图 2—11 所示。

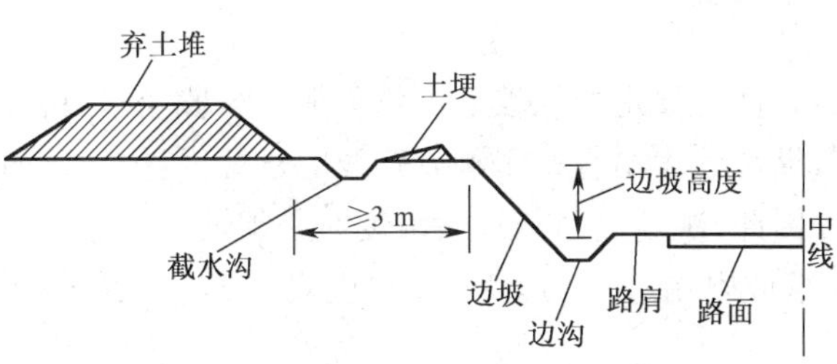

图 2—10 路基横断面组成示意图

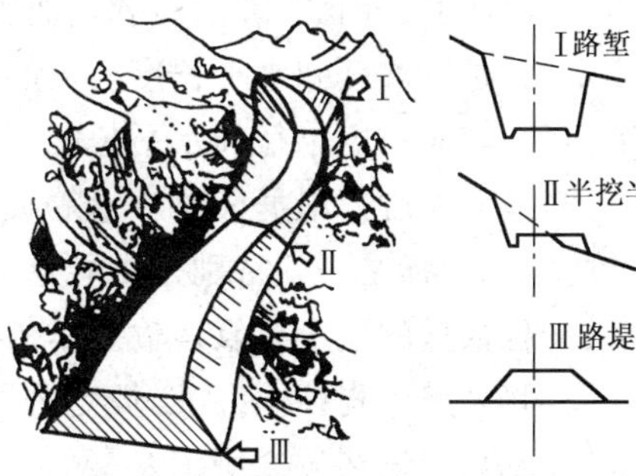

图 2—11 路基横断面形式

(1)路堤。路堤亦称填方路基，指路线高于天然地面时填筑而成的路基。

(2)路堑。路堑亦称挖方路基，指路线低于天然地面时开挖而成的路基。

(3)半填半挖路基。介于上述两者之间的路基称为半填半挖路基。

(4)对路基的基本要求。路基为路面的支撑体,其结构必须稳定、坚实并符合规定的尺寸,以承受汽车荷载的作用,并防止水分及其他自然因素对路基本身的侵蚀和损害。

2. 路面

(1)路面的含义。路基顶面用各种材料分层铺筑而成的结构层叫路面。

(2)对路面的基本要求。路面应具有足够的强度、平整度和粗糙度,以保证汽车以一定的速度安全、舒适地行驶。

(3)路面的分类。路面按其材料组成、结构强度和使用品质有高级、次高级、中级和低级路面之分;按其力学性质有柔性路面和刚性路面之分。

3. 路线纵断面图

(1)基本概念。通过道路中线的竖向剖面图称为路线纵断面图。它反映了公路在纵断面上的形状、位置和尺寸,即公路中线处地面的高低起伏情况以及设计路线坡度的变化情况,如图 2—12 所示。

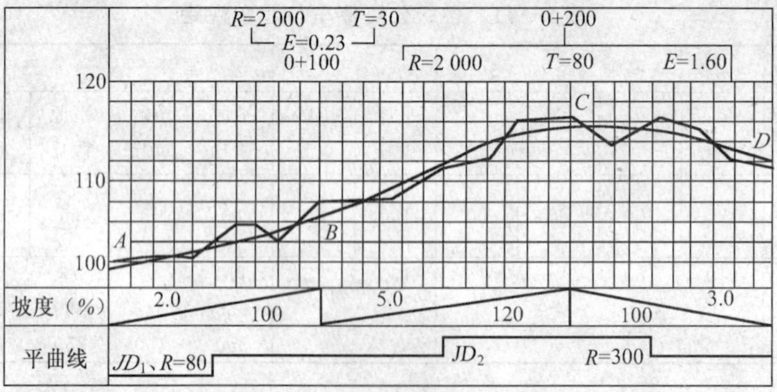

图 2—12 路线纵断面图(单位:m)

(2)纵断面线形要素。在路线纵断面图中有地面线和设计线两条主要的线。

地面线是根据路中线上各桩点实测的地面高程点绘出的一条不规则的折线,反映出路中线处天然地面的起伏变化情况。

设计线是经过技术、经济以及美学上的比较后,由设计人员定出来的,主要反映公路建成后纵面坡度的变化情况。路线纵断面设计线是由均匀坡度线(直线)和竖曲线(圆曲线或二次抛物线)组成的。因此,坡度线和竖曲线共同成为纵断面线的两个基本线形要素,坡度线有上坡和下坡,是以坡度和水平长度表示的。竖曲线则在坡度转换处设置的过渡性曲线,有凸形和凹型两种,其大小以半径和水平长度表示。

(3)最大坡度。根据公路技术等级和自然条件所规定的纵坡最大值称最大纵坡,它是路线设计的重要指标之一。特别是山岭重丘地区,纵坡的大小直接影响着路线的长短、使用品质的好坏、工程数量的大小以及运输成本的高低。因此,决定公路的最大坡度时必须慎重。

我国《公路工程技术标准》规定公路最大纵坡限制一般为 8%,并相应规定了各级公路的最大纵坡值,如表 2—12 所示。

表 2—12 各级公路的最大纵坡

公路等级	高速公路				一		二		三		四	
计算行车速度(km/h)	120	100	80	60	100	60	80	40	60	30	40	20
最大坡度(%)	3	4	5	5	4	6	5	7	6	8	6	9

(4)最小坡长。最小坡长通常以汽车按计算行车速度行驶 9～15 s 的行程作为规定值。我国《公路工程技术标准》据此给出了各级公路的最小坡长限制值，如表 2－13 所示。

表 2－13 各级公路最小坡长

公路等级	高速公路				一		二		三		四	
计算行车速度(km/h)	120	100	80	60	100	60	80	40	60	30	40	20
最小坡长(m)	300	250	200	150	250	150	200	120	150	100	100	60

(5)竖曲线。在两个直坡段的转折处(即变坡点处)，为保证行车安全、舒适以及视距的需要而设置的一段曲线，叫做竖曲线。相邻两直坡段的交角 ω 叫坡度角，坡度角 ω 的大小近似地等于相邻两纵坡段坡度的代数差，即：

$$\omega = i_2 - i_1$$

式中：i_2、i_1——分别为相交坡度值，上坡为正，下坡为负。

竖曲线的线形有用圆曲线的，也有用抛物线的。竖曲线如图 2－13 所示。

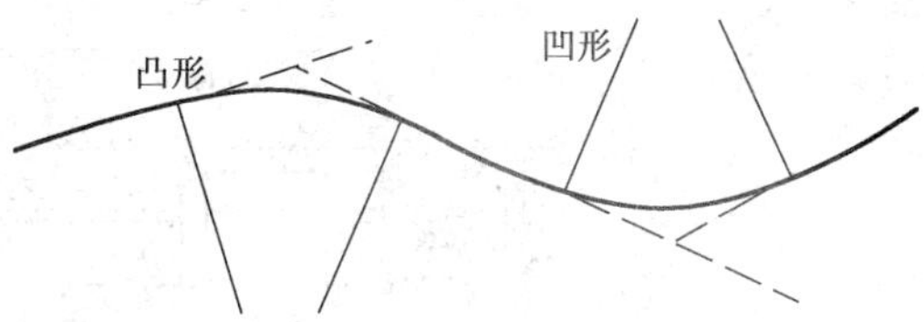

图 2－13 竖曲线

《公路工程技术标准》将竖曲线半径分为极限最小半径和一般最小半径。极限最小半径是指汽车在纵坡变更处行驶时，为了缓和冲击和保证视距所需要的最小半径的计算值，该值只有在受地形等特殊情况约束时可采用。一般最小半径是指为了行车安全和舒适，采用极限最小半径的 1.5～2.0 倍的数值。

竖曲线的最小长度，一般按计算行车速度行驶 3 s 的时间来计算的。我国《公路工程技术标准》规定的各级公路竖曲线最小半径和最小长度如表 2－14 所示。

表 2－14 公路竖曲线最小半径和最小长度

公路等级		高速公路				一		二		三		四	
计算行车速度(km/h)		120	100	80	60	100	60	80	40	60	30	40	20
凸形竖曲线半径(m)	极限最小值	11 000	6 500	3 000	1 400	6 500	1 400	3 000	450	1 400	250	450	100
	一般最小值	17 000	10 000	4 500	2 000	10 000	2 000	4 500	700	2 000	400	700	200
凹形竖曲线半径(m)	极限最小值	4 000	3 000	2 000	1 000	3 000	1 000	2 000	450	1 000	250	450	100
	一般最小值	6 000	4 500	3 000	1 500	4 500	1 500	3 000	700	1 500	400	700	200
竖曲线最小长度(m)		100	85	70	50	85	50	70	35	50	25	35	20

4. 桥涵

道路路线遇到江河湖泊、山谷深沟以及其他线路等障碍时，为了保持道路的连续性，就需要修建桥梁来跨越障碍。我国文化悠久，是世界文明发达最早的国家之一。在桥梁建筑方面，我们的祖先在世界桥梁建筑史上曾写下了光辉灿烂的篇章。例如，富有民族风格的我国古代石拱技术，其结构的精心巧思，以及艺术造型的丰富多姿，长期以来一直驰名中外。举世闻名的河北省赵县的赵州桥(又称安济桥)，就是我国古代石拱桥的杰出代表，如图 2－14 所示。该桥在隋大业初年(公元 605 年左右)为工匠李春所创建，是一座空腹式的圆形石拱桥，净跨 37.02 m，宽 9 m，拱矢高度 7.23 m。

(1)桥梁的组成

图 2－14 河北赵州桥

桥梁主要由桥跨结构、墩台及基础两个基本部分组成，如图 2－15 所示。

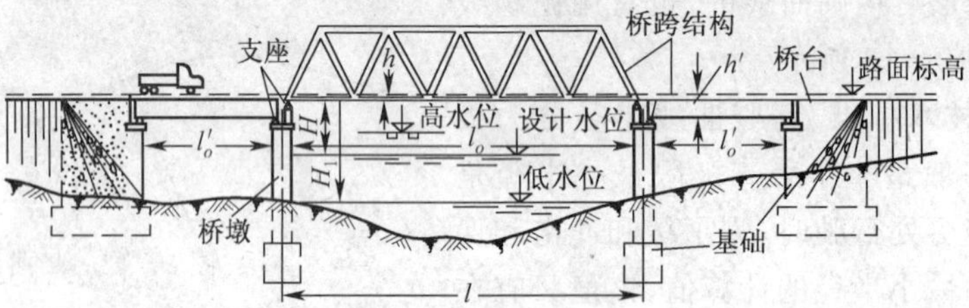

图 2－15 梁式桥概貌

桥跨结构常称上部结构，它包括承重结构和桥面系两部分。承重结构是跨越障碍物、承受自重、行人和车辆荷载的主要构件。桥面系由桥面铺装、桥面排水、防水措施、伸缩缝、人行道和栏杆组成，如图 2－16 所示。

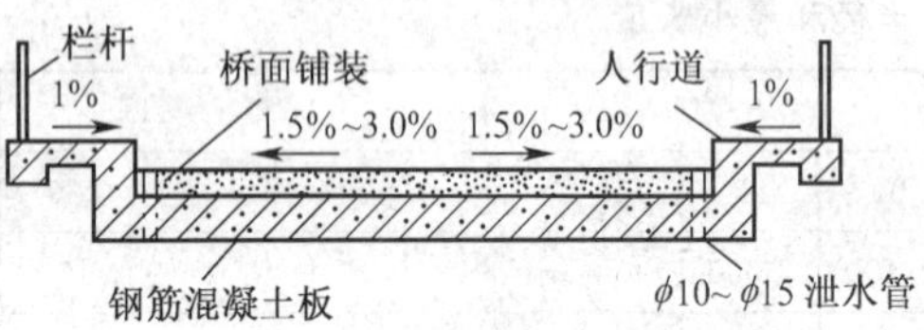

图 2－16 桥面构造

桥墩和桥台是支承桥跨结构并将恒载和车辆等活载传至地基的建筑物。设在桥两端的称为桥台，与路面相衔接，以抵御路堤土的压力，防止路堤填土的滑坡和坍落。中间支承叫桥墩。单孔桥没有中间桥墩。桥墩和桥台为桥梁下部结构。

基础是桥墩和桥台中使全部荷载传至地基的底部奠基部分，它是确保桥梁能安全使用的关键。由于基础往往深埋于土层之中，并且需要在水下施工，所以也是桥梁建设中比较困难的一个部分。

在路堤与桥台衔接处，在桥台两侧应设置石砌的锥形护坡，以保证迎水部分路堤边坡的稳定。在桥梁建筑工程中，除了上述基本结构外，还常常修筑护岸、导流结构物等附属工程。

低水位——河流中的水位是变动的，在枯水季节的最低水位称为低水位。

高水位——在河流涨水季节，洪峰时河流中的最高水位称为高水位。

设计水位——桥梁设计中按规定的设计供水频率计算所得的高水位称为设计供水位。

(2)与桥梁布置和结构有关的几个主要术语名称

①净跨径。对于梁式桥而言，净跨径是设计供水位上相邻两个桥墩(或桥台)之间的净距，用 L_0 表示。

②总跨径。它是多孔桥梁中各孔净跨径的总和，也称桥梁孔径($\sum L_0$)。它反映了桥下宣泄洪水的能力。

③计算跨径。对于具有支座的桥梁而言，是指桥跨结构相邻两个支座中心之间的距离，用 l 表示。

④桥梁全长。它是桥梁两端两个桥台的侧墙或八字墙后端点之间的距离，以 l 表示。

⑤桥梁高度。它是指桥面与低水位之间的高差，如图 2—15 中的 H_1。

⑥桥下净空高度。它是设计洪水位或计算通航水位至桥跨结构最下缘之间的距离，以 H 表示。它应保证能安全排洪，并不得小于对该河流通航所规定的净空高度。

⑦建筑高度。它是桥上行车路面标高至桥跨结构最下缘之间的距离。如图 2—15 中的 h 及 h'。公路定线中所确定的桥面标高，对通航净空顶部标高之差，又称为容许建筑高度。为了保证桥下的通航需要，桥梁的建筑高度不得大于其容许建筑高度。

(3)桥梁的类型

①按桥梁的结构不同分类，可分为梁式桥、拱式桥、悬吊桥以及它们之间的各种组合。

a. 梁式桥。它是一种在竖向荷载作用下无水平反力的结构，如图 2—15 所示。

b. 拱式桥。拱式桥的主要承重结构是拱圈。这种结构在竖向荷载作用下，桥墩或桥台将承受水平推力。拱桥概貌如图 2—17 所示。

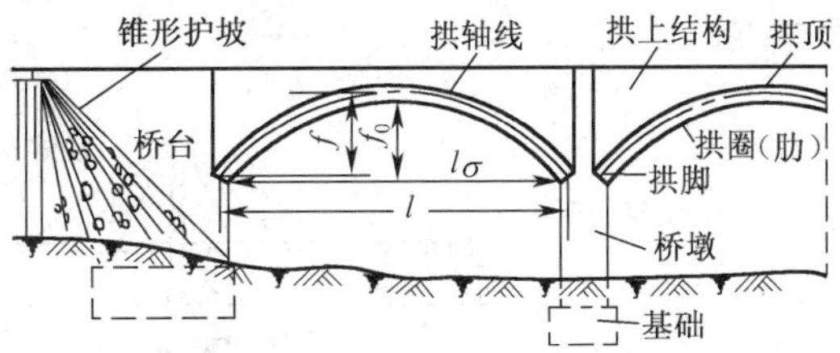

图 2—17 拱桥概貌

c. 刚架桥。刚架桥的主要承重是梁或板和立柱或竖墙整体结合在一起的刚架结构，梁和柱的连接处具有很大的刚性，如图 2—18 所示。

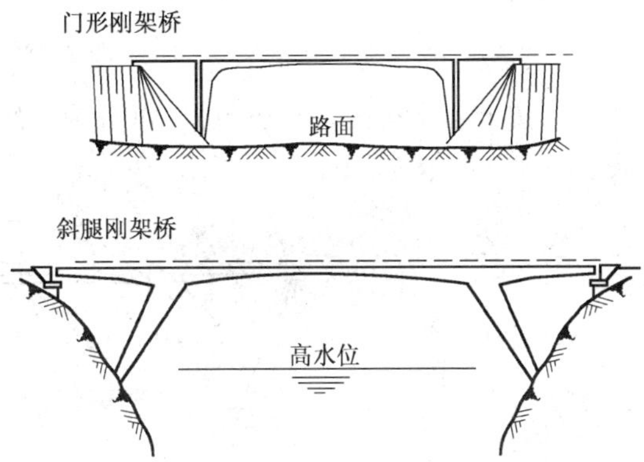

图 2—18 刚架桥概貌

d. 吊桥。传统的吊桥均用悬挂在两边塔架上的强大缆索作为主要承重结构。在竖向荷载作用下，通过吊杆使缆索承受很大的拉力，通常需要在两岸桥台的后方修筑非常巨大的锚碇结构。吊桥也是具有水平反力(拉力)的结构。现代的吊桥上，广泛采用高强度钢丝编制的钢缆，以充分发挥其优异的抗拉性能。因这种结构自重较轻，能以较小的建筑高度跨越其他任何桥型无与伦比的特大跨度。吊桥概貌如图 2—19 所示。

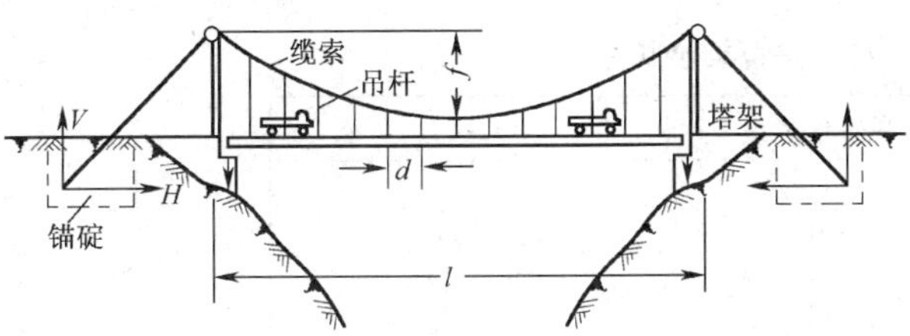

图 2—19 吊桥概貌

e. 组合体系桥。根据结构的受力特点，由几个不同体系的结构组合而成的桥梁称为组合体系桥，如图 2—20 所示。

②按用途不同，桥梁可分为公路桥、生产桥、人行桥等。

③按跨越障碍的性质，可分为跨河桥、跨线桥(立体交叉)、高架桥和栈桥等。

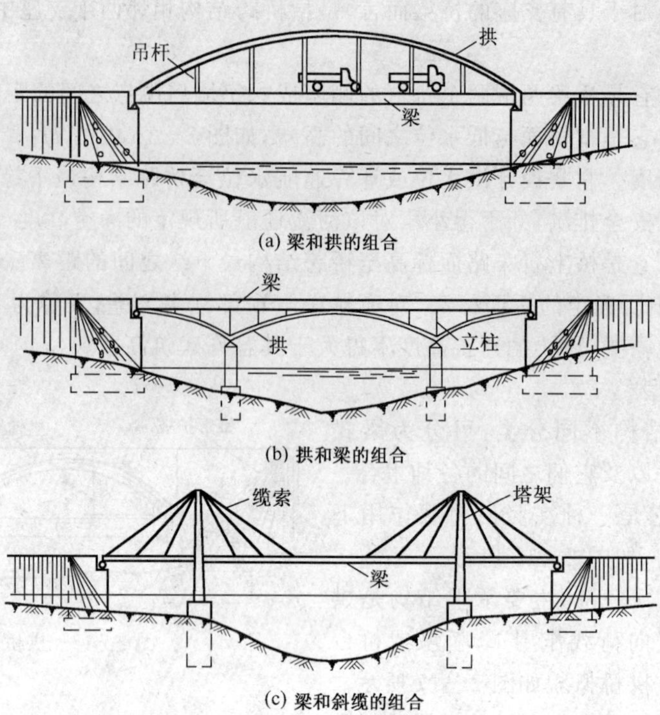

图 2－20 组合体系桥

④按上部结构的行车道位置，可分为上承式（图 2－20(b)）、下承式（图 2－20(a)）和中承式。中承式桥梁如图 2－21 所示。

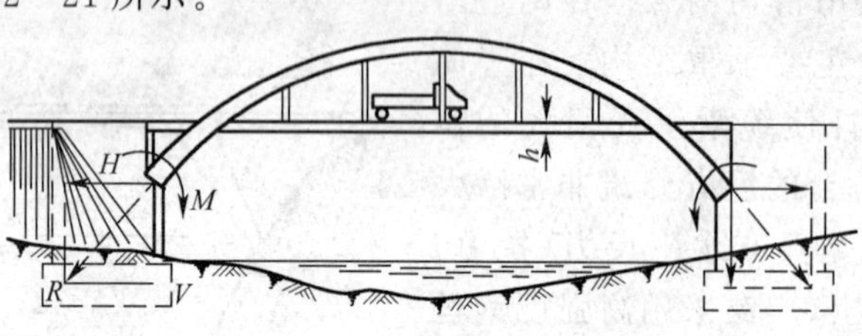

图 2－21 中承式桥梁示意图

⑤按桥梁全长和跨径的不同，分为特大桥、大桥、中桥和小桥。《公路工程技术标准》规定的大、中、小桥划分标准如表 2－15 所示。

表 2－15 按桥梁全长分类

桥梁分类	多孔桥全长 L(m)	单孔跨径 l(m)
特大桥	$L \geqslant 500$	$l \geqslant 100$
大桥	$L \geqslant 100$	$l \geqslant 40$
中桥	$30 < L < 100$	$20 \leqslant l < 40$
小桥	$8 \leqslant L \leqslant 30$	$5 \leqslant l < 20$

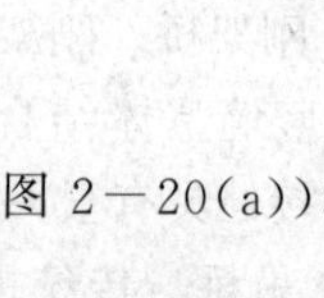

图 2－22 涵洞示意图

(4)涵洞

涵洞是用来宣泄路堤下水的构筑物。通常在建造涵洞处路堤不中断。为了区别于桥梁，《公路工程技术标准》中规定，凡是多孔径的全长不到 8 m 和单孔跨径不到 5 m 的泄水结构物，均称为涵洞。涵洞如图 2－22 所示。

5. 排水系统

为了确保路基稳定，避免受水的侵蚀，公路还应修建排水系统。公路排水系统可按其排水方向和排水位置的不同进行分类。

(1)按排水方向分为纵向排水系统和横向排水系统。

①纵向排水系统。纵向排水系统常见的有边沟、截水沟和排水沟等，如图 2－10 所示。

②横向排水系统。横向排水系统常见的有路拱、桥涵、透水路堤、过水路面和渡槽等，如图 2－23 所示。

(2)按排水位置不同，又可分为地面排水和地下排水。

①地面排水。地面排水主要是排除危害路基的雨水、积水及外来水等地面水。

②地下排水。地下排水主要是排除地下水和其他需要通过地下排除的水。盲沟是常见的公路地下排水结构物，如图 2－24 所示。

6. 隧道(或地道)

公路穿过山岭，置于地层内或地面下的结构物称为隧道(或地道)，如图 2－25 所示。隧道也是公路上的重要结构物，特别是在山区修建的一级公路和高速公路，隧道占的比例较大。一些长大隧道往往是关键工程。

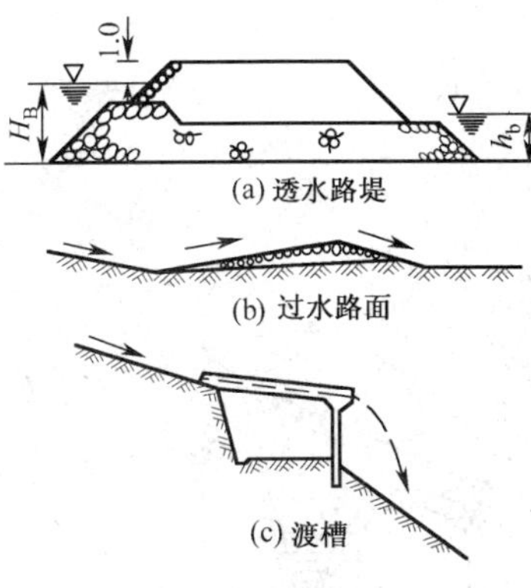

图 2－23 横向排水设施

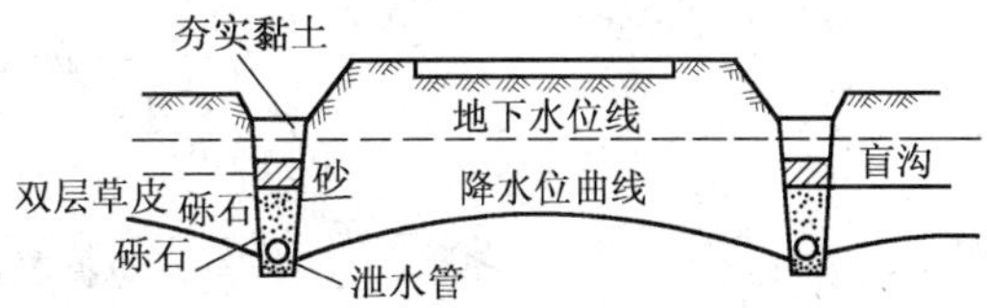

图 2－24 盲沟

图 2－25 隧道

7. 防护工程

公路通过山区或沿河地段时，在陡峭的山坡上或沿河一侧，为保证公路路基的稳定，加固路基边坡所修建的构造物，称为防护工程。常见的公路路基防护工程有：填石路基、砌石护坡、挡土墙、护脚及护面墙等，如图 2－26 所示。

8. 特殊构造物

公路在山区地形、地质特别复杂的路段，为了保证公路连续、路基稳定，有时需修建一些特殊的构造物，如悬出路台、半山桥、明洞等，如图 2－27 所示。

三、沿线设施

公路除了线形组成和结构组成外，为了保证行车安全、舒适，增进路容美观，还需要设置各种沿线设施，主要有交通安全设施、交通管理设施、交通服务设施和其他沿线设施等。由于公路的技术等级和具体情况不同，对沿线设施的要求也不一样。如高速公路、一级公路的交通量大，车速高，要求沿线设施齐全、坚固、醒目、美观、经济。沿线设施可根据近期、远期需要的不

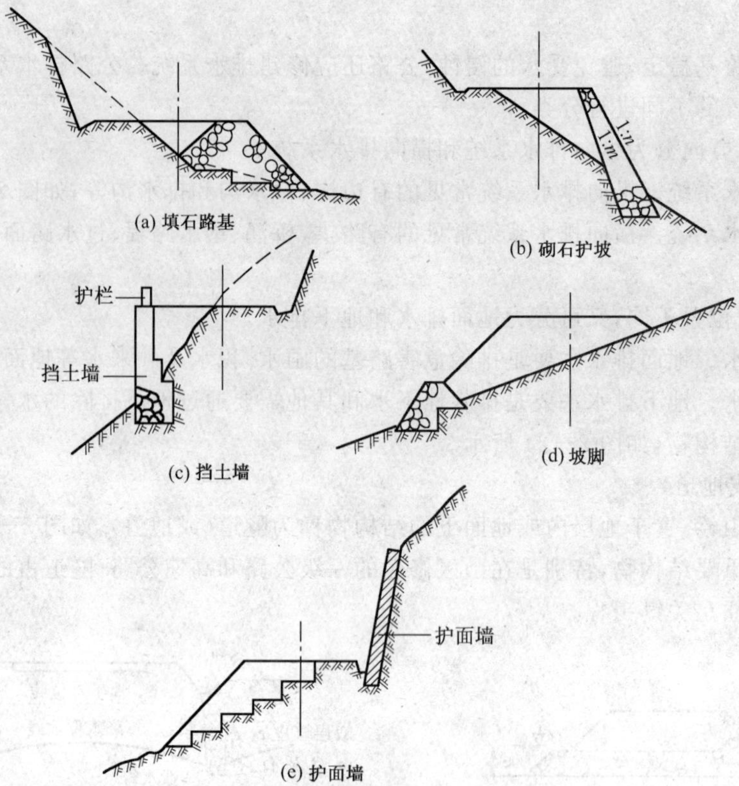

图 2—26 防护工程

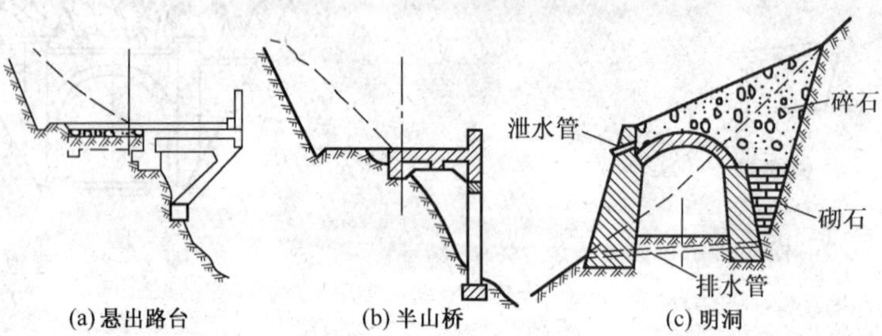

图 2—27 特殊构造物

同，采取一次建成或分期修建。

1. 交通安全设施

(1)防护设施。防护设施是为避免车辆碰撞和伤及行人或因失误而驶出路外等交通事故而设置，通常采用护栏(包括波型钢护栏、隔离栅等)。对高速公路和一级公路，是为防止非机动车辆、行人、牲畜等的闯入或横穿，对其他等级公路，通过城镇、村庄及可能发生此情况的路段上设置，前者用金属材料并单独设计，后者视情况采用木、石、钢筋混凝土制成。在高路堤、桥头引道、极限最小半径、陡坡路段等处可设置护柱，用木、石、钢筋混凝土制成，为醒目起见，可将护柱涂以红白相间的颜色；在地形险峻且危险的地段，可采用整体式或间断式护墙，用浆砌片(块)石等砌筑，间断式墙长一般为 2 m、间距为 2 m。

(2)照明设施。在高速公路和一级公路的运输繁忙和重要的路段，为使夜间交通畅通和行车安全,尽可能按一定间距设置路灯,使整个路段得以照明;在有条件的其他各级公路的交叉口、人行横道等处,可采用局部照明。

(3)视线诱导标志。对高速公路和一级公路,应在两侧路缘带上明显示出行车道边缘,以引导司机视线,有利于行车安全,其他各级公路在需要的路段上,也可采用标志以标明公路边缘及线形。

2. 交通管理设施

(1)交通标志。交通标志是对司机、行人等起禁止、限制、警告、指示等作用的交通管理设施,它的形状、图案、尺寸和设置,应符合中华人民共和国国家标准 GB 5768—1999《道路交通标志和标线》的规定。此外,必要时应在规定的地点设置路栏、锥形交通路标、导向标等设施和可变信息标志。可变信息标志是一种按交通、道路、气候等情况的变化而改变其显示内容的标志。它主要用于高速公路和一级公路,按照公路的交通情况、标志的功能和检测方式进行专门设计。

(2)交通标线。交通标线是由路面标线、箭头、文字、立面标记、突起路标和路边线轮廓标等构成,其作用是引导交通,它可单独使用,也可与交通标志配合使用。路面标线的分类、功能和标划方法,立面标记和突起路标等的构造、制作和设置方法,详见《交通标志和标线》的有关规定。

(3)紧急电话。在高速公路和一级公路上,为使司机及时向管理机构报告事故、故障和求援等,应在适当的间隔内和在停车场等处设置紧急电话;对其他各级公路,在特大桥、长隧道处,可根据需要设置电话。

(4)公路情报板。在高速公路和一级公路的特定路段上,应设置公路情报板,管理机构通过交通自动控制中心,可随时将公路、交通、气象等情况通知路上的驾驶人员。

(5)交通监视设施。在高速公路和一级公路上,可根据需要设置交通监视设施,用现代化手段来管理、指挥公路交通。

3. 服务设施

服务设施是为了方便旅客、消除疲劳和精神紧张以及汽车加油、修理等的需要而设的公路附属设施,它主要有:停车设施、公路养护和营运用房等。

(1)停车设施。如停车场,是为司机和旅客恢复疲劳和临时检修车辆而设置,一般设于车站、服务区、游览区、城镇附近等处,应便于使用和车辆出入,其大小应根据停车的数量、车辆类型、停车方式、过道宽度等而定。禁止将行车道作停车场。对高速公路和一级公路,服务区内应设有加油站、保修间、餐厅、休息室等。高速公路和一级公路应设公共汽车停车站,供旅客上下车用。站内除应有停车道外,尚应设变速车道、上下站台等设施。其他各级公路,可根据需要设公共汽车停靠站。停靠站可利用外侧车道或适当加宽而成;服务性设施可根据具体需要而定。

(2)公路养护和营运用房。养路用房包括养路职工办公、居住、存放器材和修理机具的房屋。此类用房应本着适用、经济、就地取材的原则修建,并注意与当地民房相协调。设置地点应靠公路,尽量利用荒地以少占农田。

营运用房包括食宿站、服务区、仓库等,应根据需要和本着适应、经济、就地取材的原则修建。

4. 其他沿线设施

其他沿线设施主要是绿化、小品建筑及装饰等。

公路绿化是公路建设的项目之一,对保持生态平衡、防止环境污染和水土流失等有很大的作用,而且对公路本身能稳定路基、美化路容、诱导视线,增加乘客舒适性和安全感。因此,公路两侧应大力进行绿化,但在路肩上不得植树。在公路交叉范围和弯道内侧植树时应满足视距的要求。

高速公路和一级公路的中央分隔带上，可种植高约 1.2～1.4 m 的常绿花树丛等，以美化景色和避免对向汽车灯光眩目。

四、公路交叉

公路与公路或铁路相交的地方称为交叉口。它是道路系统中的重要组成部分，是道路交通的咽喉，各种车辆和行人都要在交叉口处汇集。在线路交叉中，以公路与公路的交叉最为复杂。根据各相交道路在交叉口的标高情况，可分为平面交叉和立体交叉两大类。

1. 公路与公路的平面交叉

平面交叉口的型式，取决于道路网的规划，交叉口用地及其周围建筑的情况、交通量、交通性质和交通组织，常见的型式有简单交叉口、环形交叉口等。

(1)简单交叉口

①定义。简单交叉口是指平面交叉中，交叉口既不作任何特殊处理，又不进行交通管制的交叉口。在这种交叉口处行驶的车辆，不受任何限制，各自按照交通规则行驶。

②适用地点。简单交叉口适用于交通量小、车速低的次要道路或地方道路相连接的交叉口。

(2)环形交叉口

①定义。在交叉口的中央设置中心岛，围绕中心岛设置车行环道。所有进入车道的车辆，一律按逆时针方向环绕中心岛作单向行驶，直至所要去的路口方离环道驶去。

②适用地点。环形交叉口适用于非机动车和行人不多的交通交叉口。

2. 公路与公路的立体交叉

(1)立体交叉的概况

立体交叉是两条道路在不同高度(空间)上互相交叉的形式。在立体交叉上需设置跨线桥，一条道路自桥上通过，另一条道路则自桥下通过，彼此互不干扰。通常可设置匝道为相交路线互相连接。

采用立体交叉是保证车辆迅速、安全、不间断地通过交叉口的有效措施。由于公路运输的迅速发展，立体交叉已成为一个地区、一个城市交通发达的象征，标志该地区经济发展状况。从整体来看，立体交叉向造型美观、功能齐全、线形平顺、构造物少、施工方便、造价低廉等方向发展。

(2)立体交叉的基本组成

立体交叉一般由主线、被交路、匝道、构造物、变速车道等几个部分组成，如图 2－28 所示。

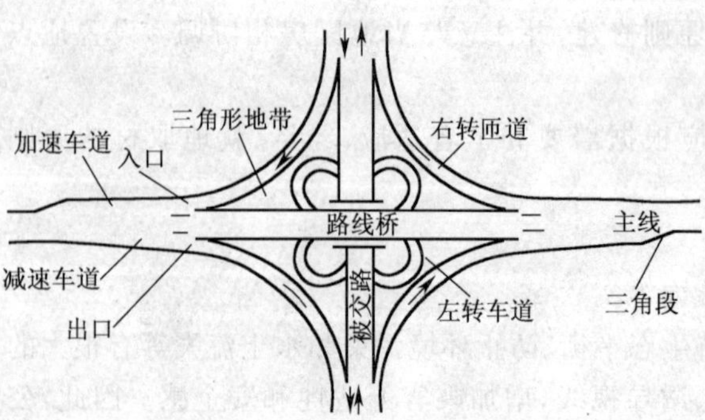

图 2－28 立体交叉的组成

①主线。主线是对立交项目所依附路段的统称。一般情况下，主线的等级较高。

②被交路。被交路指与主线相交的道路，是设计的第二服务对象。

③匝道。匝道是用以连接两条相交道路，供左、右转弯车辆行驶的连接道路。

④构造物(跨线桥或匝道桥)。穿越相交道路的结构物，是立体交叉实现车流分隔的主体。有的立体交叉有一座以上的构

造物(指匝道与干道、干道与干道、匝道与匝道相交叉处所修建的立交桥或隧道)。

⑤变速车道。由于匝道采用比干线低的设计车速,因此车辆进出干线都要改变车速,在匝道与干线的连接部位,为进出车辆变速及分流、汇流而增设的附加车道称为变速车道。入口端为加速车道,出口端为减速车道。

3. 立体交叉的分类

(1)按相交路线跨越方式划分,可分为上跨式和下穿式两类。上跨式是主线上跨被交路的形式,也称跨线桥式。下穿式是主线下穿被交路的形式,也称隧道式。

上跨式和下穿式选用哪种类型有利,要根据道路、交通、地形、地区、经济、排水、施工及周围环境的协调等条件来决定。

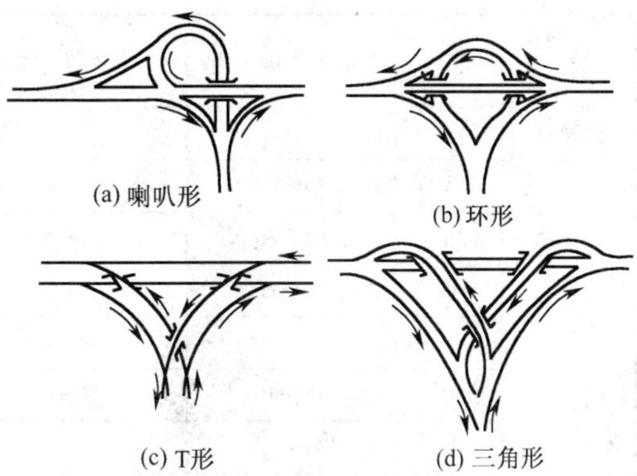

图 2－29 三路立体交叉

(2)按交通功能划分,可分为分离式、半互通式、互通式立体交叉。

①分离式立体交叉。分离式立交仅设跨线桥一座,上下无匝道连接。这种立交占地少,设计简单,但车辆不能互通转道。

②半互通式立体交叉。半互通式立体交叉仅设特定方向的连接匝道,车辆不能完全相互往来,这种立体交叉构造简单,使用范围有限。半互通式立交叉叫不完全型立交。

③互通式立体交叉。互通式立体交叉,除设有构造物(隧道或跨线桥)外,并设有匝道连接上、下道路,相交道路上车辆可以互相往来。互通式立体交叉构造复杂,占地较多,且上、下道路上的车辆可以互相转道,在城市道路及高等级公路出入口处,一般均要求相互贯通,故多采用互通式立体交叉。

互通式立体交叉的形式有三路主体交叉,如图 2－29 所示。喇叭型,如图 2－29(a)所示;环形,如图 2－29(b)所示;T 形,如图 2－29(c)所示;三角形,如图 2－29(d)所示。

四路立体交叉,如图 2－30 所示。苜蓿叶式及部分苜蓿叶式如图 2－30(a)、(b)所示;环形如图 2－30(c)所示;菱形如图 2－30(d)所示。

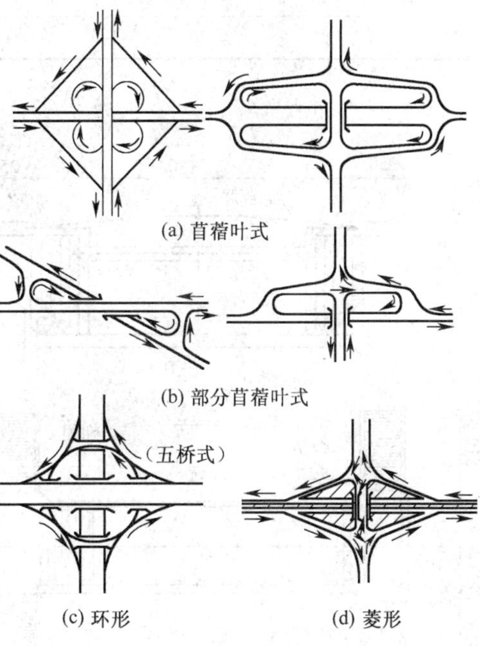

图 2－30 四路立体交叉

立体交叉类型的选择,应根据相交公路的等级、使用性质和转道车辆的数量,并结合交叉口的地形、自然条件、占地等情况,作出全面的技术经济比较,选定经济合理的设计方案。

五、城市道路的组成

城市道路是公路的重要组成部分,主要为城市经济、文化和人民生活服务,因而有其自身的特点。

城市道路应将城市各主要组成部分如居民区、市中心、工业区、车站、码头、文化福利设施之间联系起来，形成一个完整的道路系统，方便城市的生产和生活活动，从而充分发挥城市的经济、社会和环境效益。城市道路由以下几个部分组成：

1. 机动车道，如供汽车行驶的机动车道，供有轨电车行驶的有轨电车道，供自行车、三轮车等行驶的非机动车道。

我国城市道路分类及主要技术指标如表 2－16 所示。

表 2－16　我国城市道路分类及主要技术指标

类别＼项目	级别	设计车速(km/h)	双向机动车道数(条)	机动车道宽度(m)	分隔带设置	横断面采用型式
快速路		80	≥4	3.75～4	必须设	双、四幅路
主干路	Ⅰ	50～60	≥4	3.75	应设	单、双、三、四
	Ⅱ	40～50	3～4	3.5～3.75	应设	单、双、三
	Ⅲ	30～40	2～4	3.5～3.75	可设	单、双、三
次干路	Ⅰ	40～50	2～4	3.5～3.75	可设	单、双、三
	Ⅱ	30～40	2～4	3.5～3.75	不设	单幅路
	Ⅲ	20～30	2	3.5	不设	单幅路
支　路	Ⅰ	30～40	2	3.5	不设	单幅路
	Ⅱ	20～30	2	3.25～3.5	不设	单幅路
	Ⅲ	20	2	3～3.5	不设	单幅路

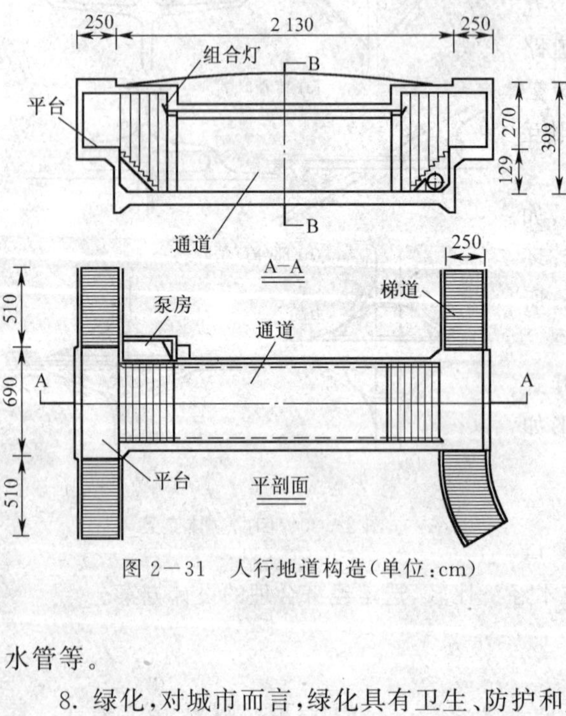

图 2－31　人行地道构造(单位：cm)

2. 人行道，专供行人步行交通用的人行道，如地下人行道、人行天桥。地下人行道(地道)如图 2－31 所示；广州市起义路与中山五路“十”字交叉口的人行天桥如图 2－32 所示；上海市南京路与西藏路的交叉口修建的一座“O”形人行天桥如图 2－33 所示。

3. 交通场所，如交叉口、交通广场、停车场、公共汽车停靠站台。

4. 交通安全设施，如交通信号灯、交通标志、交通岗、护栏等。

5. 排水系统，如街沟、边沟、雨水口、雨水管等。

6. 沿街地上设施，如照明灯柱、电杆、邮筒、给水栓等。

7. 地下各种管线，如电缆、煤气管、给水管等。

8. 绿化，对城市而言，绿化具有卫生、防护和美化作用。

交通发达的现代化城市，还建有地下铁道、高架道路等。

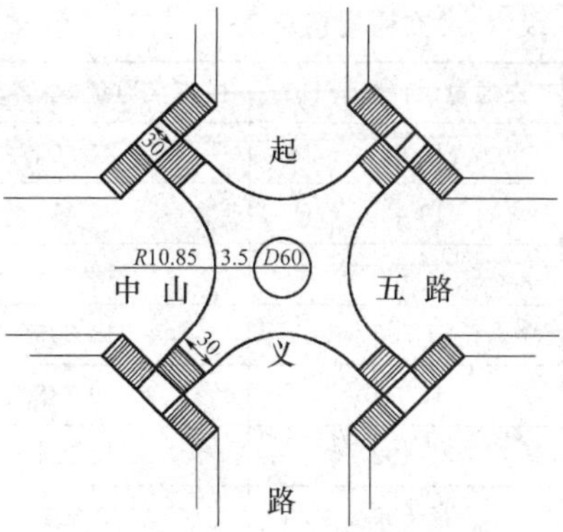

图 2－32　“十”字交叉口人行立交平面图

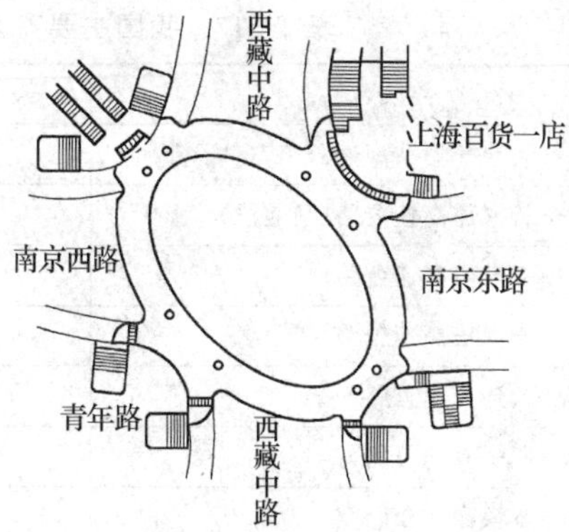

图 2－33　“O”形人行天桥平面示意图

第三节　高速公路

一、概　　述

1. 高速公路的概念

《辞海》1979 年版对高速公路下的定义："高速公路，供汽车高速行驶的公路。一般能适应 120 km/h 或更高的速度。要求路线顺滑，纵坡较小。路面有 4～6 车道的宽度，中间设分隔带，采用沥青混凝土或水泥混凝土高级路面。在必要处应设坚韧的路栏。为了保证行车安全，应有必要的标志、信号及照明设备。禁止行人和非机动车在路上行驶。与铁路或其他公路相交时完全采用立体交叉。行人跨越则用跨线桥或地道通过”。

我国《高速公路交通管理办法》第二条规定：高速公路“是指经国家公路主管部门验收认定，符合高速公路工程技术标准，并设置完善的交通安全设施、管理设施和服务设施，专供机动车高速行驶的公路。”

从以上定义我们可以看出，一般来讲，高速公路应符合下列 4 个条件：

(1)高速公路是只供汽车行驶的汽车专用公路，一般公路则还允许非机动车及行人使用；

(2)高速公路设有中央分隔带，将往返交通完全隔开；

(3)高速公路与任何铁路、公路都是立体交叉的，不存在一般公路上的平面交叉口的横向干扰；

(4)高速公路沿线是封闭的，是控制出入的。

2. 高速公路的特点

高速公路一般具有以下特点：

(1)行驶速度高。高速公路不但线型好、标准高，而且具有较完善的交通安全设施、管理设施和服务设施，从而保证了车辆的高速行驶。计算行车速度为 80～120 km/h。我国《高速公路交通管理办法》规定：行驶速度为 50～110 km/h。

(2)通行能力大。四车道高速公路一般能适应的交通量(按各种汽车折合成小客车的远景设计年限年平均昼夜交通量)为 25 000～55 000 辆；六车道高速公路为 45 000～80 000 辆；八车道高速公路为 60 000～100 000 辆。1997 年我国主要高速公路交通量情况如表 2－17 所示。

(3)汽车专用。高速公路不允许出现混合交通。对进入高速公路的车辆与车速有严格的限制，避免了车辆的混流。消除了一般公路上汽车、拖拉机、畜力车、自行车和行人同行一条车道的混合交通局面，保证了汽车良好的行驶环境。

表 2－17 我国主要高速公路(含部分一级汽专)交通量情况表

路段名称	里程(km)	交通量(自然车/日)	换算交通量(小客车/日)
北京－天津－塘沽高速公路	142	14 007	24 806
北京－石家庄高速公路(河北段)	221	19 430	34 411
石家庄－安阳高速公路	215	7 500	13 283
哈尔滨－大庆高速公路	133	7 795	13 805
沈阳－大连高速公路	375	11 170	19 782
沈阳－四平高速公路	160	7 482	13 251
沈阳－本溪高速公路	88	5 586	9 893
四平－长春高速公路	133.2	8 488	15 032
长春－吉林高速公路	84	4 058	7 187
上海－南京高速公路	258	11 000	19 481
上海－嘉定高速公路	19	8 463	14 988
杭州－宁波高速公路	145	9 468	16 768
南京－合肥高速公路(安徽段)	134	10 764	19 063
长沙－湘潭高速公路	51	7 580	13 424
南昌－九江一级汽专	138	5 444	9 641
郑州－许昌高速公路	93	13 381	23 698
安阳－新乡高速公路	122	7 505	13 291
开封－洛阳高速公路	201.4	9 514	16 849
西安－宝鸡高速公路	146	5 628	9 967
黄石－武汉－宜昌高速公路	350	7 438	13 173
呼和浩特－包头高速公路(半幅)	150.4	2 938	5 203
济南－青岛高速公路	318.7	16 448	29 129
成都－重庆高速公路(一级汽专)	226	7 398	13 102
钦州－防城港高速公路	105	2 727	4 830
佛山－开平高速公路	80	23 986	42 479
深圳－汕头高速公路	287	27 699	49 055
广州－深圳高速公路	123	74 500	131 940
广州－佛山高速公路	15.7	68 238	120 849
惠州－盐田高速公路	63.6	21 912	38 806
广州－花县高速公路	23	17 150	30 373
海口－三亚高速公路(东线半幅)	241	4 419	7 826
海口－三亚高速公路(西线)	157	3 460	6 128
昆明－曲靖高速公路	130	8 038	14 235
楚雄－大理高速公路	178	7 000	12 397
昆明－玉溪高速公路	89	6 000	10 626
合 计	5 396		
平 均		11 991	21 235

(4)技术标准高。高速公路在路基、纵、横、平、路面、桥梁等人工构建物方面的技术标准都比较高,同时还尽可能地避免了长直线形路段,采用大半径曲线形,根据地形以圆曲线或缓和曲线为主,增加了路线美感,更有利于行车舒适安全。

(5)交通安全设施、管理设施和服务设施完善。

(6)行车安全。高速公路由于有效地排除和减少交通干扰与冲突,所以大大减少了交通事故的发生和因此带来的损失。据国外资料介绍,高速公路交通事故率与普通公路相比,美国下降 56%,英国下降 62%,日本下降 89%。我国高速公路交通事故率也有明显下降。

(7)占地多、投资大、造价高。我国目前每公里高速公路的平均造价已超过 1 000 万元人民币,南方沿海省份少数路段每公里造价接近 1 亿元。从每公里平均造价比,高速公路超过了任何一种运输方式的路线造价。我国大陆 20 世纪末修建的几条高速公路每公里造价如表 2－18 所示。

表 2－18 我国大陆几条高速公路概况表

路　名	长度(km)	路肩宽(m)	车道数	每千米造价(万元)	开工时间	通车时间
沪嘉(上海－嘉定)	20.4	26.5	4	749	1984 年	1988 年
沈大(沈阳－大连)	375	26.0	4	586	1984 年	1990 年
广佛(广州－佛山)	28.2	26.0	4	1 592	1986 年	1989 年
西临(西安－临潼)	23.9	26.0	4	786	1986 年	1989 年
莘松(上海莘庄－松江)	20.5	26.0	4	1 554	1986 年	1990 年
京津塘(北京－天津－塘沽)	142.7	26.0	4	1 620	1987 年	1990 年
济青(济南－青岛)	330	26.0	4	975	1990 年	1992 年
广深珠(广州－深圳－珠海)	300	26.0,33.1	4,6	1 160	1987 年	1992 年
广州环城	60	34,75	4	2 094	1987 年	1996 年
沪宁(上海－南京)	271	26.0	4	9 115(沪) 4 275(苏)	1993 年	1996 年
沪杭甬(上海－杭州－宁波)	260	26.0	4	1 633(沪) 1 739(浙)	1992 年	1998 年

注:造价高低悬殊主要与工程地质条件、桥梁长短、材料价格、征地拆迁多少、修建时间等有密切的关系。

3. 高速公路的分类

高速公路的分类,世界各国的分类方法都不一样。在我国,将高速公路分为城间高速公路和城市高速公路两大类。

(1)城间高速公路。城间高速公路也叫乡村高速公路,一般都是修建在乡村的山区,经过城市附近的高速公路。

(2)城市高速公路。城市高速公路是为城市运输服务的,设计速度比城间高速公路设计速度低,并由城市管理部门管辖。

4. 高速公路的主要组成部分

高速公路主要由以下几个部分组成,如图 2－34 所示。

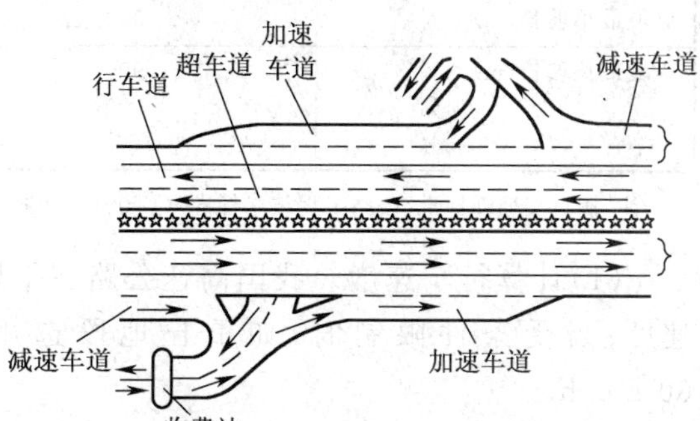

图 2－34 高速公路主要组成部分示意图

(1)中央分隔带。中央分隔带是高速公路中央一条长条形隔离带，用以分隔上下行车道，防止车辆逆行和闯入对向车道。

(2)主车道。主车道是指中央分隔带分隔的上行车道和下行车道，每个方向的车道均为主车道，主车道又以标线分为两条或两条以上车道。主车道以沿机动车行驶方向左侧算，第一条车道为超车道，第二、三条和其他车道为行车道。

(3)路肩和应急停车带。路肩是路幅的一部分，与车道衔接。紧急情况时硬路肩可作为临时停车之用。当右侧硬路肩的宽度小于 2.5 m 时，为使发生故障的车辆避让其他车辆能尽快离开行车道，设置应急停车带。

(4)加速车道。加速车道是紧接主车道入口处最右侧车道，供机动车驶入高速公路前加速时使用。

(5)减速车道。减速车道是紧接主车道出口处最右侧的车道，供机动车驶离高速公路前减速时使用。

(6)爬坡车道。爬坡车道是在高速公路有坡度的路段，为了保持车流的稳定性，设置专供速度较慢的载货车、大客车等使用的车道。

5. 高速公路主要技术指标

根据中华人民共和国交通部发布的行业标准《公路工程技术标准》(JT 001—1997)，我国目前的高速公路技术指标如表 2—19 所示，主要有以下内容：

表 2—19 我国高速公路主要技术指标

地形	平原微丘	重丘	山岭	特困地段
计算行车速度(km/h)	120	100	80	60
车道数	8　6　4	4	4	4
行车道宽度(m)	2×15　2×11.5　2×7.5	2×7.5	2×7.5	2×7.0
中间带宽度(m)：一般值 低限值	4.50 3.00	3.50 2.50	2.50 2.00	2.50 2.00
硬路肩 宽度(m)：一般值 低限值	3.50 3.00	3.00 2.75	2.75 2.5	2.5 1.5
停车视距(m)	210	160	110	75
极限最小半径(m) 一般最小半径(m) 不设超高最小半径(m)	650 1 000 5 500	400 700 4 000	250 400 2 500	125 200 1 500
最大纵坡(%)	3	4	5	5
纵坡最小坡长(m)	300	250	200	150
纵坡最长坡长(m)：3% 4% 5%	900 700	1 000 800 600	1 100 900 700	1 200 1 100 800

注：摘自交通部标准《公路工程技术标准》(JT001—1997)。

(1)计算行车速度。我国高速公路在平原、微丘地段一般选用 120 km/h 的计算行车速度；当受条件限制时，如重丘地段选用 100 km/h；在山岭地段选用 80 km/h 或 60 km/h。

高速公路上设置限速交通标志、标记等，都是以计算行车速度为基础确定的。

(2)行车道宽度，高速公路行车道宽度如表 2—19 所示。

(3)中间带宽度。高速公路中间带由两条左侧路缘带及中央分隔带组成,其宽度如表 2—19 所示。

(4)路肩宽度。高速公路的路肩有硬路肩与土路基之分,硬路基宽度如表 2—19 所示。

(5)应急停车带。高速公路当右侧路肩的宽度小于 2.5 m 时,设应急停车带。应急停车带的宽度包括硬路肩在内为 3.5 m,有效长度不小于 30 m。

(6)视距。视距是公路设计的要素之一。驾驶人员发现前方障碍物,为了防止冲撞而制动刹车,或回避障碍物绕行,都需要有一定的距离。高速公路在平曲线和竖曲线上的停车视距不小于表 2—19 的长度。

(7)最小曲线半径。高速公路的最小曲线半径,如表 2—19 所示。当受地形条件或其他特殊情况限制时,采用表 2—19 所列极限最小半径。

(8)纵向坡度。高速公路的最大纵坡、纵坡的最小坡长和最大坡长如表 2—19 所示。高速公路受地形条件或其他特殊情况限制时,经技术经济论证,最大纵坡可增加 1%。

6. 我国高速公路建设和发展概况

我国最早建设的高速公路是台湾省高雄—基隆的高速公路,全长 373 km,还有一条至飞机场支线 9.5 km,全线于 1978 年 10 月建成,交通工程设施和控制系统于 1984 年建成。我国大陆高速公路于 20 世纪 80 年代开始起步,到 90 年代才有了较大的发展。大陆第一条高速公路是上海—嘉定的高速公路,全长 19 km,于 1988 年 10 月建成通车。随后北京—天津、塘沽,广州—深圳、珠海,沈阳—大连,上海—南京,广州—佛山,广州环城,南京—合肥,北京—石家庄,济南—青岛,开封—洛阳,成都—重庆,宜昌—黄石,南昌—九江,西安—宝鸡,杭州—宁波,石家庄—太原,长春—四平,深圳—汕头,佛山—开平,昆明—曲靖,北京—昌平等数十条高速公路相继建成通车,到 2000 年底,全国高速公路通车里程达 16 000 km。我国高速公路总里程已跃居世界第三位。1988 年后,我国高速公路建设速度逐年加快,其上升幅度很大,如图 2—35 所示。

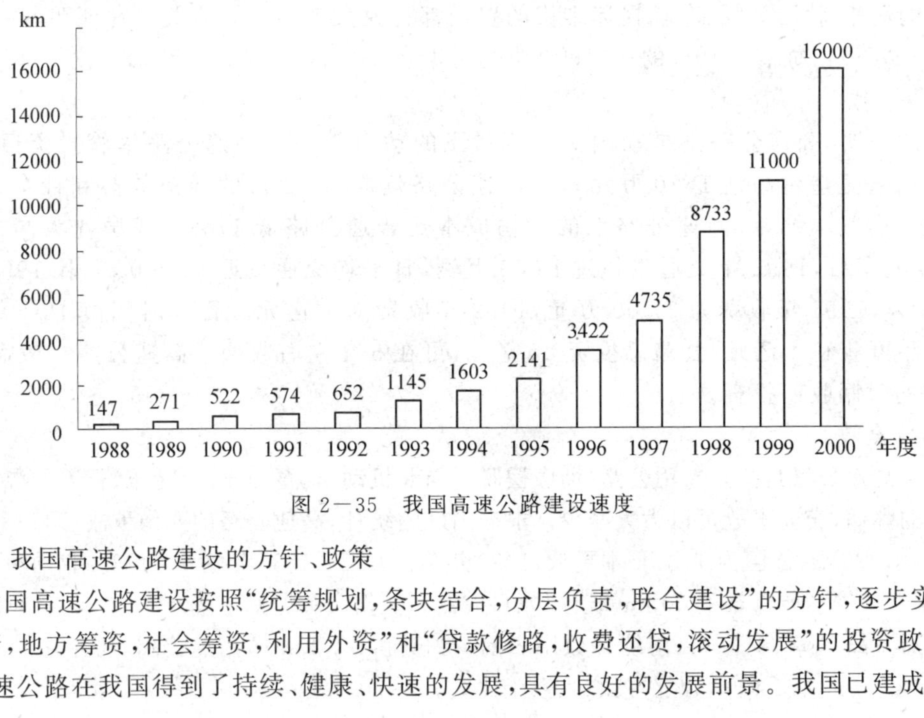

图 2—35 我国高速公路建设速度

7. 我国高速公路建设的方针、政策

我国高速公路建设按照"统筹规划,条块结合,分层负责,联合建设"的方针,逐步实现"国家投资,地方筹资,社会筹资,利用外资"和"贷款修路,收费还贷,滚动发展"的投资政策。这样,高速公路在我国得到了持续、健康、快速的发展,具有良好的发展前景。我国已建成通车的高速公路，连同已建成通车的一、二级汽车专用公路，构成了我国公路交通网络中的大动脉，使公路网的发展在质量和规模上都发生了巨大的变化。

二、高速公路的经济效果

我国现有的一般公路是汽车、拖拉机、摩托车、自行车、马车、人力车，以及行人的混合交通运输；高速公路摆脱了混合交通的弊端，有完善的交通设施、管理设施及控制设施，可以充分发挥汽车高速、安全、舒适和“门到门”的直达运输的优点。

高速公路的经济效果如表 2—20 所示。

表 2—20 高速公路的经济效果

直接效果 （行车效益）	1. 节省运输成本，包括油耗、轮胎及机件磨损等； 2. 缩短行车时间； 3. 减轻司机及乘客的疲劳； 4. 提高行车舒适性； 5. 减少货物运输损坏、节省捆扎费用； 6. 减少交通事故
间接效果 （社会效益）	1. 使生产、运输的计划更合理； 2. 开发工业、扩大就业； 3. 开发资源、扩大就业； 4. 分散城市人口、缩小城乡差距； 5. 使流通经济合理化； 6. 扩大市场圈及经济规模； 7. 缓解原有公路及其他交通运输的拥挤

另外，高速公路的经济效果可以从时间效益、成本效益、安全效益、提高汽车运输的地位等方面进行分析。

1. 时间效益

汽车在高速公路上行驶，最直观的联想就是行车速度高，城间高速公路可达 80～90 km/h，比一般公路大约提高 1 倍以上。节省时间的效益是最可观的效益，它使司机及汽车在相同的时间内创造的社会价值大大提高。例如，京津塘高速公路建成后，人们从北京到天津出差就如去郊区办事一样。

2. 成本效益

由于高速公路的路面状况好，线形顺畅，又没有平面交叉路口，停车及加速减速次数大为减少，甚至没有，交通堵塞的情况也很少遇到，可以以一个较高的速度稳定行驶。因此，燃料及润滑油的消耗、轮胎磨耗、车辆损坏维修的费用都将大大节省。据有关研究证明，小汽车在 60 km/h以下时，每增加 10%的速度可节省燃料 4%～5%；由于路面及线形的改善，可节省燃料 20%～30%。

实践证明，高速公路是推动国民经济腾飞的动力之一。高速公路尽管投资巨大（如沈大线每公里造价高达 1620 万元），但高速公路建成后，获得的经济效益和社会效益非常可观。据日本统计，高速公路上的运输成本比普通公路低 17%。我国沈大高速公路 1990 年通车后，1992 年交通量超过 1 000 万辆，日平均交通量近 12 000 辆，比 1991 年上升了 72%，1991 年收费为 5 500 万元，1992 年收费为 1 亿元。行车时间由 12 h 缩短为 4 h，每年可获利 4 亿元，公路总投资 22 亿元，可在 5 年左右收回。高速公路一般需要 10 年左右的时间收回投资。

3. 安全效益

由于高速公路是汽车专用公路，彻底摆脱了与非机动车、畜力车、自行车、行人的混合交通所造成的弊病，交通事故可以大大减少。根据国外的统计，高速公路的死伤事故率与一般公路相比，英国为 1/3，德国为 1/6；日本更低，1982 年为 9∶125，1985 年为 9∶133。我国沈大高速公路，据辽阳管理所管辖的 50 km 统计，死亡人数和受伤人数分别下降 83%和 54%；京石高速公路交通事故下降 70%。目前统计数字表明，每修建 100 km 的高速公路，每年可节省运费 7 500万元，汽柴油 2 100 t；减少死亡人数 164 人。

4. 汽车运输地位提高

目前，汽车最适宜于“门到门”的短途运输，尤其适合于精密仪器设备及鲜活货品的运输。由于高速公路的建设，汽车承担的运输比例将大幅度提高，适宜的运输距离将大大延长。据日本调查，运输距离在 300 km 以内时，汽车占绝对优势，适宜于汽车当天往返的距离可达 600 km以上。

由于高速公路网的建设，不少国家的公路在各种运输方式中已成为最重要的运输方式。我国的情况也是如此，如 2000 年，公路货运量占全社会货运总量的 76.5%；公路的客运量占全社会客运总量的 91.1%。高速公路网的建设，将对整个社会产生深远的影响。

三、高速公路的设计

1. 决定高速公路标准的基本因素

高速公路的基本要求是“快速、安全、舒适”，这是进行高速公路设计时必须考虑的原则。但是，建设一条高速公路需要昂贵的投资，目前大约每公里需 1 000 万元以上；需要占用大量的土地，如按用地宽度 45 m 计算，每公里需占地 68 亩（1 亩＝666.67 m^2）。因此，拟定一个适宜的设计标准是十分重要的。它必须在满足使用要求的基础上，尽量考虑经济性，力求各个设计因素之间求得相对平衡。

影响高速公路标准的因素主要有道路的重要程度、交通量、设计速度，所在地区的地形，其中，交通量及设计速度是两个最基本的因素。

2. 线形设计

高速公路的线形设计与普通公路线形设计相似，详见本章第二节相关内容。

3. 横断面设计

高速公路的横断面设计，就是决定断面每一部分的宽度及设置方法。

在路基范围内，高速公路横断面一般由行车带（车道）、中央带（中央分隔带、内侧路缘带）等几部分组成，如图 2－36 所示。一些国家的高速公路的横断面标准及我国京津塘高速公路采用的横断面如表 2－21 所示。

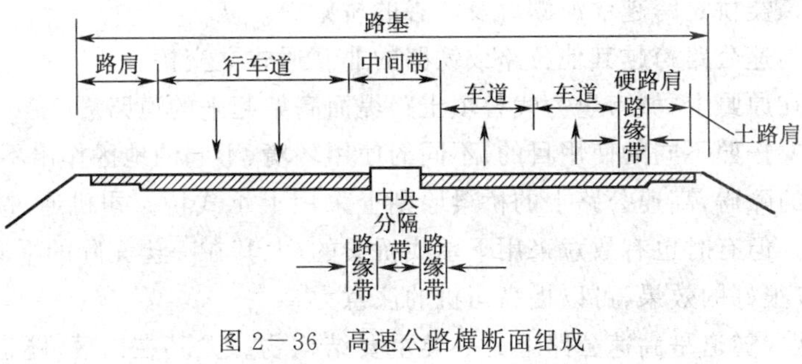

图 2－36 高速公路横断面组成

4. 结构设计

高速公路的结构设计是根据纵断面设计而进行的。

(1)结构的比较与选择。任何一条高速公路都是由土石方路段（填方的路堤或挖方的路堑）、桥梁（跨河桥、跨线桥、高架桥）、隧道等组成的。在许多情况下，将会碰到采取何种结构的选择。例如，是采用填方路堤还是修高架桥？是开挖路堑还是隧道？类似这样的选择，在设计过程中要根据实际情况进行认真的技术经济比较，选择最优方案。

表 2－21 一些国家的高速公路横断面标准

<table>
<tr><th colspan="2">项 目</th><th>美国</th><th>日本</th><th>前联邦德国</th><th>英国</th><th>法国</th><th>意大利</th><th>荷兰</th><th>瑞士</th><th>瑞典</th><th>比利时</th><th>韩国</th><th>我国台湾省基隆至高雄高速公路</th><th>我国京津塘高速公路</th></tr>
<tr><td colspan="2">平原地形设计速度
(km/h)</td><td>128
112</td><td>120</td><td>140</td><td>112</td><td>140</td><td>120</td><td>120</td><td>120</td><td>120</td><td>120</td><td>80～20</td><td>120</td><td>120</td></tr>
<tr><td rowspan="2">车道宽度
(m)</td><td>行驶车道</td><td>3.65～3.95</td><td>3.5～3.75</td><td>3.75</td><td>3.65</td><td>3.75</td><td>3.75</td><td>3.75</td><td>3.75</td><td>3.50</td><td>3.75</td><td>3.60</td><td>3.75</td><td>3.75</td></tr>
<tr><td>超车车道</td><td>3.65～3.95</td><td>3.5～3.75</td><td>3.75</td><td>3.65</td><td>3.75</td><td>3.75</td><td>3.50</td><td>3.75</td><td>3.50</td><td>3.75</td><td>3.60</td><td>3.75</td><td>3.75</td></tr>
<tr><td rowspan="2">中央带宽度
(m)</td><td>内侧路缘带</td><td>0.61～1.22</td><td>0.75</td><td>0.50</td><td>0.31</td><td rowspan="2">5.0</td><td rowspan="2">3.0</td><td rowspan="2">6.0</td><td>0.5</td><td rowspan="2">9.0</td><td>1.0</td><td>0.25</td><td rowspan="2">5.0</td><td>0.75</td></tr>
<tr><td>中央分隔带</td><td></td><td>3.0</td><td>4.0</td><td>3.94</td><td>4.0</td><td>12～14.0</td><td>2.0</td><td>2.5</td></tr>
<tr><td rowspan="3">路肩宽度(m)</td><td>外侧路缘带</td><td rowspan="2">3.05～3.65</td><td>0.75</td><td>0.5</td><td rowspan="2">3.50</td><td rowspan="2">3.00</td><td rowspan="2">3.20</td><td rowspan="2">2.75</td><td>0.5</td><td>0.5</td><td rowspan="2">3.00</td><td>0.25</td><td rowspan="3">4.0</td><td>0.50</td></tr>
<tr><td>硬路基</td><td>2.50</td><td>2.50</td><td>2.50</td><td>2.50</td><td>2.25</td><td>2.50</td></tr>
<tr><td>保护性土路肩</td><td></td><td>0.5～0.75</td><td>1.50</td><td>3.05</td><td>1.0</td><td>1.0</td><td>1.75</td><td>0.50</td><td>0.50</td><td>2.50</td><td>到护栏 0.25</td><td>0.50</td></tr>
<tr><td colspan="2">4 车道高速公路路基总宽度
(m)</td><td>43.80</td><td>27.0</td><td>29.0</td><td>31.36</td><td>28.0</td><td>27.0</td><td>28.58</td><td>27.0</td><td>30～33</td><td>40.0</td><td>22.9</td><td>28.0</td><td>26.0</td></tr>
</table>

(2)土石方路段设计。土石方路段有填方、挖方、半填半挖三种基本形式，由纵断面设计决定。填方路堤设计时应主要考虑材料来源、土质、边坡、基础等几方面的问题。在线形设计时，应尽量使填方与挖方平衡。挖方路堑主要应考虑弃土的经济性及边坡稳定性，同时注意保持原有景观。在土石方路段设计时，应特别注意排水设计，这是结构设计中一个非常重要的内容。道路排水包括排除路面范围内的雨水、渗透到基层及路基中的水及道路用地以外的水流，防止侵蚀路基。

(3)桥梁设计。在高速公路的总长度中，桥梁占的比例比普通公路大得多，随着高速公路向山区发展，桥梁的比例还会增大。高速公路的桥梁一般有三种目的：

①跨河桥。该类桥是跨越江河湖海及峡谷的桥梁。

②跨线桥。高速公路跨越其他公路或铁路的非互通式立交桥。

③高架桥。在原野上，城市里为代替填土路堤而高架起来的道路。

桥梁设计时要按照不同的使用目的、不同的使用环境、不同的地区作出不同的考虑。为了减少司机视觉上的障碍，高速公路上的桥梁原则上采用上承式桥。司机通过桥梁时没有特殊感觉而有连续性。但有时也有故意采用下承式桥梁的，尤其在一望无际的平原上，增加这样一个视觉点，反而有很好的效果，可以提高司机的注意力。

(4)隧道设计。隧道是高速公路上另一类重要结构物。尤其在山区，隧道占的比例很大。由于高速公路的往返交通是分离的，双向行车带设在一个隧道内势必使隧道断面过大，对安全不利。因此高速公路的隧道必须是上下行分开设成两条隧道形式。由于隧道开挖时互相有影响，中心线距离最好大于 30 m。在城市附近布线大于 30 m 有困难时，也可以采用眼镜式的双眼并列隧道。

隧道的位置必须选择在地质稳定的地带，无法避免破碎带时，应尽可能垂直通过。隧道的坡度应根据施工时渗水、坑口排水及通风排气等因素综合考虑。隧道的结构及断面尺寸如图 2—37 所示。

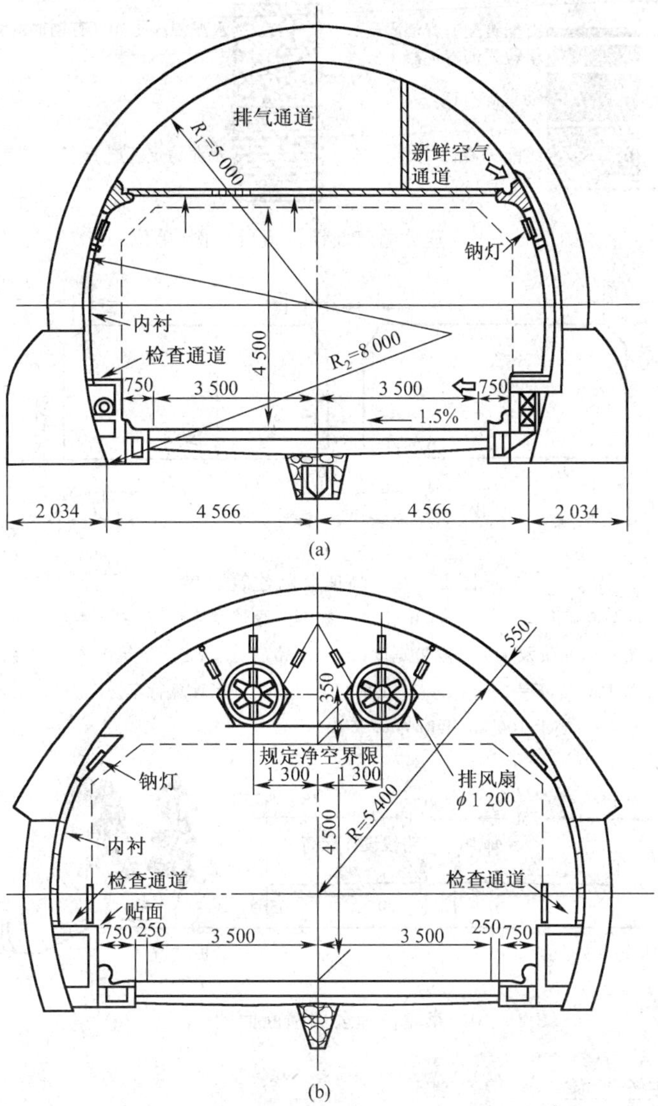

图 2—37 隧道断面尺寸的两个实例(单位:mm)

(5)路面设计。路面是直接承受行车的部分。因此,它是公路最重要的结构成分。路面好坏直接影响高速公路交通的快速、安全、舒适的要求能否实现。

路面一般由面层、基层及底基层构成。日本高速公路的路面结构组成如图 2—38 所示。

5. 高速公路的建筑限界与用地范围

(1)高速公路的建筑限界。高速公路的建筑界限,是在保证公路上汽车的正常运行与安全情况下所规定的一定宽度和高度范围内,不得有任何部件侵入的空间界限,如图 2—39 所示。

(2)高速公路的用地范围。高速公路的路堤用地范围是指路堤两侧排水沟外缘(无排水沟时为路堤或护坡道坡脚)以外,路堑坡顶截水沟外缘(无截水沟时为坡顶)以外不小于 3.0 m 的土地。沪宁高速公路的用地宽度为 46 m;1987 年修建的京塘高速公路的横断面布置如图 2—40 所示,全封闭,有 4 条车道,中间设分隔带,路基边坡外设护坡道、排水沟、取土坑等;沪嘉高速公路用地宽度为 45 m。对于高填深挖路段,为保证路基稳定,应根据计算确定用地范围。

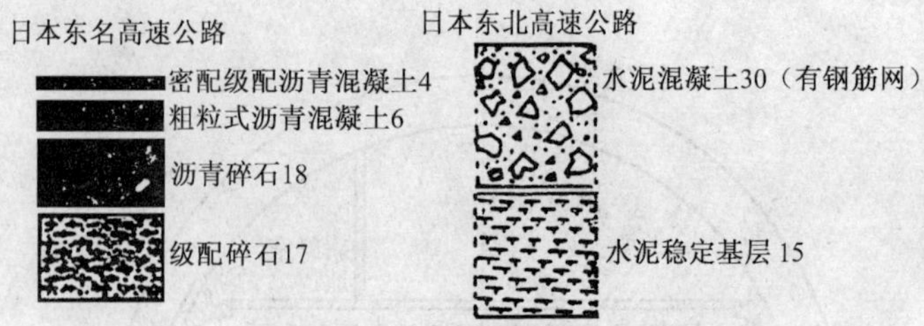

图 2－38　高速公路路面结构组成实例(单位:cm)

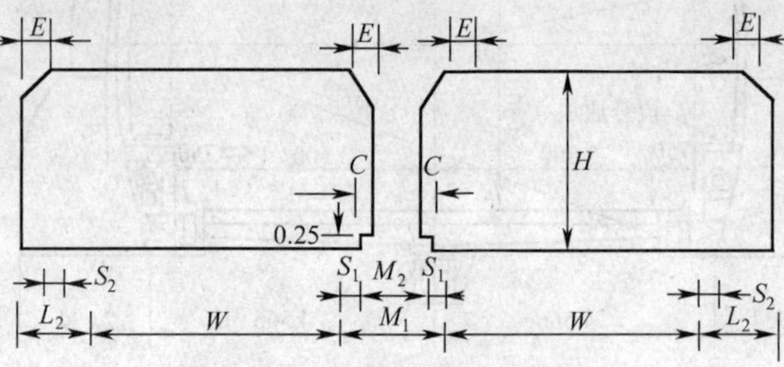

图 2－39　高速公路建筑限界

W－行车道宽度；H－净高，5.0 m；S_1－左侧路缘带宽度；S_2－右侧路缘带宽度；M_1、M_2－中间带及中央分隔带宽度；L_2－硬路肩宽度；E－建筑限界顶角宽度，当 $L_2 \leqslant 1$ m 时，$E=L_2$，当 $L_2>1$ m 时，$E=1$ m；C－当计算行车速度$\geqslant$100 km/h 时为 0.5 m，小于 100 km/h 时为 0.25 m。

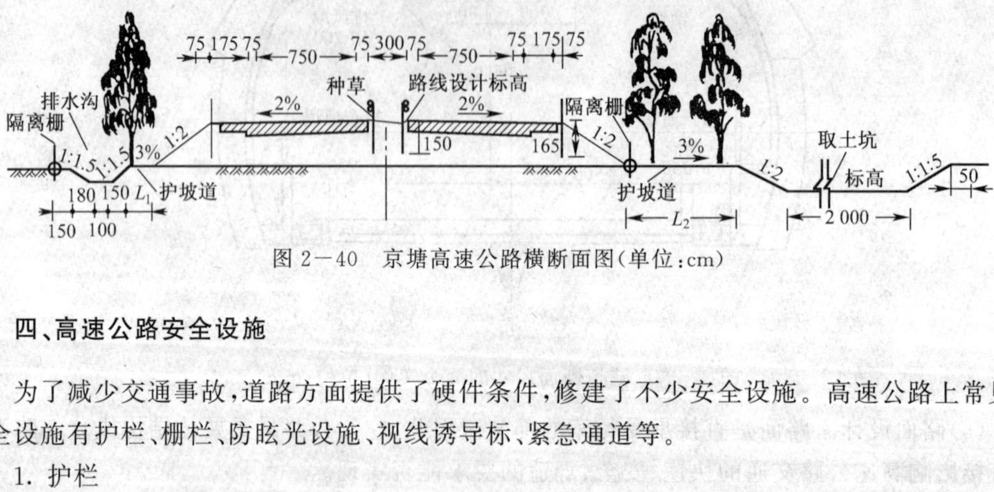

图 2－40　京塘高速公路横断面图(单位:cm)

四、高速公路安全设施

为了减少交通事故，道路方面提供了硬件条件，修建了不少安全设施。高速公路上常见的安全设施有护栏、栅栏、防眩光设施、视线诱导标、紧急通道等。

1. 护栏

护栏是为了防止行驶中失去控制的车辆冲向反向车道或冲下坡堤，使车辆回复到正常车道前进的方向，减轻受到冲撞的车辆上人员的伤亡。护栏设置在中央分隔带的中央(双面)或两侧，或有较高填方的路肩边缘。

按使用材料及式样分，护栏有柔性的波纹钢护栏、钢丝绳护栏、钢管护栏、箱梁护栏等以及刚性的混凝土墙等等。其中用得最普遍的是波纹钢护栏及钢丝绳护栏。

2. 路栏

高速公路是封闭的公路，在行人、牲畜或野生动物有可能进入高速公路的路段，一般应在道路用地边缘设置铁丝网或铁蒺藜网，作为路栏禁入栅栏，以表示禁止入内。路栏应每隔一定距离设置一个门，供道路维修养护人员通行用。

3. 防眩光设施

为了防止夜间反向车道的车灯光的炫耀，中央分隔带上都设有防眩光设施。一般可采用植树、防眩板、防眩栅、防眩网等，其高度一般为 1.4～1.7 m。

4. 视线诱导标、诱导灯

由于雨天晚上不容易看清路标线，汽车容易失去方向，因此需在路边及中央分隔带两侧每隔一定距离设置视线诱导标，反射车头灯光，以使司机能看得清。在特别危险的路段及城市高速公路的曲线部，还应设置自发光的视线诱导灯。

5. 道路照明

为了夜间行车顺畅和防止危险，在某些必要的路段，如线型标准较低的路段、交通量特别大的路段、互通式立体交叉地区、服务区、停车场、多雾多雨气象变化频繁的地区以及隧道等处必须设置照明灯。通过设置照明灯使路面具有 10～15 lx(勒克司)的照度。城市高速公路一般都应设置照明。

6. 紧急通道

高速公路上的紧急通道有两类：

①紧急通道设在中央分隔带，供两个行车带之间通行，通道平时用栅栏封闭，必要时打开通行。如果一侧车行道因塌方等事故不得不封闭交通时，为了保证一侧车辆继续运行，这时可通过紧急通道运行。

②紧急通道设在城市高速公路的高架桥两侧，供上下避难用。为在城市高架桥遇到地震、火灾等紧急情况或者车辆发生事故、故障时，能够迅速离开高架桥，每隔 1 km 左右应设置一个紧急通道，设有安全楼梯口及紧急电话，起到太平门的作用，供司机及乘客疏散。

7. 车间距离确认标志

设置在路肩边缘，供行驶中的车辆检查与前车相距的间隔有多远。当自己的车到达零标记时，可以看见前车所在的距离数。距离标志至少有 0 m、50 m、100 m 3 个。

8. 风标

在经常出现横向大风的路段应竖立风标，在高高的柱子上方挂一个风袋，有风时风袋鼓起飘向一方，司机可据此判断风向与风力，采取相应措施。

9. 落石防护网及防护栅

在山区石方边坡较陡，有落石危险的路段，应用铁丝网或尼龙绳网将坡面罩住，并在下方设立防护栅栏，前方竖立落石注意标志。

五、高速公路的交通控制与管理

1. 管理机构及内容

高速公路的管理机构一般由中央控制室、公安(派出所)、通信、道路养护等部门组成。这些部门大都设在一起，形成高速公路管理中心或管理局。高速公路的交通控制与管理主要承担以下任务：

(1)高速公路的日常维修养护、扫除冰雪，环境绿化，清洁卫生，更换损坏了的道路设施。

(2)进行交通巡逻，维护交通秩序，纠正违章行车。

(3)处理交通事故，排除故障车，实施急救、消防、救灾等。

(4)高速公路通信，收集、处理并提供交通信息。

(5)高速公路交通控制，采取限制或封闭出入口交通的措施。

(6)高速公路收费。

(7)交通流及气象的观测。

(8)协调与其他公路的交通控制,处理其他属于交通控制与管理的有关事项。

交通控制与管理系统的组成如图 2－41 所示。

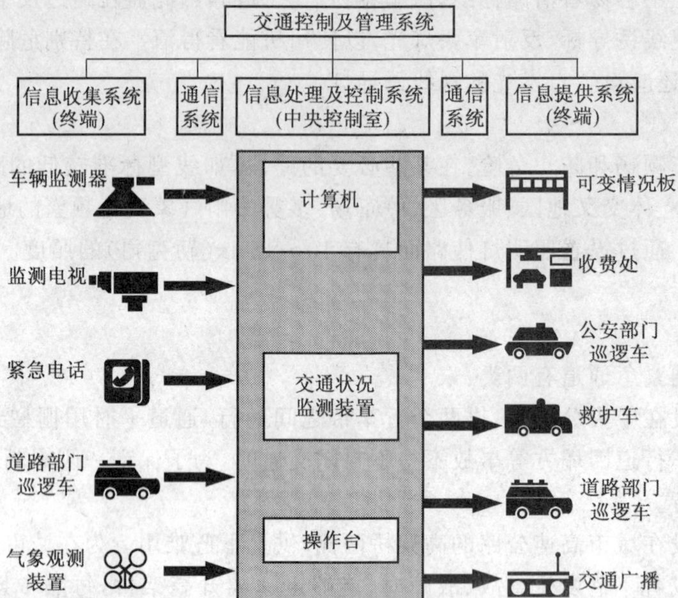

图 2－41 交通控制及管理系统组成

2. 中央控制室

高速公路管理中心的中央控制室是进行交通控制与管理的核心部分,它把终端设备收集来的信息进行处理、加工,然后再向终端设备发出工作指令,以实现交通控制及管理的目的。中央控制室由计算机室、交通状况监测装置,操作台及其他业务设备组成,如图 2－42 所示。

图 2－42 高速公路中央控制室

3. 信息收集系统

(1)交通数据收集设施。各类信息收集的终端设施提供的交通信息、道路信息、气象等信息是中央控制室进行交通控制与管理的根据与基础。信息的内容和数量直接反映高速公路的控制和管理水平。

交通量、车道、道路占有率等交通数据是通过各类车辆监测器测定的。车辆监测器设置在高速公路的出入口及主线上,设置间隔根据道路的重要程度及交通量来选择。城市高速公路比较密,500 m 左右就设一处;城间高速公路比较稀,2 km 以上设一处;有的甚至只在互通主体交叉出入口处设置。

车辆监测的种类很多,目前有环型线圈式、超声波脉冲式、超声波多普勒式、光栅式、固体元件照相机等。

(2)紧急电话。紧急电话设置在高速公路两侧的土路肩上,主要供车辆发生故障后与管理中心取得联系,请求指示或救援用。紧急电话一般每 1 km 设置一部,它不直接与市内电话网相接。

(3)巡逻车。交通管理部门及公安部门都派有巡逻车在高速公路上不断巡回,及时发现事故及道路设施损坏的情况,纠正违章驾驶,违章停车,并用无线电话或紧急电话向管理中心报告。

(4)气象观测系统。气象资料是交通管理的基本数据。气象观测系统观测气温、路表下不同深度的温度、浓雾、风向、风力、雨量、路面积雪及冰冻状况等。其中浓雾是交通控制与管理的重要内容。所有这些数据都传送给管理中心输入计算机处理,供交通控制及统计用。

(5)电视图像监测系统(CATV)。在高速公路上,电视摄像机一般设置在互通式立交、收费处、隧道、大桥及一些主要线路段上,摄像机由中央控制室操纵台操纵,可以旋转、俯仰、变焦,它将交通情况送到中央控制室,并在电视屏幕上显示出来。

(6)行车时间计测系统(AVI 系统)。为了主动引导车辆,使道路利用情况更加均匀合理,节省行车时间,在巡逻车、施工作业车和公共汽车上安装信号发射天线,发出车牌号及时间等特殊信号,由设置在路上的监测器接受后,送到中央控制室的处理装置,实现对这些车辆的跟踪测量,了解各路段的行车速度及时间,掌握交通拥挤的状况。这对城市高速公路网是很有用的。

(7)自动超速监测系统。目前在有些城市高速公路上,装有一种自动测速装置。它利用固体元件照相机或电视摄像机对超速的车录像,拍下车牌号及司机,通知他去指定地点办理罚款手续。

(8)轴重计及超重录像系统。高速公路一般都有轴重限制,一般为 10 t。为了检查超重车,在收费处或入口处应设置轴重计,将超重车查出处罚或限制上路。

4. 信息提供系统

交通控制与管理的最终目的是为汽车用户服务。服务的方式是向司机提供交通信息或发出命令、指令,其目的是促使司机选择合理的行车方式及路线,节约时间,降低成本,增加用户利益;使道路交通均匀分布,提高道路利用率,提高社会效益。高速公路信息提供系统的组成如图 2－43 所示。

(1)标志牌。与一般公路和城市道路一样,公路标志分为主要标志和辅助标志。高速公路的主要标志分为指示标志、警告标志、禁令标志、指路标志。为了使标志牌昼夜都能清晰可见,标志都采用灯光标志或反光标志。

(2)路面标志线。路面标线的作用是配合标志牌对交通作有效的管制并指引车辆的行驶线路,以达到交通顺畅及安全的目的。

在高速公路主线上,路面应标有车行道的路缘线(白实线)及车道分隔线(白虚线)。在出入口还应画导流岛斑马线以及变速车道线。

- 信息提供系统
  - 向司机发布
    - 视觉
      - 静信息:道路标志与标线
      - 动信息:可变情报板,可变标志
    - 听觉
      - 一般电台的交通信息广播节目
      - 路测通信系统
    - 视听兼用:电视电话
  - 道路与司机、司机与司机联系:移动通信系统(无线电话、车载电话)
  - 司机查询:交通信息中心终端

图 2-43　高速公路信息提供系统的组成

为了保证夜间及雨天标线清晰可见,高速公路的路标线跟标志牌一样,宜采用玻璃微珠反光标线,油漆宜采用加热融化型的,它与路面粘结力好、耐磨,比普通油漆线明亮耐久。

(3)可变式道路情报板。这种情报板是高速公路上专供交通管理中心提供随时变化的情报用的。交通管理中心将收集到的各种数据和信息经中央控制计算机处理后,由管理人员通过键盘按钮或用显示屏幕编辑发出指令,通过联机方式的终端控制机在情报板上显示出文字或图形,向司机提供关于交通事故、交通阻塞、道路维修施工或气象情况等各种随机情况,及时发出行车指示。

可变情报板操作简单,内容随时可变化,可以远距离操纵,一次可以给多块情报板同时下指令。它一般设立在城市高速公路的主线上及城间高速公路的互通式立体交叉出入口、收费处、隧道口及两个立交的中间位置。

(4)交通广播及路测通信系统。高速公路管理中心的中央控制室一般附设交通信息中心播音室,在交通节目时间里,播送交通信息中心发出的同一内容。这种交通广播节目有它的局限性,并不能满足高速公路的需要。为了解决这个矛盾,可采用路测通信系统。

路测通信系统是利用设在路肩或中央分隔带上的感应天线进行广播,不用播音员,广播内容是中央控制室根据收集到的信息由计算机编辑加工并经过声音合成后发出的。由于它可以通过路段所设置的发射天线,对不同的路段不同的车流方向播送不同的内容,因此播送的信息量大,内容随时间地点而变、有针对性,有很大的自由度,所以是对可变情报板的重要补充。路测通信系统如图 2-44 所示。

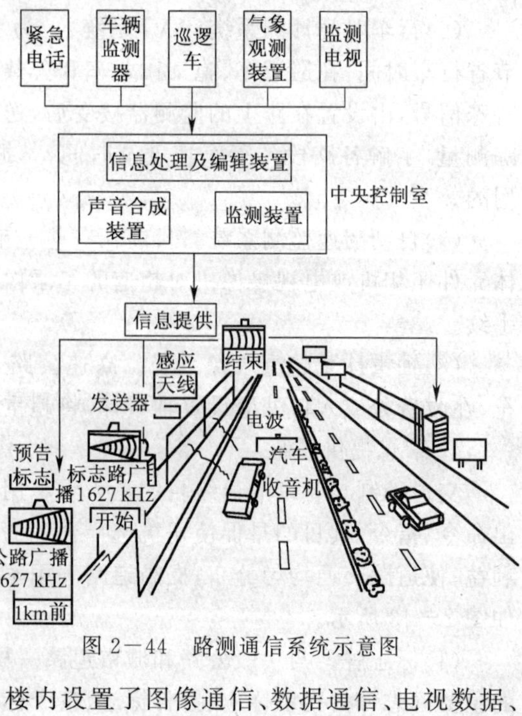

图 2-44　路测通信系统示意图

(5)高速公路信息终端。高速公路在服务区、停车场等设立交通信息中心的集中服务大楼,楼内设置了图像通信、数据通信、电视数据、电视投影、传真等各种最先进的电子设备终端,供用户查询及办理各种业务。同时,交通管理中心可利用终端发布集中的大量的交通信息和指令。

(6)紧急情报提供系统。当发生地震或其他自然灾害，大规模汽车公害等紧急情况时，紧急情报提供系统将通过广播、情报板等一切可利用的手段指导司机，实行紧急疏散或采取其他措施。

5. 高速公路通信系统

高速公路的中央控制室与信息收集、提供系统终端之间，是借助于通信系统进行联系的。高速公路通信系统的组成如图 2—45 所示。

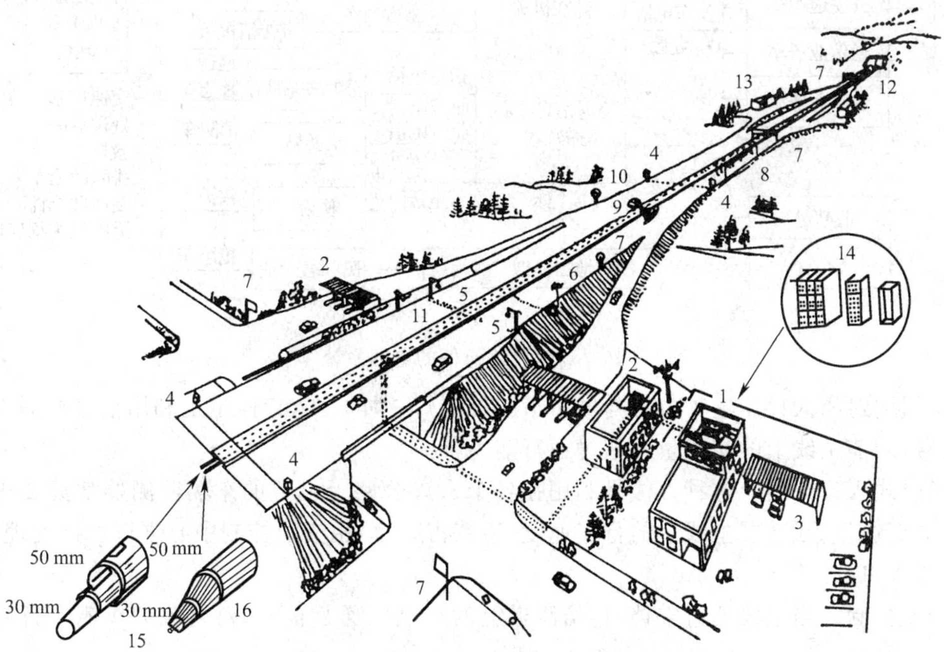

图 2—45 高速公路通信系统

1—管理中心(或子中心)：指令电话、业务电话监测电视、业务电视、传真、计算机；2—收费处：传真、业务电话；3—公路养护部门；4—紧急电话；5—交通量监测器；6—气象监测系统；7—各种可变情报板；8—公路广播系统、路测通信系统；9—移动无线通信；10—速度限制标志牌；11—电视摄像机；12—隧道防灾设施：监测电视、火灾探测器；13—服务区、停车场的交通信息中心终端；14—中央控制室：计算机、交换机、声音合成装置等；15—对称电缆；16—光缆。

电话系统是高速公路控制与管理的最主要的工具。当事故、车辆故障、火灾等紧急情况发生时，可立即通过电话联系，采取相关措施，妥善处理。高速公路电话联络系统如图 2—46 所示。

6. 高速公路的交通控制方式

交通控制的目的主要在于保证最佳车流速度，防止撞车事故，提高通行能力。根据国情及道路所在地区、重要程度的不同，高速公路交通控制采用多种控制方式。国外有主线交通控制、进口或出口控制、交通走廊(交通带)式控制等方式。

我国高速公路的交通控制方式主要是采用进口及出口控制方式。进口控制是将可能引起主线阻塞的车流封闭在入口之前；出口控制是利用出口迅速疏导已经发生的阻塞。进口控制效果十分明显，因而大都采用进口控制方法。控制进口的方法有以下几种：

(1)完全封闭入口。收费高速公路可采用关闭收费处，或在入口处设置信号灯、可变标志。

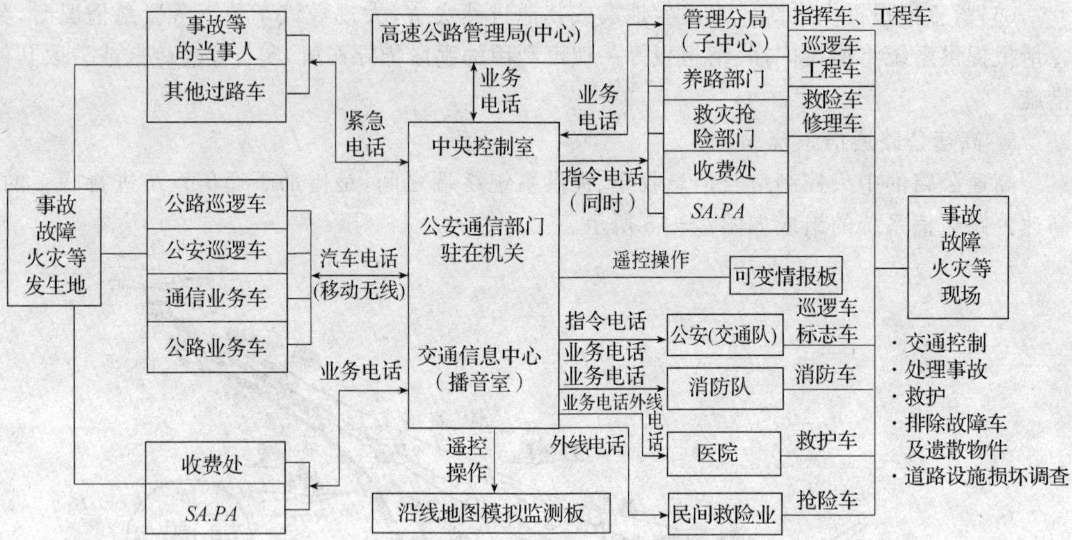

图 2-46 高速公路通信的电话系统

(2)定周期封闭入口。这种方法与城市道路红绿灯一样,在入口匝道上利用信号灯周期性地变换信号,调节主线上的交通量不超过通行能力。

(3)感应式入口封闭。这种方法是利用在各个入口公路上设置的车辆监测器掌握要进入高速公路的交通量,或掌握主线上的行车速度、道路占有率,由交通控制中心进行数据处理,决定是否封闭入口。

(4)合流控制。当主线上有空挡时,给匝道上的车辆以通行信号,对合流的车辆实行有规则的控制。

7. 高速公路收费系统

高速公路的收费问题是一个非常重要的问题,它取决于一个国家的经济政策及高速公路的管理制度。收费的多少直接影响高速公路的使用,收费过高将使高速公路失去竞争能力。合理收费可以作为控制交通量的一种有效手段。

高速公路的收费方式按收费处的位置不同,分为开式和闭式两种基本方式。

(1)开式收费方法。开式是出入口开放,在主线中途设置收费处。城间高速公路采用这种方式收费。开式一般不按距离收费,采用按区段统一收费。一般是人工收费,只需要发放简单的收费凭证即可。

(2)闭式收费方法。闭式是出入口控制,设置收费处收费。大多数高速公路都在入口发通行卡,按不同车型、轴重或座位(客车)在出口处计算距离收费。目前闭式收费有穿孔卡片和磁性卡两种,都是在入口处将车种、入口时间等各种收费数据打印在卡上,在出口处由读卡机验卡并计算收费。

8. 高速公路救援系统

高速公路是控制出入的,一旦发生事故,抢救不可能与普通公路那样随便出入,必须采取特殊的方式进行救援。

在高速公路的服务区、停车站一般设有急救站;高速公路管理中心设置急救中心。在高速公路上一旦发生事故,接到紧急电话的报警后,应立即派出有关人员赶往出事地点,进行救援,在最短的时间内果断处理事故，抢救伤员、开通道路恢复行车，使高速公路交通所受的影响减至最小的程度。

第四节 公路的养护管理

一、公路养护管理的任务与内容

1. 公路养护的目的与基本任务

公路养护与管理，就是运用先进的技术和科学的管理方法，合理地分配和使用养护资金，通过养护维修，使公路在设计使用年限内经常保持完好状态，并有计划地改善公路的技术指标，以提高公路的服务质量，最大限度地发挥公路的运输经济效益。公路养护的目的和基本任务主要表现在以下几个方面：

(1)经常保持公路及其设施处于完好状态，及时修复损坏部分，保障行车的安全、舒适和畅通。

(2)采用正确的技术措施，提高养护工作质量，延长公路的使用年限。

(3)预防为主，防治结合，及时治理公路存在的病害与隐患，以提高公路的抗灾能力。

(4)对原有技术标准过低的路段和构造物、沿线设施，进行分期改善和增建，逐步提高公路的使用质量和服务水平。

2. 公路养护管理的内容

公路养护管理的内容主要包括养护工程技术管理、养护计划管理、养护财务管理、养护物资管理、养护设备管理等。

二、公路养护维修的分类

我国的一般公路养护维修按其工程性质、规模大小、复杂程度等的不同，可分为小修保养、中修工程、大修工程和改善工程 4 类，其具体分类如表 2—22 所示。

表 2—22 公路养护工程分类

工程项目	小修保养	中修工程	大修工程	改善工程
路基	保养： 1. 整理路肩、边坡，修剪路肩、分隔带草木，清除杂物，保持路容整洁； 2. 疏通边沟，保持排水系统畅通； 3. 清除挡土墙、护坡滋生的有碍设施功能发挥的杂草，修理伸缩缝、疏通泄水孔及松动石块； 4. 路缘带的修理。 小修： 1. 小段开挖边沟、截水沟或分期铺砌边沟； 2. 清除零星坍方，填补路基缺口，轻微沉陷翻浆的处理； 3. 桥头接线或桥头、涵顶跳车的处理，修理挡土墙、护坡、护坡道； 4. 修理挡土墙、护坡、护坡道、泄水槽、护栏和防冰雪设施等局部损坏； 5. 局部加固路肩	1. 局部加宽，加高路基，或改善个别急弯、陡坡、视距； 2. 全面修理、添建挡土墙、护坡、坡道、泄水槽、护栏及铺砌边沟； 3. 清除较大坍方，大面积翻浆、沉陷处理； 4. 整段开挖边沟、截水沟或铺砌边沟； 5. 过水路面的处理； 6. 平交道口的改善； 7. 整段加固路肩	1. 在原路技术等级内整段改善线形； 2. 拆除、重建或增建较大挡土墙、护坡等防护工程； 3. 大塌方的清除及善后处理	整段加宽路基，改善公路线形，提高技术等级

续上表

工程项目	小修保养	中修工程	大修工程	改善工程
路面	保养： 1. 清除路面泥土、杂物，保持路面整洁； 2. 排除路面积水、积雪、积砂，铺防滑料、灭尘剂或压实积雪维持交通； 3. 沙土路面刮平，修理车辙； 4. 碎砾石路面匀扫面砂，添加面砂，洒水润湿，刮平波浪，修补磨耗层； 5. 处理沥青路面的泛油、拥包、裂缝、松散等病害； 6. 水泥混凝土路面日常清缝、灌缝及堵塞裂缝； 7. 路缘石的修理和刷白。 小修： 1. 局部处理砂石路的翻浆变形、添加稳定料； 2. 碎砾石路面修补坑槽、沉降，整段修理磨耗层或扫浆铺砂； 3. 桥头、涵顶跳车的处理； 4. 沥青路面修补坑槽、沉陷，处理波浪、局部龟裂、啃边等病害； 5. 水泥混凝土路面板块的局部修理	1. 砂土路面处理翻浆，调整横坡； 2. 碎砾石路面局部路段加厚、加宽，调整路拱加铺磨耗层，处理严重病害； 3. 沥青路面整段封层罩面； 4. 沥青路面严重病害的处理； 5. 水泥混凝土路面严重病害的处理； 6. 水泥混凝土路面接缝材料的整段更换； 7. 整段安装、更换路缘石； 8. 桥头搭板或过渡路面的整修	1. 整段用稳定材料改善土路； 2. 整段加宽、加厚或翻修重铺碎砾石路面； 3. 翻修或补强重铺，高级、次高级路面； 4. 补强、重铺或加宽高级、次高级路面	1. 整线整段； 2. 提高公路技术等级，铺筑高级、次高级路面； 3. 新铺碎砾石路面； 4. 水泥混凝土路面病害处理后，补强或改造为沥青混凝土路面
桥梁、涵洞、隧道	保养： 1. 清除污泥、积雪、积冰、杂物，保持桥面的清洁； 2. 疏通涵管，疏导桥下河槽； 3. 伸缩缝养护，泄水孔疏通，钢支座加润滑油，栏杆油漆； 4. 桥涵的日常养护； 5. 保修隧道内及洞口清洁。 小修： 1. 局部修理、更换桥栏杆和修理泄水孔、伸缩缝、支座和桥面的局部轻微损坏； 2. 修补墩、台及河床铺底和防护圬工的微小损坏； 3. 涵洞进出口铺砌的加固修理； 4. 通道的局部维修和疏通，修理排水沟； 5. 排除隧道洞口碎落岩石和修理圬工接缝，处理渗漏水	1. 修理、更换木桥的较大损坏构件及防腐； 2. 修理更换中小桥支座、伸缩缝及个别构件； 3. 大中型钢桥的全面油漆除锈和各部件的检修； 4. 永久性桥墩、台侧墙及桥面的修理和小型桥面的加宽； 5. 重建、增建、接长涵洞； 6. 桥梁河床铺底或调治、构造物的修复和加固； 7. 隧道工程局部防护加固； 8. 通道的修理与加固； 9. 排水设施的更新； 10. 各类排水泵的修理	1. 在原技术等级内加宽、加高、加固大中型桥梁； 2. 改建、增建小型桥梁和技术性简单的中桥； 3. 增改建较大的河床铺底和永久性调治构造物； 4. 吊桥、斜拉桥的修理与个别索的调整更换； 5. 大桥桥面铺装的更换； 6. 大桥支座、伸缩缝的修理更换； 7. 通道改建； 8. 隧道的通风和照明排水设施的大修或更新； 9. 隧道的较大防护、加固工程	1. 提高公路技术等级，加宽、加高大中型桥梁； 2. 改建、增建小型立体交叉桥； 3. 增建公路通道； 4. 新建渡口的公路接线、码头引线； 5. 新建短隧道
沿线设施	保养： 标志牌、里程碑、百米桩、界牌、轮廓标等埋置、维护或定期清洗。 小修： 1. 护栏、隔离栅、轮廓标、标志牌、里程碑、百米桩、防雪栏栅等修理、油漆或部分添置更换； 2. 路面标线的局部补划	1. 全线新设或更换永久性标志牌、里程碑、百米桩、轮廓标、界牌等； 2. 护栏、隔离栅、防雪栏栅的全面修理更换； 3. 整段路面标线的划设； 4. 通信、监控设施的维修	1. 护栏、隔离栅、防雪栏的增设； 2. 通信、监控设施的更新	1. 整段增设防护栏、隔离栅等； 2. 整段增设通信、监控设施

续上表

工程项目	小修保养	中修工程	大修工程	改善工程
绿化	保养： 1. 行道树、花草的抚育、抹芽修剪、治虫、施肥； 2. 苗圃内幼苗的抚育、灭虫、施肥、除草。 小修： 1. 行道树、花草缺株的补植； 2. 行道树冬季刷白	更新、新植行道树、花草、开辟苗圃等		

1. 小修保养

小修保养是指对管养范围内的公路及其沿线设施，经常进行维护保养和修补其轻微损坏部分的作业。

小修保养作业是由公路养护工区(站)在年度小修保养定额经费内，按月(旬)安排计划经常进行的工作。

2. 中修工程

中修是指对公路及其沿线设施的一般性损坏部分进行定期的修理加固，以恢复公路原有的技术状况。中修通常是由基层公路管理机构，按年(季)安排计划并组织实施。

3. 大修工程

大修是指对公路及其沿线设施的较大损坏进行周期性的综合修理，以全面恢复到技术标准的工程项目。大修通常是由基层公路管理机构或在其上级机构的帮助下，根据批准的年度计划和工程预算来组织实施。

4. 改善工程

改善工程是指对公路及其沿线设施，因不适应现有交通量增长和载重需要而提高技术等级指标，显著提高公路通行能力的较大工程项目。改善工程通常是由省级公路管理机构或地(市)级公路管理机构根据批准的计划和设计预算来组织实施。

对于当年发生较大水毁等自然灾害的公路抢修和恢复工程，可列为专项工程办理。

三、公路养护管理机构

为了加强对公路养护工作的管理，确保完成公路养护的各项任务，建立健全公路养护管理的组织机构是十分重要的。我国现行的公路管理体制是按照“统一领导、分级管理”的原则建立的。目前，我国设有省、地(市)、县三级管理机构，分别负责对国家干线、省级干线及重要县级公路的养护管理，并对地方交通部门养护的一般县、乡公路进行业务指导。

三级公路养护管理机构的设置方式有以下两种：

1. 一般公路养护管理机构的设置方式为：在省公路管理局的领导下，按地区(市)设地市公路管理局，按县设县公路管理局，但养护里程少于 500 km 的省辖市(自治州)和少于 100 km 地辖县(市)，应与相邻地区或县合并设立管理局。

2. 高速公路的养护，在高速公路管理机构下设养护单位。

四、公路养护管理体制存在的问题

随着我国政治、经济体制改革的逐步深入，在计划经济体制下形成的公路管理体制，愈来愈不适应社会主义市场经济的要求，已经对新形势下公路建设和养护事业的健康发展产生了不利影响。目前，我国公路养护管理体制主要存在以下一些问题。

1. 管养不分、责任不清。“生产者”、“管理者”责任不清，经常因养护经营计划发生矛盾，养护质量问题难以追究责任。

2. 体制不顺、交叉管理、机构重叠、人员臃肿。公路管理局养路与养人经费矛盾日益突出，各地管理体制不一致。

3. 养护设备规模跟不上，养护专业化水平不高，效率低下。养护技术水平低，人工费用在整个养护费用中的比重过高，不能满足现代化生产要求。

4. 养护资金不足，甚至严重短缺。尤其是某些采用BOT（建设－经营－移交）、TOT（移交、经营、移交）方式经营的高速公路上，由于经营公司一味追求低成本、高利润，从而忽视了对公路的养护维修。

5. 管理方式落后，束缚养护机械化的发展。

五、公路养护管理的发展趋势

针对目前公路养护管理体制存在的问题，必须转变观念，按照社会主义市场经济规律运作，将计划经济体制下建立的公路养护管理体制转化为社会主义市场经济条件下的有效模式。2001年5月28日在南昌召开的全国养护管理工作会议上，确定了我国公路养护运行机制改革的近期目标：“初步实现公路管理与养护生产分离，积极培育和发展公平竞争、规范有序的公路养护工程市场。”今后，我国公路养护管理体制将会向以下趋势发展：

1. 理顺关系、政企分开、管养分离

从市场经济运作规律的要求出发，剥离公路养护部门内的行政管理与生产经营职能，经营管理机构的养护管理与养护作业分离，管理机构按照事业单位运作，将养护作业包括养护工程设计、施工、监理等逐步推向市场。

2. 组建养护机械化专业队伍

改革养护管理模式，抓住养护体制改革的有效切入点，组建公路养护机械化专业队伍。现代社会要求公路提供快速、整洁、舒适、优良和安全的交通环境，这就要求公路部门实行高质量的养护管理，而只有实行养护机械化，才能实现这种高质量的养护。

3. 提高养护管理水平

建立健全养护技术管理制度，提高公路养护管理的科学技术含量，强力推进高速公路信息化进程。对公路逐步实行信息化的动态管理，将路面养护管理系统与地理信息系统（GIS）相结合，统一规划、开发，逐步实现道路病害及交通状况预警。

4. 引入竞争机制、培育养护市场

引入竞争机制，建立养护工程招投标和监理制度，促进养护市场社会化。

随着公路养护市场社会化，养护单位参与市场竞争，走自我发展的道路，是未来公路养护管理发展的必然趋势。

六、高速公路的服务区管理

高速公路设置的服务区，是高速公路的组成部分，它的功能作用是为高速公路全封闭、高速行车提供保障条件。它既为行车提供物质供应服务，也为旅客及驾驶人员、公路管理部门及人员提供生产生活服务。因此，服务区具有公益性，属事业性质。同时，该项公益性事业具有商品经济的属性，服务区通过公路使用者提供商品和服务来完成自己的经营活动，获取自身的利益，服务区的生产劳动是社会劳动的一部分，因而它具有经营性质。

高速公路服务区的主要设施有：加油站、休息室或旅馆、管理与养护机构用房、商品与餐馆、医护站或急救站、修理所、给水排水设施、绿化用地、停车场、公共厕所、浴室、通信设施及其他辅助设施。某服务区总平面图如图2—47所示。

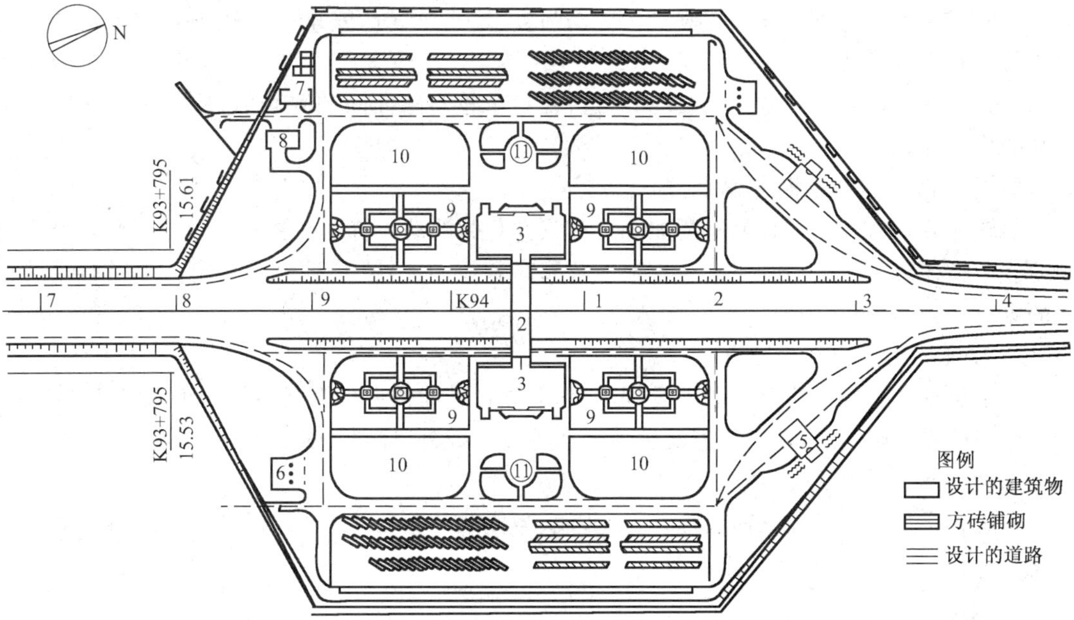

图2—47　××服务区总平面布置图

1—跨线餐厅塔楼；2—跨线餐厅；3—综合楼；4—水泵房及储水；5—加油站；6—修理间；7—动力站；8—变电所；9—欧式景观广场；10——期欧式花园，二期停车站；11—喷泉广场。

第五节　公路运输运载工具

目前，公路运输运载工具主要是各类汽车；三、四级公路，特别是乡村道路的运载工具还有拖拉机、农用汽车、畜力车和人力车等。

一、汽车的工作原理

汽车是自带动力的运载工具。汽车在道路上行驶时，必须有足够的牵引力来克服行驶中所遇到的各种运动阻力。汽车的牵引力来源于发动机，当汽油与空气混合，在发动机内燃烧时产生热能，通过活塞、曲轴等转化成机械能，产生有效功率，使发动机曲轴上有强大的扭矩，驱使曲轴快速旋转。再经过一系列的变速、传动，将曲轴上的扭矩传给驱动轮（汽车后轮），推动汽车前进。汽车工作原理如图2—48所示。

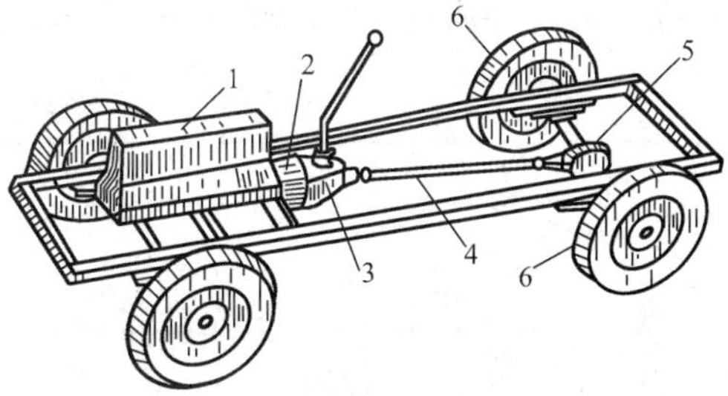

图2—48　汽车动力的产生和传递

1—发动机；2—离合器；3—变速器；4—万向传动机构；5—车传动器；6—驱动轮。

二、汽车行驶时对公路的要求

汽车行驶对公路总的要求是安全、迅速、经济与舒适。这个要求要靠驾驶员、汽车、道路和交通管理等方面共同来保证。就公路线形设计方面来分析，主要从以下几个方面来保证。

1. 保证汽车在公路上行驶的稳定性

汽车行驶的稳定性是指汽车能沿公路安全地行驶，并在行驶中不致发生翻车、倒溜或侧滑的性能。行驶稳定性对于减轻驾驶员的劳动强度，增进乘客的安全感、舒适感，减少货物的损坏等都具有重要意义。

要合理地设置公路的纵、横坡度和弯道，提高车轮与路面间的附着力，从根本上确保汽车行驶的稳定性。

2. 尽可能的有利于提高车速

实践证明，要提高车速，就需要充分发挥汽车行驶的动力特性。在公路设计时必须严格控制曲线半径、最大纵坡及其坡长，合理地设置超高和缓和曲线，并尽可能采用大半径曲线及平缓的纵坡。

3. 保证公路上的行车畅通

为了保证汽车在公路上行驶不受到阻碍，公路设计时需要保证公路平面上有足够的视距，纵断面正确设计竖曲线，横断面有足够的通行宽度。此外，应尽量减少对公路交通的干扰。

4. 尽量满足汽车舒适的要求

正确组合平面线形和纵面线形，对平曲线、竖曲线的最小半径加以限制，对公路两旁进行绿化和美化，是满足行车舒适的有效措施。

三、汽车的分类

汽车的分类法很多，按用途可分为：

1. 载客车

载客车是专门用作人员乘坐的汽车，按其座位多少又可分为轿车和客车、旅游车等种类。

(1)轿车：除司机外乘坐 2～8 人的小型客车。轿车按发动机工作容积(排量，L)大小分为：微型(1 L 以下)、轻型(1～1.6 L)、中型(1.6～2.5 L)和大型(2.5 L 以上)。另外还可分为普通轿车、高级轿车、旅行轿车和活顶轿车。

(2)客车：除司机外乘坐 9 人以上的载客车为客车。客车有单层、双层型式，并可按总质量、总长度分为不同类型(表 2－23)。另外，还可按使用目的分为旅行客车、城市客车、长途客车、游览客车和旅游车等。此外还有铰接式客车，主要用于城市交通。

表 2－23 客车类型

类型	小型	中型	大型	铰接式	双层
总质量(t)	<4	4～11	11～16	>18	>15
总长(m)	<6	6～9	9～12	>14	9～12

2. 货车

主要供运载货物用的汽车称为货车，又称载货汽车。

3. 特种用途汽车

特种用途汽车包括建筑工程用汽车、市政公共事业用汽车、农用汽车、竞赛汽车等。

四、汽车的基本构造

虽然汽车的类型很多，各类汽车的总体构造有所不同，但它们的基本组成是一致的，都由发动机、底盘、车身和电器设备四大部分组成。货车总体构造的基本型式如图 2—49 所示。

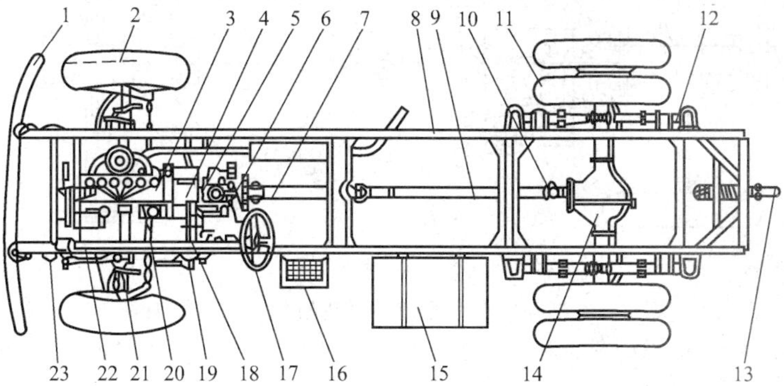

图 2—49 普通货车的总体构造

1—前保险杠；2—转向车轮；3—发动机；4—离合器；5—变速器；6—驻车制动器；7—中间转动轴；8—车架；9—传动轴；10—万向节；11—驱动车轮；12—后钢板弹簧；13—牵引钩；14—后桥；15—汽油箱；16—蓄电池；17—转向盘；18—制动踏板；19—离合器踏板；20—起动机；21—前桥；22—发电机；23—前钢板弹簧。

1. 发动机

发动机是汽车的动力装置，是汽车的“心脏”。其作用是使燃料燃烧后产生动力，然后通过底盘的传动系驱动汽车行驶。汽车发动机由曲柄连杆机构、配气机构、燃料供给系、冷却系、润滑系和点火系、起动系(“二大机构”、“五大系”)组成。

目前在汽车上占优势的是往复活塞式内燃机，其中主要是汽油机和柴油机。常见的汽油机是利用化油器使汽油与空气混合后吸入发动机汽缸内，用电火花强制点燃混合气体使其燃烧后产生热能而作功；柴油机则利用使柴油产生高压后由喷油器直接喷入发动机汽缸内并与汽缸内压缩空气混合形成混合气，柴油自燃后产生热能而作功。

2. 底盘

底盘是汽车的基础，可以称底盘是汽车的“骨骼”。其作用是接受发动机的动力，使汽车产生运动，并保证正常行驶；同时支撑、安装汽车其他各部件、总成。底盘由传动系、行驶系、转向系和制动系等“四大系”组成。

(1)传动系。汽车传动系的基本作用是将发动机发出的动力传给驱动车轮。

载货汽车上目前常见的传动系的组成及布置形式如图 2—50 所示。发动机纵向安置在汽车前部，并且以后轮为驱动轮。图中有标号的部分为传动系。发动机发出的扭矩依次经过离合器 1、变速器 2、万向节 3 和传动轴 8 组成的万向传动装置以及安装在驱动桥 4 上的主减速器 7、差速器 5 和半轴 6 传给驱动车轮。驱动轮得到扭矩便给地面向后的作用力，并因此使地面对驱动轮产生一个反作用力，这个反作用力就是汽车的牵引力。

由于汽车的类型不同，发动机的安装位置不同，都会使传动系的布置型式不同。

(2)行驶系。汽车行驶系的结构型式因车型和行驶条件的不同而有所差异。绝大多数汽车行驶在比较坚实的道路上，其行驶系中直接与路面接触的部分是车轮，因而称为轮式行驶系。除广泛应用的轮式结构外，还有履带式、车轮－履带式、跨步式等。

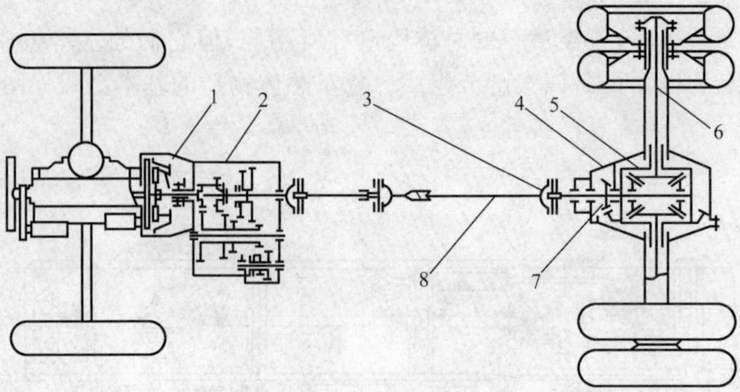

图 2－50　普通汽车传动系一般组成及布置示意图

1－离合器；2－变速器；3－万向节；4－驱动桥；5－差速器；6－半轴；7－主减速器；8－传动轴。

轮式行驶系一般由车架、车桥、车轮和悬架等组成，如图 2－51 所示。

行驶系的主要作用是：将汽车构成一个整体，支撑汽车的总质量；将传动系传来的扭矩转化为汽车行驶的驱动力；承受并传递路面作用车轮上的各种反力及力矩；减少振动，缓和冲击，保证汽车平顺行驶；与转向系配合，正确控制汽车的行驶方向。

(3)转向系。转向系的作用是通过驾驶员转动方向盘，根据需要改变汽车行驶方向，并减轻驾驶员的疲劳程度。转向系由转向器和转向传动机构两大部分组成，转向系示意图如图 2－52所示。转向器由方向盘、转向轴、转向传动轴、转向万向节等组成。转向传动机构由转向垂臂、纵拉杆、转向节臂、横拉杆、左右梯形臂等组成。

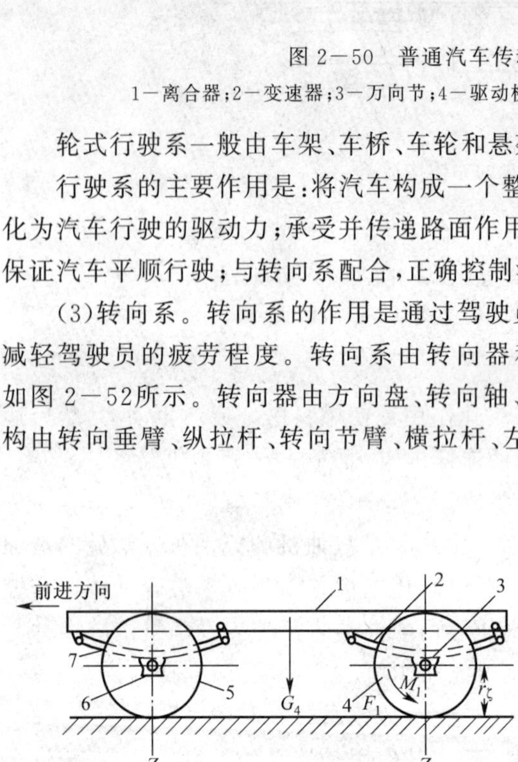

图 2－51　行驶系组成示意图

1－车架；2－后悬架；3－驱动桥；4－驱动车轮；5－从动车轮；6－从动桥；7－前悬架。

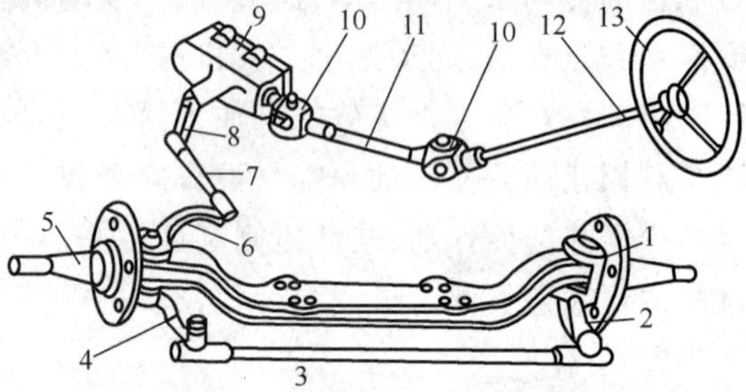

图 2－52　汽车转向系示意图

1－右转向节；2、4－梯形臂；3－转向横拉桥；5－左转向节；6－转向节臂；7－转向纵拉杆；8－转向垂臂；9－转向器；10－转向万向节；11－转向传动轴；12－转向轴；13－方向盘。

(4)制动系。制动系的作用是根据需要使汽车减速或在最短的距离内停车，以确保行车安全；并保证汽车停放可靠，不致自动滑溜。汽车的制动系一般至少装有两套各自独立的系统：行车制动装置(脚制动装置)和驻车制动装置(手制动装置)。重型汽车和经常行驶在山区的汽车，还应增装紧急制动和安全制动或辅助制动装置。此外，较完善的制动系还具有制动力调节装置、报警装置、压力保护装置等附加装置。制动系中每套制动装置都由产生制动作用的制动器和制动传动机构组成。制动器通常采用摩擦式。

3. 电器设备

电器设备是指汽车的电源和电气装置，它由电源和用电设备两大部分组成。用电设备包括发动机的起动系及汽车的照明、信号、仪表装置等，在强制点火式发动机中还包括发动机的点火系。

4. 车身

车身安装在底盘车架上，车身用以安置驾驶员、乘客和货物。除轿车、客车一般是一整体的车身外，货车车身是由驾驶室和货箱两部分组成。

汽车本身是一件精制的综合艺术品，其结构主要包括车身壳体、车门、车窗、车前钣金件、车身内外装饰件、车身附件、座椅以及通风、暖气、冷气、空气调节装置等等，载货汽车还包括货箱和其他设备。

五、汽车保养和维修

汽车的保养和维修，是为了确保车辆在使用中有良好的技术状况和较长的使用期限。

1. 保养

保养除每日(每班)进行以检试、清洁为主的例行保养外，还规定有一级保养、二级保养、三级保养。

(1)一级保养。一级保养的主要任务是以紧固、润滑为中心，并清除车辆在行驶一定里程后出现的薄弱环节，保证车辆仍具有继续正常行驶的技术条件。

(2)二级保养。二级保养的主要任务是以检查、调整为中心，较为深入、细致地对车辆进行全面的检查和调整。其目的是使车辆能在以后较长的时期内有良好的运行性能。二级保养是在车辆行驶一段较长的里程后进行的，一般需中断运输生产。

(3)三级保养。三级保养是以总成解体清洗、检查、调整为中心。

2. 维修

汽车维修的目的，是为了迅速恢复其在使用过程中由于机构的自然磨损、故障和其他损伤而丧失了的工作能力。维修也分为三级，即小修、中修、大修。

(1)小修。小修是一种维护性修理，是对车辆的个别部件和总成在工作中临时出现故障所必须进行的修理。

(2)中修。中修是一种平衡性修理，是在两次大修之间，对某些零件和总成进行一次计划性修理，以使其使用期限趋于平衡，延长大修间隔里程。

(3)大修。大修时将各总成拆散成零件，对其进行清洗、检验和分类，然后更换不可修的零件，修复需修的零件，然后把合乎要求的零件按规定的技术标准装配、试验，以达到恢复汽车技术性能的目的。

第三章 铁路运输

第一节 铁路运输业概述

运输是人类社会不可缺少的生产部门,也是人类社会必不可少的需求。随着社会的发展和科学技术的进步,逐步形成了以铁道、公路、城市轨道、水上、民航、港口和管道等七种运输方式为主的现代交通运输体系。每种运输方式均有各自的特点和适用范围。铁路是我国最重要的基础设施,只有铁路先行发展,才能保证国民经济持续发展。只有确立铁路快速发展的战略,才能更好地承担起当好先行的历史使命,适应全面建设小康社会的要求。

一、我国铁路发展概况

1. 铁路在国民经济中的地位

(1)铁路是国民经济的大动脉。在我国,铁路是国家重要的基础设施,是国民经济的大动脉和大众化的交通工具,是现代化统一运输网中的骨干和中坚,因此,铁路发展事关全局。这一基本性质决定了必须把铁路摆在先行的位置上,才能为全面建设小康社会提供强大可靠的运力支持。随着改革开放的不断深入、科学技术的进步及国民经济和国防建设的发展,铁路在运输组织和技术设备方面有了长足的进步,但社会主义市场经济的发展和全面建设小康社会对铁路运输提出了更高的要求。

(2)铁路是国民经济发展的战略重点。据有关统计资料,到2010年底,我国铁路有9.12万km(含合资、地方铁路)的营业线,有6 000个左右的车站,遍布全国各地,承担着大量的货运量和客运量。

我国2010年各种运输方式的概况可见本书第一章中表1—2。

从表1—2的统计资料可以看出,铁路的旅客周转量和货物周转量分别为31.41%和19.49%,这就说明各种运输方式都在竞争中不断发展,但中、长途旅客和货物运输主要靠铁路来完成。因此,铁路运输在我国综合运输体系中的骨干作用,在今后相当长的时期内仍然不会改变。随着高速旅客列车和货物重载运输在技术上的突破,21世纪将是我国铁路的繁荣时代。

(3)铁路面临大发展。党的十六大提出的新型工业化道路,就是一条大发展的道路,集中体现了社会先进生产力的发展要求。按照党的十六大精神,我国铁路将面临大发展的新机遇。铁路必须抓住这个机遇,实现快速发展,为全面建设小康社会提供可靠的运力支持;为"人均国内生产总值到2020年力争比2000年翻两番,综合国力和国际竞争力明显增强的奋斗目标"做出新的贡献。

2. 我国铁路运输分类

铁路运输是利用铁路线路、机车、车辆等运输设备和运输工具进行运输生产活动的,其目的是为了完成社会经济生活中旅客与货物的空间位移。铁路运输可以按不同的方法进行分类。

(1)按运输对象分类。以运输对象为依据,可将铁路运输分为铁路旅客运输和货物运输。

(2)按是否以营利为目的分类。以是否以营利为目的为依据,可将铁路运输分为铁路营业性运输和非营业性运输。

(3)按铁路管理权限分类。随着市场经济的发展和改革开放的不断深入,出现了合资铁路。因此,以铁路管理权限为依据,可将铁路运输分为国家铁路、地方铁路、专用铁路、铁路专用线、合资铁路及中外合资铁路运输及铁路联运。

(4)按运输方式多少分类。以运输方式多少为依据,铁路运输分为单一方式运输和铁路多式联运。铁路多式联运一般有国内铁路与国内公路、航空、水路联运;同时,也应包括国内铁路与国际海上相互间的联运。《铁路法》规定:国家铁路、地方铁路参加国际联运,必须经国务院批准。

(5)按是否民用分类。以是否民用为依据,铁路运输分为铁路民用运输和铁路军事运输。《铁路法》规定,铁路军事运输依照国家有关规定办理。

3. 我国铁路运输的特点

铁路运输是一个庞大的综合性企业,它不仅具有一般大工业企业的性质,并具有高度集中、各工作环节紧密联系的特点。

(1)铁路运输是高度集中、统一指挥的大企业。铁路是国家重要的基础设施、国民经济的大动脉、关系到国计民生,而铁路运输又是在点多、线长、流动分散的情况下,日以继夜、连续不断地在高速中进行生产活动,这就决定了铁路必须强调高度集中、统一指挥。只有这样,才能保证重点物资运输,才能保证铁路运输任务的完成。只有高度集中、统一指挥,铁路才能达到最好的经济效益和社会效益。

(2)铁路是一部大联动机。铁路的生产是由车务、机务、工务、电务、车辆、供电等很多部门、各工作环节紧密联系而共同完成的。各工作环节必须紧密配合、协调动作,如同钟表一样准确有节奏地工作,才能准确、安全地完成繁重的运输任务。铁路运输生产中,如果一个局部或一个单位或一个关键岗位出现疏忽或差错,就可能造成事故,影响局部的运输生产,甚至影响一片或一线的畅通。所以,要求每一个铁路职工必须有高度认真负责和互相协作的精神。

(3)铁路是国防建设的重要组成部分。在平时,铁路担负着市场经济建设的繁重运输任务;一旦战争爆发,铁路必须全力以赴,为取得战争的胜利服务。因此,铁路要实行半军事化管理,要有严格的组织性、纪律性。同时,半军事化不仅战时是战争必不可少的一部分,更多是平时要求铁路职工服从命令听从指挥、严格遵章守纪。铁路的各种规章制度具有科学性,其中有些条文是用血的代价换来的,因而带有权威性、强制性,是铁的纪律。每个铁路职工必须接受纪律的约束,增强纪律观念,培养执行规章制度和严守纪律的自觉性,做到有令则行,有禁则止。

由于铁路具有上述特点,因此,要求铁路的企业管理、组织运输生产和各项改革都必须适应这些特点。只有这样,铁路运输生产才能做到安全正点、畅通无阻。

铁路运输在我国国民经济中的重要地位和铁路的特点,决定了每一个铁路职工的责任重大、任务光荣。因而,每一个铁路职工都要保证做到铁路“畅通无阻、四通八达、安全正点、当好先行”的基本要求。每一个铁路职工都要坚决贯彻“严字当头、铁的纪律、团结协作、优质服务”的路风。每一个铁路职工都要自觉遵章守纪，认真履行铁路职工的崇高职责，使铁路更好地为社会主义市场经济服务，为全面建设小康社会服务。

4. 我国铁路管理体制及现行机构

(1)我国铁路现行管理体制。“九五”期间，铁路改革进入关键时期，改革继续深入发展，稳步进行，取得显著成效。按照“政企分开、企业重构、市场经营”的原则，加快交通体制改革，建立适应社会主义市场经济需要的新体制。目前，我国铁路确定了“主辅分离，辅业改制”为基本模式的铁路运输管理体制，实行集中领导下的分级管理。

(2)我国铁路现行机构。铁道部是全国铁路的主管部门，直接领导铁路运输企业，主要管理权力集中于铁道部。铁道部机关设有各职能机构。

运输企业全面实行资产经营责任制，初步确立了铁路局的市场主体地位。目前，铁道部下设 18 个铁路局或铁路集团公司，各铁路局直管站段；各铁路局下设若干车站、机务段、车务段、车辆段、工务段、电务段、水电段、供电段、房产段、生活段等基层生产单位，直接组织运输生产。

(3)继续推进铁路管理体制改革。改革是发展的强大动力。我国铁路要按照党的十六大精神和党中央、国务院确定的国有资产管理体制改革的部署、政企分开的原则、加入 WTO 对铁路管理体制提出的新要求，不断深化铁路改革。

5. 铁路运输的基本设备

铁路运输业是一个庞大的具有明显服务功能的物质生产部门，它拥有几千亿元的固定资产。为完成客货运输任务的基本设备占铁路固定资产的大约 80%。铁路运输的基本设备有以下几类：

(1)线路。铁路线路是机车、车辆和列车运行的基础，起着承受列车巨大重量、引导列车运行方向等作用。铁路线路是由路基、桥隧建筑物和轨道三大部分组成的一个整体工程结构物、是铁路运输基本设备中的主要组成部分。

(2)机车。机车是牵引列车和调车的基本动力。机车可分为电力机车、内燃机车和蒸汽机车。蒸汽机车因热效率太低、污染环境严重、乘务员劳动强度大等因素已逐渐被淘汰。电力机车和内燃机车是我国铁路主要牵引动力。

(3)车辆。车辆是运送旅客和装运货物的工具。车辆分为客车和货车两大类。新型客车有 25K 型、25G 型、25T 型等，车内设施比较完善。目前还有大量的旧型车，车内设施老化、陈旧，将逐步更新。此外，还有电动车组，如 CRH_1、CRH_2、CRH_3、CRH_5 等投入运营的动车组。

(4)车站。车站是办理旅客和货物运输的基地。车站按业务性质分，可分为客运站、货运站和客货运站；按技术作业分，可分为编组站、区段站、中间站；按等级分，可分为特等、一、二、三、四、五等站。

(5)信号与通信设备。信号与通信设备是铁路运输的“耳目”，是确保行车安全和提高运输效率的必要手段。目前，我国铁路的信号与通信设备是比较先进的。

除上述五种主要的运输基本设备外，还有供电供水等设备。为保证铁路运输正常运转，各类设备都有相应的检测、维修设备。

6. 我国铁路发展概况

(1)旧中国铁路概况。我国铁路是在遭受帝国主义侵略的情况下产生的。1840 年英国侵略者发动鸦片战争后，帝国主义列强相继侵入我国，中国沦为半殖民地半封建社会。1876 年英国用欺骗的手段修筑了中国第一条上海至吴淞的 14.5 km 的窄轨铁路。从 1876 年至 1949 年的 70 多年间，旧中国共修筑了 2.1 万多 km 铁路。这些铁路既不成网，布局也极不合理，更没有统一的管理，设备落后、陈旧，运输效率低下。

(2)新中国铁路发展概况。新中国成立以来铁路建设事业发展迅速。解放初期，铁路工人和铁道兵一起很快恢复了饱受战争破坏的 1 万多 km 铁路，于 1950 年 7 月 1 日从修筑成渝铁路开始，先后新建了天兰、兰新、宝成、包兰、鹰厦、成昆等 30 多条干线和 60 多条支线，到 20 世纪 80 年代末，使营业里程达到了 5.3 万多 km。

从路网分布来看，2006 年 7 月 1 日青藏铁路通车后，全国各省、市、自治区都通有铁路，京广线以西地区的铁路比重，由解放初期的 20%提高到 45%以上。我国路网已形成南北通路六条、东西通路六条、关内外通路三条，构成了能力强大的铁路网骨架。

截至到 2011 年，我国铁路分布情况如图 3—1 所示。

在铁路建设中，飞越天堑的武汉、南京、九江、芜湖长江大桥，雄伟壮观的长东黄河大桥，长 14.295 km的大瑶山双线隧道，桥梁隧道占全线 40%的成昆线，我国第一条现代化、行驶单元重载列车的双线电气化的大秦铁路，都是世界铁路工程中罕见的工程。我国于 1988 年底停止生产蒸汽机车，内燃、电力机车从无到有，并加速更新换代。到 2000 年底，内燃机车、电力机车总数已占机车的 95.9%，蒸汽机车占 4.1%，标志着我国铁路牵引动力进入以内燃、电力机车为主的新时期。新型车辆推出长22.5 m的空调双层硬座车，长 22.5 m 的空调硬卧车，高级旅游车，高速客车，C_{62}型、C_{68}型运煤敞车的成批生产，标志着车辆向大型化、专用化发展。无缝线路、重轨线路、双线铁路、电气化铁道近几年发展很快。无线通信、光纤通信、红外线轴温监测系统、安全生产各类技术装备、电子计算机等先进技术在我国铁路上广泛采用，必将促进我国《铁路主要技术政策》和“科技兴路”战略部署的实现，加快铁路现代化进程，大幅度提高铁路运输能力、质量和效益，加快实现从“限制型”向“适应型”的历史性转变，满足国民经济发展和人民生活提高的需要。

我国铁路建设的成就是显著的，但是建设的速度、工程质量、技术水平还不能满足全面建设小康社会的需要。现在我国铁路营业里程排在美国、俄罗斯、加拿大、印度之后，为世界第五位，这与我国辽阔的领土、众多的人口、丰富的资源是很不相称的。我国社会主义市场经济的特征、自然环境、资源分布、人口聚集等方面的实际情况，决定了铁路是我国陆上的主要交通工具。在诸如煤炭、矿石、化工原料等大宗货物运输、中长距离旅客运输和市郊旅客运输中发挥着主要作用。

随着改革不断深入、社会主义市场经济持续发展，“九五”和“十五”期间，我国铁路加快了走向市场的步伐，在基础建设、运输经营、科技进步等方面加大了投入和改革力度，市场竞争能力大大加强。

(3)抓住新的历史机遇，实现我国铁路快速发展。为适应我国全面建设小康社会和加快实现现代化的需要，铁路应该以“扩大路网规模，完善路网结构，提高路网质量”为主攻方向，确定路网建设的新思路，其主要内容如下：

①扩大路网规模。要扩大路网规模，就要加快新线建设，增加路网总量，到 2020 年，铁路网规模有一个较大发展，通车里程达到 12 万 km。路网结构更加合理，建成京沪、京广等高速铁路，主要繁忙干线实现客货分线，主要通道能力紧张状况从根本上得到改变，形成覆盖全国的快速客运网络和大能力货运网络，运输能力适应国民经济和社会发展需要。

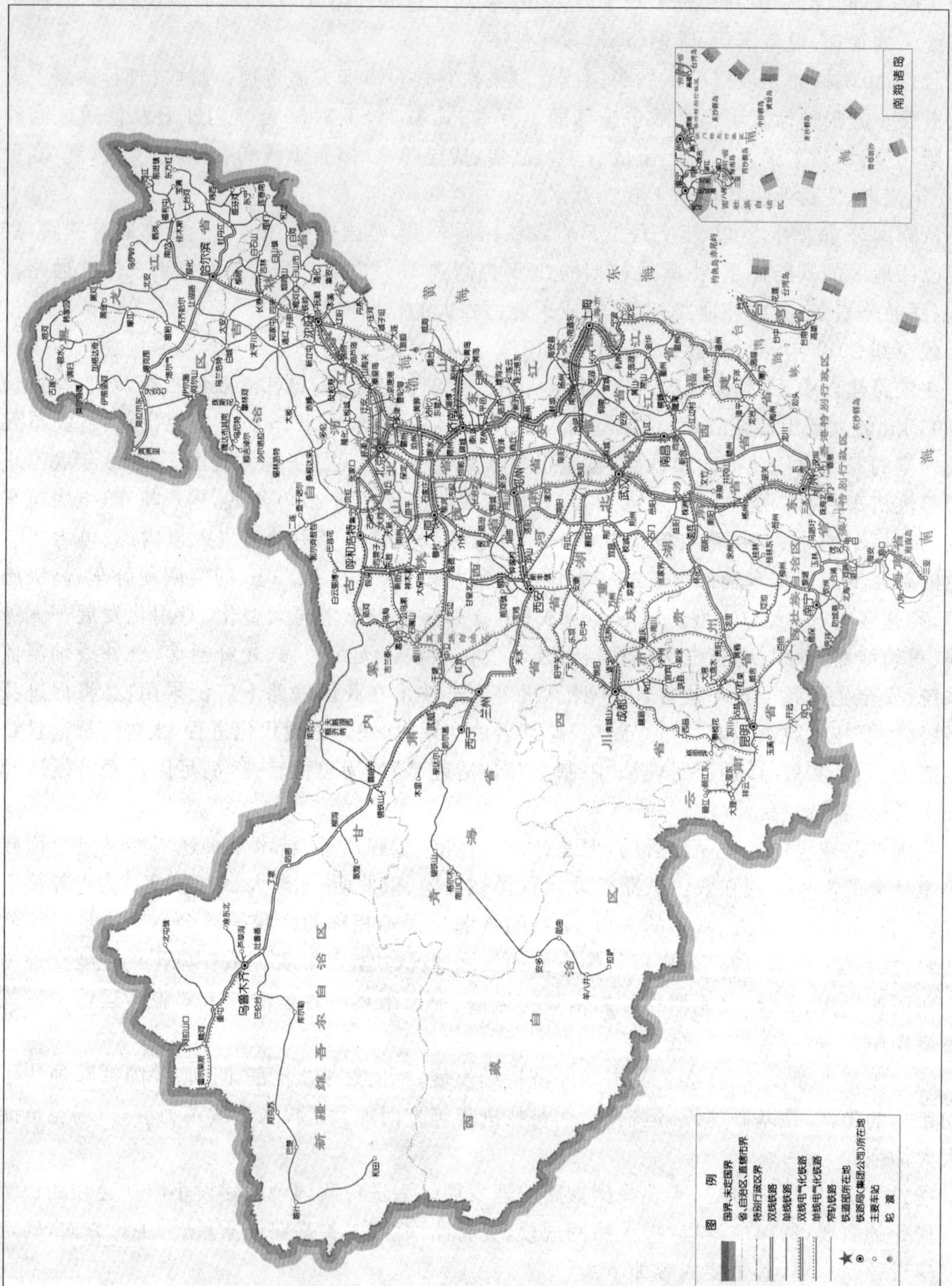

图 3－1 我国铁路分布图

②完善路网结构。完善路网结构就是要地区结构合理，路网建设适应我国东部、中部、西部地区经济和社会发展需要，干支线结构合理，主要干线发展四线或多线，建成大能力通道，支线与主要干线合理布局；点线能力配套，线路能力与枢纽和车站能力同步考虑，实现综合能力的最大化。

③提高路网质量。提高路网质量就是要大力采用新技术，发展客运高速、快速和货运重载铁路，提高我国铁路的整体技术水平。

二、加快铁路发展的内涵和目标

1. 加快铁路发展是适应全面建设小康社会要求的必然选择

在我国的国民经济建设和实现现代化的进程中，铁路具有不可替代的特殊地位和重要作用。实践表明，不加快铁路的发展，没有一个发达的完善的铁路网，要实现现代化是难以想象的。在经济全球化和信息化不断加快的进程中，以较短的时间和较少的代价，跳过发达国家曾经经历过而我们不必再重复的一些过程，实现与发达国家原来走过的发展历程相同的目标，这种新型工业化道路已经作为我们党的重大战略决策写在十六大的旗帜上。努力实现我国生产力发展的跨越，已是我们党代表中国先进生产力发展要求必须履行重要职责。因此，从根本上说，实现我国铁路快速发展，是铁路贯彻党的十六大精神，实践“三个代表”重要思想，适应全面建设小康社会要求的必然选择。

改革开放以来，铁路取得了显著的成绩，如铁路建设速度加快，路网规模扩大，运输能力有较大增强；六次大提速取得成功，服务质量明显提升；运输收入大幅度增长，运输经营实现扭亏为盈；科技创新迈出新的步伐，技术装备水平有新的提高；安全基础建设成效显著，运输安全总体上保持了基本稳定；铁路改革不断深化，企业经营机制发生了深刻变化等。但是，我们必须清醒地看到铁路发展上的差距和问题，主要表现在以下几个方面：

(1)运输能力仍然十分紧张。目前铁路主要干线、部分地区运输能力仍然十分紧张，不能满足旅客、货主的基本运输需求。

(2)铁路发展速度较慢。改革开放以来，铁路发展和过去相比是较快的，但与国民经济发展速度和其他一些行业，与公路运输、民航运输发展速度比，铁路发展是较慢的。

(3)列车速度增长缓慢。20 世纪 60 年代高速铁路出现以来，国外一些国家的高速铁路发展较快，旅客列车的旅行速度相应大幅度提高。国外一些国家铁路最高速度和旅客列车旅行速度如表 3－1 所示。

表 3－1 国外一些国家铁路高速列车旅行速度情况

项目	法国	德国	日本	西班牙	意大利	英国	美国	瑞典
列车	TGV	ICE	希望号	AVE	ETR450	IC225	Metroliner	X2000
最高速度(km/h)	300	280	275	270	250	201	201	200
旅行速度(km/h)	239～246	180～192	223～230	193～218	154～164	169～171	150－175	163～175

我国铁路列车速度长期在低速徘徊，与国外一些发达国家相比差距太大。据有关资料统计，1995 年以前，旅客列车最高速度不到 120 km/h，货物列车最高速度不到 80 km/h。1995 年的旅客列车和货物列车平均旅行速度分别为 49.0 km/h 和 30.2 km/h。1949～2000 年我

国铁路旅行速度变化情况如表 3－2 所示。

表 3－2 我国铁路旅行速度变化情况(km/h)

列车别	1949 年	1957 年	1965 年	1970 年	1975 年	1980 年	1985 年	1990 年	1995 年	2000 年
客车旅速	28.2	34.8	38.5	42.1	42.2	43.4	43.9	46.3	49.0	55.2
货车旅速	25.5	25.2	28.2	30.3	28.5	28.7	28.1	29.2	30.2	34.6

为了解决铁路发展上的问题，缩小与发达国家之间的差距，我国铁路必须实现快速发展。只有确立铁路快速发展的思路和战略，才能更好地承担起当好先行的历史使命，适应全面建设小康社会的要求。

2. 铁路快速发展的基本依据

我国铁路存在落后的“位差”是快速发展的初始条件，是铁道部提出铁路快速发展战略的基本依据。

目前，我国铁路运输生产力不适应全社会日益增长的需求，这个矛盾并没有从根本上解决。铁路运输能力不足，技术装备水平不高，建设资金短缺，冗员数量较大等，这些差距是客观存在的。

发展是硬道理，发展是第一要务。实践证明，“不发展没有出路，发展慢没有出息”。在一个相对落后的状态下发展，更要有超常规的发展思路。特别是当今世界正处在一个日新月异、突飞猛进的急剧变革时代，你在发展，别人也在发展，时不我待。如果还用习惯思维想问题，还按照习惯套路办事情，重复别人走过的老路甚至弯路，那不仅无法摆脱落后，还会进一步拉大差距。因此，只有快速发展，才能加快解决我国铁路面临的主要矛盾；只有快速发展，才能为全面建设小康社会提供可靠的运力支持。

3. 铁路快速发展的含义

(1)快速发展的含义。快速发展的主要含义是：

①以较短的时间、较少的环节和较少的代价，实现与发达国家原来走过的发展历程相同的目标。也就是在每个发展阶段都是快速前进，最终赶上发达国家水平。

②在发展过程中，跳过发达国家曾经经历过而我们不必再重复的一些过程。也就是充分运用人类共同创造的文明成果，形成后发优势，最终赶上发达国家水平。

(2)铁路快速发展的含义。铁路快速发展，其主要含义是：

①运输能力的快速扩充。集中人力、物力、财力，加快铁路建设，在较短时间内解决铁路运输能力不适应的问题，早日使铁路运输能力适应国民经济和社会发展需要。

②技术装备水平的快速提高。充分利用国际国内先进的技术资源，加快技术创新，在较短时间内，使我国铁路主要技术装备达到或接近发达国家水平。

4. 铁路快速发展的总体目标

在 2003 年 6 月“落实三个代表要求，抓住新的历史机遇，努力实现中国铁路快速发展”的研讨会上，铁道部提出了我国铁路实现快速发展的总体目标：以邓小平理论和“三个代表”重要思想为指导，紧紧抓住发展这个第一要务，解放思想，实事求是，与时俱进，以提高运输能力和提升技术装备水平为主线，全面推进技术创新和体制创新，到 2020 年基本实现中国铁路现代化，运输能力适应国民经济发展的要求，主要技术装备达到发达国家水平，服务质量基本满足旅客货主需求，建立适应社会主义市场经济的管理体制和经营机制，建设一支高素质职工队伍，职工物质文化生活全面达到小康水平。

5. 实现我国铁路快速发展的六个重点目标

铁道部在实现铁路快速发展的研讨会上，提出了以下六个重点目标：

(1)运输能力适应发展需要。到2020年，铁路网规模有一个较大的发展，路网结构更加合理，建成京沪高速铁路，主要繁忙干线实现客货分线，主要通道能力紧张状况从根本上得到改善，形成覆盖全国的快速客运网络和大能力货运网络，运输能力适应国民经济和社会发展需要。

(2)技术装备达到国际先进水平。以客运高速、快速和货运快捷、重载为重点，使我国铁路机车车辆技术达到国际先进水平；适应我国铁路运输的特点，使我国铁路线桥隧涵、通信信号技术达到国际先进水平；广泛应用信息网络技术，实现铁路信息化。

(3)管理体制继续深化改革。按照党中央、国务院关于铁路改革的要求，实现主辅分离，建立现代企业制度，推进政企分开，建立适应社会主义市场经济要求的铁路管理体制和经营机制。

(4)运输服务不断创新。全面改善服务设施，创造良好的服务环境，实现服务创新，为旅客货主提供最大方便和优质服务，基本满足人民群众对铁路运输服务的需求。

(5)运输经营努力实现零亏损。稳步提高铁路运量，实现市场份额最大化，更好地发挥铁路在现代综合交通体系中的骨干作用。以坚持铁路公益特征为前提，不断提高企业经济效益，在目前政企不分的体制下，努力实现运输经营零亏损。

(6)职工生活水平和质量全面提高。随着劳动生产率和经济效益的提高，不断增加职工收入，改善职工生产、生活环境，满足职工多样化的物质文化需求，全面提高职工生活水平和质量。

三、铁路运输设备实现快速发展的重点任务

在实现铁路快速发展的研讨会上，在铁路运输设备方面，铁道部提出了建设发达的铁路网、实现技术装备现代化、加快实现铁路信息化、全面调整运输生产力布局等重点任务。

1. 建设发达的铁路网

(1)概述。为适应我国全面建设小康社会和加快实现现代化的需要，我国铁路应该以“扩大路网规模、完善路网结构，提高路网质量”为主攻方向，确定路网建设的新思路。

(2)建设快速客运网。通过新线建设和既有线改造，构建覆盖我国主要城市的快速客运网络，包括主要干线客运专线、客货混跑提速线路和城际客运铁路。

①逐步建设主要干线客运专线。从国内外铁路发展情况看，解决主要干线运输能力紧张问题的根本措施是发展四线或多线，实现客货分线，使其真正成为大能力通道。我国将逐步建设的主要干线高速客运专线如图3－2所示。根据我国铁路中长期发展规划，预计到2020年客运专线将达到1.6万km。京沪高速铁路全长1 318 km，与既有线京沪铁路大体平行。设计时速为250～300 km，基础设施按时速350 km设计。该高速铁路是连接渤海湾和长江三角洲两大经济带的铁路，是东北、华北通往华东的主要通道。高速铁路建成后，客运能力比目前可大幅提高。京沪高速铁路示意图见图3－3。

②建设快捷的客运通道。建设连接东、中、西部及沟通东南沿海主要城市快捷的客运通道，将经济发达的东部地区、经济发展较快的中原地区与西南、西北地区紧密连接起来，为旅客提供快捷的运输服务。同时，在东南沿海主要城市间建设客运通道。我国既有铁路快捷的客运通道示意图如图3－4所示。

图 3－2　主要干线高速客运专线示意图

图 3－3　京沪高速铁路示意图

③进一步推进既有线列车提速。2006 年以前，我国铁路连续进行了五次大面积提速，基本形成了京广、京哈、京沪、京九和陇海、浙赣线的“四纵两横”的提速网络。我国铁路将继续以主要干线为重点，推进列车提速，力争使我国铁路既有线列车速度达到发达国家水平。进一步提高提速干线客车运行速度，使一些有条件的干线旅客列车时速达到 200 km，并逐步扩大提速范围。与此同时，为了使提速线路的货车速度与客车速度相匹配，实施货车提速，由时速不足 80 km 提高到 120 km。

④建设城际客运铁路。根据我国现有城市的布局，先将以北京、天津为中心的环渤海地区，以上海为中心的长江三角洲地区，以广州为中心的珠江三角洲的城际客运铁路修建起来。

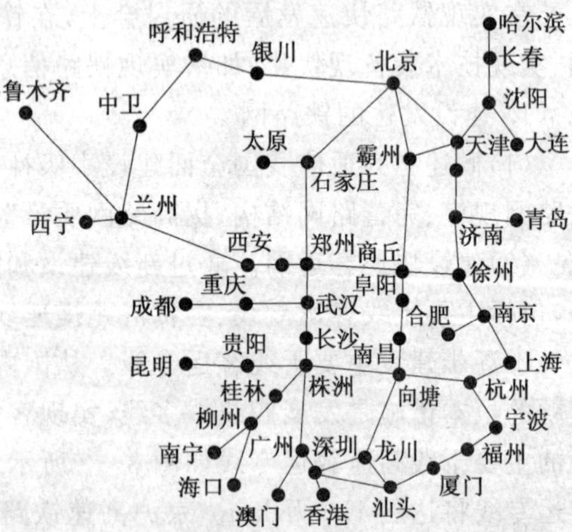

图 3－4　既有铁路快捷的客运通道示意图

⑤发展城市铁路。与地方政府配合，在大的中心城市发展城市轨道运输，开行小编组、大密度、快速度的城市列车。

⑥实施第六次大提速。为适应客运高速的需要，铁道部确定，2007 年 4 月 18 日全国铁路正式实施第六次大提速，时速 120 km 及以上线路延展里程达 2.2 万 km；时速 160 km 及以上线路延展里程达 1.4 万 km；时速 200 km 线路延展里程达 6 003 km。第六次提速主要干线如

图 3－5 所示。

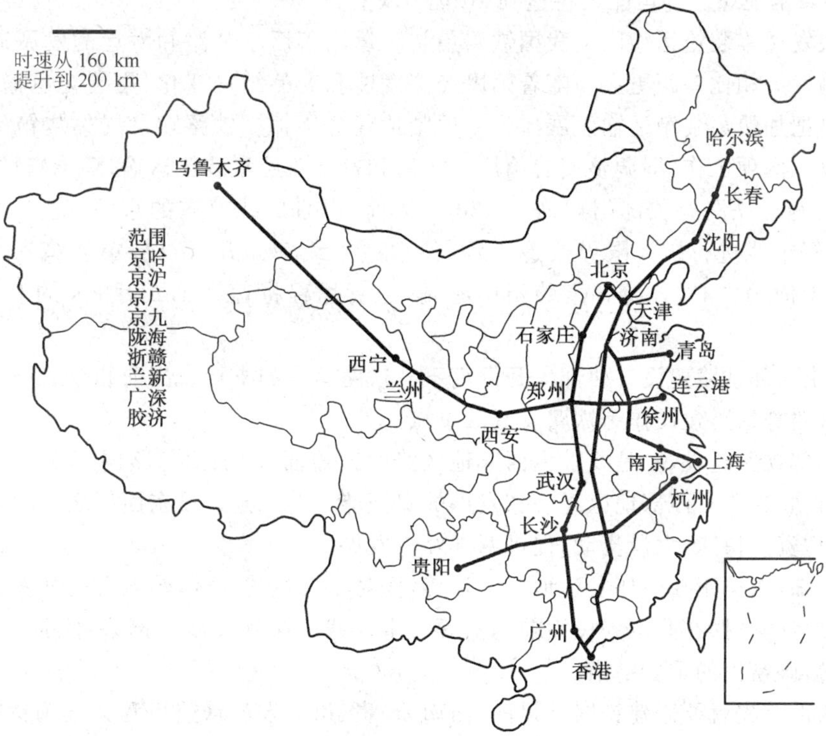

图 3－5　第六次提速主要干线示意图

我国铁路通过六次提速，基本上形成客运产品的四大板块：城际快速客车；中心城市间的动车组快速客车；夕发朝至和一站直达的特快旅客列车；普通列车。新型动车组外形如图 3－6 所示。

图 3－6　新型动车组

(3)建设大能力货运通道。从我国资源分布和工业布局的实际出发，结合客运专线和其他铁路建设，扩大主要干线货运能力，形成大能力通道，适应未来货物运输需要。

①扩大主要通道货运能力。在今后铁路建设中，在几大干线逐步建设客运专线的同时，对既有铁路进行必要改造，通过贯通复线、电气化改造等措施，使其成为高质量、大能力的以货运为主的通道。

②建设发达的煤运系统。随着经济发展，全社会煤炭需求量将大幅度增加，铁路承担着繁重的煤炭运输任务。我国煤炭资源丰富，大同、神府、太原等 10 个地区煤炭年产量都将达亿吨左右。因此，在铁路建设上应充分考虑煤运通道问题，以 10 大煤炭基地为中心，通过建设客运

专线和既有线扩能改造，形成大能力煤运通道，满足煤炭外运需要。据有关部门预测，到2010年，10大煤炭基地煤炭外运能力将达到20亿t以上。

③加快发展集装箱运输网。我国铁路集装箱运输落后于公路和海运的发展速度，与国外集装箱运输发展相比差距更大。随着国民经济发展和产品结构变化，集装箱运输需求越来越大。铁路要把加快集装箱运输发展作为一项紧迫任务来抓。铁路在发展集装箱运输过程中，主要抓好以下两项工作：即调整集装箱场站布局和发展双层集装箱运输，解决繁忙干线运输能力紧张的问题。铁路有关部门规划，在2007年前，以京广线以东的京沪、陇海、沪杭、浙赣、胶济、京九等干线进行扩大限界改造工程，使这些干线率先开行双层集装箱列车。到2020年，形成以上海为中心，连接各集装箱中心站，运营里程将达到1.6万km的双层集装箱运输网络。

(4)加快西部铁路建设。西部大开发离不开铁路运力的支持。当前和今后一个时期，铁道部要把加快西部铁路建设作为铁路发展的重点。

加快西部铁路建设，一是要扩大西部地区路网覆盖面，增加西部路网规模，完善西部路网布局，全面提高铁路对西部地区经济和发展的保证能力。二是建设东西部之间的大能力通道，实现人员、物资的快速、大量流动，促进西部经济发展。

众所周知，人类正在破坏发达地区的环境，而对不发达的地区，却没有去开发。因此，开发西部，人口西迁，是摆在我国人民面前的头等大事。我国必须发展西部，才能真正摆脱我国的困境，这是富国富民的重要举措。

开发西部首先就要修建铁路。目前，西南云、贵、川三省的铁路里程为全国铁路里程12%左右，西北青海、新疆、西藏三省区的铁路里程仅为全国的5%。这种状况急待扭转，铁路发展战略急待西移。从国民经济发展战略出发，煤炭开发和石油开采的重点在西部，为了21世纪全国国民经济持续、稳定发展，西部资源必须开发利用。因此，从稳定国家大局和全国全方位开发角度出发，也应尽快修通西部铁路，并形成路网。西南路网规划如图3－7所示。

(5)搞好点线能力配套。目前，我国铁路点线能力不配套的问题比较突出，制约了线路能力的发挥。今后在铁路建设和改造中，必须按照系统论的观点，配套安排枢纽建设，完善枢纽结构，强化主要车站，使铁路主要客运站、编组站在路网中定位清楚，布局合理，分工明确，规模适宜，协调配套，能力适应，满足路网的总体要求。

(6)提高铁路建设技术标准和设计施工质量。为了高质量地完成路网建设任务，必须按照时代发展要求，与时俱进，在工程建设上树立新理念，确立高标准，应特别强调以下四个方面的问题。即提高新建铁路技术标准，提高设计施工质量，铁路建设必须符合系统理论要求，加强工程投资控制等。

2. 实现技术装备现代化

(1)概述。技术装备现代化是增强铁路综合运输能力的重要基础，是确保运输安全的关键环节，是提升铁路服务质量的基本条件，是提高铁路运输效益的重要源头。实现我国铁路快速发展，离不开技术装备的现代化。实现铁路技术装备现代化应坚持采用先进、成熟、经济、适用、可靠的技术的基本原则。

总之，我们要立足高起点、高标准，以世界的眼光对待铁路技术发展，把引进先进技术与自主创新结合起来，使我国铁路技术装备早日达到或接近发达国家水平。

(2)实现机车车辆技术创新。我国铁路机车车辆现有技术状况与铁路运输要求相比，还有不小的差距，主要表现在安全可靠性不高、设备功能不足、运用和维修成本高等。

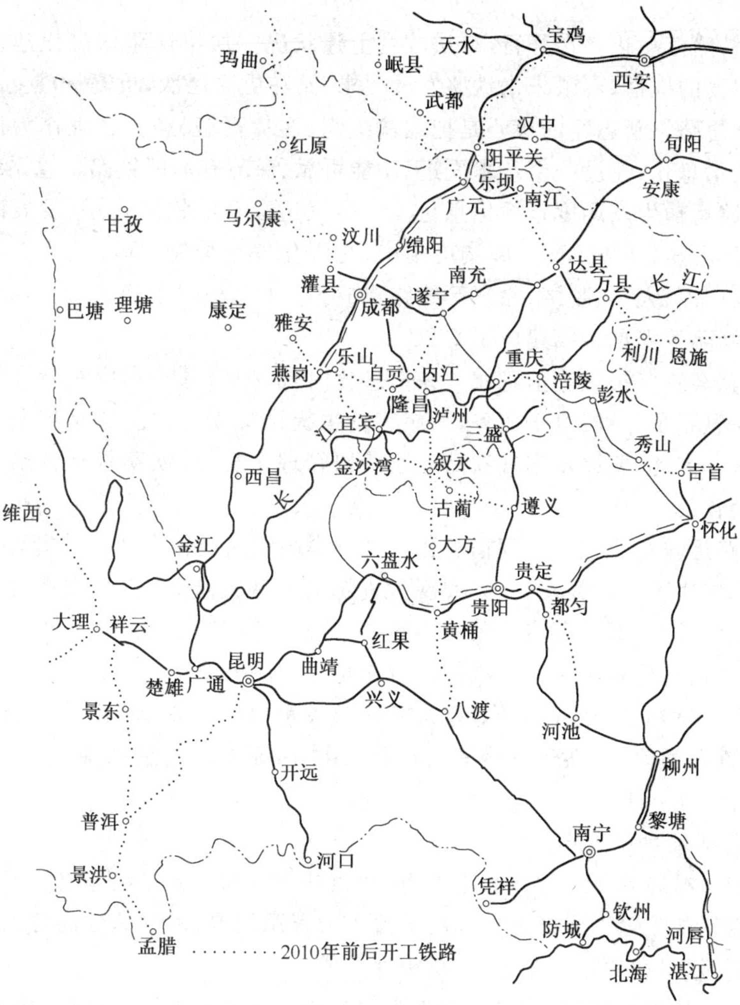

图 3－7 西南路网规划图

因此,加快实现机车车辆装备现代化,是一项十分紧张的任务。今后要以客运高速、快跑和货运快捷、重载为重点,系统地引进发达国家机车车辆的关键技术,进行消化吸收和系统合成,实现机车车辆生产的标准化、系列化、模式化和信息化,从整体上提升我国铁路机车车辆水平。

(3)实现线路等基础设施的技术创新。为适应我国修建高速铁路、列车提速和发展货运重载的要求,必须提高线路等基础设施的技术水平。

(4)实现运输安全技术创新。发达国家铁路行车安全状况比较好,根本原因是用先进技术和设备来保证安全。我国铁路列车密度高,运量大,运输安全的问题更为突出,因此,我们要积极采用国际上先进的安全检测、安全控制等技术,提高安全保障能力。

3. 加快实现铁路信息化

(1)概述。铁路的网络型特点决定了铁路现代化离不开信息化的支撑。铁路的信息化覆盖运输安全、运输组织、技术装备、客货营销、经营管理等各个方面,将对各种生产要素起到倍增和催化作用,带来效率和质量的大幅度提升。但是,我国铁路信息化建设不能适应当前形势的要求,主要表现在重点不突出、项目分散、建设周期过长、能力不配套、安全存在隐患等。

因此,加快铁路信息化势在必行,尽快改变上述状况。加快铁路信息化建设,必须跳出原有铁路信息化建设的框框,着眼未来铁路发展要求,站在更高层次,更高标准上,确立我国铁路信息化建设的新思路。新思路的核心是把运输组织、客货营销、经营管理作为信息化的重点,带动其他方面的信息化,建设一个技术先进、功能可靠、保障有力的铁路信息系统。

(2)实现铁路运输生产调度指挥信息化。许多发达国家的铁路建设、发展的经验证明,把信息技术应用于运输生产组织,发展调度集中,是强化安全控制、提高运输效率的有效措施。我国铁路先期在广深、大秦、胶济、徐郑等线路建成了CTC,积累了经验,逐步在京广、京哈、京沪、京九、陇海、浙赣等繁忙干线建成了CTC。

(3)推进铁路客货营销系统信息化。在信息化时代,把信息技术应用于客货营销,建设和完善客货营销信息系统,发展电子商务,为旅客货主提供最大方便。这是扩大铁路客、货运量的重要措施之一。因此,要逐步实现铁路客运营销管理信息化、铁路货运营销管理信息化、铁路客货营销社会化。

(4)提高铁路运输企业经营管理信息化水平。提高铁路运输企业经营管理信息化,目前就是要把信息技术应用于企业经营管理,实现对资源的合理配置,推进管理现代化。同时,要全面完成TMIS建设任务,开发各专业信息系统。

(5)强化铁路信息化基础工作。铁路信息化是一个庞大系统,涉及各个方面。系统本身对网络运行质量和安全要求非常高,做好基础工作至关重要。做好基础工作主要是抓好统一标准、建设和完善铁路通信网、强化铁路信息安全工作、保证铁路信息系统正常运转和加强对信息化工作的领导等几项工作。

4. 全面调整运输生产力布局

合理的生产力布局可以有效地利用人力、物力、财力,对于提高劳动生产率和资源使用效率具有重要意义。铁路运输生产力布局决定着运力资源配置,运输综合能力和企业劳动组织,是铁路运输质量、效率和效益的基础性、源头性问题。

根据我国铁路目前的现状,调整运输生产力布局的基本思路和目标是,学习借鉴发达国家铁路生产力布局的标准和经验,进行总体规划,分步操作实施,到2020年使我国铁路配置、劳动用工和设备综合利用率接近或达到发达国家水平。在调整运输生产力布局的过程中,要切实坚持以下基本原则:即自上而下地推进、新线实行新的布局、既有线改造与生产力布局调整同步进行、生产力布局调整与相关工作配套实施。

第二节 铁路线路

线路是铁路运输基本设备中的主要构成部分。它由路基、桥隧建筑物和轨道三大部分组成。随着国民经济持续发展、对外开放和科学技术的进步,铁路线路基础设施采用了很多新技术,出现了很多新成果。铁路实现快速发展,对线路基础设施提出了技术创新的具体要求。

一、提高新建线路技术标准

1. 基本思路

实现我国铁路快速发展的总体思路中指出:为了适应我国修建高速铁路、推进列车提速和发展货运重载的要求,必须提高线路等基础设施的技术水平。要把引进国外先进技术与自主创新结合起来，达到国际先进水平。客运专线和城际客运铁路线路基础也要通过引进国外先进技术与自主创新，达到国际标准。其他线路要优化基础结构，提高线路质量，满足运输需求。

2. 新线建设主要技术标准

按照铁路快速发展的要求，对新建的客货混跑主要干线的客运列车、货运列车，新建Ⅰ级干线的设计速度、开通速度，新增二线的设计速度、开通速度均提出了具体要求，如表 3－3 所示。

表 3－3 各类新建铁路主要技术标准

<table>
<tr><th>时速 \ 线路别 \ 列车别</th><th>新建客货混跑干线</th><th>时速 \ 线路别 \ 时速别</th><th>新建Ⅰ级干线</th><th colspan="3">新增二线（开通后 1 年内达到设计速度）</th></tr>
<tr><td>旅客列车</td><td>200 km</td><td>设计时速</td><td rowspan="2">一致</td><td>120 km</td><td>140～160 km</td><td>200 km</td></tr>
<tr><td>货物列车</td><td>120 km</td><td>开通时速</td><td>100 km</td><td>120 km</td><td>160 km</td></tr>
</table>

3. 配套设施标准全面提高

新线建设的配套设施，如道口、轨枕、道岔、钢轨、道砟等基础设施标准也要全面提高，以保证新建线路整体水平达到设计要求。

二、高速铁路发展概述

1. 世界铁路速度的分档

目前，世界铁路速度分为常速、中速、快速和高速，各档的速度范围如表 3－4 所示。

表 3－4 铁路速度分档

常速（km/h）	中速（km/h）	快速（km/h）	高速（km/h）
$100\leqslant v<120$	$120\leqslant v<160$	$160\leqslant v<200$	$200\leqslant v$

2. 高速铁路发展概况

世界上第一条高速铁路——日本东海道新干线于 1964 年建成并投入运行，取得明显效果。继东海道新干线之后，日本又先后修建了山阳、东北、上越及北陆新干线；法国的高速列车 TGV 于 1981 年以 260 km/h 的最高运行速度投入正式运营；意大利的摆式列车在 1988 年连接了米兰和罗马；德国的高技术 ICE 列车于 1991 年正式通车；西班牙于 1991 年建成马德里—赛维利亚高速铁路；……至今，全世界最高运行速度在 200 km/h 以上的新建高速铁路已超过 4 000 km，如果包括时速 200 km 的线路，全世界的运行总里程已超过 10 000 km。世界一些国家高速铁路建成情况如表 3－5 所示。

表 3－5 世界一些国家高速铁路概况

国 别	牵引动力	最高速度（km/h）	建成年份	国 别	牵引动力	最高速度（km/h）	建成年份
日 本	电动车组	210～270	1964	瑞 典	电力机车	210	1990
法 国	电动车组	270～300	1981	西班牙	内燃机车	200	1989
德 国	电力机车、动车组	280	1991	英 国	电力机车	225	1989
意大利	电力机车	250～300	1988	前苏联	电动车组	200	1984

3. 高速铁路在铁路发展史上的重大意义

高速铁路的出现，在铁路发展史上产生了极大的影响，并具有重大意义。

（1）高速铁路振兴了铁路产业。高速铁路以其速度快、运量大、节省能源、确保安全准时、污染少等综合优势博得世人青睐,极大地提高了世界各国发展高速铁路的兴趣,从而使铁路产业出现了一个兴旺时期。世界铁路专家预测,21 世纪铁路运输业将以客运高速和货运重载再振雄风。

(2)高速铁路担负着大量的客运量。例如:日本已建成的东海道等四条新干线共长 1 835 km,约占日本铁路总营业里程的 9%,担负着铁路旅客周转量的 30%;法国的东南线和大西洋共长 745 km,仅占法国铁路营业里程的 2%,TGV 列车却承担了铁路旅客周转量 55.8%。

(3)高速铁路对传统铁路提出了新的挑战。高速铁路的出现对传统铁路的设计、施工和维修提出了新的挑战,在许多方面深化和改变了传统的设计观念或思想。

(4)高速铁路已成为世界铁路发展的总趋势。由于高速铁路与传统铁路相比有很多优势,所以,它已成为世界铁路发展的总趋势,也成为一个国家和地区发展交通运输的战略目标之一。

三、线路的平面和纵断面及其组成要素

1. 线路平面的组成要素

一条铁路线在空间的位置是用它的线路中心线来表示的。线路中心线是指路基横断面上距外轨半个轨距的垂直线与路肩标高水平线交点的纵向连线,如图 3－8 所示。

从运营的观点来看,最理想的铁路线路是既直又平的,即在线路平面上没有曲线,纵断面上没有坡道。但是,这样做往往是不经济、不合理的,有时也是不现实的。因为天然地面是复杂多变的,有山、水、沙漠、森林、矿区、城镇等障碍物和建筑物。如果把铁路修得过分平坦和顺直,势必造成工程数量和工程费用的大量增加,而且延误工期。所以从工程观点来看,铁路线路最好能够随地形条件而有适当的起伏和弯曲,这样,既可以减少工程数量、降低造价,又便于避开地形、地质和地物上的障碍。

例如某条铁路经过 A、B、C 三点,如图 3－9 所示。如果把 AB 和 BC 分别用直线连接起来,那么在 AB 之间要架桥,在 BC 之间要开凿一座隧道。这从工程角度上看是不合理、不经济的,必须分别用折线 ADB 和折线 BEC 来代替,在折线的转角处,则用曲线连接。

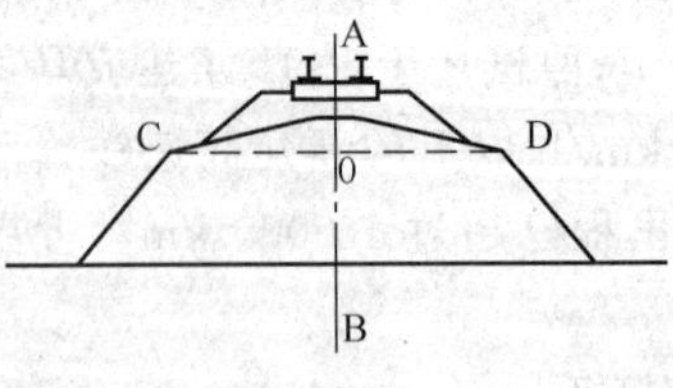

图 3－8 线路中心线示意图

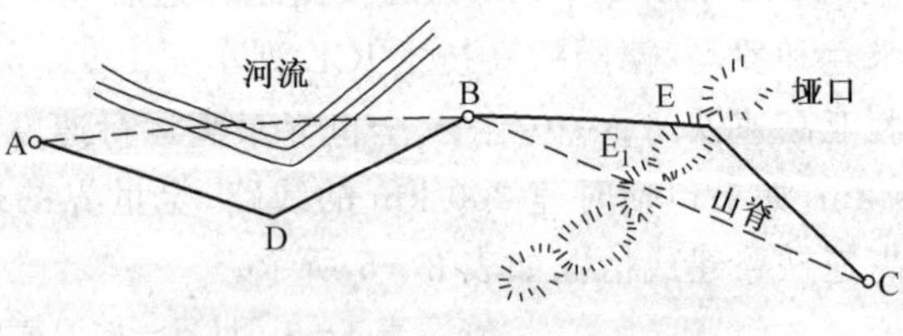

图 3－9 铁路线绕避地形障碍示意图

因此,直线和曲线(圆曲线和缓和曲线)就成为线路平面的组成要素。

2. 曲线阻力

线路平面上有了曲线后,给列车运行造成了不良影响。列车通过曲线时,由于离心力的作用,使车轮轮缘和外轨内侧的挤压摩擦增大;同时由于曲线外轨比内轨长,两侧车轮在轨面上滚动时会产生相对滑动,因此,会给运行中的列车造成一种附加阻力,称为曲线阻力。曲线阻力的大小,通常用下面的试验公式来计算,即:

$$W_{P} = \frac{A}{R}(\mathrm{N/t})$$

式中：W_P——单位曲线阻力（N/t），即列车每一吨重所摊到的曲线附加阻力；

R——曲线半径（m）；

A——根据试验归纳的常数，在计算中，我国常采用 $A=700$。

从式中可知，曲线阻力与曲线半径成反比。半径越小，曲线阻力越大，运营条件就越差，说明采用大半径曲线对列车运行的影响较小。但是，小半径曲线亦具有容易适应困难地形的优点，对工程条件有利。因此，设计时必须根据该铁路所允许的旅客列车的最高运行速度，由大到小合理选用曲线半径。

3. 曲线半径的选择

曲线半径的选择，有条件时应尽可能选用较大的值。这样，可以改善运营条件，节省较多的运营费用。

最小曲线半径是线路平面设计时允许选用的曲线半径最小值，其选定主要应考虑行车速度、地形条件和机车牵引种类等因素。行车速度是选定最小曲线半径的主要依据。

在客货混跑的铁路线上，由于旅客列车与货物列车的速度差较大，一方面要保证旅客的安全舒适，另一方面又要使货物列车通过曲线时，不过于挤压与磨耗内轨，载运的货物不发生移位。因此，其最小曲线半径应按下式确定：

$$R_{\min}=11.8\times\frac{v_1^2-v_2^2}{h_Q+h_e}(\mathrm{m})$$

式中：v_1、v_2——旅客列车和货物列车速度（km/h）；

h_Q、h_e——欠超高（外轨超高不足）与余超高（外轨超高过大）（mm）。

对于高速客运专线，因为速度比较划一，最小曲线半径按下式确定：

$$R_{\min}=\frac{11.8\times v_{\max}}{h_m+h_Q}(\mathrm{m})$$

式中：$R_{\min}$——最小曲线半径（m）；

$v_{\max}$——列车最大速度（km/h）；

h_m——实置超高值（mm）；

h_Q——允许的欠超高值（mm）。

4. 直线与曲线的连接

在铁路线上，直线与圆曲线间应采用缓和曲线连接。即从缓和曲线所衔接的直线一端起，缓和曲线的半径由无穷大渐变到它所衔接的圆曲线半径 R。这样，列车从直线驶入曲线时离心力将逐渐增加，不会产生突然的强烈冲击和倾倒。这对于改善运营条件，保证行车安全和平顺有很大作用，缓和曲线的长度应根据曲线半径大小规定选用。

圆曲线和缓和曲线构成了铁路曲线，如图 3－10 所示。

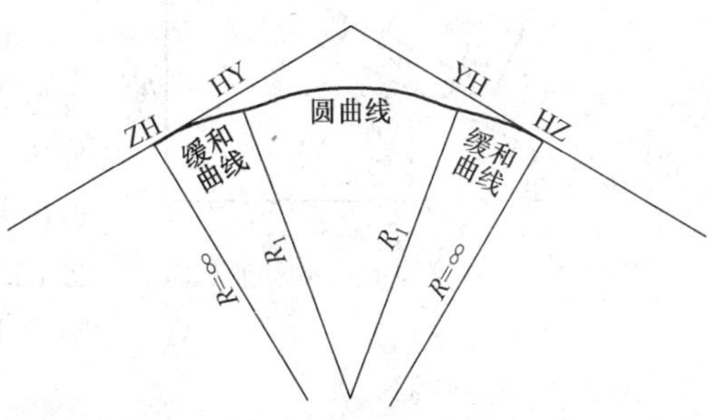

图 3－10 铁路曲线示意图

5. 线路平面图

用一定比例尺，把线路中心线及两侧的地形地貌投影到平面上，就得到线路平面图，图 3－11就是一个线路平面图的例子。

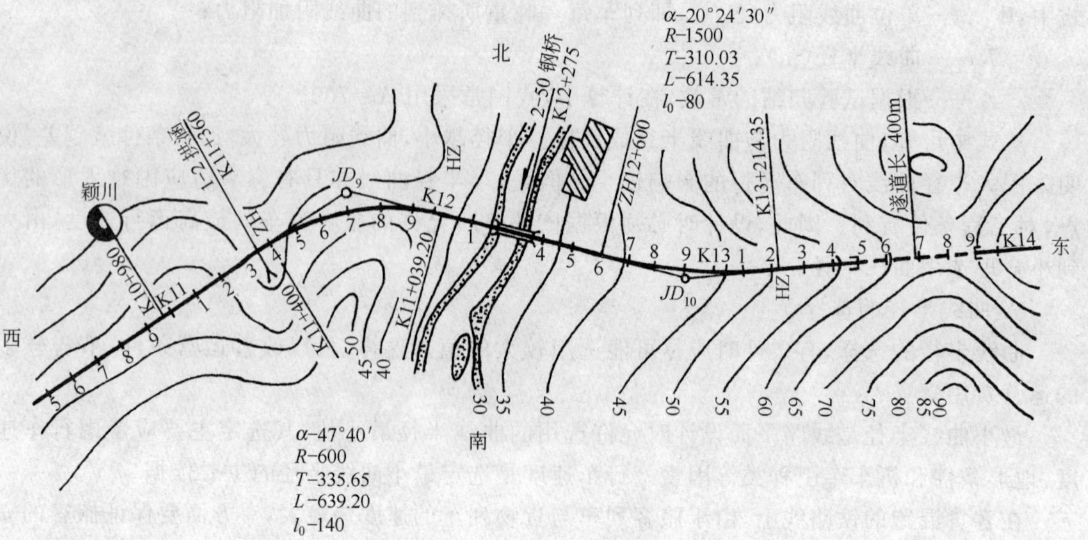

图 3－11 线路平面图

线路平面图是铁路勘测设计的一份重要的设计文件。从图上可以看到，线路中心线的曲直变化，沿线车站、桥隧建筑物等的数量和位置，以及用等高线（地面上高程相等诸点的连线）表示的沿线地形和地物等情况。

6. 线路纵断面的组成要素

铁路线路中心线（曲线部分展直后）在垂直面上的投影叫做线路纵断面。为了适应地面的起伏，线路上除了平道以外，还修成上坡道和下坡道。因此，平道与坡道就成为线路纵断面的组成要素。

7. 坡道阻力

铁路线路坡道坡度的大小是用千分率表示的。在图 3－12 中，坡道 AB 的坡度为：

$$i(‰) = \frac{h}{L} = \tan\alpha$$

设 $L=1\ 500$ m，$h=9$ m，则坡度为 0.006 或 6‰。

坡度有正负之分，上坡为正（＋），下坡为负（－），平道为零（0）。

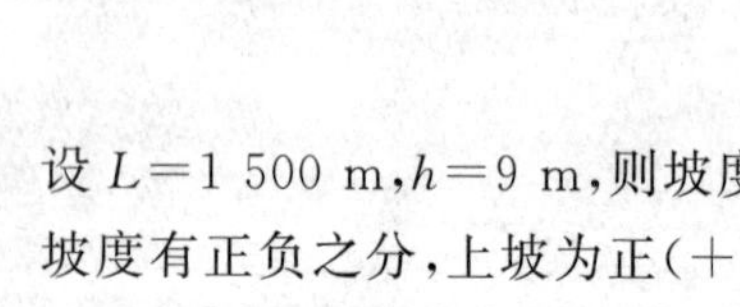

图 3－12 坡度与坡道阻力示意图

列车在坡道运行时，会受到一种由坡道引起的阻力，称为坡道附加阻力。

由图 3－12 中可以看出，机车车辆的重量 Q，可以分解为垂直于坡道的分力 N 和平行于坡道的分力 W_i。分力 N 被轨道的反作用力所抵消，而分力 W 就成为坡道附加阻力了。当列车上坡时，坡道阻力规定为正（＋）号，下坡时为负（－）号，列车在坡道上所受到的总坡道阻力 $W_{坡}$ 可以按下式确定：

$$\begin{aligned} W_{坡} &= Q\sin\alpha(\text{kN}) \\ &= 1\ 000\ Q\sin\alpha(\text{N}) \qquad (因为\ \alpha\ 很小，所以\ \sin\alpha=\tan\alpha) \\ &= 1\ 000\ Q\tan\alpha(\text{N}) \\ &\approx Q_i(\text{N}) \end{aligned}$$

列车平均每一吨重量所受的坡道阻力叫做单位坡道阻力（$W_{坡}$），它表示为：

$$W_{坡}=\frac{W_{坡}}{Q}=i\ (\mathrm{N/kN})$$

即机车车辆的每一吨重量上坡时所受到的坡道阻力，与该坡道坡度的千分数(i)相近似。

由此可见，坡道坡度越大，列车上坡时的坡道阻力也就越大，同一台机车(在列车运行速度相同的条件下)所能牵引的列车重量就越小。

8. 限制坡度

在每一个铁路区段中，总是由许多平道和坡度组成的，各个坡段的坡度也往往不等，它们对于列车重量的影响也就不同。在某一条线路上最陡的，适合单机(采用机型)牵引固定重量的货物列车以最小计算速度运行，能够通过的长大坡道，叫做限制坡度(i‰)。在一般情况下，限制坡度的数值往往取决于区段内陡长上坡道坡度的大小。

如果限制坡度处在曲线地段，还应满足：$i \geqslant (i+w_{曲})$。

限制坡度的大小，影响一个区段甚至全铁路线的运输能力。限制坡度越小，列车重量就越大，运输能力可以提高，运营费用也就越省。但是，限制坡度定得过小时，就不容易适应地面的天然起伏，使工程量增大，造价提高。因此，对一条新建铁路或改建铁路来说，应当选择多大的限制坡度为宜，确是一个十分重要的问题，要经过仔细地综合研究，才能得出合理的结论。《技规》规定的最大限制坡度数值如表 3－6 所示。

表 3－6　客货共线Ⅰ、Ⅱ级铁路区间线路最大限制坡度(‰)

铁路等级		Ⅰ		Ⅱ	
		一般	困难	一般	困难
牵引种类	电力	6.0	15.0	6.0	20.0
	内燃	6.0	12.0	6.0	15.0

各级铁路的加力牵引坡度，内燃牵引的可用至 25‰，电力牵引的可用至 30‰。

9. 竖曲线

坡道与坡道、坡道与平道的交点叫做变坡点。为了保证列车运行的平顺与安全，当Ⅰ、Ⅱ级铁路相邻坡段坡度的代数差大于 3‰，Ⅲ级铁路大于 4‰时，应以竖曲线连接，如图 3－13 所示。

竖曲线就是在纵断面上的曲线。由于列车在经过坡点时会产生附加应力和附加加速度，其值与坡度代数差成正比。竖曲线半径的大小，除应保证列车经过变坡点时车钩不脱钩、车轮不脱轨外，还应考虑在竖曲线上产生竖向离心加速度和离心力对旅客舒适的影响。通过实践和理论分析认为，在一定机车车辆构造等条件下，竖曲线半径与行车速度有关，行车速度越高，竖曲线半径就应越大。

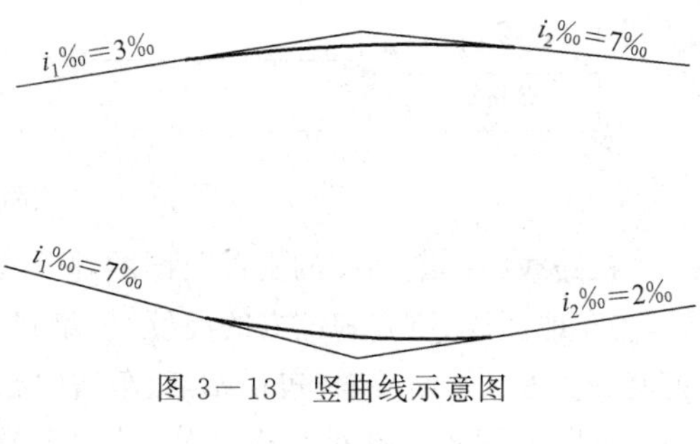

图 3－13　竖曲线示意图

竖曲线的半径一般由下式确定：

$$R_S=\frac{v^2}{3.6^2+\alpha_s}(\mathrm{m})$$

式中：R_S ——竖曲线半径(m)；

v ——列车速度(km/h)；

α_s ——竖向离心加速度(m/s^2)。

竖曲线的半径,Ⅰ、Ⅱ级铁路为 10 000 m,Ⅲ级铁路为 5 000 m。

我国拟建的高速铁路上竖曲线半径可根据所处区段远期设计最高速度选用,如表 3－7 所示。

表 3－7 我国高速铁路竖曲线半径采用标准

v_{max}(km/h)	300 及以上	300 以下 250 及以上	250 以下 160 及以上	160 以下
竖曲线半径(m)	25 000	20 000	15 000	10 000

10. 线路纵断面图

用一定的比例尺,把线路中心线展直后投影到垂直面上,并表明平面、纵断面各项有关资料的图纸,叫做线路纵断面图,如图 3－14 所示。

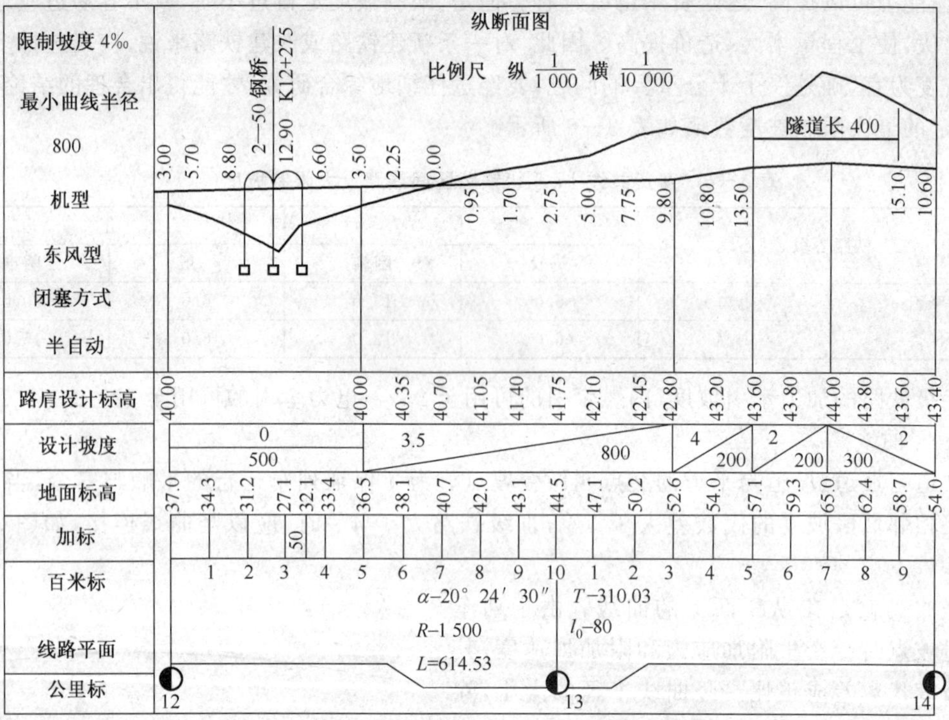

图 3－14 线路纵断面示意图(单位:m)

铁路线路纵断面图的上部是图的部分,其中主要是设计坡度线,即路肩设计标高的连线。此外,还有地面线、填方和挖方的高度,桥梁建筑物资料(包括桥梁、涵洞的孔径、类型、中心里程和隧道长度等)、车站资料(包括站名、车站中心里程和相邻车站间的距离)及其他有关情况。

纵断面图的下部是表格部分,其中主要的是路肩设计标高(在变坡点处和百米标、加标处都标出路肩设计标高)和设计坡度。同时,用公里标、百米标和加标(在桥面中心位置等必要地点都设置加标,并表明加标和前后百米标之间的距离)标明线路上各个坡段和设备的位置。

四、路 基

路基是轨道的基础,是铁路线路的重要组成部分。它直接承受轨道的重量,承受轨道传来的机车车辆及其荷载的压力。路基的质量如何，对于整个线路质量和行车安全有很大的关系。因此，路基必须填筑坚实，基床应强化处理，并经常保持干燥、稳定和完好状态，以保证运输安全畅通。同时，路基两侧留有足够宽度的铁路用地，以保护路基、养护维修取土和植树造林等需要。

1. 普通铁路路基的构造

(1)路基本体。铺设轨道的部分叫路基本体。随着地面的起伏，一条铁路线的路基有的地段填筑、有的开挖、有的半填半挖而成。

路基按横断面分有路堤、路堑两种基本形式，如图 3－15 所示。

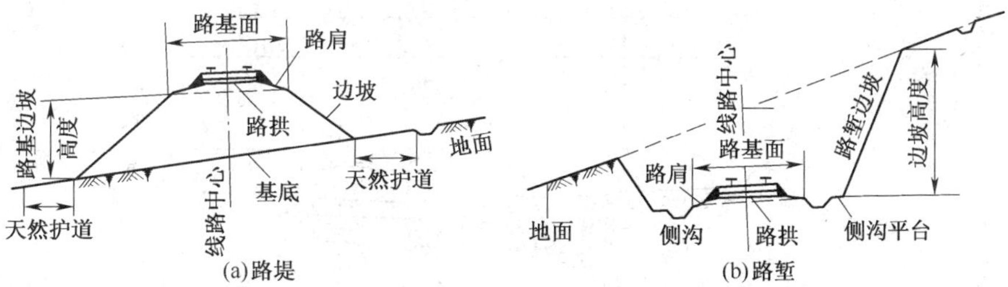

图 3－15 路基的基本形式及各部分名称

(2)路基的基本构造。从图 3－15 可以看出，路基由路基面、路肩、边坡及排水等设施组成。

排水设施是路基的重要组成部分，因为路基是土石工程，最怕水的浸泡和冲刷。即使修建了坚固的防护设施，如不把积水及时排出，路基也会松软、下沉，甚至毁坏，危及行车安全，后果不堪设想。

排水设施分地面、地下排水设施。地面排水设施有纵向排水沟、侧沟、截水沟等；地下排水设施有渗沟、渗管等。

2. 高速铁路路基简介

高速铁路运行速度快、技术标准高、对路基的要求严格，控制路基变形已成为高速铁路路基的最大特点。因此，高速铁路路基与普通铁路路基的本质区别在于基床表层厚度增加，压实标准提高，同时对填料的要求高。

高速铁路路基按横断面分也有路堤和路堑两种基本形式。

(1)直线路堤横断面图。法国高速铁路直线路堤横断面图如图 3－16 所示；中国铁路直线路堤横断面图如图 3－17 所示。

(2)直线路堑横断面图。法国高速铁路直线路堑横断面图如图 3－18 所示。中国铁路直线路堑横断面图如图 3－19 所示。

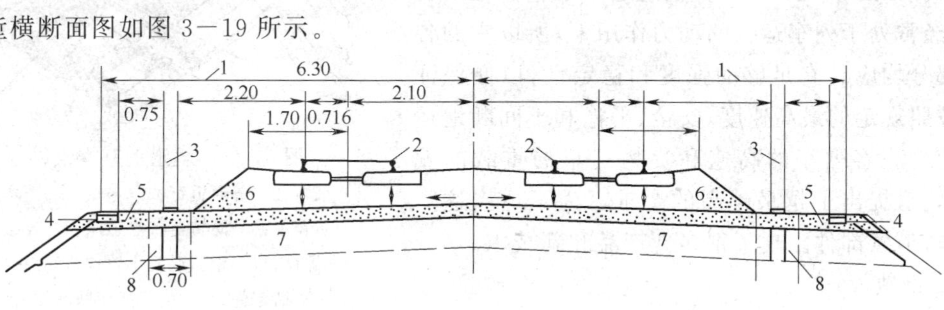

图 3－16 法国直线路堤横断面图(单位：m)

1－1/2 路基宽；2－钢轨；3－电杆；4－电缆沟；5－护道；6－道砟；7－路基；8－电杆基础。

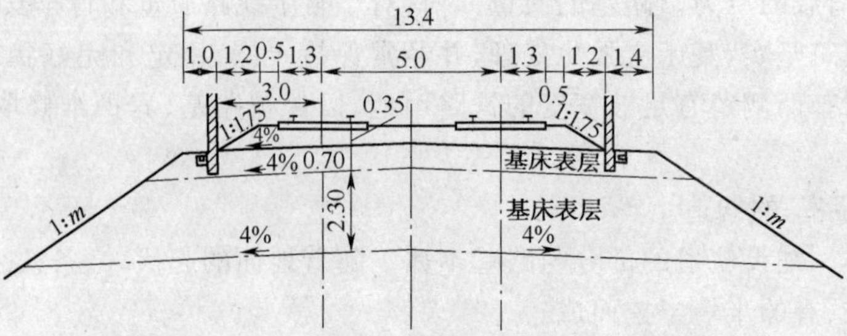

图 3－17　中国直线路堤横断面图(单位:m)

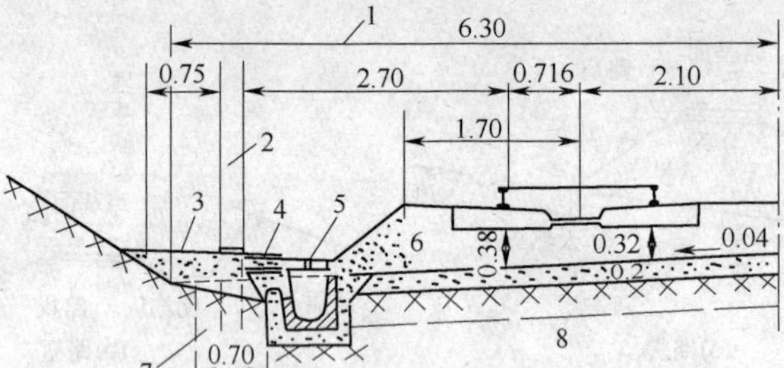

图 3－18　法国直线路堑横断面图(单位:m)

1－1/2 路基宽;2－电杆;3－护道;4－电缆沟;5－明排水沟;
6－道砟;7－电杆基础;8－路基。

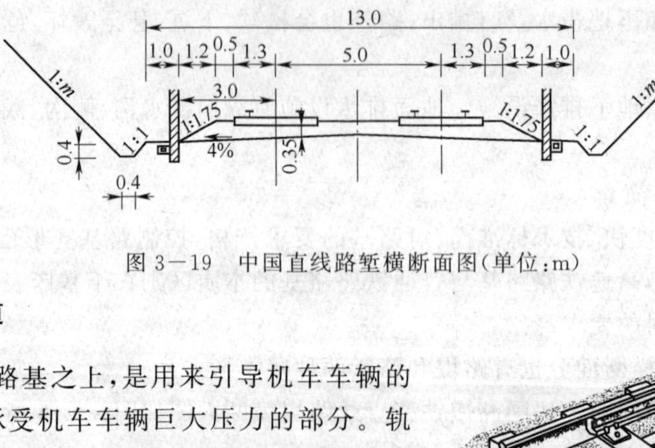

图 3－19　中国直线路堑横断面图(单位:m)

五、轨　　道

轨道铺设在路基之上，是用来引导机车车辆的运行方向，直接承受机车车辆巨大压力的部分。轨道由道床、轨枕、钢轨、联结零件、防爬设备和道岔等到组成。如图 3－20 所示。轨道是一个整体性工程结构，经常处于列车运行的动力作用下，所以它的各组成部分均应具有足够的强度和稳定性，以便保证列车按照规定的最高速度，安全、平稳和不间断地运行。随着旅客列车的高速和货物列车的重载的发展，对轨道提出了越来越高的要求。为了适应这一要求，轨道各部件出现了很多新产品和新技术。

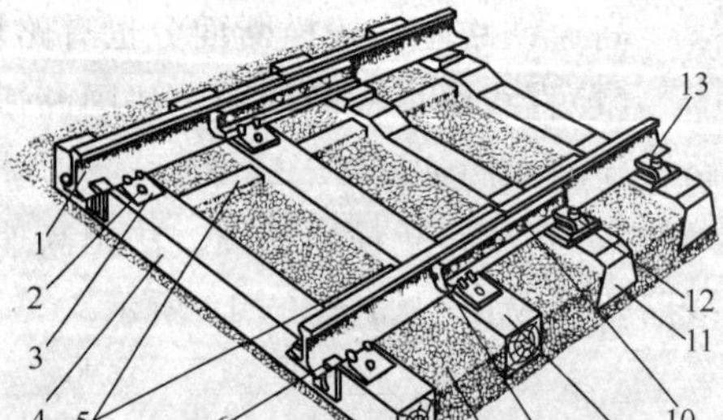

图 3－20　轨道的基本组成

1－钢轨;2－普通道钉;3－垫板;4、9－木枕;5－防爬撑;6－防爬器;7－道床;8－连接夹;10－螺栓;11－钢筋混凝土轨枕;12－扣板式中间联结零件;13－弹片式中间联结零件。

注:图中绘出了多种类型扣件是为了示例之用，非现场线路中的实际使用情况。

1. 钢轨

(1)钢轨的作用。在轨道上，钢轨是直接承受车轮压力并引导车轮运行方向。钢轨应当具有足够的刚硬性和柔韧性。刚硬性是为了减轻车轮对钢轨的冲击作用。因此钢轨中除含铁以外，还含有碳、锰、硅等元素。

钢轨的断面形状采用具有最佳抗弯性能的“工”字形断面。

(2)钢轨的类型。钢轨类型是以每米大致重量的公斤数表示和分类，如：43 kg/m 、50 kg/m 、60 kg/m 、70 kg/m 、75 kg/m 等。我国铁路钢轨的标准长度，过去为 12.5 m，现在为 25 m。

高速铁路和重载铁路对钢轨的要求很高。我国大秦铁路均采用 70 kg/m 的重型钢轨，并采用无缝线路。目前，日本、法国、德国和意大利等国的高速铁路上，采用的都是 60 kg/m 钢轨。法国使用的 UIC60 钢轨的实际重量为 60.34 kg/m，由纯氧顶吹转炉钢制成，经超声波检查合格后方可使用。

2. 轨枕

轨枕有木枕和钢筋混凝土轨枕。目前，各国广泛采用钢筋混凝土轨枕以代替木枕。这是因为混凝土轨枕材料来源较多，制造方便，又能保证尺寸一致，使轨道的弹性均匀，稳定性高，可以满足高速度、重载、大运量的要求。钢筋混凝土轨枕有普通轨枕和宽轨板两类。

(1)普通轨枕。普通轨枕有Ⅰ型、Ⅱ型、Ⅲ型、岔枕及有砟桥面混凝土轨枕。目前，Ⅰ型已逐步淘汰；Ⅱ型混凝土轨枕已成为主型轨枕；Ⅲ型混凝土轨枕已批量上道；混凝土岔枕和有砟桥面混凝土轨枕已广泛采用。

(2)宽混凝土轨枕板。宽混凝土轨枕也叫混凝土轨枕扳，外形和普通混凝土轨枕相似，但比普通混凝土轨枕宽而且稍薄。轨枕板宽 470～700 mm，厚 150 mm，长 2.5 m。

(3)国外新型混凝土轨枕。在高速铁路上，国外大都采用较重型的预应力混凝土轨枕。目前法国还采用了双块式混凝土轨枕，其构造如图 3－21 所示。

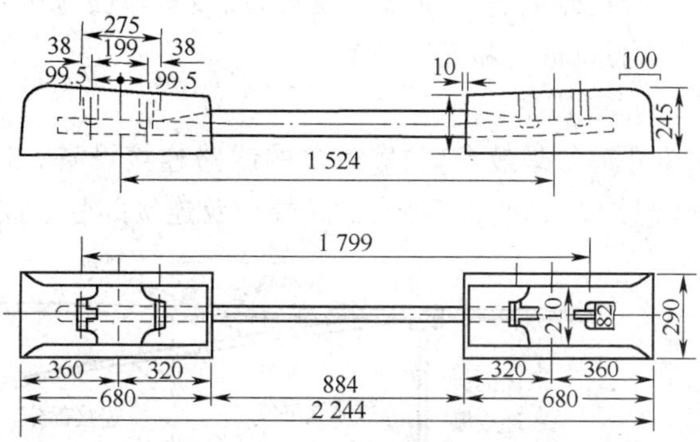

图 3－21 法国双块混凝土轨枕(单位：mm)

3. 新型轨下基础

(1)整体道床。整体道床是一种新型轨下基础。它是用碎石加水泥浆，或者用混凝土、钢筋加混凝土直接在路基面上筑成坚固的轨道基础，用以代替通常的碎石道床。它的强度高、维修工作量少，适合于高速运行。我国目前大部分是在隧道内铺设。

(2)日本的板式轨道。随着列车运行速度的不断提高和新型轨下基础的使用，日本在混凝土整体道床的基础上出现了板式轨道，如图 3－22 所示。这种新型轨下基础，目前日本在高速铁路上已广泛采用。

4. 联结零件

联结零件包括接头联结零件和中间联结零件两类。接头联结零件是用来联结钢轨间的接头的；中间联结零件是用来联结钢轨和轨枕的。

中间联结零件亦称钢轨扣件，其功用是将钢轨紧扣在轨枕之上。目前我国钢筋混凝土轨枕用的中间联结零件有扣板式、拱形弹片式和 W 形弹条式。我国在无缝线路上广泛采用了 W 形弹条式。中间联结零件如图 3－23 所示。

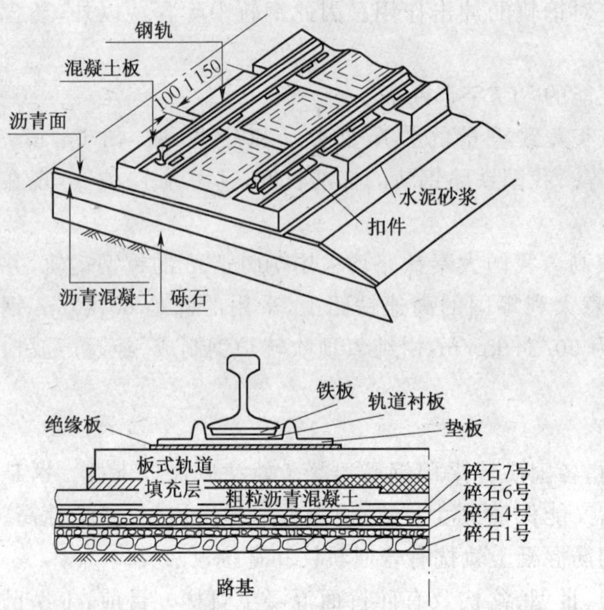

图 3－22　日本高速铁路上的板式轨道

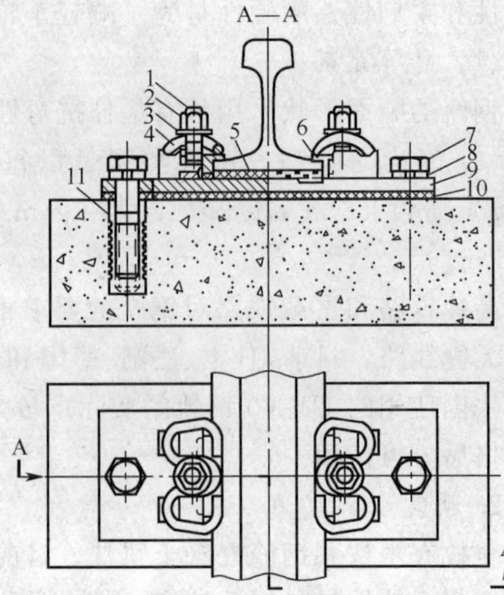

图 3－23　中间联结零件示意图

1－T 形螺栓；2－螺母；3－平垫圈；4－弹条；5－轨下胶垫；6－轨距块；7－锚固螺栓；8－弹簧垫圈；9－铁垫板；10－板下胶垫；11－绝缘套管。

六、道　　岔

道岔构造复杂，零件较多，通过机车车辆频繁，技术标准要求高，是轨道设备的薄弱环节之一。随着铁路高速和重载的发展，以及科学技术的进步，我国铁路近年来研制了多种提速道岔、活动心轨道岔和无缝道岔。

1. 单开道岔

单开道岔是最常见、最简单的线路连接设备。这种道岔数量最多，约占全部道岔总数的 90％以上。它由转辙部分、辙叉部分及连接部分组成，如图 3－24 所示。

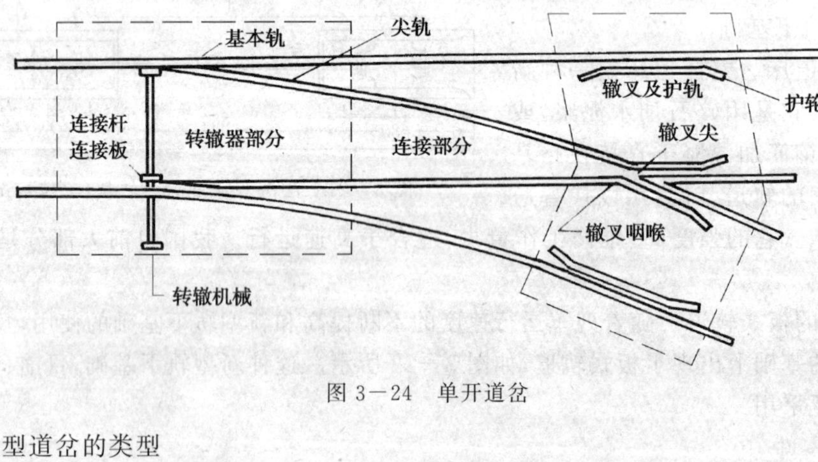

图 3－24　单开道岔

2. 新型道岔的类型

20 世纪 80 年代以来，铁道部组织科研人员攻关，先后研制成功了活动心轨道岔，12 号、9 号提速道岔和 30 号高速铁路道岔。

(1)活动心轨道岔。道岔的有害空间是限制列车过岔速度的一个重要因素。为了提高单开道岔的过岔速度，除采用大号道岔外，还可采用活动心轨道岔。目前，我国活动心轨道岔有 18 号、38 号等。活动心轨单开道岔的活动心轨辙叉如图 3－25 所示。

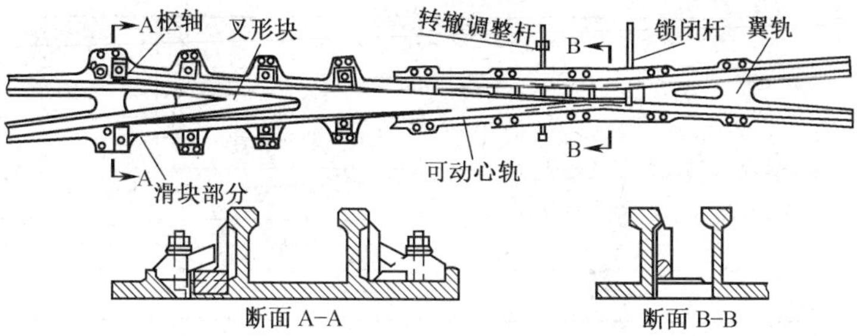

图 3－25 活动心轨辙叉

(2)无缝线路及无缝道岔。无缝线路既是轨道结构核心技术进步的重要标志,也是铁路高速、重载轨道结构的最优选择,它以无可争议的优越性为世界各国铁路所承认。我国铁路无缝线路起步较晚,直到 1957 年才开始试铺。但随着列车速度的不断提高,为满足列车运行、安全和舒适的需要,我国铁路无缝线路发展加快。近年来,全区间和跨区间的无缝线路发展很快。全区间无缝线路,基本取消了区间无缝线路的缓冲区,其钢轨焊接长度贯通整个区间,但岔外尚存缓冲区;跨区间无缝线路,钢轨焊接长度可以贯通整个区段,轨条长可达数百公里,连同道岔焊成一体,无缝道岔随即应运而生。这样,使无缝线路的岔外缓冲区也取消,构成名符其实的无缝线路。

目前,我国无缝线路上已广泛采用了 60 kg/m 钢轨 12 号无缝道岔。此外,大号码道岔的试验与开发正在进行。30 号无缝道岔已在线路上铺设试用;38 号道岔已完成研试和设计工作,不久将在高速线路上试铺,其设计过岔速度直向为 250 km/h,侧向为 140 km/h。

七、铁路限界

1. 限界的含义

限界是铁路建筑物及设备不得超过的轮廓尺寸线。规定铁路限界是为了使列车在线路上安全顺利地运行。现行的铁路限界分为建筑限界及机车车辆限界两类。客货共线铁路($v\leqslant$160 km/h)基本建筑限界如图 3－26 所示。在线路上,建筑限界要按规定加宽。

2. 客运专线的线间距

按新《技规》规定,客运专线铁路线间距如表 3－8 所示。

表 3－8 客运专线铁路线间距

顺序	名称		线间设施	线间最小距离(mm)
1	区间正线,站内正线	200 km/h		4 400
		200 km/h< v ≤250 km/h		4 600
		250 km/h< v ≤300 km/h		4 800
		300 km/h< v ≤350 km/h		5 000
2	正线与相邻到发线		无	5 000
			声屏障	5 940+结构宽
			接触网支柱	5 200+结构宽
			雨棚柱	4 590+结构宽
			有站台	3 530+站台宽

续上表

顺序	名　　称	线间设施	线间最小距离(mm)
3	到发线间或到发线与其他线	无	5 000
		接触网支柱	5 000＋结构宽
		雨棚柱	4 300＋结构宽
		有站台	3 500＋站台宽
4	正线与其他线		5 000

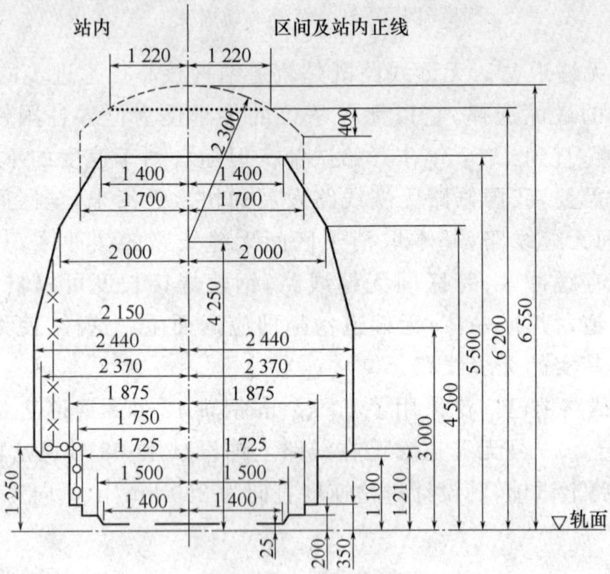

图 3－26　基本建筑限界(v≤160 km/h 客货共线铁路)

3. 高速铁路的线间距

高速铁路的列车运行速度高，一般都在 200 km/h 以上，因此，区间和站内各线的线间距如表 3－9 所示。

4. 双层集装箱限界

铁道部在实现我国铁路快速发展的总体思路中指出，由于繁忙干线运输能力紧张，对集装箱运输形成了严重制约，发展双层集装箱运输是提高运输能力、扩大集装箱运量的有效措施。目前，既有的繁忙干线的各种限界均按普通机车车辆限界修建的。要发展双层集装箱，必须对既有繁忙干线的限界进行改造。

表 3－9　高速铁路的线间距

顺序	名　　称		线间最小距离(mm)
1	区间双线		5 000
2	站内正线		5 000
3	到发线之间		5 000
4	站内正线与相邻到发线之间	无技术作业	5 000
		有技术作业(列检上水)	7 000
5	维修基地维修线与正线之间		8 000

第三节 铁路桥梁和隧道

桥梁和隧道是铁路线路的重要组成部分，其建造时间长、造价高，技术要求高，往往是新线建设的关键工程。

根据铁路快速发展的总体思路，为适应我国修建高速铁路、推进列车提速和发展货运重载的要求，必须提高线路、桥梁等基础设施的技术水平。高速铁路线桥隧涵等，要把引进国外先进技术与自主创新结合起来，达到国际先进水平。

一、铁路桥梁

桥梁是铁路线路跨越河流、池沼、低地、深谷、公路、市区（郊区）道路或另一条铁路线时而修建的建筑物。

1. 桥梁的组成

桥梁主要由桥面、桥跨结构、墩台及基础三个部分组成，此外，桥台锥体防护建筑也属于桥梁范围。桥梁各组成部分如图3－27所示。

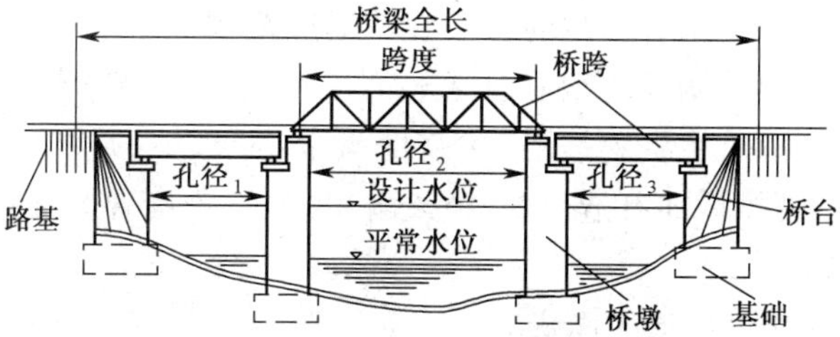

图3－27 桥梁各组成部分

(1)桥面。桥上的路面称桥面，对铁路来说，就是桥梁上部铺设通过机车车辆的轨道和供行人走的部分。

(2)梁拱结构。梁拱结构是桥梁上部结构的主体部分，它支承桥面及由桥面传来的荷载。梁常用的有钢板梁、钢桁梁、钢筋混凝土梁及预应力混凝土梁；拱常用的有钢筋混凝土拱及石拱等。

(3)下部结构。下部结构是支承桥梁上部结构的建筑，包括桥墩、桥台及其基础。

(4)桥台锥体。它是桥台翼墙（两旁侧墙）与路堤边坡之间的锥形填土。为防止水流冲刷，锥体表面一般以片石铺砌或混凝土块做成护面，保护桥台和桥头路基。

(5)桥梁的跨度、孔径、净空、长度。

①跨度。横跨在两墩台之上的部分叫桥跨，而一孔梁两端支承的中心点之间的距离，称为梁的跨度。

②孔径。桥梁两个墩台之间的空间叫桥孔，每个桥孔在设计水位处的距离叫孔径。单孔桥的孔径是沿着计算水位、两桥台间的净宽度；多孔桥的孔径是各孔孔径的总和。桥梁孔径的大小，根据最大流量、航船及木筏通过条件，以及其他技术经济条件来决定。

③净空。从设计水位到桥跨结构底部的高度以及相邻两墩台之间的界限空间，叫桥下净空。桥梁的孔径和桥下净空应能满足国家的防洪标准，满足排洪、泥石流、漂浮物及船舶通航、筏运等要求。

④桥长。桥梁的长度称桥长。梁桥按桥台挡砟墙之间的距离，拱桥按拱上端墙与桥台间的伸缩缝间的距离计算。

⑤桥梁全长。它是指两桥台边墙外端(包括托盘及基础)间的距离,两边墙不相等时以短边计;曲线桥为中心线上墩台之间各段折线之和。

2. 桥梁的分类

铁路桥梁根据设计、施工和运营部分的需要,形式多样,种类繁多,可按下列不同方法分类:

(1)按桥身的长度分类。按长度可分为小桥、中桥、大桥和特大桥。

①小桥。桥身长在 20 m 及以下者;

②中桥。桥身长超过 20~100 m 者;

③大桥。桥身长超过 100~500 m 者;

④特大桥。桥身长超过 500 m 者。

(2)按桥身的建筑材料分类。可分为钢桥、钢筋混凝土桥、混凝土桥、石桥、混合桥等。

(3)按桥身结构分类。可分为梁桥(简支梁桥、连续梁桥、悬臂梁桥)、钢架桥、拱桥、斜拉桥、悬索桥等。

(4)按桥面位置分类。可分为上承式桥、下承式桥和中承式桥。

(5)按跨越的障碍物分类。可分为跨河桥、跨线桥、高架桥。

从实际情况看,各种桥梁都有各自的特点及其适应范围。钢梁的自重轻、强度大、安装方便,适于建造大跨度的桥梁。预应力钢筋混凝土具有造价低、节省钢材、坚固耐用、养护方便等特点,因而得到广泛采用。有关资料表明,在跨度为 20 m 以下的桥梁中,各国大量采用了预应力钢筋混凝土结构。石拱桥亦有造价低、经久耐用、养护费用省等优点,但它适用的范围比钢筋混凝土桥要小得多。

3. 建国后铁路桥梁建设取得的成就

建国 50 多年来,中国铁路桥梁建设取得了巨大的成就,一座座技术先进、气势雄伟的桥梁飞架于祖国的江河、深谷之上。目前中国修建的主要特大铁路桥梁如表 3－10 所示。

表 3－10　目前中国铁路修建的主要特大桥梁情况

桥梁名称	铁路线	长度(m)	建成年份	桥梁名称	铁路线	长度(m)	建成年份
武汉长江大桥	京广线	1 315	1957 年 10 月	涪江大桥	达成线	4 738.55	1994 年 9 月
南京长江大桥	京沪线	6 772	1968 年 9 月	九江长江大桥	京九线	7 675	1994 年 10 月
济南黄河大桥	京沪线	5 698	1976 年 7 月	孙口黄河大桥	京九线	6 685	1995 年 4 月
第二济南黄河大桥	津浦线	5 698	1981 年 6 月	长东黄河大桥	新荷Ⅱ线	13 010	1998 年 4 月
长东黄河大桥	新荷线	10 283	1986 年 1 月	芜湖长江大桥	淮南线	10 616	2000 年 9 月
水阳江大桥	宣杭线	3 675.4	1990 年 12 月				

建国以来,我国铁路建筑技术不断提高,实现了两次大的飞跃。建国初期,学习原苏联,相继制定了一整套建筑规范,组建了专业设计、施工队伍,修建了丰沙、宝成和武汉长江大桥等巨大工程,实现了建筑技术的第一次飞跃。20 世纪 60 年代以后,我国工程技术人员自力更生、发奋图强、引进西方技术,在成昆、京秦、大秦、衡广二线、京九、南昆等铁路线和南京、九江、芜湖长江大桥的修建中,采用了各种先进技术,实现了建筑技术的第二次飞跃,特别是桥梁技术取得了突破性进展。

(1)桥梁建筑标准化。建国以来,铁路系统研制了符合我国桥梁建筑的统一标准,如铁路桥梁荷载标准、设计规范、施工规程,设计并审定了各种跨度和不同结构的桥梁、墩台标准图,实现了建筑标准化。

(2)钢筋混凝土拱桥的建造取得很大成就。20 世纪 60 年代中期，在丰沙二线的永定河上建造了主跨为 150 m 的装配式钢筋混凝土拱桥，在当时已达到世界先进水平。

(3)钢筋混凝土梁与预应力钢筋混凝土梁有长足的发展。20 世纪 70 年代末，预应力钢筋混凝土梁的跨度已达到 48 m；80 年代达到 82 m。湘桂线红水河第二线斜拉桥主梁为(48+96+48)m，该桥成为继德、英、日三国之后，世界上第四座铁路斜拉桥，标志着我国桥梁技术的新成就。

(4)钢梁的跨度逐步增长。20 世纪 50 年代建成的武汉长江大桥，跨度为 128 m；60 年代建成的南京长江大桥，跨度为 160 m；70 年代建成的成昆线三堆金沙江大桥主跨度为 192 m；90 年代建成的京九线九江长江大桥，主跨为 216 m；90 年代末修建的芜湖长江大桥，主航道跨度为 312 m。

(5)墩台和基础的施工技术已达世界先进水平。随着设计和施工水平的提高，桥墩高度逐步增长，例如南昆线清水河大桥，其中 4 号桥墩明挖基础深度达 54 m，墩高达 100 m，是我国目前最高的铁路桥。

墩台下部的基础，从 20 世纪 60 年代采用桩基，以后发展为管柱基础。目前，我国深水基础的施工技术已达到世界先进水平。

随着科学技术的进步，我国铁路在桥梁施工中，采用了一系列新技术，如采用了高墩、大跨新结构，使复杂地形条件下的桥梁建设技术有了新突破。九江长江大桥、孙口黄河大桥、清水河大桥以及芜湖长江大桥等，都成功地采用了多项新技术、新结构、新设备、新工艺，标志着我国桥梁建造技术已跻身国际先进行列。

二、铁路涵洞

1. 涵洞的作用

涵洞是一种修筑在路堤下部的填土中，主要用于跨越天然沟谷洼地，作为排洪通道的过水建筑物。涵洞还可以用于跨越道路或人工渠道，作为立交或灌溉之用。涵洞靠近市区村镇时，应尽可能兼顾行人、牲畜及车辆的通行。

2. 涵洞的组成

涵洞的主体工程由洞深、基础和出入口(端墙及翼墙)所组成，如图 3－28 所示。涵洞的附属工程包括出入口的河床和路堤边坡的加固等。

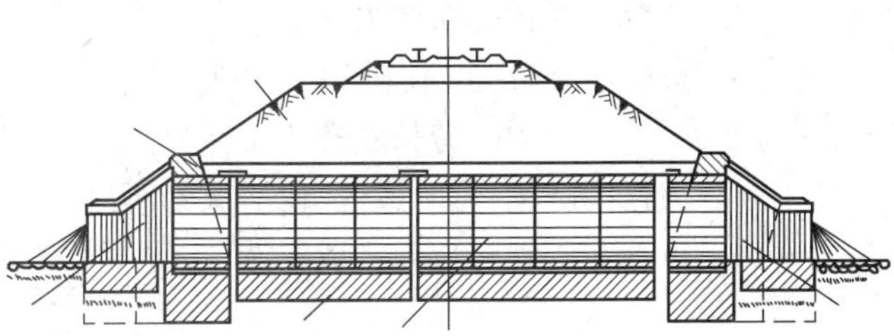

图 3－28 涵洞的组成

(1)洞身。涵洞的洞身除了承受列车荷载压力和土压力，并将其传给基础及地基外，尚应有必要的空洞，以保证水流或人、车的通行。

洞身一般应分节建造，每节长约 2～5 m。设置在非岩石地基上的涵洞，节与节之间用3 cm宽的沉降缝断开，沉降缝用有弹性的，不透水材料堵塞。设置沉降缝的目的是使在填土自重和列车荷载作用下，各端涵身能自由沉落，避免因纵向受力不均而使涵洞圬工底部发生裂缝甚至断裂。

涵洞洞身在纵向应设置一定的流水坡度，以满足排洪的需要。

(2)基础。在涵洞的洞身下一般应设置基础，基础随洞身分节建造。

(3)出入口。为使水流顺利地进出涵洞，提高涵洞口的过水能力和确保涵洞处路堤的稳固，应设置涵洞的出入口建筑。常用的出入口有端墙式和翼墙式。

3. 涵洞的分类

涵洞按建筑材料的不同有石涵、混凝土涵、钢筋混凝土涵等。涵洞按洞身断面形状可分为圆涵、拱涵、盖板箱涵(箱涵)三种，如图 3－29 所示。

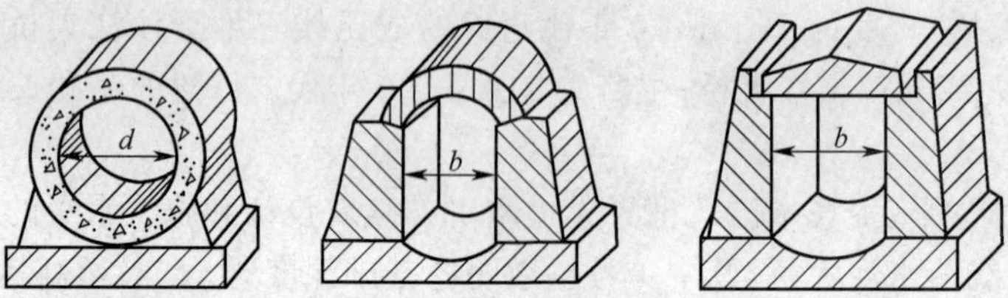

(a) 圆涵　(b) 拱涵　(c) 箱涵

图 3－29　涵洞类型

4. 明渠

明渠修建在低路堤的填土中，但上面没有填土，只有墩台而无梁部结构的建筑物，用以排泄低路堤的山坡雨水或使路堑侧沟的水流穿过线路，孔径较小，一般在 0.5～0.75 m 左右。

三、铁路隧道

1. 隧道的作用

所有在地层内挖筑的坑道都称为隧道。

在山区，铁路被高山所阻，为缩短迂回线长度或避免开挖深路堑，常在山体中挖筑隧道让铁路贯穿过去，以满足现代化铁路对线路顺直、平缓的要求，改善列车运行条件和保证行车安全。所以，铁路隧道是专供铁路运输使用的地下建筑物，主要用以克服高山等障碍物。此外，还有建筑在河床、海峡或湖底下面的水底隧道和城市地下铁道。

隧道与桥梁一样，是铁路线路上的一个重要组成部分。修建一座隧道(特别是长大隧道)的造价很高，工期也长，但它能提高运营效率，节省运营费用，从长远的观点来看，在经济上是合理的。

2. 隧道的分类

铁路隧道可按其长度、所在位置和埋藏的深度来分类。

(1)按隧道长度分类。可分为一般隧道、长隧道和特长隧道。一般隧道为长度小于 2 000 m者；长隧道的长度为 2 000～5 000 m；特长隧道的长度为 5 000 m 以上。

(2)按隧道位置分类。可分为傍山隧道、越岭隧道、地下铁道、明洞等。

(3)按隧道埋藏深度分类。可分为深埋隧道和浅埋隧道，其分类是根据隧道在地层下埋置的深浅来定的。

3. 隧道的构造

隧道一般由洞身、衬砌、洞门、避人(车)洞等组成。

(1)洞身。洞身是隧道的主要组成部分，其长度由两端洞门的位置决定。洞身是列车通过的通道，为保证行车安全，洞身必须按建筑限界标准修建。

(2)衬砌。衬砌的作用是用来承受地层的压力，防止坑道周围地层的变形，防止岩石的风化和坍落，维护坑道轮廓不侵入建筑限界的范围，以确保行车安全。目前，主要是采用整体灌注式衬砌,由拱圈、边墙、托梁和仰拱所组成,如图 3－30 所示。

(3)洞门。洞门是隧道进出口处,其主要作用是用来保证洞口土体仰坡和边坡稳定,并通过洞门位置的排水系统将仰坡流下的雨水引离隧道,以防止水流冲刷洞门,如图 3－31所示。

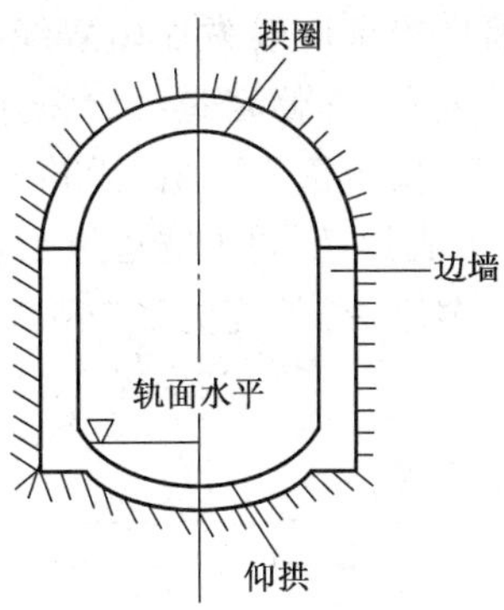

图 3－30 衬砌结构

图 3－31 隧道洞门

(4)避人洞和避车洞。为使工作人员、行人及运料小车避让列车,在隧道的两侧互相交错修建了避人洞和避车洞。它们是隧道的附属建筑物。

4. 我国铁路隧道修建概况

我国铁路隧道修建起步较晚。据有关历史资料记载,我国最早修建的一条铁路隧道是 1890 年建成的台湾基隆至新竹窄轨铁路 216 m 的狮球岭隧道。此后,1908 年,由我国杰出的工程师詹天佑主持,在北京至张家口的铁路上,在当时极为困难的条件下,仅用 18 个月的时间修建了 1 091 m 的八达岭隧道,在我国近代隧道修建史上写下了光辉的一页。然而,大规模地修建各种隧道,特别是长大隧道还是从新中国成立之后开始的。

在 20 世纪 50 年代初,为了避免修建长隧道,常常尽可能地采用迂回展线来克服地形障碍,使线路靠近地表。宝成铁路翻越秦岭的一段线路就是采用短小隧道群迂回展线的一个实例。在这段线路上有 34 座隧道,最长的秦岭隧道其长度仅为 2 363 m。但是,根据当时的技术水平,修建这样一座长度在 2 km 以上的隧道也并不是一件容易的事。由于在施工中首次使用了风动凿岩机和轨行式矿车,使宝成铁路秦岭隧道的修建成为从“人力开挖”过渡到“机械开挖”的标志。

隧道工程技术发展第二个阶段的代表性工程是 20 世纪 60 年代中期修建的成都－昆明铁路。成昆铁路全长 1 085 km,隧道竟占 31%。其中关村坝隧道和沙马拉打隧道长度均在6 km以上。在这批隧道的施工中采用了轻型机具,分部开挖的“小型机械化”施工,修建速度达到了“百米成洞”(平均每月单口成洞 100 m)的水平。

我国修建 10 km 以上的隧道的实践是从修建 14.295 km 长的双线隧道－大瑶山隧道开始的。在这座隧道的施工中,采用凿岩台车、衬砌模板台车和高效能的装运工具等机具配套作业,实行全断面开挖。大瑶山隧道是我国山岭隧道采用重型机具综合机械化施工的开端,将隧道工程的修建技术和修建长大隧道的能力提高到一个新的阶段,缩短了同国际隧道施工先进水平的差距。

在此以后修建的许多长大隧道基本上都是按“大瑶山模式”施工的。不久前建成的南昆铁路上长度为 9 388 m 米花岭隧道,就创造了单口月成洞 502.2 m 的好成绩。

综合机械化施工和相关技术的发展大大提高了修建长隧道的能力。这引起了铁路线路设计思想的变化。修建西安－安康铁路在穿越秦岭时就不再像 40 多年前修建宝成铁路那样采用迂回曲折的展线,而决定修建 18.4 km 的越岭隧道。显然,长隧道的修建使线路顺直,提高了运营标准。

5. 我国铁路隧道建设取得的成就

建国以来，通过山区铁路的修建，我国取得了在各种复杂地质条件下开挖长大隧道的丰富经验，已建成很多长大隧道，取得了巨大的成就。如成昆线上的沙木拉达隧道，长度为6 379 m；京原线上的驿马岭隧道，长度为7 032 m；全国瞩目的京广线大瑶山双线隧道，全长14 295 m，于1987年底建成通车。大瑶山隧道的地质条件复杂，在修建过程中采用了很多先进技术，是我国铁路隧道建设史上的一个新的里程牌。在西(安)(安)康铁路上修建的秦岭隧道全长18 457 m，采用了全断面掘进机在内的现代隧道施工机具，实现了隧道施工机械化。

据不完全统计，目前我国大陆铁路隧道总数达5 300多座，总长度为2 500多km，其中5 km以上隧道就有22座，如表3—11所示。

表3—11 我国5 km以上的铁路隧道

编号	隧道名称	全长(m)	铁路线名称	建成年代	编号	隧道名称	全长(m)	铁路线名称	建成年代
1	秦岭	18 457	西康线	1998	12	平型关	6 188.6	京原线	1971
2	大瑶山	14 294.47	京广线	1987	13	关村坝	6 187	成昆线	1966
3	长梁山	12 780	朔黄线	正在施工	14	奎先	6 152	南疆线	1978
4	米花岭	9 383	南昆线	1996	15	南岭	6 061.8	京广线	1987
5	军都山	8 460	大秦线	1987	16	红旗	5 848.3	京通线	1975
6	云台山	8 145	侯月线	1991	17	彭莫山	5 592	焦柳线	1973
7	分水关	7 228	横南线	1997	18	大巴山	5 334	襄渝线	1973
8	驿马岭	7 031.9	京原线	1969	19	六盘山	5 240	宝中线	1994
9	寺铺尖	6 407	朔黄线	正在施工	20	武当山	5 226.1	襄渝线	1973
10	沙木拉达	6 383.3	成昆线	1966	21	平关	5 139.87	盘西线	1970
11	八盘岭	6 340	溪田线	1993	22	白家湾	5 058	大秦线	1986

6. 铁路隧道施工的新技术

目前，我国铁路隧道施工的新技术主要有“盾构法”、“新奥法”、TBM施工技术等，在大瑶山隧道、秦岭隧道、长梁山隧道等长大隧道施工中成功地进行了实际应用，并取得很好的效果。通过这些新技术的应用，把我国隧道建设水平提高到了一个新台阶。

第四节 铁路机车

机车是铁路运输的基本动力。为了完成客、货列车的牵引和车站的调车任务，铁路必须拥有数量足够、牵引性能良好的机车。机车按牵引动力的不同可分为蒸汽机车、内燃机车和电力机车；按用途不同可分为客运机车、货运机车和调车机车。

一、牵引动力概述

1. 铁路快速发展对机车的要求

目前，我国机车现有技术状况与铁路运输要求相比，还有不小的差距。要实现铁路快速发展，其中重要任务之一就是加快实现机车车辆装备现代化，加快发展客运高速、快速和货运快捷、重载的机车车辆，达到国际先进水平。

牵引动力的现代化，是铁路运输科技进步的先导，美国、加拿大主要以发展内燃牵引为主；俄罗斯、日本和西欧一些国家则大力采用电力牵引并兼顾内燃。我国铁路的牵引动力发展方向将以电力牵引为主，在主要和繁忙干线大力修建和改造电气化铁道，其他铁路采用内燃牵引。

2. 我国牵引动力的现状和发展

改革开放以来，随着社会主义市场经济的持续发展，铁路运量不断增长。从我国铁路实际情况出发，经过广泛调查研究，铁道部有预见性地制定了《铁路主要技术政策》，确立了进行铁路牵引动力改革，实行内、电并重，大力发展电力牵引，合理发展的内燃牵引，逐步淘汰蒸汽牵引的方针。

在近 10 多年以来，通过进一步研究开发、引进技术，我国内燃机车生产制造方面取得了丰硕成果。为了适应铁路“提速重载”的要求，满足国家铁路和出口的需要，开发了一系列具有最新水平的内燃机车，为“提速重载”做出了重要贡献。

货运和重载内燃机车，主要有 DF_6、DF_{4E}、DF_{7B}双机、DF_{7D}双机及 DF_{8B}型等内燃机车。

我国电力机车发展已有 40 多年了，也取得很大成就。特别是近 10 多年来，电力机车实现了“简统化、系列化”。我们开发了一系列较高水平的电力机车，并正在开发高速试验列车，如 SS_{7C}型电力机车，适应于山区大坡道、小曲线半径的客运提速。我们依靠自己的技术和智慧，研制出新型准高速 SS_8 型电力机车，运行试验中创下了时速 240 km 的“中国第一速”。

最近 10 多年，我国也有了高水平的电力机车，如 SS_7、SS_8 和 SS_9 型。我们有了自行开发的 16 位微机控制系统和故障诊断系统。电力机车速度实现了从常速向高速飞跃，新型 SS_9 型电力机车设计最高速度为 170 km/h，拥有 5 400 kW 的牵引功率，可牵引 18 节客车在长大坡道（10‰～16‰）上高速运行，大大提高了平均运营速度，已成为铁路提速的主型机车。

2006 年，为适应重载的需要，我国南车集团株洲电力机车有限公司成功制造了全球目前最大功率（9 600 kW）的货运机车 DJ_4，将以 120 km 的时速在大秦铁路牵引 2 万 t 货物列车。DJ_4 机车采用欧洲先进、成熟的轨道电力牵引技术，如适合多机分布式重载牵引的远程重联控制系统、水冷 IGBT 变流器、主辅变流器一体式设计，具有高可靠性、高寿命、安全和节能等特点。

二、内燃机车

1. 内燃机车概述

内燃机车是以内燃机作为原动力的一种机车。内燃机车的热效率可达 30%左右，是各类机车中较高的。它的独立性也最强，线路投资较小，见效快，整备时间比蒸汽机车短，起动加速快，运行交路长，通过能力大，单位功率重量轻，劳动条件好，可实行多机连挂牵引。

内燃机车可按用途、传动方式等进行分类。

(1)按用途分类。可分为干线内燃机车、调车内燃机车和内燃动车组。

(2)按传动方式分类。根据从柴油机到动轮之间采用的传动装置的不同，主要可分为电力传动、液力传动两种类型。

2. 电力传动内燃机车

DF_{4B}型内燃机车是交—直流电力传动，干线客、货两用内燃机车，标称功率为 1 990 kW。目前，国内主要机车车辆工厂均生产 DF_{4B} 型货运内燃机车。DF_4 型内燃机车总布置图如图 3－32所示。

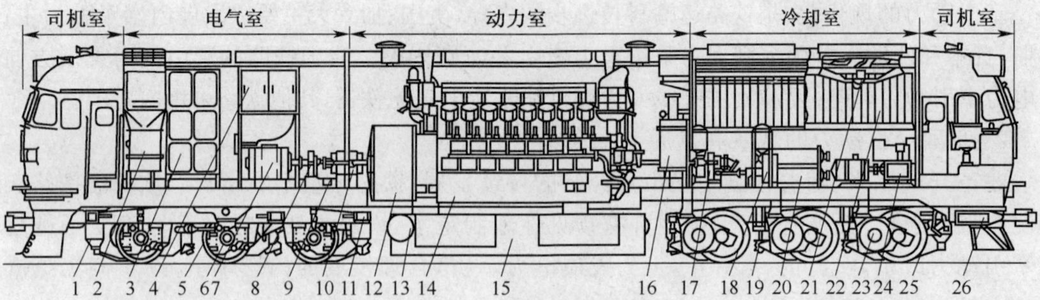

图 3－32 DF_4 型内燃机车总布置图

1－撒砂装置；2－电阻制动装置；3－电器柜；4－硅整流柜；5－牵引装置；6－走行部；7－启动辅助电机；8－启动变速箱；9－测速发电机；10－励磁机；11－制动缸；12－主发电机；13－总风缸；14－柴油机；15－燃油箱；16－预热锅炉；17－静液压变速箱；18－通风机；19－电机悬挂装置；20－机油热交换器；21－冷却风扇；22－冷却器；23－牵引电动机；24－空气压缩机；25－基础制动装置；26－车钩缓冲装置。

(1)柴油机。机车柴油机多为四冲程、多缸、废气涡轮增压、压燃式柴油机。各种柴油机都用一定的型号表示，如 DF_{4B} 型内燃机车上采用的“16V240ZJB”型柴油机，表示它有 16 个汽缸，分成两排 V 形排列；汽缸内径为 240 mm；Z 表示增压，装有废气涡轮增压器和增压空气中间冷却器；J 表示铁路牵引用；B 表示产品改进变型符号。它是一种四冲程机车用柴油机。

(2)传动装置。由于柴油机的外特性不符合牵引列车的要求，在内燃机上，机车的动轮是不能由柴油机的曲轴直接驱动的，在柴油机和动轮之间，需要安装一套传速比可变的中间环节，即传动装置。为适应机车牵引特性的要求，传动装置要满足机车牵引力和运行速度都有一个比较宽广的变化范围，并且在较大的机车速度范围内，柴油机始终在额定工况下工作，即柴油机的功率能得到充分发挥和利用的要求。此外，机车应具有足够的起动牵引力，同时还应保证在无载起动过程中的平稳，以及机车能够换向运行。

DF_{4B} 型内燃机车交—直流电力传动装置如图 3－33 所示。

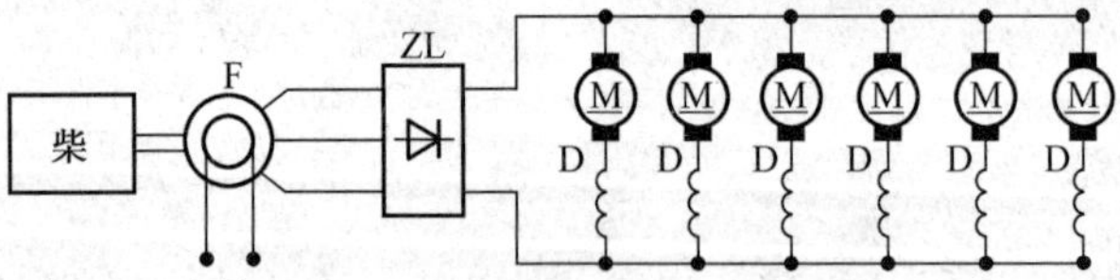

图 3－33 交—直流电力传动装置

目前 2 000 kW 以上的内燃机车都普遍采用交—直流电力传动装置。

(3)走行部。内燃机车一般采用三轴或二轴的转向架结构形式。机车转向架的作用是承受机车上部重量，传递牵引力和制动力，缓和来自线路的冲击，保证机车顺利通过曲线。

转向架主要由构架、弹簧装置、车架与转向架连接装置、轮对、轴箱、摩擦旁承、牵引杆装置、电动机悬挂装置、基础制动装置及撒砂装置等组成。DF_{4B} 型内燃机车转向架如图 3－34 所示。

(4)制动装置。在 DF_{4B} 型电力传动内燃机车上设有空气、电阻和手制动装置。

3. 液力传动内燃机车

液力传动内燃机车具有牵引性能好、起动平稳、造价低廉、维护方便及节省有色金属等优点。在液力传动内燃机车上，原动力也是柴油机，在柴油机和机车动轮之间装有一套液力传动装置。

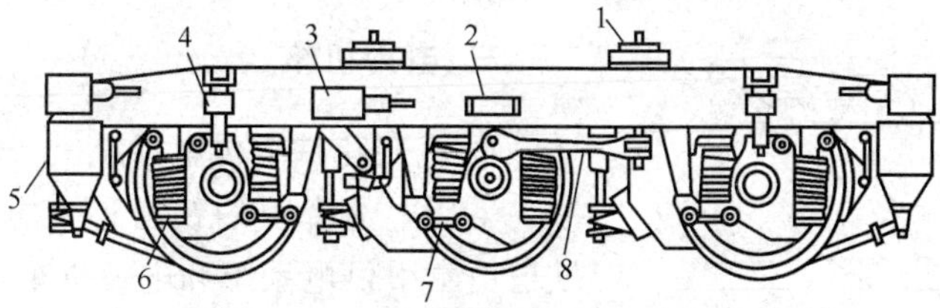

图 3－34 DF_{4B}型内燃机车转向架

1－旁承橡胶垫；2－侧挡；3－制动缸；4－油压减振器；5－砂箱；6－圆弹簧；7－轴箱连杆；8－牵引杆装置。

北京型液力传动内燃机车是干线客运机车。液力传动内燃机车与电传动内燃机车相比，除传动装置不同外，其余部分是相似的。液力传动工作原理如图 3－35 所示。

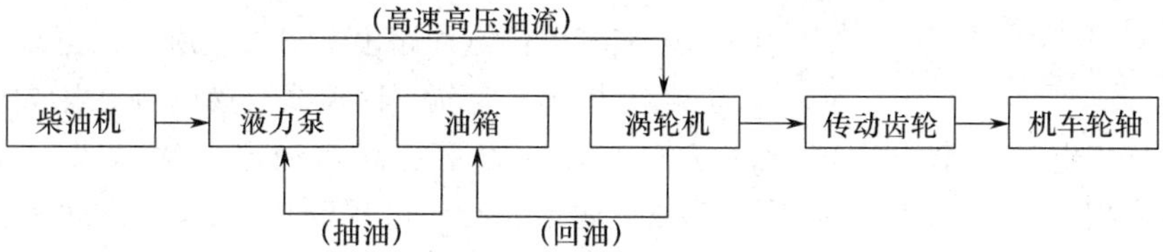

图 3－35 液力传动工作原理示意图

(1)液力变矩器的基本组成。液力变矩器是液力传动装置中最重要的传动元件。变矩器由三个工作轮即泵轮、涡轮和导向轮以及壳体组成，如图 3－36 所示。

(2)液力变矩器的作用原理。当机车起动或低速运行时，液力变矩器中的涡轮转速很低，工作油对涡轮叶片的压力就很大，从而满足了机车牵引力大的要求；当涡轮的转速随着机车运行的提高而加快时，工作油对涡轮叶片的压力也逐渐减小，正好满足高速行车时牵引力要小的条件。由此可见，柴油机发出的大小基本不变的扭矩，经过变矩器后就能变成满足列车牵引要求的机车牵引力，而且它的大小能按机车理想牵引性能曲线变化。

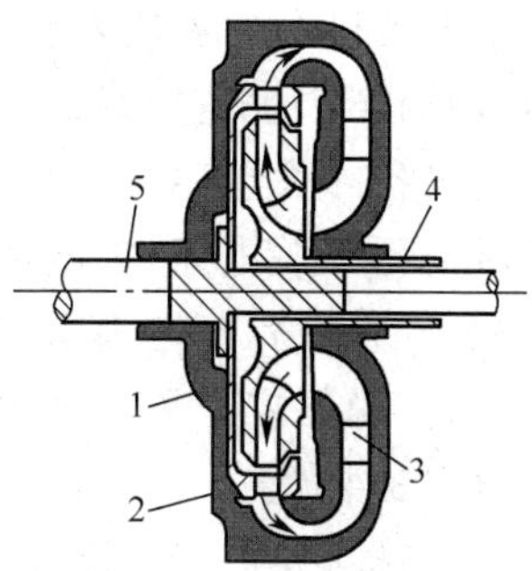

图 3－36 液力变矩器

1－泵轮；2－涡轮；3－导向轮；4－泵轮轴；5－涡轮轴。

4. DF_{11}型内燃机车

DF_{11}型内燃机车，是为广深线开行时速 160 km 旅客列车而研制的准高速客运内燃机车。机车标称功率3 040 kW，最高运行速度为 170 km/h。1991 年底完成试制后，先后通过了型式试验、研究性试验和 15 万 km线路运用考核试验，最高试验速度为 186 km/h，牵引 13 辆客车，最高速度达 162 km/h。1994 年 12 月 22 日广深线正式开通，由 DF_{11}型内燃机车担当准高速旅客列车的牵引任务，自 1995 年 10 月起，先后在沪宁、京秦、沈山、京沪等线牵引客运列车，进行提速试验。牵引 450 t，最高运行速度为 173.5 km/h，达到预期效果。为 1997 年 4 月 1 日和 1998 年 10 月 1 日两次全路大提速奠定了基础，做出了贡献。DF_{11}型内燃机车的研制成功和大范围投入运用，是我国客运内燃机车技术发展新阶段的一个重要标志，开创了我国铁路客运向高速发展的新时期。

DF_{11}型内燃机车由车体、动力装置、传动装置、走行部及辅助系统等主要部分组成。为适应准高速运行的要求，均采取了一些相应措施。

当机车需要惰力运行或进行制动时，司机只要操纵手柄，将变矩器中的工作油排出，让它流回油箱，使泵轮和涡轮之间失去联系，柴油机的功率就不能传给机车的动轮了。

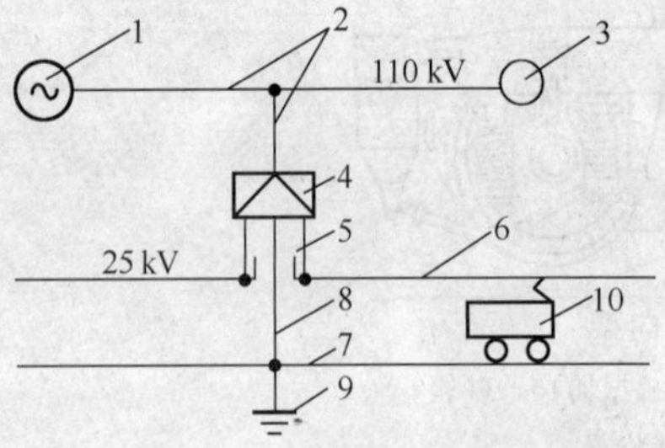

图 3－37　电力牵引系统组成

1－发电厂；2－高压输电线；3－区域变电所；4－铁路牵引变电所；5－馈电线；6－接触网；7－钢轨；8－回流线；9－接地线；10－电力机车。

三、电力机车

1. 电气化铁道供电系统

采用电力牵引的铁道称为电气化铁道。电气化铁道由牵引供电系统和电力机车两部分组成。

(1)电气化铁道的供电系统。将电能从电力系统传送到电力机车的电力设备总称为电气化铁道的供电系统。由发电厂、高压输电线和铁路牵引变电所等组成,如图 3－37 所示。按牵引供电系统要求,牵引变电所由一个主电源和一个备用电源供电。

牵引供电回路由牵引变电所－馈电线－接触网－电力机车－钢轨－回流线－接地网等组成闭合回路。

(2)牵引变电所。牵引变电所的任务是将电力系统高压输电线输送来的 110 kV(或 220 kV)的三相交流电,改变成不低于 25 kV 的单相交流电后,向它的邻近区间和所在站场的接触网送电,供电力机车使用。

牵引变电所是沿电气化铁道线路布置的,每一个牵引变电所都有一定的供电范围。由于接触网导线存在电阻,所以供电距离不可过长,一般每隔 40～60 km 设置一个。

电力机车的受电是在运行时通过受电弓与接触网的接触导线滑动接触进行的,存在电阻,因而会产生电压降低。为使电压不至于低于电力机车允许的最低工作电压,牵引变电所的设备除大功率降压变压器以外,还有将三相交流电变成单相交流电的电气接线,以及各种高压开关电器,如隔离开关、油断路器、互感器等。这些设备一般都设在室外,用以闭合或分断电路,对电力系统起保护、控制和隔离的作用。为了使牵引变电所内各种设备正常运行,确保安全可靠地供电,各牵引变电所内还装有各种控制、监视、测量等仪表和各类继电保护装置。

(3)接触网。接触网是牵引供电系统的重要设备,担负着把从牵引变电所获得的电能直接输送给电力机车使用的任务。因此,接触网的质量和工作状态直接影响着电气化铁道的运输能力。

由于接触网是露天设备,而且没有备用,这就要求接触网在结构上应具有良好的稳定性和足够而均匀的弹性。并在恶劣的气候条件下,能保证电力机车正常取流,使电力机车能在线路上安全、高速运行。为尽可能延长设备的使用寿命,要求其设备和零件具有足够的耐磨性和抗腐蚀能力,但考虑到经济上的原因,又要求其设备结构尽量简单、维修方便。

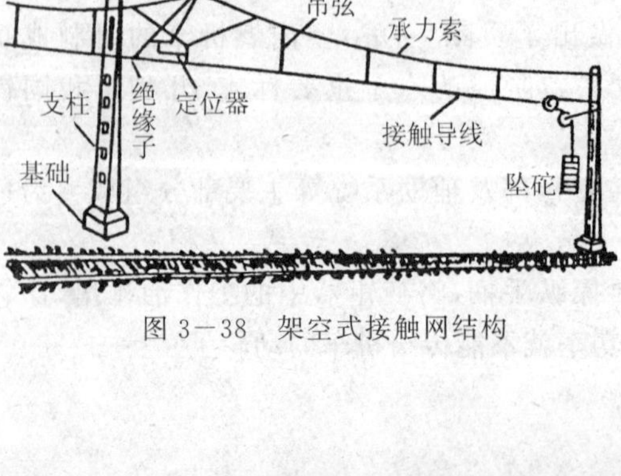

图 3－38　架空式接触网结构

接触网由接触悬挂、支持装置、定位装置、支柱和基础等部分组成,如图 3－38 所示。

2. 电力机车

电力机车靠其顶部升起的受电弓从接触网上取得电能并转换成机械能牵引列车运行。

我国目前使用的干线电力机车主要是国产韶山型系列交－直型电力机车。投入运用的电力机车有 SS_1 型、SS_4 型、SS_7 型、SS_8 型、SS_9 型等。

(1)电力机车的基本构造。电力机车是由电气设备、车体、车底架、走行部、车钩缓冲装置和制动装置等组成。

(2)电力机车电路组成和电气设备。电力机车是由各种电路和复杂的电气设备组成的牵引传动装置,如图 3－39 所示。

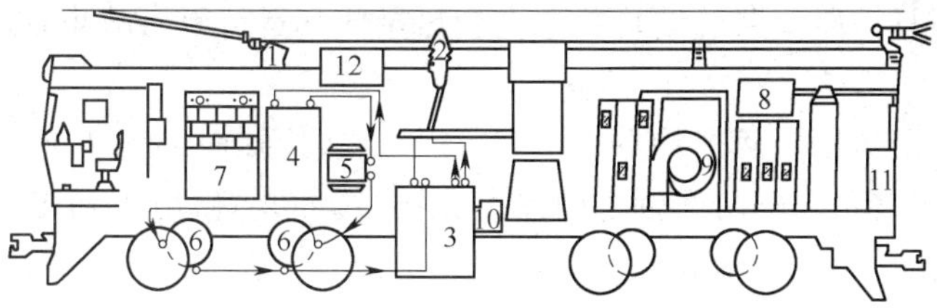

图 3－39 电力机车主电路设备示意图

1－受电弓;2－主断路器;3－主变压器;4－整流调压线路;5－电抗器柜;6－牵引电动机;7－电子柜;8－劈相机;9－通风机组;10－油泵机组;11－空气压缩机;12－制动电阻柜。

3. SS_8 型电力机车

SS_8 型客运电力机车是"八五"国家重点科技攻关项目。原设计用于广深线准高速铁路,现用于我国主要干线铁路牵引提速旅客列车。

1994 年完成的两台 SS_8 型机车样机,经 20 万 km 运行考核,并经多种试验,于 1997 年 2 月通过国家鉴定。为适应提速需要,1997 年上半年已批量生产。

1996 年 5 月至 10 月间,SS_8 型电力机车在铁道部科学研究院环行试验基地型式试验时,最高试验速度达到 187 km/h。1996 年 11 月在郑州－漯河间提速试验和动力学性能试验时,正线最高试验速度达到 185.3 km/h,创既有线最高运行速度。1997 年元月在高速综合性能试验时,创造了最高试验速度 212.6 km/h 的记录。1998 年 6 月 24 日,经高速试验改进的 $SS_8$0001 机车在京广线的许昌－小商桥间创造了 239.6 km/h 的中国铁路新的第一速记录。

第五节 铁路车辆

铁道运输的运载工具是铁路车辆。车辆本身没有动力装置,需要把车辆连挂在一起由机车牵引,才能完成客货运输任务。

铁路车辆按用途可分为客车和货车两大类。本节重点介绍铁路快速发展对车辆的要求及发展方向、铁路新型客货车辆及新部件、摆式列车、红外线探测轴温装置等。

一、铁路车辆概述

1. 铁路快速发展对车辆的要求

目前,我国铁路车辆现有技术状况与国民经济各部门对铁路运输的要求相比,还有不小的差距。因而在实现铁路快速发展的总体思路中指出,要加快实现客货车辆装备现代化。这是一项十分紧迫的任务。今后要继续以客运高速、快速和货运快捷、重载为重点,研制和生产新型车辆。

2. 铁路车辆的基本特点

铁路车辆与其他车辆的最大不同点,在于这些车辆的车轮必须在专门为它铺设的钢轨上运行。这种特殊的轮轨关系成了铁路车辆结构上最大的特征,并由此产生出如下的一些特点。

(1)自行导向。除铁路机车车辆之外的各种运输工具几乎全有操纵运行方向的机构,唯铁路车辆通过其特殊的轮轨结构,车轮只能沿轨道运行而无需专人掌握运行的方向。

(2)低运行阻力。除坡道、弯道及空气对车辆的阻力外,运行阻力主要来自走行机构中的轴与轴承以及车轮与轨面的摩擦阻力。铁路车辆的车轮及钢轨是含碳量偏高的钢材,轮轨接触处的变形较小,而且铁路线路的结构状态也会尽量使其运行阻力减小,故铁路车辆运行中的摩擦阻力较小。

(3)成列运行。由于以上两个特点决定它可以编组、连挂而组成列车。为了适应成列高速运行的特点,机车与车辆、车辆与车辆之间需设连接、缓冲装置,由于列车的惯性很大,每辆车均需设制动装置。

(4)严格的外形尺寸限制。铁路车辆只能在规定的线路上行驶,无法像其他车辆那样主动避让靠近它的物体,为此要制定限界,严格限制车辆的外形尺寸,以适应铁路的机车车辆限界,确保运行安全。

3. 铁路车辆的组成

铁路车辆从出现初期直至现在,由于不同的目的、用途、运用条件及科学技术的进步,新材料的出现,使车辆形成了多种类型与不同结构,但它们均可以概括为车体、走行部、制动装置、车钩缓冲装置及车内设备等五个基本部分组成。

4. 铁路车辆的发展方向

按照铁路快速发展的总体思路,为了适应社会主义市场经济发展的要求和铁路本身发展的需要,铁路车辆今后应向高速度、大型化方向发展。为此,车辆的结构、制动装置等必须采用新工艺、新材料和新技术。

(1)客车向高速、舒适化方向发展。我国铁路的旅客列车目前的速度为120～160 km/h,下一步将达到200 km/h,甚至达到200 km/h以上。那么,客车的构造速度必须与这相适应。

另外,还要满足旅客舒适的要求,减少旅途疲劳。这样,车内的设备就要有新的改变,如照明、采暖、通风使人感到舒适;座位是软沙发可躺式座椅,旅客都是面朝列车前进方向就坐;列车振动小、噪声小;有先进的通信设施,旅客随时可以和各地通话等。

(2)货车向"高、低、轻、重"方向发展。根据当前世界各发达国家铁路货车发展的趋势,结合我国的实际情况,铁路货车今后发展的方向,一般是在"高、低、轻、重"这四个方面考虑,即"高"速度、"低"重心、"轻"自重、"重"载重。

近年来,我国自行设计、制造了不少新型车辆。如生产了四轴载重为60 t的缩短型运煤敞车、六轴载重为90 t的运煤新型敞车,还研制了多轴载重为150 t、280 t和350 t的特种车等。

二、铁路25型客车

1. 25型客车简介

我国新造客车数量最多的是25型客车,它将逐步取代目前数量较多现已停止生产的22型客车。25型客车主要有:YZ_{25K}、YW_{25K}、YZ_{25G}、$RZ1_{25Z}$、RW_{25G}、CA_{25K}、XL_{25G}、UZ_{25K}、SYZ_{25B}及发电车等。

2. 新型客车转向架

新型客车转向架主要有CW－200型、SW－200型和PW－200型高速客车转向架。

(1)PW—200型转向架概况。PW—200型高速转向架是浦镇车辆厂在209HS型转向架基础上重新研制的,字母P代表浦镇,字母W代表工厂,200代表车辆最高运行速度。

PW—200 型转向架由构架装置、轮对轴箱装置、中央悬挂装置和基础制动装置四部分组成，为有摇动台结构，见图 3—40。

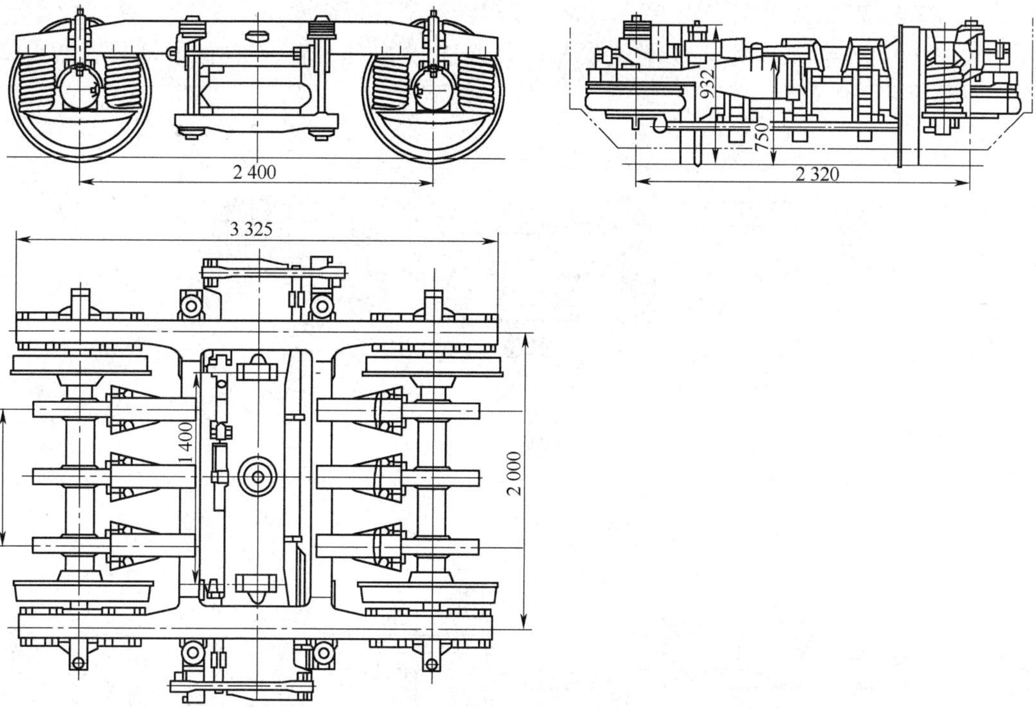

图 3－40　PW－200 型转向架(单位:mm)

(2)CW—200 型无摇枕转向架概况。CW—200 型转向架是长春客车厂对 CW—2 型转向架的改进型，采用无摇动台、无摇枕结构，字母 C 代表长春，字母 W 代表车辆工厂，200 代表车辆最高运行速度。

CW—200 型转向架主要由构架装置、轴箱定位装置、中央悬挂装置和基础制动装置四部分组成，如图 3—41 所示。

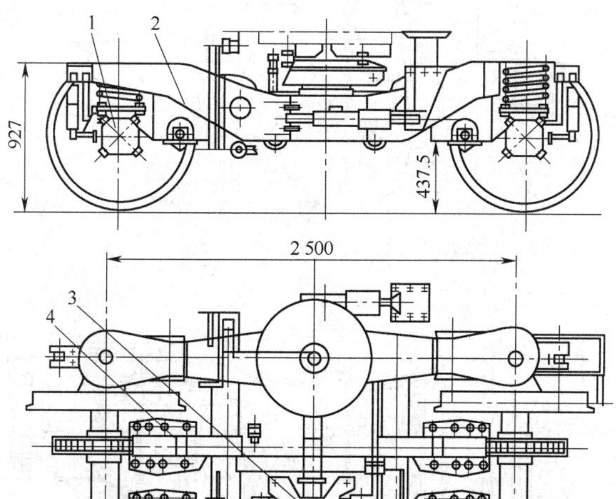

图 3－41　CW－200 型转向架组成(单位:mm)

1－轴箱定位装置;2－构架组成;3－中央悬挂装置;4－基础制动装置。

(3)SW－200 型转向架概况。SW－200 型转向架是四方机车车辆厂在于 206KP 型转向架基础上，为适应速度 200 km/h 的运营要求，对结构和参数进行优化而新近研制的，字母 S 代表四方，字母 W 代表机车车辆工厂，200 代表车辆最高运行速度。

SW－200 型转向架由构架装置、轮对轴箱装置、中央悬挂装置、转向架制动装置四大部分组成，如图 3－42 所示。

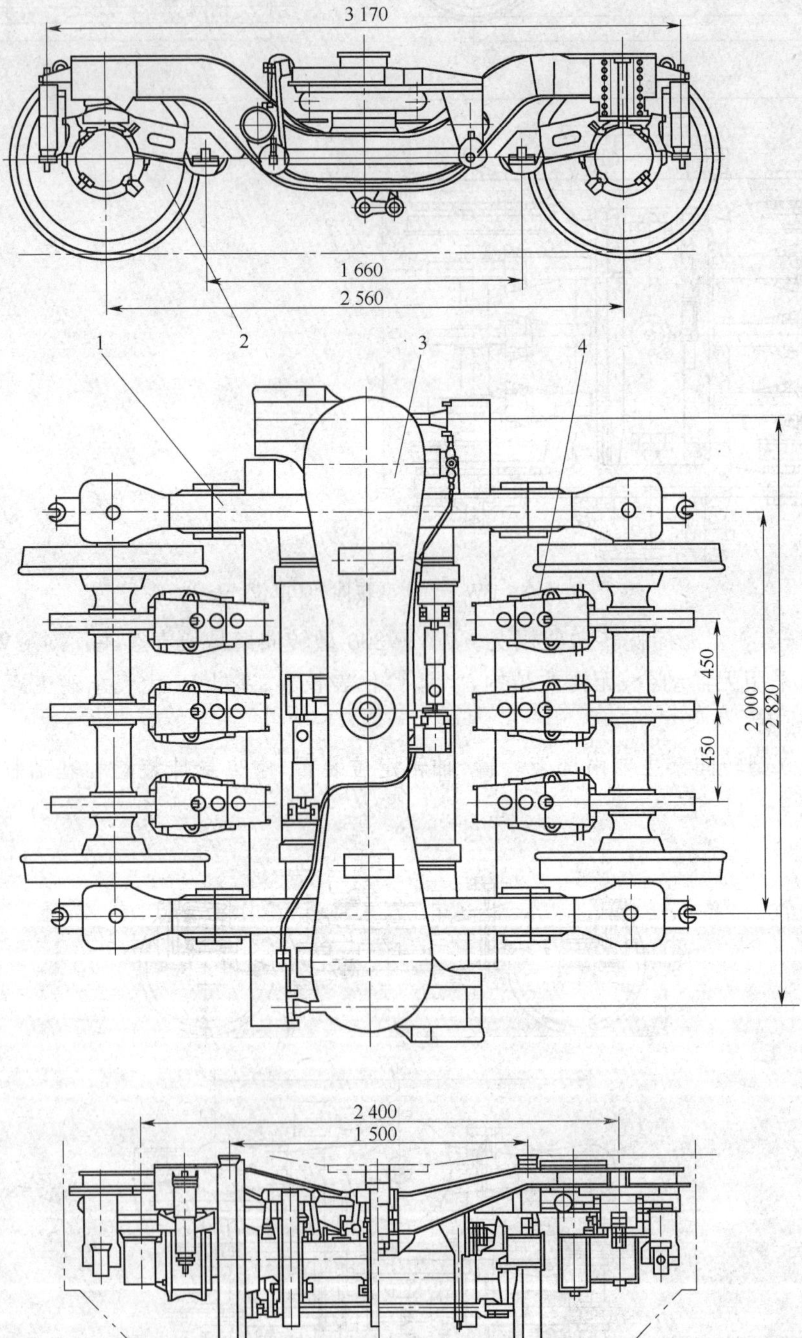

图 3－42 W－200 型转向架(单位：mm)

1－构架；2－轮对；3－中央悬挂装置；4－盘形制动装置。

三、摆式车体列车

1. 摆式车体列车是一项适合我国国情的铁路提速新技术

列车提速既是当前我国铁路科技工作首当其冲的重点，也是提高我国铁路经营效益的重要科技手段。根据国外铁路的经验，除了耗费巨资兴建高速铁路之外，可以采用摆式车体列车这一耗资较小的新技术手段来解决我国当前面临的铁路提速任务。

我国现有铁路之所以车速不快，其重要原因之一是由于列车在线路曲线地段运行时限速造成的。摆式车体列车采用了新型转向架可使列车经过曲线线路时提高车速30%以上，以此补偿70%的离心力，降低了钢轨、车轮的磨损。在瑞典，这种摆式车体列车投入运营之后，运营有效率高达96%，车速由原来的每小时160 km提高到220 km。由于摆式车体列车在现有铁路不需要作大规模设施改造的情况下就可以投入运营，其设施更新费用在国外只相当于新建高速铁路的1%～2%。

我国铁路已于1998年从瑞典引进X2000摆式车体列车，先在广深线上投入应用，最高时速达到200 km，取得了显著的经济效益和社会效益。可以企盼的是，摆式车体列车这一新技术的应用将给我国铁路列车提速提供投资小、见效快、实施简便这样一条适合我国现时国情的新途径。

2. 摆式车体的基本原理

实践表明，提高列车通过曲线的速度，一般受到横向舒适度、轮轨作用力和脱轨倾覆稳定性三个因素的制约。这三个因素中最关键的是保证横向舒适度。

为了提高曲线的通过速度，通常用外轨超高的办法来平衡离心力的影响。摆式列车车体的特点是当车辆进入曲线时，根据探测器的信息，控制车体产生一个向曲线内侧的倾斜角，相当于增加了一个额外的超高值，如图3－43所示。

这样，摆式车体比常规车辆通过曲线的速度可提高15%～30%。其计算公式如下：

普通客车的曲线限制速度计算公式为

$$v=\sqrt{\frac{h_{实}+h_{欠}}{11.8}\cdot R}\,(\mathrm{km/h})$$

摆式客车的曲线限制速度计算公式为

$$v=\sqrt{\frac{h_{实}+h_{欠}+\Delta h}{11.8}\cdot R}\,(\mathrm{km/h})$$

式中：$h_{实}$——实际超高(mm)；

$h_{欠}$——允许欠超高(mm)；

Δh——摆式客车产生的额外超高(mm)；

R——曲线半径。

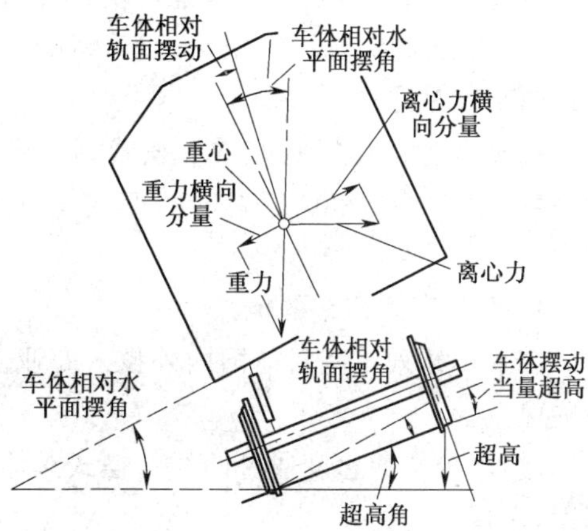

图3－43 摆式车体在曲线上运行情况

瑞典X2000型摆式车体列车采用自导向转向架。传统的构架式转向架在曲线上运行时，产生较大的轮缘力，导致钢轨和轮缘磨耗严重，如图3－44所示。径向自导向转向架通过有关装置，可以实现良好的径向自导向作用，可使轮对的轴线接近于曲线半径方向，避免了轮缘与钢轨内侧的接触，减少了轮轨之间横向作用力和磨耗，为转向架曲线上高速运行创造了条件，如图 3－44 所示。

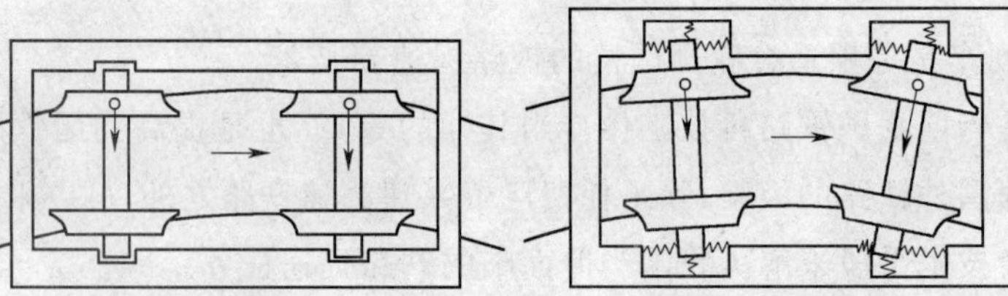

(a)传统的构架式转向架　　(b)摆式的自导向转向架

图 3－44　转向架通过曲线时的比较

车体倾摆是靠倾摆装置来实现的。倾摆装置可分主动式摆式车体和被动式摆式车体两种。瑞典 X2000 型摆式车体为主动式摆式车体,是靠外部动力使车体强制倾侧,其原理如图 3－45 所示。

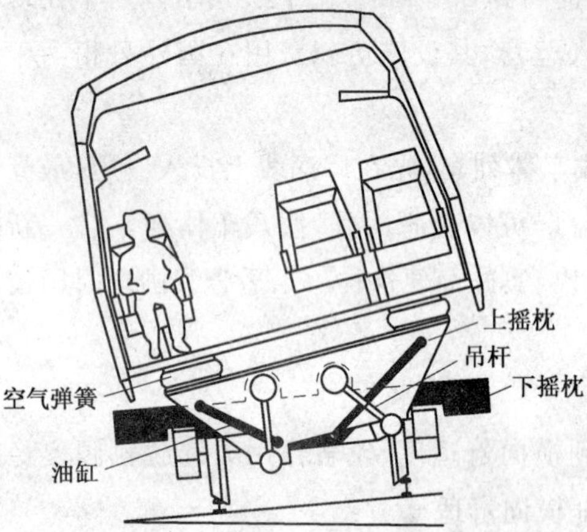

图 3－45　X2000 倾摆机构的原理图

X2000 型摆式车体列车上有 TRACS 计算机控制系统。它可以控制车体倾摆机构、传动装置、空调装置、辅助传动机构及制动、通信、故障检测等装置。车体借助于倾摆机构,使车体在曲线上向内侧倾斜,转动一个角度(一般可在±8°左右),抵消了 70％的离心力,从而解决了列车高速运行时离心力的平稳问题,降低对旅客的影响,改善了旅行环境,提高了旅客的舒适度。

3. 我国自行研制的摆式车体列车

目前,我国铁路列车提速是在现有线路上进行的,由于受弯道限制,火车无论在直线跑多快,通过曲线时都需减速,限速运行,影响全程速度,因而急需一种能快速通过曲线的新车型。摆式列车就是这种新型车。

我国自主设计研制的首台摆式列车牵引动力车 2003 年 5 月 8 日在大连机车车辆厂问世,将与唐山机车车辆厂制造的摆式车厢组成摆式列车,从而填补了我国这一产品领域的空白。

4. 摆式车体列车的优点

摆式车体列车是目前国内外投入商业运营不久的新产品,从实际运营的情况看,具有以下一些优点:

(1)以较快的速度通过曲线。摆式车体列车最大优点是可以大幅度提高列车在曲线通过速度,实现全程提速。

(2)旅客感到舒适。摆式车体列车在曲线上运行时,乘客也会由于列车在曲线上的自然适度倾斜而感到舒适。

(3)提高经济效益。摆式车体列车通过曲线时以较快的速度运行,可以减少全程的旅行时间,乘坐火车人数大幅度上升,铁路运营部门从而获得较大的经济效益。

(4)减少列车数量。由于摆式车体列车提高旅行速度,缩短旅客列车往返的时间,从而可以减少列车数量。

(5)增大线路通过能力。由于摆式车体列车通过曲线地段时不须限速运行,这样能加快列车通过信号区间的速度,从而增大线路通过能力。

(6)列车运行时,不须限速通过曲线,因而刹车次数减少,可降低制动部件的磨耗。

(7)列车运行时,加速次数减少,因而可节约能源。

我国广深铁路 1998 年从瑞典引进的摆式车体列车,由 1 台机车、5 辆客车和 1 辆带操作室的客车组成,座席定员为 415 人。列车也可根据需要由 2 台机车和 16 辆客车进行编组,可容纳 1 600 人。列车在 200 km/h 速度下运行时,噪声仅为普通客车的 1/2,内部座位宽敞舒适。由广州至深圳开行的摆式车体列车,单程时间仅为 45 min,且舒适、安全,吸引了大量高速公路上的乘客。

四、铁路新型货车

1. 新型货车简介

近年来,随着改革开放的不断深入,国民经济的持续发展和科学技术的进步,我国铁路研制了一批新型货车,如浴盆式敞车、加长敞车、K_{18AT}型煤炭漏斗车、集装箱平车、大型凹底平车、行包快运棚车、活顶棚车、新型液化气体罐车、新型检衡车等,以适应各类货物运输的需要。下面对这些新型货车作简要介绍。

(1)C_{76}型敞车。C_{76}型敞车由车体、制动装置、车钩缓冲装置、转向架等部分组成。车体为全钢单浴盆无中梁焊接结构,主要由底架、侧墙、端墙、撑杆等部分组成。该车组成如图 3－46 所示。

(2)K_{18AT}型煤炭漏斗车。K_{18AT}型煤炭漏斗车由车体、制动装置、车钩缓冲装置、转向架组成。车体为全钢焊接结构,由底架、漏斗、侧墙、端墙、底门开闭机构及传动部件等组成。该车组成如图 3－47 所示。

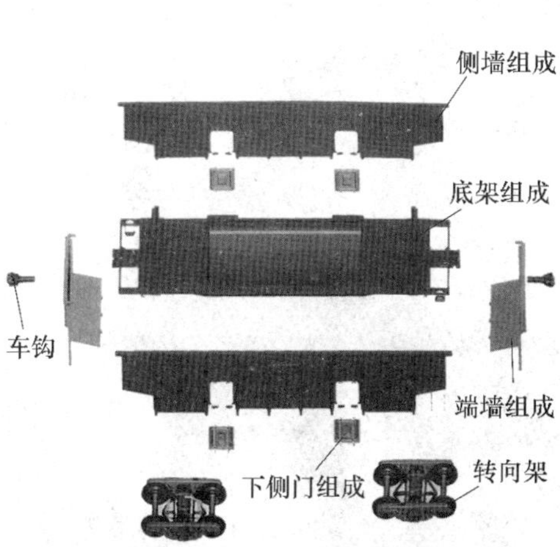

图 3－46 C_{76}型敞车组成图

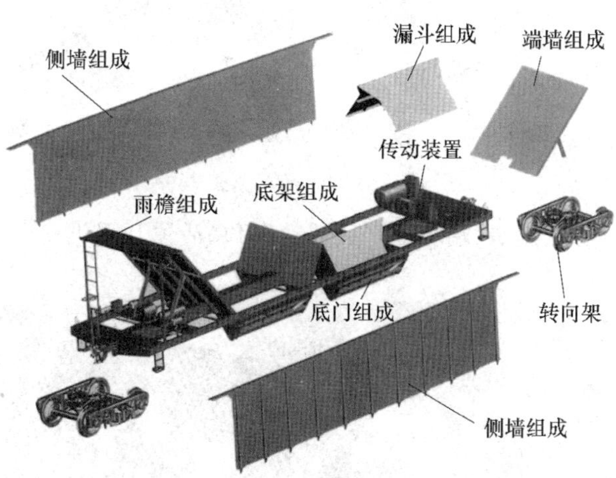

图 3－47 K_{18AT}型煤炭漏斗车组成图

(3)NX_{17B}型、NX_{17BT}型、NX_{17BK}型平车—集装箱两用平车。NX_{17B}型、NX_{17BT}型、NX_{17BK}型平车—集装箱两用平车均由车体、制动装置、车钩缓冲装置、转向架组成,车体为平板。NX_{17B}型平车组成如图 3－48 所示。

(4)D_{15}型 150 t 凹底平车。D_{15}型 150 t 凹底平车均由车体、制动装置、车钩缓冲装置、转向架组成,车体为凹型底架,其组成如图 3－49 所示。

(5)活顶棚车。活顶棚车由车体、制动装置、车钩缓冲装置和转向架等部件组成。车体由

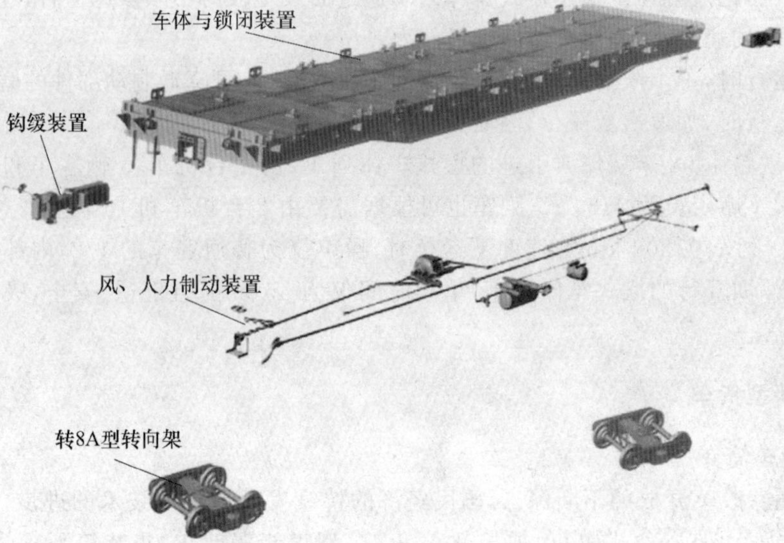

图 3－48 NX_{17B}型平车—集装箱两用平车组成图

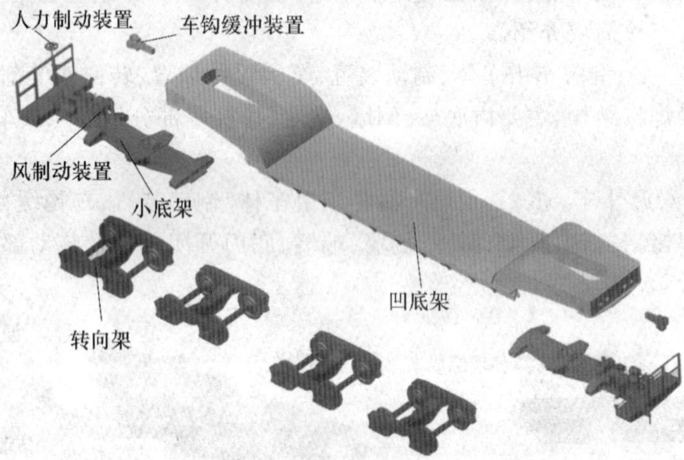

图 3－49 D_{15}型 150 t 凹底平车组成图

底架、侧墙、端墙、车门、活动车顶、活顶开闭机构等组成。活顶棚车如图 3－50 所示。

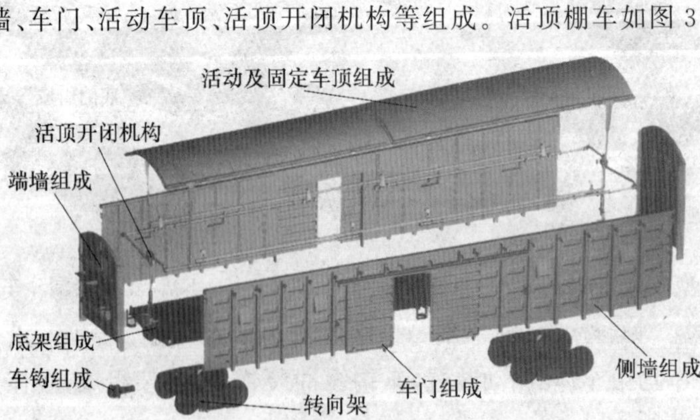

图 3－50 活顶棚车组成图

(6)GY_{100S}型液化气体罐车。GY_{100S}型液化气体罐车采用无中梁结构，由罐体、牵枕装置、制动装置、车钩缓冲装置、转向架和押运间等部件组成。该车组成如图 3－51 所示。

(7)水泥车。水泥车是专供装运散装水泥之用，车体为密封式，上部有装入水泥的舱孔，下部有漏斗式底开门。水泥车如图 3－52 所示。

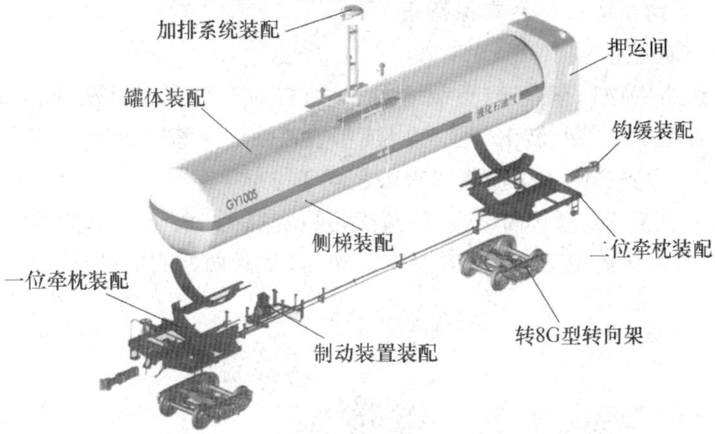

图 3－51　GY_{100S}型液化气体罐车组成图

图 3－52　水泥车外形图

2. 新型车钩

16 号、17 号车钩由齐齐哈尔车辆公司于 1985 年借鉴美国车钩技术而设计，适用于翻车机卸货作业的不摘钩重载列车。该二型车钩间连接轮廓的自由间隙均为 9.5 mm，比 13 号车钩减少了 52%，从而大大降低了列车运行中的纵向冲击力。

16 号车钩的组成及结构如图 3－53 所示，17 号车钩的组成及结构如图 3－54 所示。

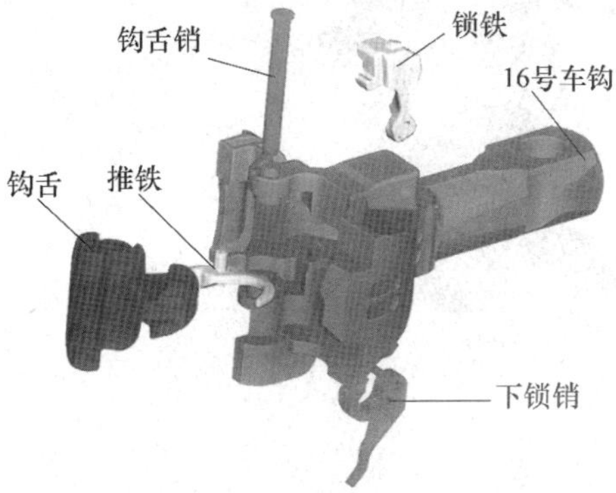

图 3－53　16 号车钩组成图

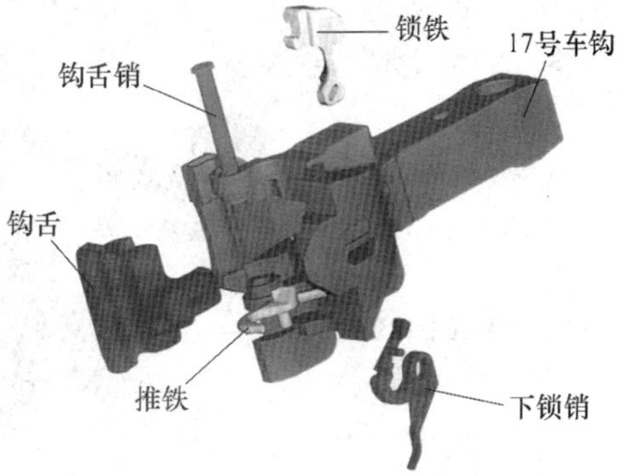

图 3－54　17 号车钩组成图

16 号车钩可绕车体纵向中心线相对钩尾框做 360°回转。17 号车钩钩头两侧设有联锁装置,钩尾端两侧设有自动对中凸肩,故在列车事故中,仍能保持车钩的连挂性能,防止列车颠覆;同时还可以使车钩在运行中经常保持正位。

3. 货车新型转向架

为适应我国铁路货物列车提速、重载的要求,随着新型货车的出现,同时研制了一批新型转向架,如转 8G 型、转 K2 型、转 K3 型、转 K4 型、2E 轴摆式等转向架。

转 8G 型转向架由齐齐哈尔车辆集团有限公司于 2000 年设计,是转 8A 型转向架的更新换代产品,铁路货车装用转 8G 型转向架,运行速度可以提高到 100 km/h,能够满足我国铁路提速的需要。转 8G 型转向架适用于各型新造货车。转 8G 型转向架的组成及结构如图 3—55 所示。

图 3—55 转 8G 型转向架组成及结构图

转 K3 型转向架的组成及结构如图 3—56 所示。

图 3—56 转 K3 型转向架组成及结构图

转 K3 型转向架由株洲车辆厂 1997 年设计，主要用于对运行速度和运行品质要求较高的货车。该转向架在 120 km/h 速度范围内具有优良的运行品质，其最高线路试验速度达 140 km/h。该转向架具有安全、可靠，便于通过曲线，维修费用低等优点。

五、铁路新型制动装置

为适应铁路高速、重载发展的需要，采用的新型制动装置有新型空气制动机、盘形制动、电气制动、磁轨制动、涡流轨道制动等方式。

1. 普通制动装置

制动装置是用外力迫使运行中的机车车辆减速或停车的一种设备。它不仅是列车安全、正点运行的重要保障，而且也是提高列车重量和运行速度的前提条件。因此，制动装置性能的好坏，对铁路的运输能力和行车安全都有直接影响。

我国机车车辆上的制动装置一般包括空气制动机和手制动机两个部分。空气制动机是利用压缩空气产生制动力的，一般作为列车制动用；手制动机是用人力进行制动的，一般只在调车时对个别车辆或车组施行制动用。

空气制动机的部件，一部分安装在机车上，另一部分安装在车辆上。装在机车上的有空气压缩机、总风缸、制动阀等。由空气产生的压缩空气储存在总风缸内，当司机操纵控制阀向制动主管充气时，压缩空气可以进入车辆制动机的副风缸中。

安装在车辆上的设备（以 GK 型制动机为例）如图 3－57 所示。

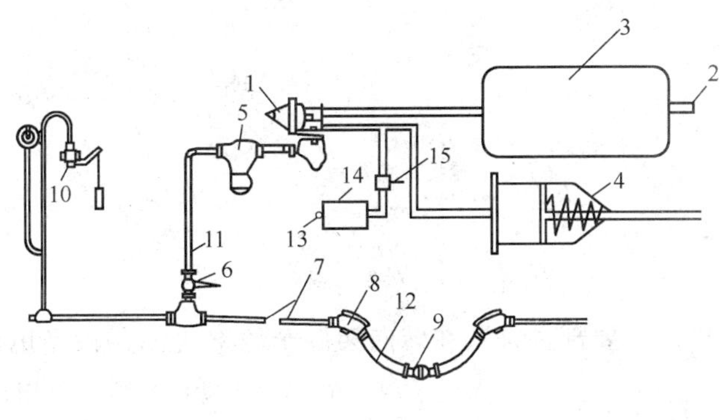

图 3－57 GK 型空气制动机

1－三通阀；2－缓解阀；3－副风缸；4－制动缸；5－远心集尘器；6－截断塞门；7－制动主管；8－折角塞门；9－连接器；10－车长阀；11－制动支管；12－软管；13－安全阀；14－降压风缸；15－空重车转换手把。

2. 新型空气制动机

为适应车辆向快速、重载方向发展，空气制动机中的三通阀已不能适应铁路运输事业发展的需要。近年来，我国铁路已先后大量研制、生产、装用新型空气制动机。新型空气制动机增设了一个工作风缸，用空气控制阀代替三通阀。新型空气制动机如图 3－58 所示。

3. 盘形制动

盘形制动是高速列车诸多制动方式中最重要的一种。它是利用制动夹钳使闸片夹紧固装在车轴上的制动盘而产生制动力的。闸片一般采用合成材料，制动圆盘一般采用铸铁制成，如图 3－59 所示。

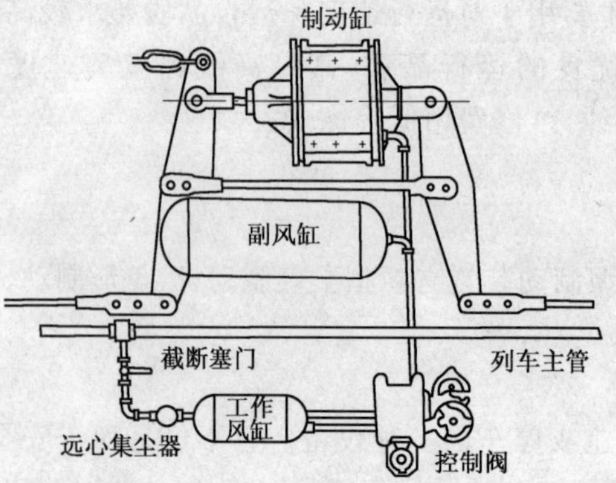

图 3－58　新型空气制动机

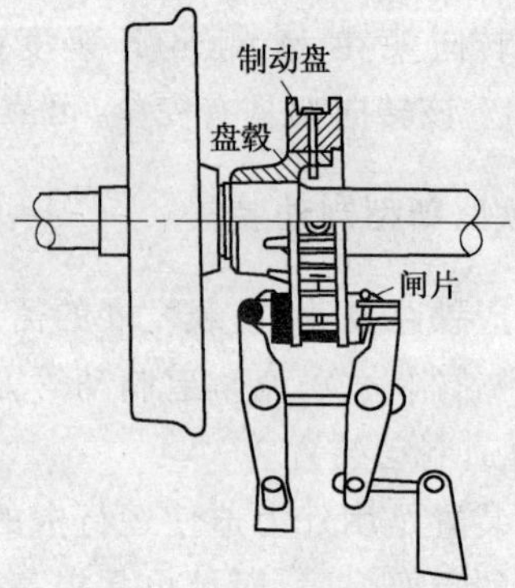

图 3－59　轴盘式盘形制动装置

4. 磁轨制动

目前，列车制动方式可分为粘着制动和非粘着制动，而磁轨制动是一种非粘着制动方式。列车制动方式分类见图 3－60。

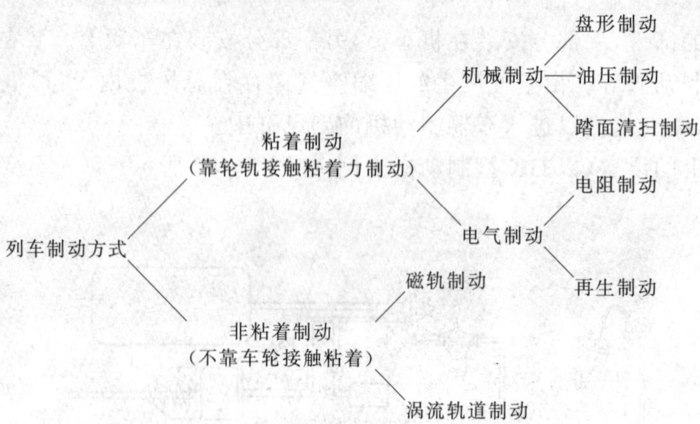

图 3－60　列车制动方式分类

典型的磁轨制动机的主要部件是装在转向架两个轮对之间的两条电磁铁，它悬吊在 4 个磁铁悬挂风缸上。作用原理是：当发出磁轨制动指令时，两个电磁铁励磁产生磁吸力，同时 4 个悬挂风缸通过压力空气将磁铁压向钢轨。此时，电磁铁紧紧吸附在钢轨上，磁铁底部的摩擦靴块与钢轨发生摩擦，产生了制动力。磁轨制动机示意图如图 3－61 所示。

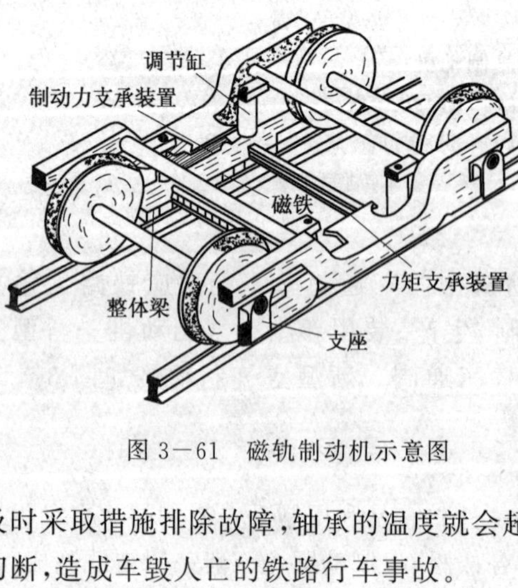

图 3－61　磁轨制动机示意图

六、红外线探测轴温设备

高速运行的机车车辆的轴承承受重载并相对于车轴进行高速转动。轴承质量差就会发生故障，其正常的油润摩擦就被破坏，若不及时采取措施排除故障，轴承的温度就会超过正常值而急剧上升，导致轴承燃烧，甚至使车轴切断，造成车毁人亡的铁路行车事故。

为了保证行车安全，防止燃轴事故，长期以来，铁路车辆部门的检车工人一年四季，顶风冒雨，不分严寒酷暑，日以继夜地战斗在检修岗位上。每趟列车到站后，检车工人就用手逐个触摸轴箱顶盖上的温度，检查是否发生热轴。这样的检查方法落后，工人们的劳动强度相当大，而且轴温变化因素复杂，难以准确掌握。

随着科学技术的发展，从 20 世纪 70 年代起，我国铁路车辆部门自行设计和制造了“红外线轴温探测仪”，并已投入运用。这样，彻底改变了几十年来手摸轴温的落后检查方法，实现了列检作业的轴温检查自动化。

第六节 铁路车站

铁路沿线的各种车站是办理旅客和货物运输和生产基地。它将铁路线路划分为区间及闭塞分区。在车站，除了办理旅客、货物运输业务外，还要办理与列车运行有关的各项作业，如列车的接发、会让与越行，车列的解体与编组，机车的换挂与整备，车辆的检查与修理等。车站不仅是铁路各项作业的汇合点，也是提高铁路运输效率和运输安全的保证。同时，通过办理上述各项业务，使铁路运输生产与国民经济的发展和市场的需求联系起来，也是铁路和旅客、货主联系的纽带。

一、车站的基本知识

1. 车站的分类

目前我国铁路上有大小车站几千个。根据它们所办理的业务性质、技术作业性质、所担负的任务量和在国家政治上、经济上的地位等分类如下：

(1)按技术作业不同分类。车站按技术作业分类可分为中间站、区段站和编组站。编组站和区段站总称为技术站。

①中间站布置图如图 3－62 所示。

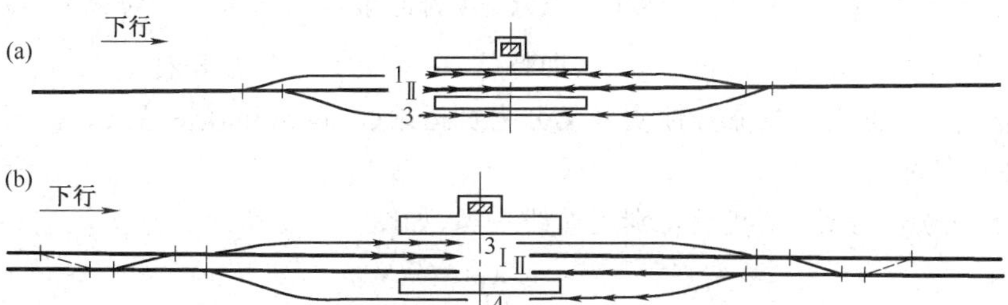

图 3－62 横列式中间站布置图

②横列式区段站布置图如图 3－63 所示，双线铁路纵列式区段站布置图如图 3－64 所示。

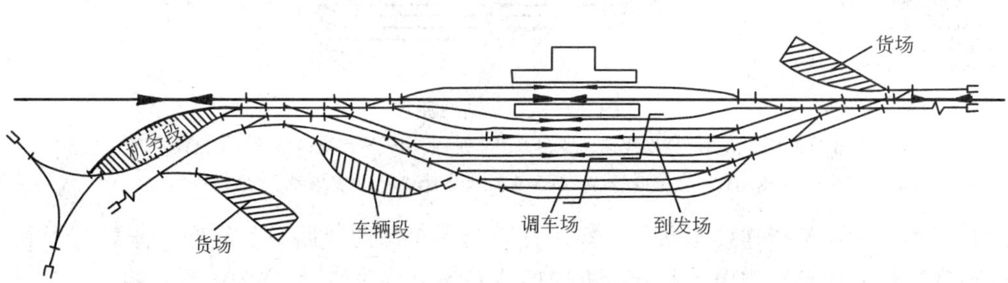

图 3－63 横列式区段站布置图

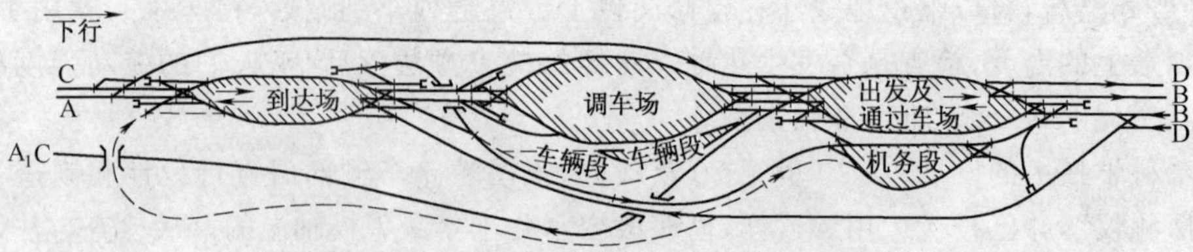

图 3－64 双线铁路纵列式区段站布置图

③单向一级三场横列式编组站如图 3－65 所示，双向三级六场纵列式编组站如图 3－66 所示。

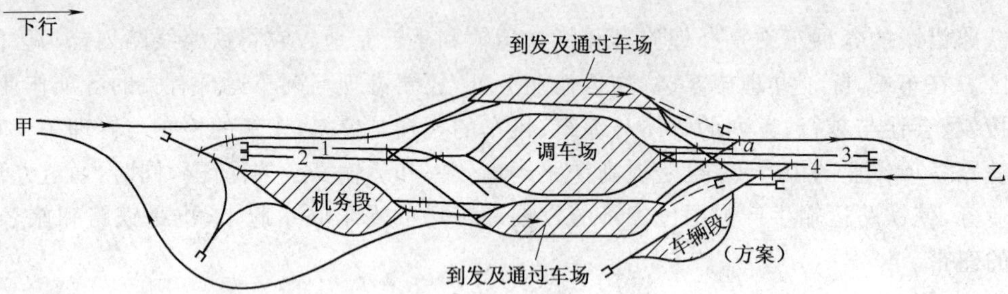

图 3－65 单向一级三场横列式编组站布置图

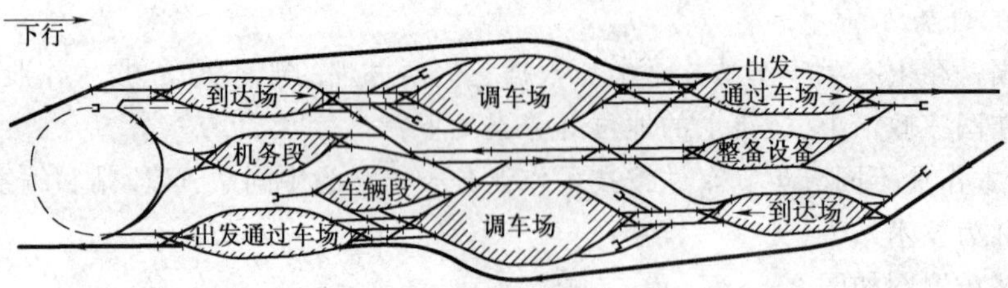

图 3－66 双向三级六场纵列式编组站布置图

(2)按等级分类。车站共分六个等级，即特等、一、二、三、四、五等站。

(3)按业务性质分类。按业务性质分又分为货运站、客运站和客货运站。

2. 车站线路种类

车站线路可分为正线、站线及特别用途线三类，如图 3－67 所示。

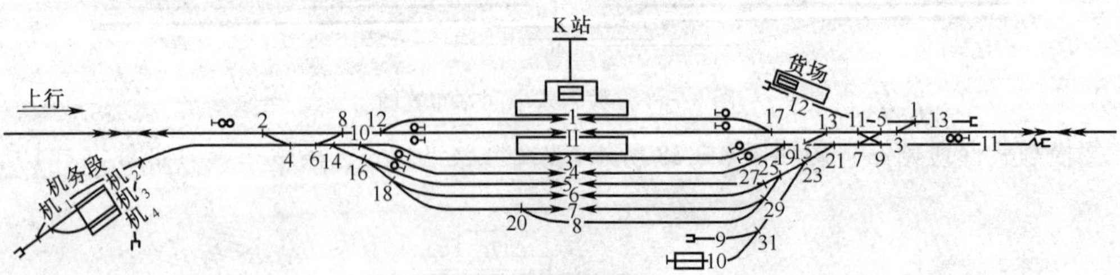

图 3－67 车站线路图

Ⅱ－正线；1、3、4－到发线；5、6、7、8－调车线；9、10－站修线；11、13－牵出线；

12－货物线；$机_1$－机车走行线；14～31－道岔编号。

(1)正线。正线是指连接车站并贯穿或直股深入车站的线路。双线铁路车站分上行正线和下行正线，按左侧行车制向首都开行方向的线路为上行正线，反之为下行正线。

(2)站线。站线是指到发线、调车线、牵出线、货物线及站内指定用途的其他线路。

(3)特别用途线。特别用途线是指为保证行车安全而设置的安全线和避难线。

还有不属于车站管辖范围,但与车站连接的线路,如通往厂矿企业的专用线,以及机务段、车辆段、工务段、电务段等专用并由其管理的段管线。

二、铁路枢纽

1. 概述

在铁路网上,几条铁路干线相互交叉或接轨的地点,需要修建一个联合车站,或修建几个专业车站以及连接这些车站的联络线、进站线路、跨线桥等设备,由于这些车站和设备组成的整体称为铁路枢纽。

铁路枢纽是铁路网的主要组成部分,它是客、货流从一条铁路到各衔接铁路的中转地区,也是所在城市客、货到发及联运的地区。因此,它除办理枢纽内各种车站的有关作业外,还担负着枢纽各衔接方向间车流转线,枢纽内小运转列车的交流及城市范围内的各种联运任务。

2. 铁路枢纽的图型

铁路枢纽按其车站、联络线、进站线路等设备的相互位置不同,可形成各种不同形式的铁路枢纽,一般有:一站枢纽、十字形枢纽、三角形枢纽、伸长式枢纽、并列式枢纽、环形枢纽、混合式枢纽、尽头式枢纽等,这里简要介绍以下几种较为典型的图型。

(1)一站枢纽。一站枢纽是铁路枢纽总图结构的基础,如图 3－68 所示。它是在两条铁路干线相互交叉或接轨地区,有 3～4 个铁路方向直接引入一个客货联合车站而形成的。

一站枢纽的主要特点是:设备与作业集中,便于管理,运营效率高。但客、货运输作业干扰大,车站能力小,这种布置图一般适用于作业量小、城市规模不大的枢纽。

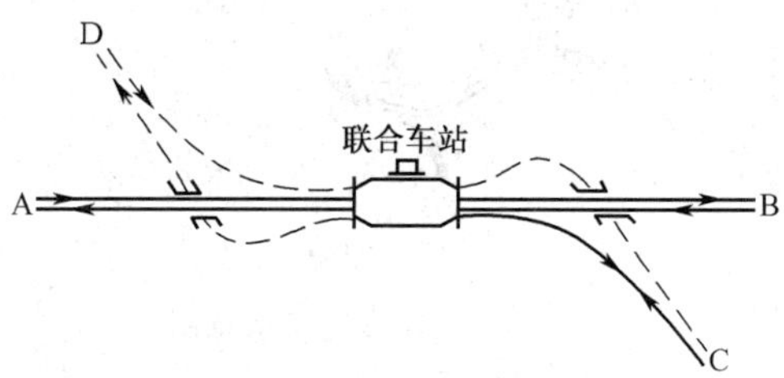

图 3－68　一站枢纽布置图

(2)十字形枢纽。十字形枢纽是在两条相互交叉的铁路干线上所设置的枢纽,如图 3－69 所示。图中 C 与 D 方向间的无调中转列车可沿干线运行,换挂机车可在工业站办理。C 与 A 方向之间的折角车流可经联络线运行。

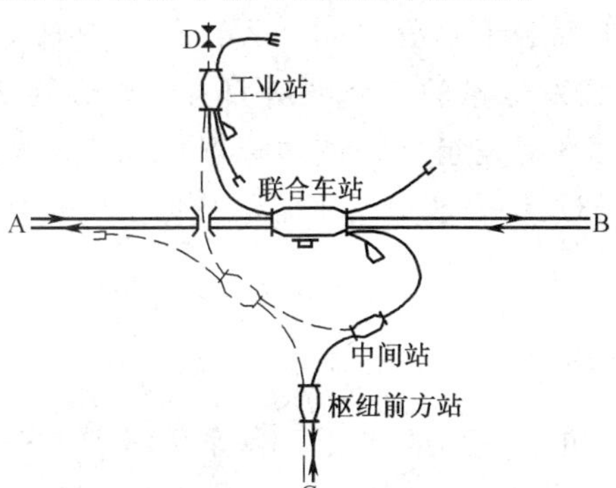

图 3－69　十字形枢纽布置图

十字形枢纽适合于交叉干线上各有大量的通过车流,而转线改编车流较少的情况。

(3)并列式枢纽。并列式枢纽是在两条铁路干线汇合处,其接轨方式先按线路方向引入枢纽,再按列车运转种类分线直接引入并列布置的编组站和客运站,如图 3－70 所示。

并列式枢纽中的编组站一般布置在市区边缘的货运干线上,客运站布置在市区范围的客运干线上,货运站布置在深入市区的铁路支线尽端。

(4)环形枢纽。当铁路衔接方向较多(一般有 6 条及以上的线路方向),用环形线将所有引

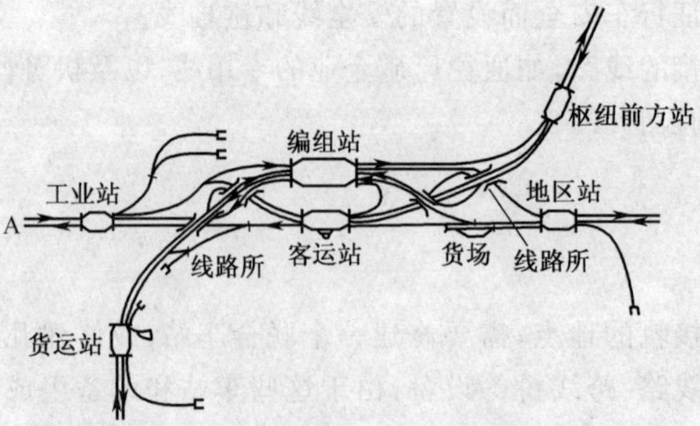

图 3－70 并列式枢纽布置图

入线方向联结起来形成一个整体，其布置图型如图3－71 所示。

各种专业车站的设置数量相应增多。这些特征从图 3－72 可以体现出来。

(5)尽头式枢纽。尽头式铁路枢纽位于铁路网尽端，一般设在大港湾、大工业城市或采矿区等有大宗货流产生或消失的地区，或位于内陆的铁路网尽头。该类铁路枢纽布置图型如图 3－73 所示。

3. 郑州枢纽

郑州枢纽位于京广、陇海两大干线交汇处，素有关内“铁路心脏”之称，起着联结南北、贯通东西的联络作用。枢纽改造工程于 1955 年 10 月动工，1985 年 3 月建成。枢纽内有 14 个车站，上、下行两个编组站。

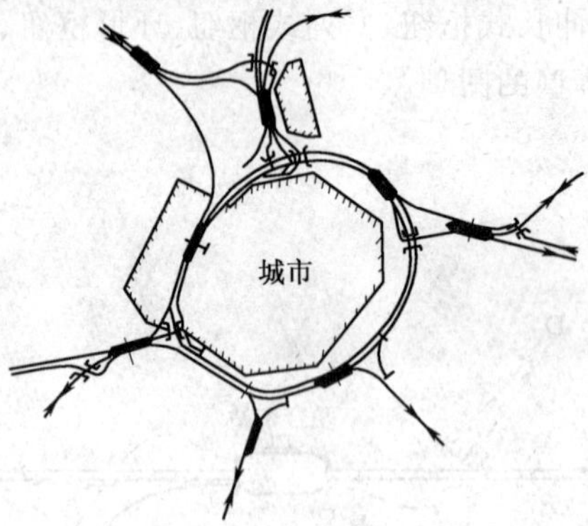

图 3－71 环形枢纽示意图

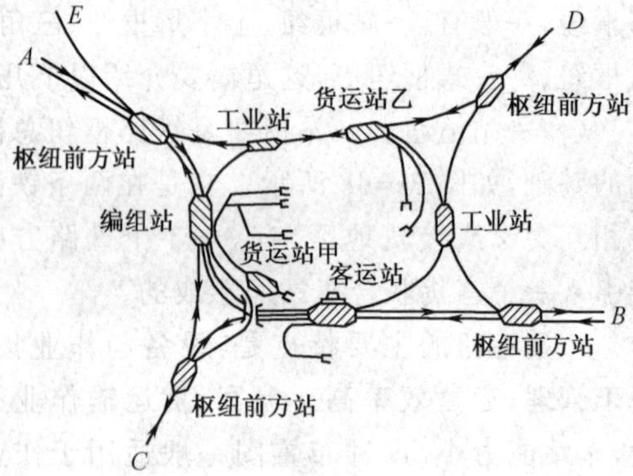

图 3－72 环形枢纽各类车站设置示意图

其中，郑州北编组站是国内第一个建成投产的双向三级八场、四推双溜机械化和半机械化驼峰编组站。该编组站位于郑州市京广线以西及陇海线以北两线交叉的三角地带，南北长 6 km，宽 0.8 km，共有到发线、编组线 148 股，铺轨总长 454 km。编组站于 1955 年 10 月 27 日开始动工，经过三期工程、扩建工程和续建第三期工程五个阶段，至 1985 年 3 月 25 日全部建成投产。该枢纽年办理通过货运量占全国铁路货物发送量的 8%，设计日办理能力为 2.4 万辆，其中改编能力达 1.8 万辆，是国内规模最大的路网编组站。该站管理现代化工程于 1986 年 9 月动工，1989 年 12 月 28 日通过国家验收，枢纽综合能力因此提高 15%。1996 年郑州北站更换 YIS 系统后，日均办理能力近 2.5 万辆。

郑州铁路枢纽如图 3－74 所示。

4. 北京铁路枢纽

北京铁路枢纽是我国北方最大的铁路枢纽，京九、京广、京沪、京哈等我国主要铁路干线都汇集北京。北京西客站是极具规模的客运站。“十五”末期北京铁路枢纽到发的旅客列车达到 170 多对，通往 88 个城市、4 个国家；年旅客发送量达到 5 322 万人次。北京铁路局跨局特快列车平均旅行速度达到 100.85 km/h，跨局快速列车平均旅行速度将达到74.77 km/h。快速列车和特快列车运行的最高时速达 160 km。北京铁路枢组如图 3－75 所示。

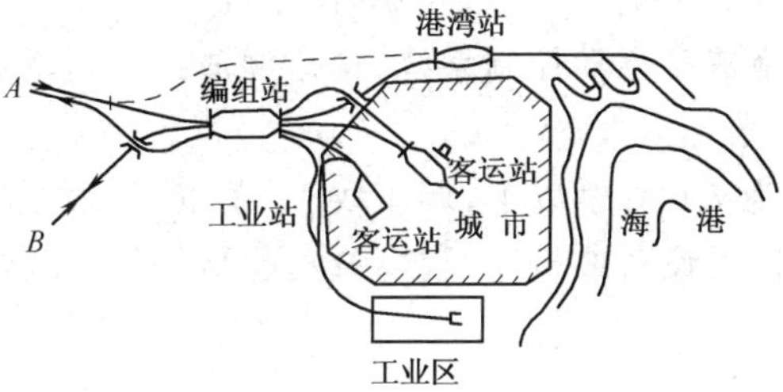

图 3－73　尽头式铁路枢组示意图

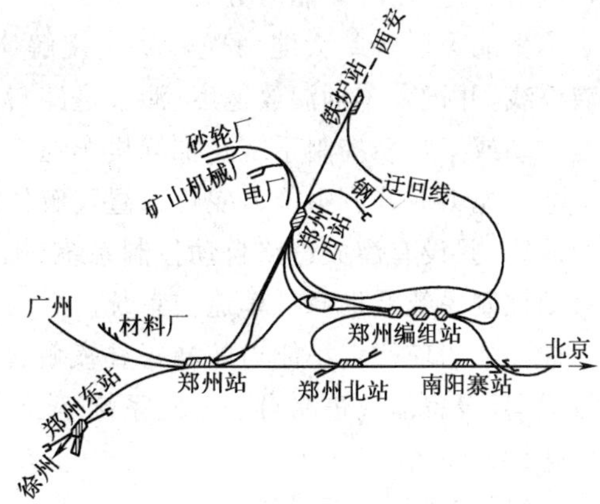

图 3－74　郑州铁路枢组示意图

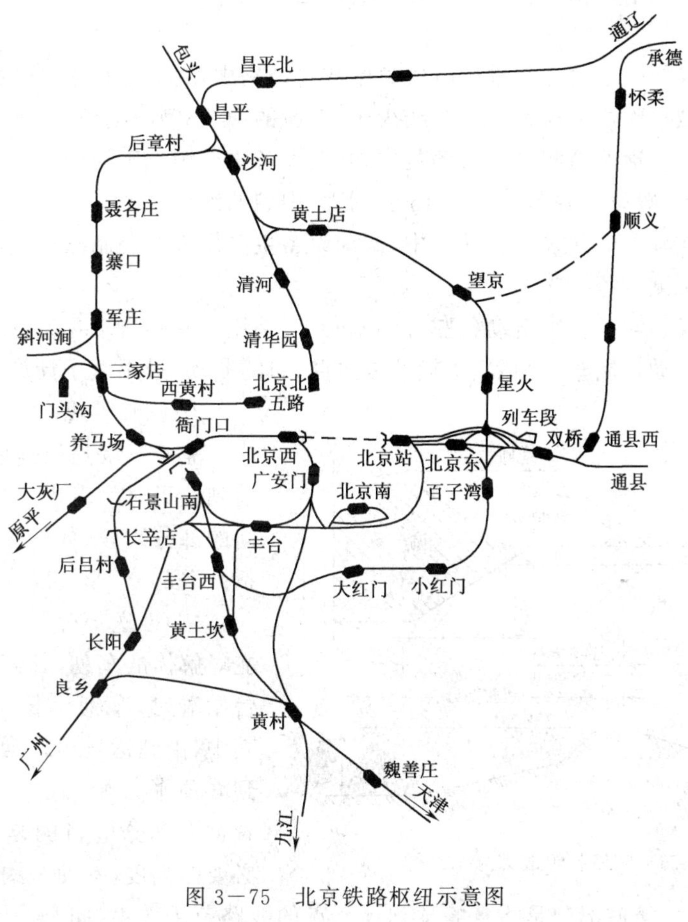

图 3－75　北京铁路枢组示意图

三、调车驼峰

驼峰是将调车场始端道岔区前线路抬到一定高度，主要利用其高度和车辆自重，使车辆自行溜到调车线上，用以解体车列的一种调车设备。

1. 驼峰分类

(1)按每昼夜解体能力分类

①大能力驼峰。大能力驼峰每昼夜解体能力为 4 000 辆以上，调车线不少于 30 条，设 2 条溜放线，并设有车辆溜放速度、溜放进路自动控制系统及推峰速度自动控制系统、钩车溜放速度自动或半自动控制系统及推峰机车遥控系统。

②中能力驼峰。中能力驼峰每昼夜解体能力为 2 000～4 000 辆，调车线 17～29 条，设 2 条溜放线，并设有溜放进路自动控制系统、机车推峰速度自动控制系统、钩车溜放速度自动或半自动控制系统及推峰机车遥控系统。

③小能力驼峰。小能力驼峰每昼夜解体能力为 2 000 辆以下，调车线 16 条以下，设 2 条溜放线，且设置溜放进路自动控制系统、驼峰机车信号设备或机车遥控系统，也可采用简易的现代化调速设备。

(2)按技术装备不同分类

①简易驼峰。多数是利用原有调车场牵出线头部平地起峰修建而成。道岔控制一般采用非集中操纵或电气集中操纵，制动工具采用铁鞋，它一般设在调车线大于 5 股的区段站或小型的编组站上。

②非机械化驼峰。道岔控制采用电气集中或自动集中，制动工具采用铁鞋，到达场标高高于调车场。非机械化驼峰一般设在调车线少于 15 股的中、小型的编组站上。

③机械化驼峰。道岔控制采用自动集中，制动设备主要用人工控制车辆减速器，到达场标高高于调车场，它一般设在调车线多于 15 股的大、中型的编组站上。

④半自动化驼峰。道岔采用自动集中，制动设备主要用人工控制减速器出口速度，采用自动化设备，如测长、测重等。

⑤自动化驼峰。它是在半自动化驼峰的基础上，采用一系列自动化设备，自动控制车辆减速器，雷达测速，自动控制车组间隔、车辆溜放进路、目的制动，采用电子计算机处理。

2. 驼峰组成

驼峰范围是指峰前到达场(不设峰前到达场时为牵出线)与调车场头部之间的部分线段，如图 3－76 所示。它包括推送部分、溜放部分和峰顶平台。

(1)推送部分。推送部分是指经由驼峰解体的车列，其第一钩位于峰顶平台始端时，车列全长所在的线路范围。其中，由到达场出口咽喉的最外警冲标到峰顶平台始端的线路叫推送线。设置这一部分的目的是为了使车辆得到必要的高度，并使车钩压紧，以便摘钩。

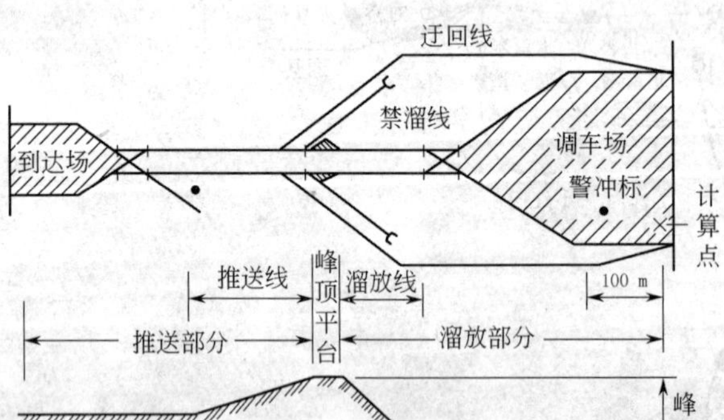

图 3－76　驼峰各组成部分示意图

(2)溜放部分。溜放部分是指从峰顶到计算点的线路范围。由峰顶到计算点的线路长度称为驼峰计算长度，其中由峰顶至第一分路道岔始端的这段线路称为溜放线。

(3)峰顶平台。峰顶平台是指驼峰推送部分与溜放部分的连接部分，设有一段平坡地段。峰顶平台包括压钩坡和加速坡两条竖曲线的切线长，不包括竖曲线的切线长时叫净平台。

3. 驼峰调速系统及调速工具的作用

(1)驼峰调速系统。驼峰调速系统是指为调整溜放车辆的速度而设置的一套系统。调速系统分为点式调速系统、点连式调速系统和连续式调速系统。采用减速器和调速设备进行调速。

(2)调速工具的作用。调速工具是用来调控溜放车辆速度的,按其在驼峰调车中的作用可分为间隔制动、目的制动和调速制动。

①间隔制动是保证前后溜放钩车间有必要的间隔距离。该距离能确保道岔来得及转换,使减速器能及时转换制动或缓解的状态,以使车辆顺利通过溜放部分进入调车线。

②目的制动是为调车场内的停车制动创造条件,使车辆能停在调车线内的预定地点,不与停留车辆发生冲撞或相距太远而造成过大的"天窗"。

③调速制动是用以调整溜放钩车的速度,使车辆溜入道岔和减速器时不超过容许速度。

(3)驼峰调速工具。驼峰调车场调速工具,是为了提高驼峰的改编能力,保证作业安全所必需的设备。目前,我国铁路上常用的调速工具有人力制动机、制动铁鞋和车辆减速器、减速顶等。在机械化驼峰上,除调车场内使用铁鞋制动外,在驼峰溜放部分均采用车辆减速器,而在自动化驼峰上,根据车辆的走行性能、重量、预定的停车地点以及溜放速度等条件,由自动化装置控制减速器的制动能力。

现在,我国铁路采用的减速器主要有压力式钳形减速器和重力式减速器两种形式。压力式钳形减速器是利用压缩空气作为动力,由钢轨两侧的制动夹板挤压车轮进行制动,图 3－77 是它的构造简图。当需要车辆进行制动时,操纵制动按钮,使压缩空气进入汽缸,活塞杆 5 和杠杆 4 的末端即被压向下方,而缸体 6 连同杠杆 3 的末端则上升。这样,由于两杠杆末端分开,使夹板 1 合拢而挤压车轮进行制动。

重力式减速器主要借助于车辆本身的重量使制动夹板产生对车轮的压力而进行制动。

减速顶是一种不需要外部能源的、可以自动控制车辆溜放速度的调速工具。减速顶安设在钢轨内侧或外侧,由外壳、吸能帽、活塞组合件和止冲装置等组成,如图 3－78 所示。车轮经过减速顶时,吸能帽斜对轮缘部分,对高于临界速度的车辆可起减速作用,对低于临界速度的车辆不起减速作用。其优点是灵敏度高,性能良好,维修简便。

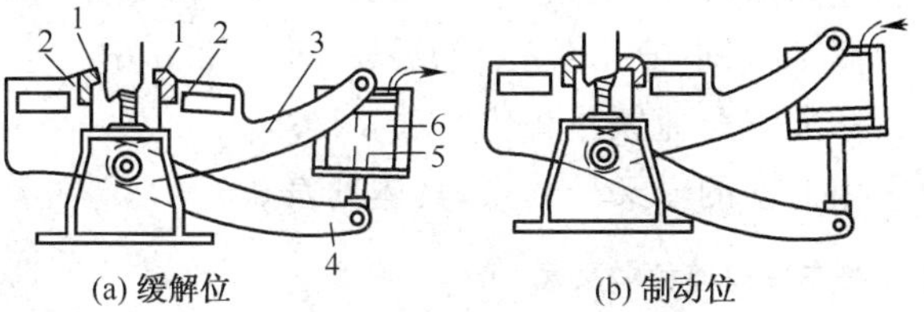

图 3－77 压力式钳形减速器构造原理图

1－夹板;2－制动梁;3、4－杠杆;5－活塞杆;6－缸体。

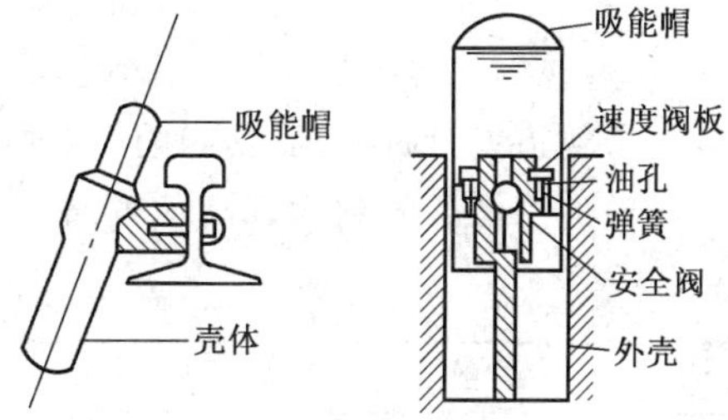

图 3－78 减速顶

四、高速铁路站场

1. 高速铁路的修建模式

根据国外的经验和我国铁路的实际情况,高速铁路的修建一般可采取改造既有线路、新建高速客运专线和与既有线并行修建客运专线等三种基本模式。

(1)改造既有线路。改造既有线路模式是对既有铁路进行加强,例如:将小半径曲线加大或取直;采用新型轨下基础,使其满足高速运行的需要。

由于改造时受既有线路技术条件的限制较大,因此采用这种模式修建的高速铁路,其旅客列车运行最高时速只能达到 160～200 km。另外,这类铁路多数采用客、货混跑的形式,通过能力的提高受到限制。

(2)新建高速客运专线。这种模式是在客运繁忙的大城市间修建专门为高速旅客列车运行的高速铁路,除起点和终点外,不与既有线接轨,新建全套客运设施自成系统,全部运行高速旅客列车,其时速可达 200～300 km。

(3)与既有线并行修建客运专线。这种模式的新建高速客运专线基本上与既有线走向一致且尽量并行,以充分利用已有铁路用地和客运设施,高速列车的时速可达 200～300 km。

2. 高速铁路站场设计原则和要求

(1)高速铁路站场设计的原则。高速铁路站场布置应根据客运市场的需求,以方便旅客乘降,提高客运服务质量,提高运输效率和有利于为既有线分流客运量为基本原则。

(2)高速铁路站场设计的要求。高速铁路站场的布置应满足下列基本要求:

①减少车站数量。为了有利于旅客列车高速运行,减少列车的停站次数,缩短旅客总的旅行时间,高速线上的车站数量应尽量减少。

②尽量利用既有站的站场设施。高速铁路与既有线并行修建时,应将高速线尽量引入既有站,以便充分利用既有站的站场设备和客运设施,以减少投资。

③设置相应的换乘设施。在高速客运专线与普通客运线相衔接的枢纽或客运站上,为满足中、高速旅客换乘的需要,要考虑方便旅客的换乘方式及设置相应的换乘设施。

④设置越行用的中间站。高速铁路实行中、高速旅客列车混跑时,为保证高速列车正常运行,应设置高速客车越行中速客车的越行用的中间站。

3. 高速铁路站场布置的特点

根据高速铁路本身的特点,其站场布置一般具有以下特点。

(1)站坪长。高速铁路车站一般分为中间站和大型客运站。中间站的站坪长度一般不小于 2 000 m;大型客运站根据车站规模及布置形式具体确定站坪长度。

(2)线间距大。高速铁路线间距大,各线之间的线间距见表 3－9。

(3)站场路基要求高。站场路肩宽度应满足路基稳定和维修作业要求。最外股道中心线至路基边缘的宽度,站内正线不小于 4.0 m;到发线不小于 3.5 m;其他线不小于 3.0 m。

(4)轨道设计标准高。高速铁路轨道设计标准与普通铁路相比要求高得多。

(5)道岔辙叉号数大。高速铁路车站内采用道岔的辙叉号数大,具体见表 3－12。

表 3－12 高速铁路车站内道岔辙叉号

线路别	道岔号数	直向速度	侧向速度
站内正线	采用 18 号可动心轨道岔	同区间	80 km/h
区间渡线	采用 41 号可动心轨道岔	同区间	160 km/h
疏解线与正线接轨	采用 41 号可动心轨道岔		
到发线	不小于 12 号高速道岔		

4. 高速铁路中间站布置图

(1)中间站及其主要作业。根据我国高速线修建模式和车站布置的基本要求,中间站一般位于高速铁路沿线的大、中城市，一般都与普通铁路接轨，其主要作业有以下几项：

①办理高、中速旅客列车的客运业务和换乘。

②办理高速列车的通过，中速列车的上、下高速线，以及部分高速列车的始发、终到作业。

③办理高速动车组的日常检修、整备作业。

(2)高速铁路中间站图型。高速铁路中间站图型主要有不设维修基地和设有维修基地两种布置形式。

①不设维修基地的中间站图型。这类图型有对应式和岛式两种布置形式，如图 3－79 所示。

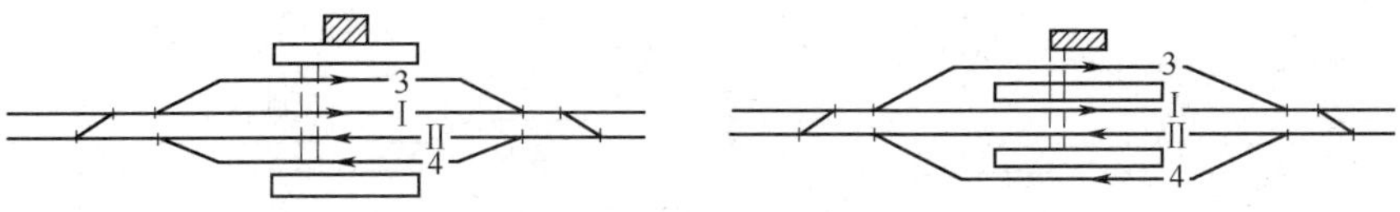

图 3－79　不设维修基地的中间站布置图

②设有维修基地的中间站图型。这类图型的布置形式如图 3－80 所示。

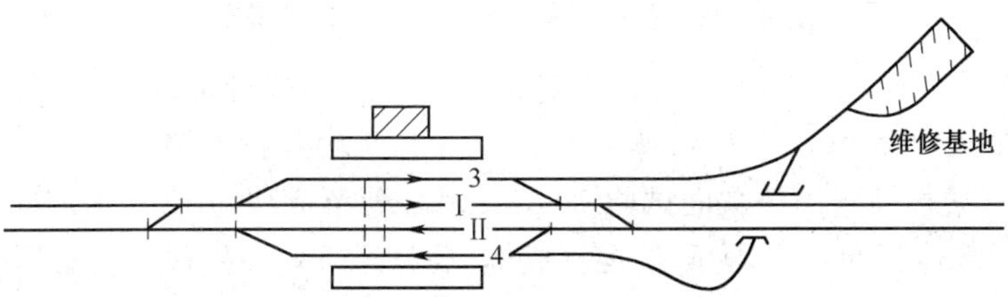

图 3－80　设有维修基地的中间站布置图

为便于综合检修车的停留及电力设备的维修，在高速铁路沿线的车站上，应根据需要设置综合维修基地。维修基地应尽量接入车站到发线，采用跨线桥引入。

5. 高速铁路大型客运站布置图

(1)高速铁路大型客运站的主要作业。高速铁路大型客运站一般主要办理以下作业：

①办理高速和部分中速旅客列车的客运业务。

②办理高速列车的始发、终到、车底取送、列车技术检查等作业。

③办理高速列车动车组的整备、检修作业。

(2)高速列车大型客运站图型。高速铁路大型客运站一般都在既有大型客运站上改建或扩建而成，所以其图型有以下两种基本形式。

①改建高速车场、新建副站房。高速线与既有线并行引入既有大型客运站，靠近既有站至站房一侧的既有线改建为高速列车到发场，新建副站房，并在该侧扩建普通列车到发场，其布置图如图 3－81 所示。

②扩建高速车场、新建副站房。高速线与既有线并行引入既有大型客运站，在既有车场的一侧扩建高速车场和新建副站房，专供接发高速列车，既有车场供接发中速或普通列车，其布置图如图 3－82 所示。

五、重载铁路站场

1. 概述

采用重载运输方式的铁路称为重载铁路。重载运输就是组织开行长而重的列车，一般在

5 000 t 及其以上，采用大功率内燃、电力机车或多机牵引的一种运输方式。

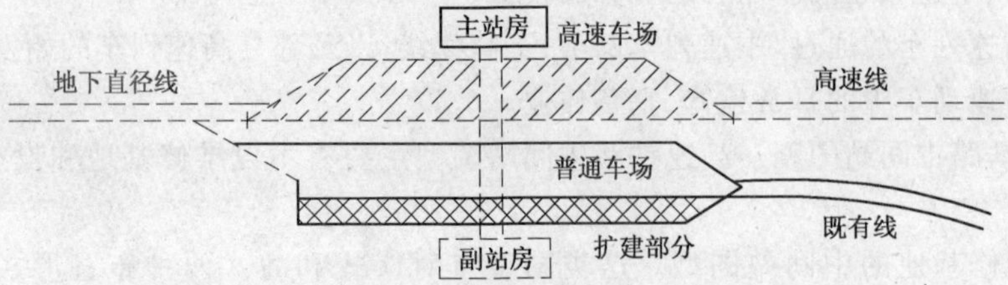

图 3－81 改建高速车场的大型客运站示意图

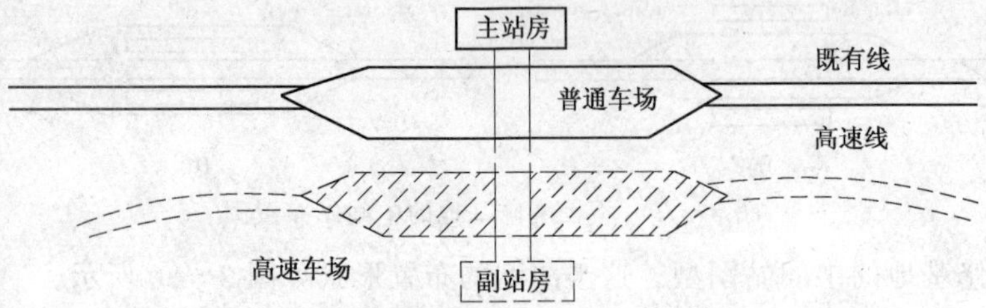

图 3－82 扩建高速车场的大型客运站示意图

目前，美国、俄罗斯、加拿大、澳大利亚和我国都在发展多种形式的重载列车。美国 1967 年重载列车的单列总重达 4.4 万 t；澳大利亚和俄罗斯均开行万吨级以上重载列车：我国于 1984 年在大同－秦皇岛－山海关间试验 7 000 t 组合列车成功，并于 1985 年正式开行。

铁路各种重载运输的发展，为降低运输成本，提高经济效益发挥了主要作用，对大宗货物、中长距离的货物运输具有更大的吸引力。目前，重载运输技术已被国际上公认为是铁路货物运输发展的方向。我国也已在大秦线上成功开行万吨列车。

2. 重载运输方式

在我国，现阶段对铁路技术设备进行必要的改造，相应改革运输组织方法，在一些线路上实行重载运输，是扩大运输能力的重大技术措施。由于每一条铁路线路和区段能力紧张程度及可能采取的加强措施并不相同，因此对于我国需要实行重载运输的不同线路，应当根据机车车辆、线路设备条件和货物运输要求，采取不同的运输方式。目前，主要是采用单元式重载运输、整列式重载运输和组合式重载运输等三种基本方式。

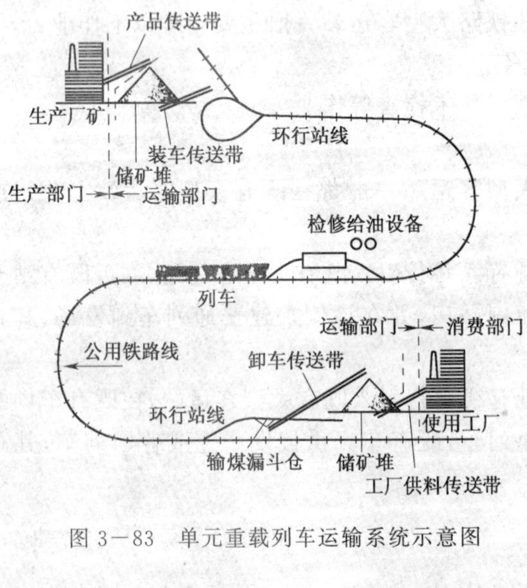

图 3－83 单元重载列车运输系统示意图

(1)单元式重载运输。以单元式重载列车为主的运输方式称为单元式重载运输。单元式重载列车是将机车和车辆固定编组，组成一个运输单元，运输固定品类的货物，在装车地和卸车地之间循环往返运行。运输过程中没有改编作业，在装卸地点机车不摘挂、不停车地进行装卸作业。为满足整列不摘车装卸作业，装卸地点设置环线。

单元式重载列车运输是一项比较完善的运输系统工程，如图 3－83 所示。以煤炭运输为例,一般是由 70～100 辆货车编成重载列车。这类列车从矿山开出后,除乘务人员换车和必要的检修外,一般不需要停车,更不需要在编组站改编。因而列车旅行速度比传统列车可提高 40%以上。

开行重载列车的车站到发线较长,特别是在开行重载单元列车的运煤专线上,部分车站线路要满足重载单元牵引 10 000 t 以上时,到发线有效长应为 1 700～2 100 m。

(2)整列式重载运输。以整列式重载列车为主的运输方式称为整列式重载运输。整列式重载列车是由单机或多机牵引,机车挂在列车头部。这种货物列车采用普通列车的作业组织方法,其到、解、编、发、取、送、装、卸和机车换挂作业与普通货物列车完全一样,但牵引重量有显著提高,一般可达 5 000 t 以上。这是我国大部分繁忙干线目前发展重载运输的主要方式。

(3)组合式重载运输。以组合式重载列车为主的运输方式称为组合重载运输。组合式重载列车是由两列或两列以上开往同一方向的普通货物列车合并连挂,首尾相接而组成的列车,本务机车分别挂在列车的头部和中部。这类列车在运行图上占用一条运行线,运行到前方某一技术站或终到站再分解。这类列车除了要进行普通货物列车所进行的作业以外,还要进行列车的组合和分解。这类列车只有在施工地段或区间通过能力接近饱和的困难区段上,根据实际需要开行这种列车。

3. 重载铁路站场布置图

下面简要介绍单元式重载运输方式的站场布置图。

(1)始发技术站布置图。单元式重载列车装车地始发技术站布置图如图 3－84 所示。该布置图所示为一级三场编组站 A 方向衔接干线,B、C 方向衔接装车地。上、下行到发场布置在调车场两侧,接发重载列车的到发线紧靠正线。站修所设在调车场尾部,机务段按预留二级四场规划位置设置。重载列车车辆检修基地规模较大,设在一个方向的正线外侧,与正线立交引入上、下行到发场。

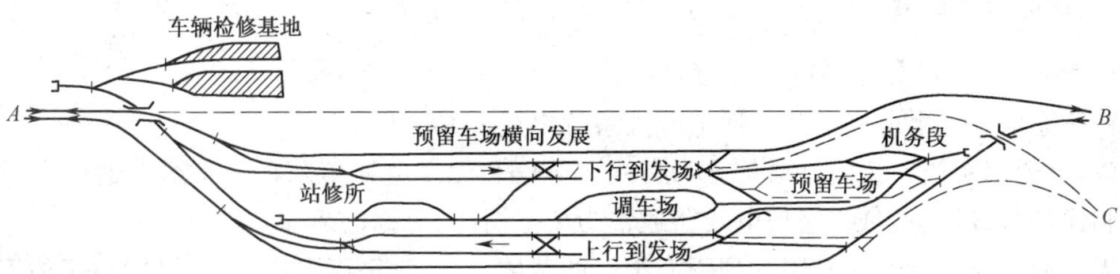

图 3－84　重载单元列车始发技术站布置图

(2)终点技术站布置图。重载单元列车卸车地的终点站布置图如图 3－85 所示。站内设有到发线、调车线、存车线、牵出线、机车走行线、机待线,另根据需要设轨道车停留线及大型养路机械停留线等。车站到发线有效长与开行的重载单元列车相适应,站内设有机务设备(折返段)及车辆站修所各一处。

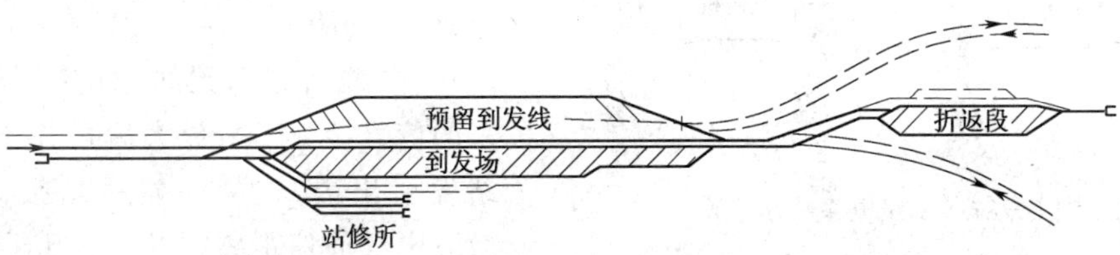

图 3－85　重载单元列车终点技术站布置示意图

(3)终点卸车站布置图。开行重载单元列车的铁路卸车地的终点卸车站(港口站),也是路、港交接的煤炭转运站。重载单元列车终点卸车站布置图如图 3－86 所示。车站设有重车到达线、翻车机卸煤线、空车出发线，重、空车到发线有效长满足 10 000 t 重载单元列车的需要。重车到达线与空车出发线呈纵列环行布置，中部以两条卸煤线连接。两条线各设一台翻车机，在翻车机入口处设拨车机及预留解冻库。空车线 4 条分成两组，每组 2 条，两组呈纵列布置。其中一组与卸煤线衔接，另一组与重车到达横列布置。重载单元列车卸车采取不摘机车连续流水作业方法。列车到达后，路、港双方在重车到达线办理交接作业，列车运行到拨车机固定停车处，机车落下受电弓并处于非工作状态，按规定的翻车机每次卸车数，由拨车机将重车送至翻车机卸煤线，经翻车机连续卸车，卸后的空车列经空车出发线返回铁路技术站。

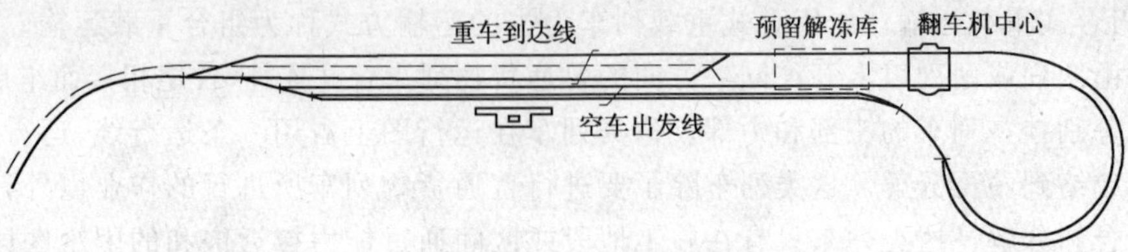

图 3－86　重载单元列车终点卸车站布置图

第七节　铁路通信信号

铁路通信是指为组织运输生产、指挥列车运行、联系铁路业务等传输信息的技术系统。铁路信号是保证行车安全、提高通过能力和改编能力的自动控制及远程控制技术设备的总称。

通信、信号设备是铁路运输的重要设备，通常被比喻为铁路运输的“耳目”。

一、铁路通信设备

1. 铁路通信系统的组成

铁路通信系统由电通信和光通信两大系统组成。

(1)电通信系统。铁路电通信分为有线电通信和无线电通信两种。有线电通信由通信电线路和通信机械设备组成，通信电线路通常为架空明线、对称电缆和同轴电缆。

无线通信是将话音信号装载到频率很高的载频上，产生高频电磁波，通过发信机的天线发射到自由空间，通过自由空间进行传播，在接收端通过收信机天线接收这个高频电磁波，再将话音信号从高频上卸下来。无线电系统示意图如图 3－87 所示。

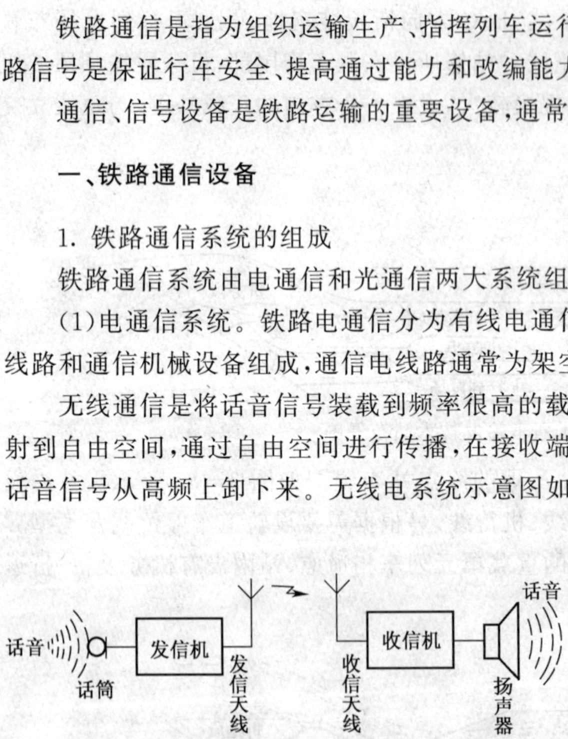

图 3－87　无线电系统示意图

在无线通信中，目前广泛采用微波中继通信，它的示意图如图 3－88 所示。微波中继系统由终端机、中继站及传播空间组成，站间距离为 50 km 左右(天线为 40 m 高)。中继站是用天线把前一个中继站发来的信号接受下来放大后再往下一个中继站发射出去，这样一站一站接力传下去。微波中继通信距离可以长达几千公里。

数字微波通信是一种时分复用的多路通信，它将多个话路信号按时分复用方式复合成的数字信号对中频进行数字调制，然后搬到射频，通过天线发射出去。

(2)光通信系统。随着光纤通信技术的日益成熟,光纤通信在铁路通信中得到了广泛的应用。光纤通信是以多根玻璃纤维做成的光缆作为光信号的传输媒质,光缆的结构如图 3－89 所示。

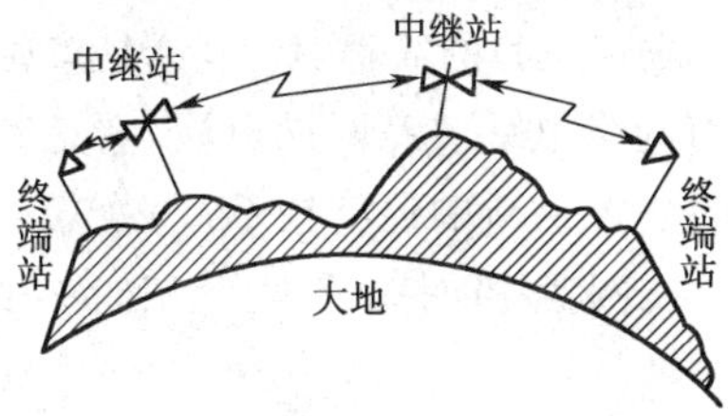

图 3－88 微波中继通信示意图

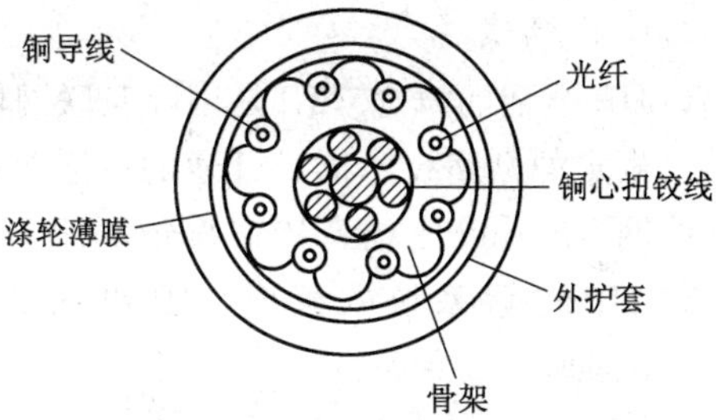

图 3－89 光缆结构示意图

光就是电磁波,因为光的频率很高,所以光纤通信除具有大容量、传输距离远等优点外,还具有很强的抗干扰能力,并有重量轻、节省有色金属等优点。

光纤通信系统如图 3－90 所示,由光发送机、中继器、光接受端机、光纤光缆构成。

2. 铁路通信的种类

铁路通信有电话通信、数据通信、专用通信(如视频会议通信)三大类。

(1)电话通信。电话通信是用语言的形式交流信息的通信,按用途可分为长途通信、地区通信、专用通信。

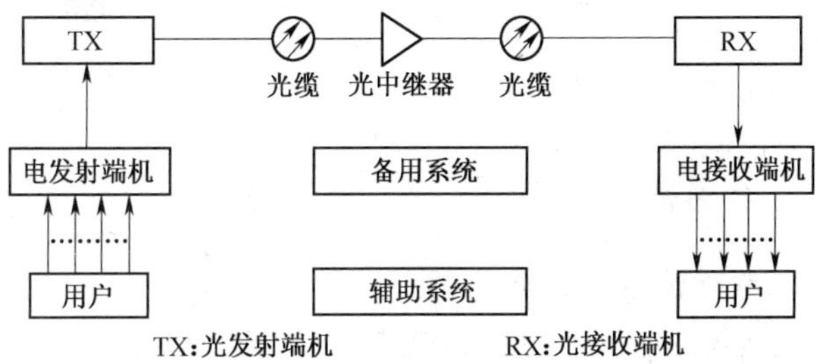

图 3－90 光纤通信系统示意图

(2)数据通信。用文字、数字的形式交流信息的数据通信,是近几年来随着通信技术的发展而发展起来的一种新型通信方式。主要用于列车预报、确报,财务收入,计划统计,客、货运输计划,机车车辆检修,科技情报检索等信息交流。

(3)视频会议通信。视频会议通信是利用通信网三数字传输电路,传输两个或两个以上地点的与会者之间的连续活动图像和声音的一种通信。它还可以传递文件、图表、照片和实物的固定图像,适合于进行各种会议、洽谈、演示、现场交流、紧急救援等。

3. 铁路专用通信

铁路专用通信由区段通信、站场通信、视频会议通信三部分组成。

(1)区段通信。区段通信主要包括调度电话和其他专用电话。

①调度电话。由于铁路运输生产需要高度集中、统一指挥,故必须设置一套完备的调度电话网,它将铁路局、铁道部运输指挥机构密切联系起来。调度电话是专门用于指挥运输生产的,不得在与行车无关部门设置,也不得介入地区电话网、长途电话网。

铁路调度电话分为列车调度电话网、局线调度电话网、干线调度电话网、列车无线调度电话网、货运调度电话网、电力调度电话网等。各类调度人员分别利用这些电话网指挥相应的运输生产,使铁路运输生产活动有序地进行。

②其他专用电话。铁路基层单位主要分布在铁路沿线,为了各系统内部车站、工区、领工区与其直接领导的站、段间业务联系以及区段内基层单位之间业务联系,设置了各种专用电话。

(2)站场通信。站场通信是供铁路某一站场内部各行车部门之间通信联系用,包括站内电话、站场扩音对讲和客运广播三部分。

(3)视频会议通信。视频会议通信已在铁路通信种类中作了介绍。

4. IP 电话

(1)IP 电话的概念。IP 是国际互联网协议(Internet Protocol)的简称,IP 电话是按国际互联协议规定的网路技术内容开通的电话业务,中文翻译为网络电话或互联网电话,它是利用国际互联网 Internet 为语音传输媒介,从而实现语音通信的一种全新的通信技术。

(2)IP 电话系统的组成。IP 电话系统一般由电话、网点和网络管理者三部分组成,如图 3—91所示。

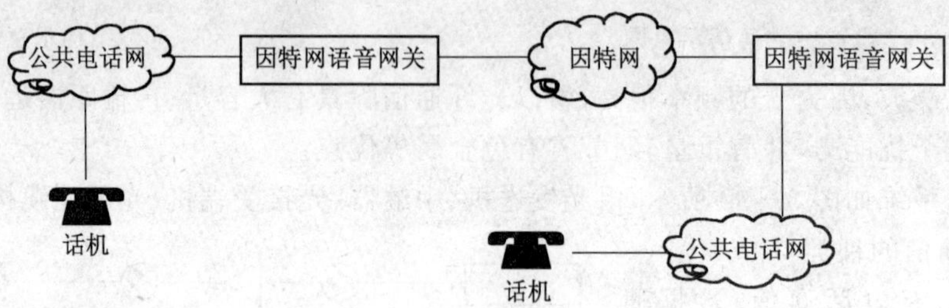

图 3—91 IP 电话系统

二、铁路信号

1. 铁路信号的分类

铁路信号按感官可分为视觉信号和听觉信号两大类。

(1)视觉信号。视觉信号是以物体或灯光的颜色、形状、位置、数目或数码显示等特征表示的信号。例如,用信号机、机车信号、信号旗、信号牌、火炬等表示的信号就是视觉信号。视觉信号按使用时间分为昼间信号、夜间信号及昼夜通用信号。视觉信号按信号装置又可分为固定信号、移动信号和手信号。

(2)听觉信号。听觉信号是以不同声响设备发出音响的程度、频率、音响长短和数目等特征表示的信号,例如,用号角、口笛、响墩发出的音响及机车、轨道车鸣笛等发出的信号,都是听觉信号。

(3)信号显示方法。铁路信号通常用不同的颜色来显示其意义。我国规定有红、黄、绿三种基本颜色,其代表的意义如下:红色——停车;黄色——注意或减速行驶;绿色——按规定速度行驶。

2. 固定信号机

(1)固定信号机的分类。固定信号机按构造和显示方式不同可分为臂板信号机、色灯信号机和机车信号机三种;按用途不同可分为进站、出站、通过、进路、预告、遮断、驼峰、驼峰辅助、复示、调车信号机。

①色灯信号机。色灯信号机不管白天还是夜间都是用不同颜色的灯光来显示信号的。按照它们制作结构的不同,色灯信号机可分为透镜式和探照式两大类。透镜式信号机是一组透镜给出一个颜色的灯光。如果要显示多种颜色信号灯光时就要有多组透镜,所以又称它为多灯式。色灯信号机及各种信号机信号显示图例如图 3—92 所示。

②机车信号机。机车信号也是一种固定信号,固定安装在司机室中。机车信号机及系统框图如图 3—93 所示。

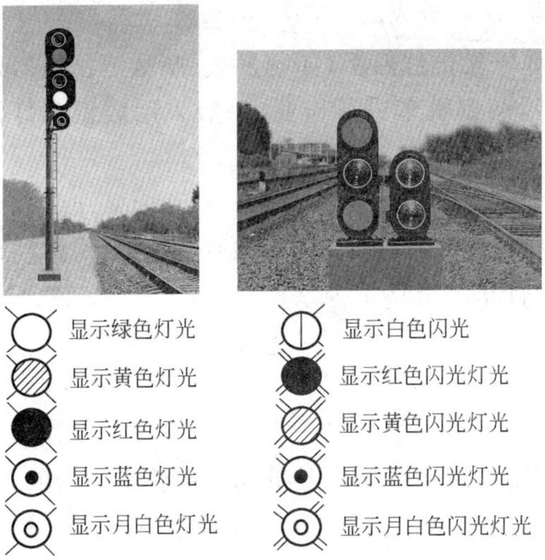

图 3—92 高柱、矮型信号机及各种信号机信号显示图例

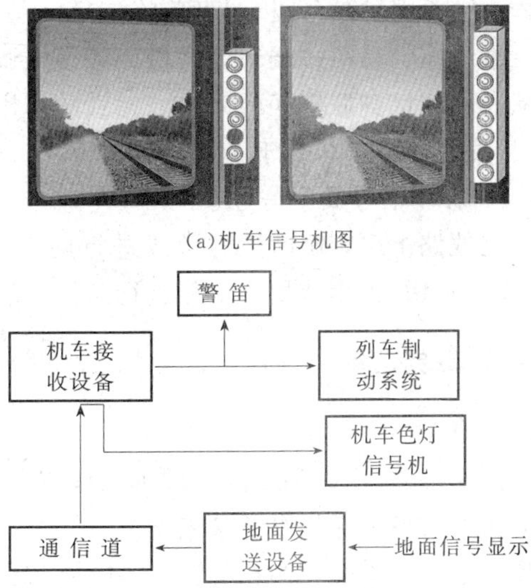

(a)机车信号机图

(b)机车信号系统框图

图 3—93 机车信号机及系统框图

机车信号的显示,应与线路上列车接近的地面信号机显示含义相符。列车运行速度不超过 120 km/h 的区段,机车信号设备与列车运行监控记录装置结合使用;列车运行速度为 120～160 km/h 的区段,具有条件的应采用主体机车信号,与列车运行监控记录装置结合使用,或采用列车超速防护系统;列车车速超过 160 km/h 的区段,应采用无地面信号机的列车超速防护系统。

(2)几种主要固定信号机的设置地点及显示。信号机设置地点,对信号显示距离远近和安全行车等都有很大关系,我国铁路实行左侧行车,所以固定信号机一般设在列车运行方向的左侧(或所属线路中心线的上空)。

①进站信号机。进站信号机应设在进站线路最外方道岔尖轨尖端(逆向道岔)或警冲标(顺向道岔)不少于 50 m 的地点。

进站信号机是用来防护车站安全的,指示列车能否由区间进入车站以及进入车站的相关条件,显示距离不少于 1 000 m。

②出站信号机。出站信号机设在每一发车线路警冲标内方的适当地点。它用来防护车站区间的安全,指示列车能否由车站进入区间,其高柱出站信号机距离不少于 800 m。

③通过信号机。通过信号机设在自动闭塞区段的闭塞分区分界处或非自动闭塞区段的所间区间的分界处。它的作用是指示列车能否进入它所保护的闭塞分区或所间区间,显示距离不得少于 1 000 m。

④进路信号机。在有几个车场的车站,为了防护从一个车场到另一个车场之间的进路,指示列车能否由这一个车场开往另一个车场,应当设置进路色灯信号机,其高柱进路信号机显示距离不得少于 800 m。

⑤预告信号机。预告信号机应设在距主体信号不少于一个列车制动距离的地点。它的作用是将主体信号机的显示状态提前告诉司机,显示距离不得少于 400 m。

⑥遮断信号机。为了防护道口、桥梁、隧道以及塌方落石等危险地点而设置的信号机,叫做遮断信号机。遮断信号机的设置位置,距其防护地点不得少于 50 m。

⑦驼峰信号机。在驼峰调车场的峰顶上,用来指示调车车列能否向峰顶推送和用多大速

度推送而设置的信号机，叫做驼峰信号机。

⑧调车信号机。调车信号机一般设在调车作业繁忙的线路上(如到发线、咽喉道岔区)，以及从非联锁区到联锁区的入口处。它的作用是指示调车机车进行作业，一般采用矮型色灯信号机，显示距离不得少于 200 m。

3. 移动信号及手信号

当线路上出现临时性障碍或进行施工，要求列车停车或减速时，应按照规定设置移动信号，安放响墩、火炬或用手信号进行防护，以便保证行车安全。

三、联锁设备

1. 概述

列车的进、出站和站内的调车工作通常是根据防护每一进路信号机的显示状态进行的，而被防护的进路又靠操纵道岔来排列，因此，在有关信号机和道岔之间，以及信号机和信号机之间应建立起一种互相制约的关系，才能保证车站的安全，我们把这种制约关系叫做联锁。为完成这种联锁关系而安装的技术设备叫联锁设备，即车站信号设备。

联锁设备分为集中联锁(继电联锁和计算机联锁)和非集中联锁(臂板电锁器联锁和色灯电锁器联锁)。编组站、区段站和电源可靠的其他车站，有条件的均应采用集中联锁。在新建铁路线上条件暂不具备时，可采用非集中联锁。

2. 继电联锁

继电联锁是在信号楼或车站值班员室集中控制信号机和道岔的联锁设备。在继电联锁设备中实现联锁的原件是继电器，所以又称为继电集中联锁。在运输繁忙的车站上，目前主要是采用 6502 进路继电集中联锁，如图 3－94 所示。

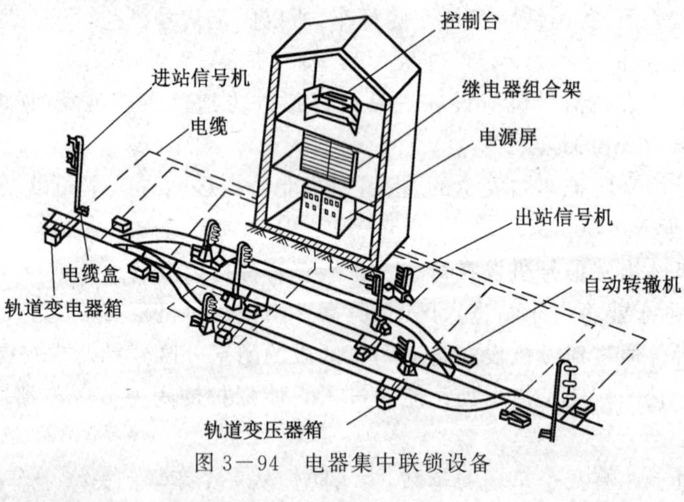

图 3－94 电器集中联锁设备

(1)继电联锁的主要设备

①继电器。继电器是一种电磁开关，它是铁路信号设备中使用极多的一种电气元件，也是电气集中联锁设备中的主要元件。通过继电器可以控制道岔的转换、信号机的开放与关闭以及进路的锁闭和解锁等。

②电动传辙机。道岔尖轨转换位置是由转辙装置带动的。电动转辙机是以电动机带动的转辙装置，它可以实现正转或反转，从而使道岔具有两种不同的开通位置(直股或侧股)。

③轨道电路。轨道电路是利用铁路两条钢轨作为导线所构成的电气回路。它可以反映线

路和道岔区段是否有车占用,以及钢轨是否完整。

采用直流电源的轨道电路叫做直流轨道电路。在直线段上,直流轨道电路主要由分界绝缘节、轨道电源、限流电阻、轨道继电器等组成,直流轨道电路工作原理如图 3－95 所示。

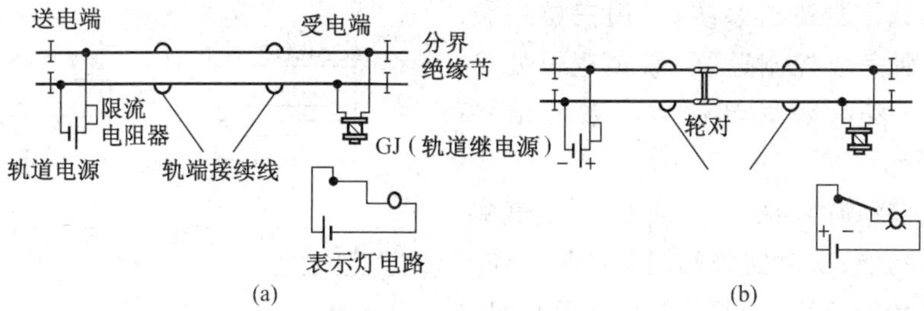

图 3－95 直流轨道电路

④控制台。控制台设在车站值班室内,它的正面装有照明盘,盘面上有全站股道平面图及各种进路按钮、道岔按钮和其他按钮等。需要办理进路时,按压控制台的模拟站场图上的进路始端的轨道按钮和终端按钮,就能将进路中有关道岔转换到规定的位置,且防护该进路的信号机也自动开放。

⑤继电器的工作原理。我国铁路信号设备采用的是小安全型继电器,最简单的一种是直流无极继电器,如图 3－96 所示。

当线圈中有电流通过时,铁心励磁吸动衔铁,衔铁动作使拉杆上升,带动安置在拉杆上的中接点与后接点断开而与前接点闭合。当线圈断电后,铁心失磁,衔铁靠锤片和拉杆的重力落下,使中接点和前接点断开而与后接点闭合。

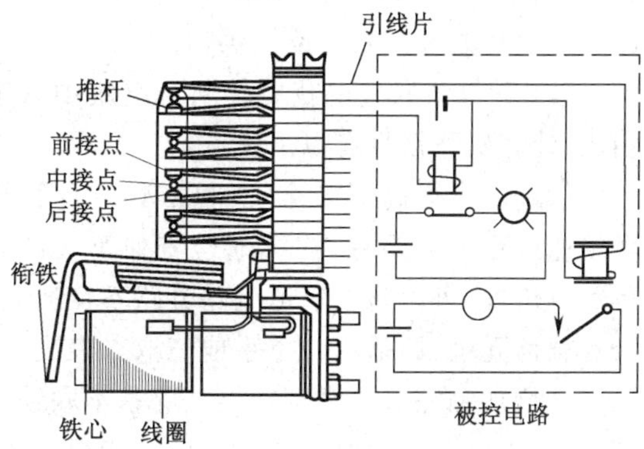

图 3－96 插入式直流无极继电器

继电器的前、中、后接点经引线片和导线连到外部电路中,利用其接点的闭合和断开,就可以达到控制外部电路的目的。

电气集中车站需要大量的继电器,为了简化设计,便于施工,将各种类型的继电器分别组成定型组合,按设计要求装在组合架上集中于继电室里。

(2)继电联锁的优点。继电联锁具有以下一些优点:

①由于采用了轨道电路,严格实现进路控制过程的要求,且具有较完整的安全功能,基本上能防止因违章或操作失误而造成危及行车安全的后果。

②采用色灯信号机和电动转辙机,操作人员仅需在控制台上按压按钮就能办理或取消进路,而且采用了逐段解锁的方式,可以大大缩短进路的建立和解锁时间,提高车站咽喉的通过能力。

③进路的排列和解锁都是自动进行的,从而改善了行车有关人员的劳动条件。

3. STD 系列计算机联锁系统

(1)STD 系列计算机联锁系统产生的背景。STD 计算机联锁系统是由铁道科学研究院通号所采用 STD 标准总线研制开发的一种新型的铁路车站自动控制设备,目前广泛运用的 TYJL－Ⅱ型计算机联锁是其中的一种。

我国计算机联锁控制系统的研制工作,是从 20 世纪 80 年代开始的。1984 年 1 月,原铁道部通信信号研究设计院研制的计算机联锁控制系统试验设备,首次安装在南京梅山铁矿井下,并于1989年通过技术鉴定。随后由铁科院设计的STD系列计算机联锁安装在郑州北驼峰编组场尾部,作为国家级科研项目于1989年末通过鉴定。

(2)系统的组成和结构。STD计算机联锁系统由微机系统和继电电路两大部分组成。微机系统为分布式多处理机系统,采用三层三级控制结构,分别完成控制监视、联锁逻辑处理和控制执行与表示采集等任务。系统结构如图3－97所示。

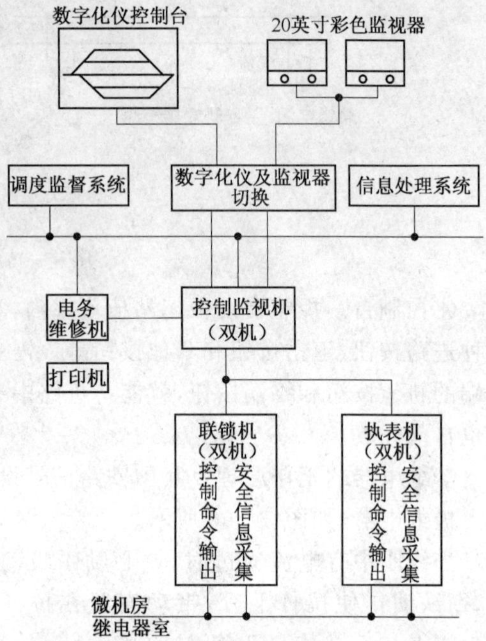

图3－97 STD计算机联锁系统结构图

(3)计算机联锁的功能。完成6502电气集中相应的联锁功能;实时监督和记录各种操作、设备运用状况和列车运行情况;提供故障信息、诊断提示和站场作业画面再现;实时采集现场设备状态信息和驱动执行信号开放、道岔转换。系统具有自检和自诊断功能;能实现远程联网和远程故障诊断;具有微机监测部分功能。具备其他特殊电路功能,非进路调车,平面调车溜放控制,站内道口控制,直接与TMIS、DMIS、调度集中和监督等共享或提供信息。

(4)计算机联锁的优点。与继电集中联锁相比,计算机联锁具有以下优点:

①进一步提高了安全性、可靠性。计算机联锁能进行进路跟踪,连续地检查列车头部和尾部的位置,可以防止轨道电路分路不良造成的错误动作和漏解锁。计算机联锁采用硬件冗余和软件冗余,即采用二重系或三取二表决方式,大大提高了系统的可靠性。

②增加和完善了联锁功能。除基本联锁外,计算机联锁可以很方便地实现非进路调车、局部控制、平面溜放、站内道口控制,也能很方便地与区间闭塞结合、与集中联锁的场间联系、与其他联锁区衔接、与驼峰调车场联系、与机务段联系、与调度集中和调度监督联系,而无需6502那样复杂的继电电路。

③方便设计。由于采用模块化结构,就容易实现标准化,提高工厂化施工的程度。它将车站联锁的逻辑编成程序,不论站场如何变化,都无需改变硬件组成,只要补充和改变程序,即可满足联锁的要求。它采用标准接口,不需增加设备就可以和其他自动系统结合。

④省工省料,降低造价。由于计算机联锁可采用通用微机,用它取代成千上万只继电器,而且其价格日益低廉。计算机联锁的信息可串行传输,可大大减少干线电缆。计算机联锁的室内设备占地远小于继电集中,可大大节约占地面积。这些都降低了造价。此外,计算机联锁易于实现标准化,可缩短设计周期、制造周期和施工周期,减少了对运输的干扰,降低了设计、施工、维修费用。

四、闭塞设备

1. 闭塞的基本概念

闭塞设备是用来保证列车在区间内运行安全,并提高区间通过能力的区间信号设备。

在单线铁路上,为防止一个区间内同时进入两列对向运行的列车而发生正面冲突,以及避免两列同向运行的列车(包括双线区间)发生追尾事故,铁路上规定区间两端车站值班员在向区间发车前必须办理的行车联络手续,叫做行车闭塞(简称闭塞)手续。用于办理行车闭塞的设备叫闭塞设备。闭塞设备必须保证一个区间内,在同一时间里只能允许一个列车占用这一基本原则。

2. 实现闭塞的方法

(1)半自动闭塞:人工办理完闭塞手续,列车凭信号显示发车后,出站信号机自动关闭的闭塞方法。发车站值班员必须在办理好闭塞手续后才能开放出站信号,列车出发后出站信号机自动关闭,在没有检测区间是否留有车辆的设备时,还须由接车站值班员确认列车完整到达,办理解除闭塞手续。这种办法,因为既要人的操纵,又需依列车自动动作,所以叫做半自动闭塞。

(2)自动闭塞:根据列车运行及有关闭塞分区状态,自动变换通过信号机的显示,而司机凭信号显示行车的闭塞方法。这种方法,因为不需要人的操纵,所以叫做自动闭塞。

(3)移动闭塞:这种制式不需要将区间划分成固定的若干闭塞分区,而是在两个列车之间自动地调整运行间隔,使之经常保持一定的距离。这种闭塞方式由列车自动地调整间隔,使两列车之间的间隔最小,从而提高了区间内的行车密度,大大提高了区段的通过能力。

五、TW 型驼峰自动化系统

1. 驼峰自动化系统简介

为满足日益增长的改编作业量的要求,给编组站装备自动化设备是提高改编作业能力的重要途径。编组站综合自动化系统按其完成的作业内容一般可将其分为三个子系统,即货车信息处理系统、溜放作业过程控制子系统和到、发及调车进路联锁控制子系统。

2. 系统的结构和组成

(1)系统的结构。TW 型驼峰自动控制系统是一个庞大的过程控制系统,其过程和采集对象分布在驼峰的各个地点,由多个人员进行操作和监督,并与其他系统之间有数据交换,系统的结构图如 3—98 所示。

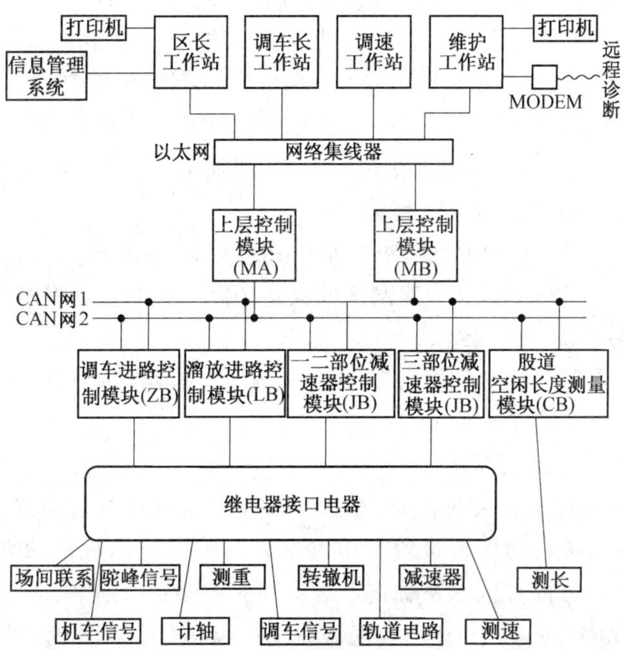

图 3—98 TW—2 组态式驼峰自动控制系统结构示意图

(2) 系统的组成。该系统由室外设备和室内设备组成。室外设备包括道岔辅辙设备、轨道电路、色灯信号机、车辆减速器、轴控测器、雷达、侧长轨道电路、侧重装置等。室内设备主要是工作站,即调车区长站、调车长站、调速站、维修站和手动控制台(用于紧急情况下的手动控制)。

3. 设备的主要性能和特征

为了实施按需集成,TW 系统在结构设计上采用上下层的集散式控制系统。下层机为专用嵌入式控制模块,下层可针对不同的控制范围和规模,用不同种类和数量的硬件模块,而上层无论大小均采用一台工业 PC 机统一管理。

系统的下层模块和输入输出扩展模块是按功能和范围划分的一组带 CPU 控制器阵列,负责系统信息的采集和发控制指令,包括实时性要求较高的闭环控制运算,这也是系统的关键部分。

六、中国铁路运行控制系统(CTCS)

为确保列车运行安全,实现减员增效,满足中国铁路快速发展的要求,迫切需要装备性能先进、安全可靠的列车运行控制系统。

1. 铁路运行控制系统建设的意义

(1) 国外发展概况。当今世界各国铁路都根据各自国情研制了多种不同制式的列车运行自动控制系统。如法国的 U—T 系统、德国的 LZB 系统、日本的新干线 ATC 系统等。虽然这些系统在控制模式和车—地信息传输方式上有所不同,但都在高速铁路上有良好的业绩。

(2)国内发展必要性。国内既有地面信号制式混杂,车载系统未完全达到故障—安全的要求,车地之间缺乏系统的设计,车载信号不能成为行车的凭证。随着铁路干线提速的实施和高速铁路的建设,旅客对铁路运输安全、效率和舒适度的追求,以及运输市场的激烈竞争都对信号控制系统提出更高的要求,研制符合 CTCS 规范的列车运行控制系统非常必要。

无论是面对现状,还是面向未来,既有系统都将面临着方式需要更新,设备需要升级,标准需要与国际接轨,观念需要转变的过程。欧盟已通过立法,ERTMS/ETCS 将成为欧洲铁路实行的信号技术规范。铁道部也在制定 CTCS 的发展战略,一方面要完善基于轨道电路的列控系统 TBTC,另一方面要加快基于无线通信(GSM—R)的列控系统 RBTC 的研究开发。

综上所述,铁路快速发展战略,国内外发展趋势和市场竞争都要求中国铁路必须积极发展以车载信号显示作为行车凭证、保证列车运行安全、规范化的列车运行控制系统。

2. 铁路运行控制系统建设的总体目标

按照功能需求规范(FRS)和系统需求规范(SRS)要求,系统基于 GSM—R 的 CTCS 列车运行控制系统,既满足工程要求,又为路网全面提速和高速铁路发展提供技术平台。

3. 铁路运行控制系统的结构组成

根据中国国情并参照 ETCS 分级,CTCS 也分为五个应用等级。该系统包括地面子系统、车载子系统和车—地信息交互子系统组成。

4. 铁路运行控制系统的前景

目前,铁道部正在实施快速发展战略,全国主要干线的列车运行速度将提高至 200 km/h。未来的近万公里的高速铁路均应装设符合中国 CTCS 系统技术规范的列车运行控制系统设备。先期开工的项目均已按 CTCS 系统技术规范的要求预留了各种接口条件,列车区间运行的设计时速达 350 km/h 的京沪和京广高速铁路也将用到 CTCS 系统。如果全国主要干线装配 CTCS 系统并实现新的提速,必将吸引大量客流,获得良好的经济效益。

综上所述，CTCS 将极大地推动铁路通信信号领域的现代化建设，使我国列车超速防护技术达到国际先进水平。

第八节　铁路信息化

信息化是当今世界经济和社会发展的大趋势，已经成为时代进步与发展的主要标志，同时也是衡量一个国家和地区国际竞争力、现代化程度、经济增长能力的重要标准。

铁路信息化是铁路运输现代化的主要标志，其根本目的是将信息技术广泛应用于铁路生产经营与管理决策的各项活动中，改造传统产品，提升铁路运输生产率与市场竞争力，提高铁路运输经济效益。铁路信息化建设的主要内容是铁路运营管理信息系统（简称 OIS）的建设，它是覆盖全路的综合管理信息系统，它涉及到运输、机务、工务、电务、车辆、计划、财务、基建、物资、综合办公自动化等各个管理子系统。

铁路运营管理信息系统主要由运输管理信息系统、财务管理信息系统、机务管理信息系统、计划统计管理信息系统、车辆维修管理信息系统、工务管理信息系统、物资管理信息系统、电务设备管理信息系统、基建管理信息系统、供电给水管理信息系统、办公自动化系统组成。这些子系统既相对独立又相互关联，其中，运输管理信息系统是铁路运营管理信息系统的核心。本节简要介绍货运营销与生产管理系统、货票信息管理系统、确报管理信息系统、大节点货车追踪系统、集装箱追踪系统、运输调度指挥管理信息系统、车号自动识别系统、客票发售和预订系统、车站管理信息系统等。

一、铁路运输管理信息系统概述

铁路运输管理信息系统（英文名缩写 TMIS），是铁道部为实现铁路现代化组织实施的重大工程，是铁路运营管理信息系统的核心，更是铁路走向市场的必要条件，它被世界银行专家喻为世界铁路运输最复杂、最庞大的信息系统。TMIS 工程于 1994 年开工建设，目前，已经投产的各个项目在铁路运输生产、统计、财务、客户服务以及业务管理、决策等许多领域已发挥出重要作用。随着各种基础信息的及时性、准确性、完整性的不断提高和数据通信网的迅速发展和完善，为下一步更综合、广泛、深入的应用创造了良好的条件，TMIS 工程将会产生越来越大的综合效益和作用。

1. TMIS 的总体目标

TMIS 的总体目标是：全路 2 200 个信息报告点将采集的原始信息层层落地，并在铁路局、铁道部两级建立数据库，铁道部中央主处理系统实时收集全路列车、机车、车辆、集装箱及所运货物的动态信息，实现列车、机车、车辆、集装箱、所运货物的节点式实时追踪管理，实现货运营销、货票、车站作业、确报和铁道部、铁路局调度的计算机管理，为铁路各级运输生产人员提供及时、准确、完整的信息和辅助决策管理方案，以实现均衡运输、紧密运输，提高运输效率，提高运输管理现代化水平，实现运输管理与国际接轨。

2. TMIS 的总体结构

铁路运输管理信息系统的总体结构如图 3－99 所示。

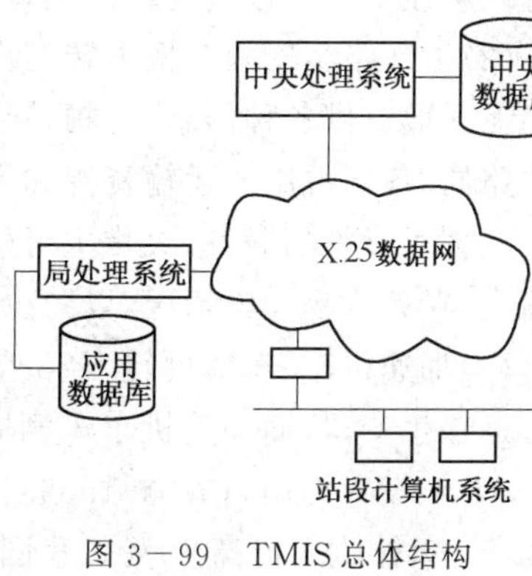

图 3－99　TMIS 总体结构

(1) 站段计算机系统。在全路 5 575 个站段中选取 2 200 个大的站段与计算机网络相联，将列车、机车、车辆、集装箱及所运货物的信息实时地报告给中央处理系统，这些站段称为联网信息源点。不直接连网的站段将所要报告的信息通过车务段或联网报告站上报中央系统，称为非联网报告点。这些站段的信息系统除了向中央系统报告信息之外，还承担处理本站段的业务。

(2)中央处理部分。在铁道部建立中央处理系统，实时收集信息源点的实时信息并进行处理，建立实时信息库，实时信息库包括车辆、机车、列车、车站、货票、集装箱等主要文件。

(3)铁道部、铁路局的应用处理系统。铁道部、铁路局及主要站段从中央处理系统获得有关信息并开发各自的应用程序，从而实现对车辆、列车、机车、集装箱及所运货物的实时追踪管理，实现货票信息、确报信息全路共享，实现现在车和车流推算信息自动化，有预见地组织车流，以及实现日常运输统计自动化。

(4)公用数据通信网。由 X. 25 节点机和传输包拆装器组成，将中央处理系统、铁路局处理系统、站段计算机系统联成一个整体，实现信息的交换和共享。

3. 系统的信息流程

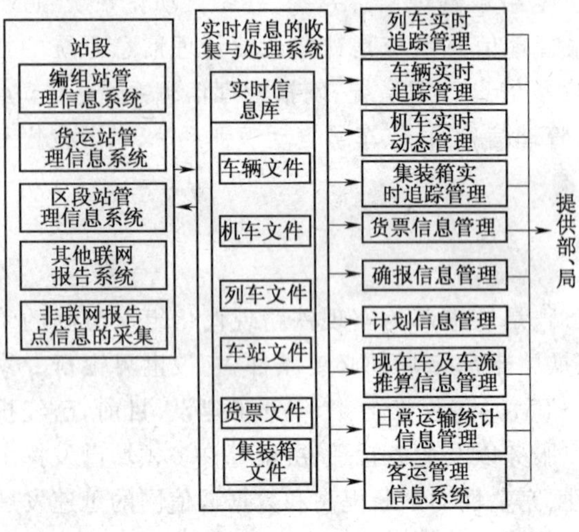

图 3－100 铁路运输管理信息系统信息流程

系统的信息流程如图 3－100 所示。

系统的信息源主要来自基层站段。信息的收集和处理系统建立实时信息库，包括车辆文件、机车文件、列车文件、集装箱文件、车站文件、货票文件等；实时信息库所提供的实时信息形成列车实时追踪管理、车辆实时追踪管理、集装箱实时追踪管理，以及货票信息、现在车车流信息、计划信息、统计信息等；系统形成的信息分送给铁道部、铁路局及站段的运输指挥人员作为指挥运输生产的主要依据。

4. TMIS 的效益

TMIS 建成后，将产生巨大的经济效益和社会效益，主要表现在以下五个方面：

(1)彻底改变运输管理工作手段落后面貌。TMIS 为铁路运输管理人员提供了运输生产组织指挥的现代化手段。通过及时、准确、完整的信息，有计划、有预见地组织运输生产，使运输管理从经验管理过渡到现代化管理。

(2)为铁路实现两个根本转变，为铁路体制改革和走向市场提供强有力的手段。TMIS 可准确无误地提供各种信息，为精雕细刻地组织运输生产提供条件。TMIS 可准确无误地计算各铁路局、各站占用的运输资源和完成运输的工作量，为铁道部宏观管理提供手段。TMIS 可大大改善对货主的服务，大货主可建立终端联入网内，可直接输入要车计划、查询装车情况、到货情况、在途货物运输情况，以减少库存，加速资金周转。

(3)加速机车、车辆周转，经济效益显著。由于有了准确、及时、完整的信息，可以有预见地指挥运输生产，从而加速机车车辆周转。以美国六大铁路公司为例，它们的运输管理信息系统于 1978 年投入使用，1978～1989 年间运量提高 14％，机车节省 30％，货车节省 38％，人员缩减 43％，运输收入提高 70％。我国铁路目前一次货物作业平均停留时间为 17 h 左右，有调中转为 7 h。若一次货物作业平均停留时间压缩 1 h，有调中转压缩 0.5 h，可压缩周转时间 0.16 天，可节省运用车 13 000 辆，直接经济效益达 15 亿元。我国现有路用车 44 万多辆，自备车 10 万多辆，TMIS 建成后，通过对每辆车的追踪管理，可使这几十万辆车充分发挥效益，每年增加的收益将是几十亿元。

(4)节省人力，减轻劳动强度，精减表报。

(5)TMIS 将为机车车辆维修、财务、统计、物资等部门提供必需的信息，为降低运输成本做贡献，同时为国家和铁路长远规划、科学规划提供可靠的资料。

5. TMIS 的组成

TMIS 的组成涵盖了运输生产的全过程：首先从运输生产计划改革入手建立了货运营销与生产管理系统、客票发售和预订系统，接下来货运起票建立了货票信息系统，车站作业有编组站、区段站、货运站管理信息系统，组成列车后有确报信息系统，列车运行及车站作业调度指挥有铁道部、铁路局、车站运输调度指挥管理信息系统，运输过程中有集装箱追踪系统和大节点货车追踪系统，还有货车的日常管理系统、车站管理信息系统、TMIS 运行保障体系等。此处，还有机关局域网、内部企业网、运输信息查询及综合办公自动化系统等辅助系统。

二、货运营销与生产管理系统

随着由卖方市场向买方市场过渡，各铁路局相继成立了货运营销部门，负责铁路货物运输的市场工作。货运营销与生产管理系统(简称 FMOS)正是为配合这一变革而研制的。该系统的运营不仅可规范全路货物营销计划的业务流程，而且可大大缩短营销计划的审批周期，从而带来巨大的经济效益和社会效益。

1. 系统的设计目标

FMOS 的设计目标体现在市场营销和生产管理两方面。

(1)市场营销方面。货运营销与生产管理信息系统可以简化货运手续，实现就近办理。以前，货主办理托运手续需费很多周折：先到车站盖章，再到归口管理的地区或省(部)盖章，然后再根据铁路内部审批权限的分工到铁路局或铁道部去审批，审批后还需送到车站才能装车。使用该系统后，联网单位可以足不出户就可办完车皮计划手续，没有联网的货主可以到就近的铁路联网点或代办联网点去办理手续。该系统简化办理手续，为货主节省了大量的人力、物力，有助于企业提高市场竞争能力。

(2)生产管理方面。货运营销与生产管理系统对原有的运输组织理论、运输计划编制原则、编制方法、编制内容、编制手段等诸多方面均赋予了崭新的含义。该系统是个多工种的联控式信息共享管理系统，它涵盖了以下有关工种的生产管理：煤炭订货合同管理、自备车运量管理、协议运输管理、货运计划编制、技术计划编制、成组直达列车梳流、订单运输管理、卸车资料交换、请求车和补充请求车提报、装车实绩管理、落空原因分析管理、办理限制的自动检查等信息管理。该系统可以通过计算机网络对其下属单位下达控制权，可随时监视其下级对下达控制数的执行情况，并根据运输情况调整控制权，以使其得到充分使用。除此之外，该系统还可在网络上发布停限装命令。无论是运量控制权还是停限装命令，在审批过程中均能实现全程自控管理。

2. 系统的功能

FMOS 所涉及的业务是从货主物资分配会上的订货合同或货主与铁路部门签订的货运订单开始，直至装车完成这一过程中有关车流、货流计划的信息管理，其主要功能有：合同运量、货运订单完成实际的信息采集;货运订单规定权限的审批;下达和修正审批权限、生产任务、控制数;与下属部门或上级单位交换合同运量、货运订单(原提、批准、完成)、装车完成实绩、到卸资料、移交重空车资料等信息;为联网货主或物资归口部门提供货运订单、装车完成情况、卸车计划等资料;为运输生产提供车流、货流信息,即按原提、累计批准、本次批准、剩余计划、实际完成提供车种别、分界口别、去向别的车流和货流资料;提供合同运量、货运订单中任意项的组合查询;提供合同运量、货运订单执行情况的分析考核;加工、处理货运计划报表。

3. 系统的结构

FMOS由货主、站(段)、铁路局和铁道部四级组成,各级分别建库,通过网络将下级单位的原始信息、审定计划和完成信息逐级上报到铁道部;上级单位将批准信息和控制数逐级下放。上级单位数据库为其下属单位数据库的全集。该系统的拓扑结构如图3—101所示。

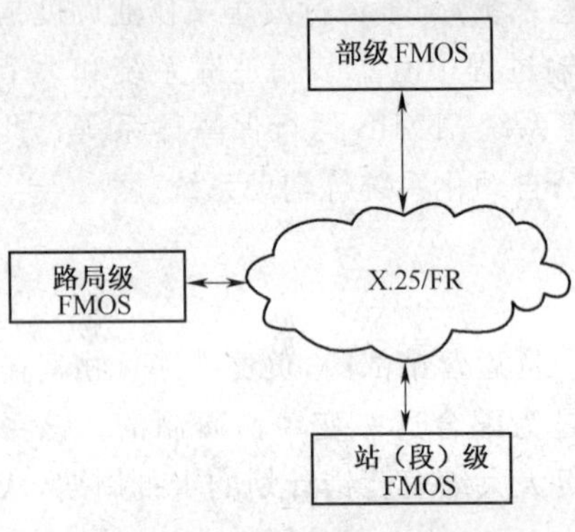

注:FMOS:货运营销与生产管理系统;
X. 25/FR:X. 25 网/帧中继网。

图 3—101 FMOS结构图

4. 系统的特点和效益

由于该系统的各级软件采用统一设计、统一开发、统一维护的方针以及软件开发采用了模块化的设计方法,在同一级别的系统间和不同级别的系统间做到了最大限度的信息共享,系统间只有原始信息的交换,无需数据加工即可上报。

该系统的应用缩短了货运计划的编制时间,简化了办理手续。与该系统联网的货主不仅可以足不出户办完全部要车手续,而且还能从网络上得到其发送和到达货物的货运信息;没有与该系统联网的货主只需到其就近铁路联网点去办理费时不多的要车手续。该系统不仅大大方便了货主,而且使铁路运输任务的安排更贴近实际,从而能取得良好的社会效益和经济效益。

三、货票信息管理系统

货票是铁路运营的主要票据之一,是运输统计、财务管理、货流货物分析的原始信息,也是运输调度指挥作业不可缺少的基础依据。

1. 系统的设计目标

货票信息管理系统设计目标主要体现在以下几个方面:

(1)开发全路统一的货运制票软件,完成基层机器和手工制票的信息收集工作;

(2)制定铁路各级货票系统与TMIS、各级应用系统的共享接口标准;

(3)制定TMIS中央系统货票信息数据结构以及相应软件处理方案;

(4)制定TMIS有关货票的收集、存放、传输、交换、转储等处理方案;

(5)规范各级货票系统应用方案,建立货票信息铁路局和中央处理系统,在铁道部建立中央货票库,开发货票信息应用和综合处理软件。

2. 系统的结构

货票信息管理系统从用户观点分为四级,即用户和站段、铁路局、铁道部级。从软件设计策略上侧重基层和中央处理这两级;基层系统侧重于信息产生和报告,中央系统侧重于建库和共享。铁路局系统的处理基本一致,作为一级系统考虑,只是处理的信息范围和面向的对象不一样。

3. 系统的组成

货票信息管理系统的组成如图 3－102 所示。

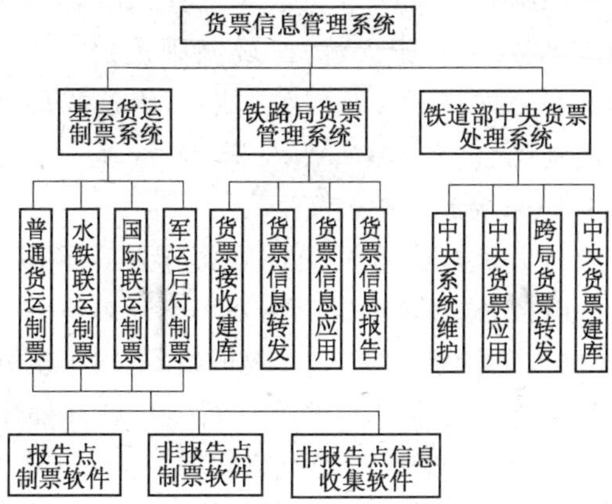

图 3－102 货票信息管理系统组成图

4. 系统的功能

该系统具有基层站段货票系统功能、铁路局货票功能及中央货票系统功能等，为全路各级业务和管理部门以及货主提供货票信息查询，实现全路货票信息共享。

5. 系统的效益

货票信息管理系统具有明显的经济效益和社会效益。它可以最大限度杜绝里程和运费计算错误，提高制票准确性；可以提高工作效率，降低劳动强度，减员增效；可以利用货票信息作为实际装车和计划完成的考核依据，杜绝虚报漏报，强化运输管理；可以将货票转发到到站和中转站，为零担集装箱货物中转 、装卸和货物配装以及终到站的卸车、货物催领、交付提供信息；可以利用货票信息综合考核货车、集装箱和篷布的使用情况，及时反映铁路各地区间的货物交流状况及运量的特点，满足运输调度指挥的需要，并为铁路核心部门宏观决策提供完整的基础信息；货票信息的集中处理，可以为客户提供咨询服务、货物到达查询等服务。

四、确报管理信息系统

早期的确报由人工编制，用电报传送，不仅劳动强度大、使用人员多，而且数据易于遗漏、丢失和出错，数据传送也很难快速及时。目前的确报管理信息系统则利用现代化的计算机和网络技术，彻底地改变了原确报的落后面貌，使确报及时、准确和高效，并实现了与其他铁路信息系统信息共享。

1. 系统的组成

确报管理信息系统由四部分组成，如图 3－103 所示。

(1)确报站。有确报业务需求的车站很多，根据运输生产的需要和通信条件许可，从中挑选业务量大的车站及所有的铁路局调度所作为确报站。确报站的服务器一般与 TMIS 的其他分系统共享。

(2)转报站。在铁路局、铁道部计算中心设置转报站，完成确报的自动转报及用于系统管理的各种统计、监测功能。

(3)确报库。为使确报信息得到充分利用，在车站、路局和铁道部建立确报数据库，供有关人员查询和其他信息系统使用。

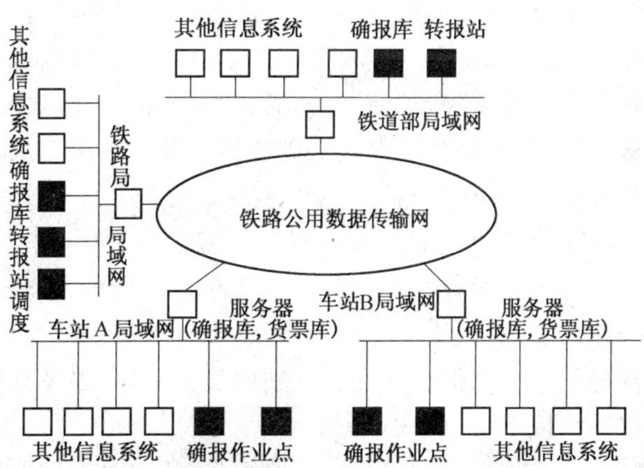

图 3－103 确报管理信息系统示意图

(4)计算机网络。计算机网络是确报管理信息系统信息传送的基础，要求稳定可靠。计算机网络有广域网与局域网之分。两者的主要区别在于网络的实现技术不同。局域网传输速率高、传输距离近，广域网则反之。在铁道部、铁路局机关和车站建立局域网，并且通过铁路公用数据传输网（广域网）将这些局域网连接在一起，构成确报管理信息系统信息传输的基础。

2. 系统的工作程序

列车编成后，车号员在确报作业点的微机上，根据列车实际编组情况编辑出发列车的确报。确报编好后，按规定在列车离开本站 10 min 后，通过计算机网络将确报发往目的地。

一份确报要送往多个确报站，不同车次列车的确报要送往不同的确报站，并在不同的时间会有不同的要求。为了使车站确报软件操作简单，无须经常维护，本系统采用了自动转报机制。车号员不必关心确报应发往何方，一律发给铁路局转报站，由铁路局转报站自动转报。铁路局管内的确报，由铁路局转报站直接转发到管内确报站（前方编组站、区段站和铁路局调度所）。同理，邻局的确报要经过铁道部转报站转发。

五、大节点货车追踪系统

长期以来，铁路运输组织工作一直存有诸多缺陷，突出表现在货物托运后，犹如石沉大海，货主查询十分困难，不知究竟到了哪里；重点列车无法掌握，运到期限不能保证；空车调整困难，对重点物资的运输难以保证；日班计划质量不高，车流推算不准，虚縻浪费严重。造成以上问题的一个共性原因，就是缺乏对列车实施动态的、实时的完整的掌握。为能彻底克服上述弊端，突破“黑洞”问题，途径在于“货车追踪系统”。

1. 大节点追踪含义

为了更好地为货主服务，在运输过程中对列车、车辆、集装箱、机车及所运货物实行追踪管理，随时随地地查询它们的位置及运到时间，这种追踪目前采用大站及分界站追踪方式，不是站站追踪，故称为大节点追踪。

货车追踪系统是 TMIS 的核心系统之一，也是最难实现的系统之一。由于目前通信条件及车站系统实施条件的限制，不可能马上实现 TMIS 总体设计中对 1 800 个车站的货车实时追踪，因而提出大节点追踪的实施策略，把追踪密度降低些。现阶段货车追踪节点 410 个，包括大小分界口、编组站、大中区段站、大中货运站，再加上不包括在上述车站中的 119 个集装箱办理站，共 529 个点。大节点货车追踪系统以运统 1、运统 2、运统 3 和货票作为源信息，主要收集列车编组、列车到发、车辆装卸、车辆摘挂、集装箱装车清单、集装箱卸车清单、空集装箱回送清单、集装箱日况表以及货票信息等。系统建成后，将随着与中央系统联网节点的增加，逐步细化对列车、车辆的追踪位置。

2. 系统的设计目标

大节点式货车追踪系统由联网站将列车、车辆、集装箱及所运货物的动态信息送到中央数据库，经中央系统处理后，对列车、车辆、集装箱及所运货物实现节点式的实时追踪管理。铁道部电子中心以浏览器方式分别向货主、车站以及铁路局、铁道部有关人员提供查询软件，以获取系统以下实时动态信息：

（1）货主——可通过车号、箱号、货票号查询所运货物的实时信息。

（2）车站——可获取将要到达该站的列车、车辆、集装箱及货票信息，用于组织车流及提供卸车预报；可获取站存车信息；可获取在站停留异常的车、箱信息等。

（3）铁路局、铁道部——可获取分界口出入车流信息；全路的现车分布信息等。

(4)各级集装箱管理部门——可获取集装箱运输动态及集装箱分布信息等。

3. 系统的组成

大节点货车追踪系统由以下四部分组成：

(1)中央实时动态数据库。中央数据库包括车辆库、集装箱库、列车时刻表库、列车库和确报库等等。每一列车在中央数据库中有一条记录，从列车产生追踪到列车解体。每一货车在中央数据库中也有一条记录，从车辆装货、编入列车、列车出发、列车到达、列车解体直到卸车。集装箱也是这样，对于每一集装箱，中央数据库中也对应有一条记录，借助于集装箱装车清单和空箱回送清单，建立了车辆和集装箱的对应关系，通过对车辆的追踪，获得集装箱运输的途中轨迹。

(2)车站报告系统。车站是货车追踪的信息源点。车站向中央系统报告的主要信息有：列车编组、列车到发、车辆的装卸和摘挂、货票信息、运用车/非运用车转换、保留列车等。对于集装箱办理站，还要报告集装箱装车清单、卸车清单和空箱回送清单。

(3)应用查询系统。由铁道部、路局、站段三级组成，各级可查询一定权限范围内的列车、机车、集装箱及所运货物的动态信息。

(4)网络系统。为保证实时追踪信息及时传送，车站为局域网络结构，广域网为 X. 25 网。车站系统与中央系统采用 MQseries 软件作为底层通信及上层应用之间的中间件。车站报告的信息经由所属的铁路局集中，再上报到 TMIS 中央主机。中央主机返回的信息也通过铁路局再传到车站。

4. 系统的功能

该系统具有以下功能：按车次查询列车的当前位置和编组顺序表；按车号查询车辆的当前位置和所运货物的性质以及到站和收货人等信息；按箱号查询集装箱的当前位置和特性；提供指定列车途经各站的到发时刻及列车概况；提供未来 3 h(或任意小时)内，到达某一技术站的列车和车辆概况，按通过车、改编车、到卸车分别累计；提供车站停留车信息；查询指定时间范围内分界口出入车流信息；提供未来 3 h(或任意小时)内分界口出入车流信息；按阶段(3 h)提供全路现车分布，重车按到路局、空车按车种、非运用车按种类；按货车追踪轨迹，提供全路集装箱分布情况；提供车站停留异常的车辆和集装箱信息。按制票站和货票号查询货票信息、按车号查询整车货票信息、按箱号查询集装箱货票信息；提供集装箱装车清单、回送清单以及货集报一等信息。

5. 系统的效益

大节点货车追踪系统具有以下效益：

(1)有利于改善货运服务质量，提高铁路在运输市场中的竞争力。大节点货车追踪系统建成后，用户可以根据车号或货票号随时查询所运货物的实时信息，做到心中有数；铁路货运系统，也可以根据预定的运期，对出现问题的货运及时采取措施，保证及时地将货物送到收货者手中。

(2)有利于铁路货运系统及时掌握车流和集装箱运用状态，减少空车率，提高车辆及时使用率，从而提高整个铁路运输系统的效率。

(3)有利于科学、准确、及时地编制货运计划，提前做好装车和卸车的准备，保证货畅其流、车畅其流。

六、集装箱追踪系统

集装箱运输是当前世界发达国家铁路快速货运的主要形式，并且已形成世界范围的集装箱运输标准化、专门化和通用化的发展趋势。

集装箱追踪系统是TMIS的重点建设项目，其主要服务对象是中铁集装箱运输中心和其所属单位、铁路各级运输管理部门、铁路货主。系统管理范围为：中铁集装箱运输中心所属5 t以上集装箱（铁路箱）由购置到报废的全部活动；在中国铁路运输的5 t以上企业自备箱和外国箱（符合铁道部标准、国家标准或国际标准）由承运（或入境）到交付（或出境）的全过程。

1. 系统的设计目标

集装箱追踪系统的设计目标是通过铁路通信网络，从全路集装箱办理站实时收集集装箱动态信息，以集中方式管理在我国铁路上运输的集装箱，为运输指挥人员和货主提供集装箱运输轨迹和动态信息，实现集装箱按号码制的全程节点式追踪管理，满足集装箱运输管理和客户信息查询的需要。

2. 系统的组成

(1)中央处理系统。在铁道部TMIS中央主机上建立中央集装箱数据库，存放近30多万个集装箱（5 t以上）的物理信息和状态、位置、运行轨迹信息，通过通信网络收集全路集装箱办理站上报的数据，经严格的逻辑校验和处理，实时更新中央数据库，并将装车站上传的装车清单转发到卸车站。

(2)车站报告管理系统。安装运行于集装箱办理站，主要功能为采集集装箱运输作业原始信息，再传输到集装箱中央处理系统。采集和报告的信息为集装箱装车清单、卸车清单、空箱回送清单、日况表。在信息采集过程中，生成车站本地数据库，提供基本查询管理功能，还接收中央系统转发的装车清单信息。并根据用户要求，收集"集装箱一口价"清算到达货票核对信息并传输到集装箱清算系统。

(3)铁道部、铁路局、查询系统。使用WEB方式提供直观、简便的界面，铁道部、铁路局各级用户按权限直接访问铁道部主处理系统，查询集装箱的动态信息和管理信息。同时作为TMIS信息查询系统的一部分，提供给全路各级运输管理部门使用。

(4)信息传输。集装箱办理站作为信息采集源点，将集装箱运输作业信息通过车站局域网、铁路广域专线网传输到铁道部中央处理系统，使用MQ通信软件作为基层到中央系统的中间件，保证数据传输的完整和正确率。车站上报和中央处理系统返回、转发的信息均经由铁路局的通信服务器。

3. 系统功能

系统将从集装箱办理站采集到的集装箱装、卸、出发、到达等作业信息，传到中央处理系统进行处理，同时与车号识别系统、车站确报系统、货票系统的相关信息匹配，实现集装箱全程追踪管理。铁路局、铁道部集装箱和运输管理部门可通过查询系统获得运输管理、经营所需要的信息。该系统具有信息收集功能、车站集装箱管理功能、按集装箱号追踪集装箱位置和动态功能、集装箱管理和信息查询功能及统计分析功能等。

4. 系统的效果

集装箱追踪系统全面投入运行后，可为运输管理部门提供大量的集装箱动态信息，提高集装箱运输管理水平，加速集装箱周转，为运输指挥、管理和调度人员提供指挥集装箱运输生产的决策依据，挖潜节能，增加运输收入和效益；可提高为国内外货主服务的质量和水平，从而吸引和扩大用户，增强铁路在运输市场上的竞争力，适应社会主义市场经济和对外贸易发展的需要，并为逐步与国际运输管理模式和方式的接轨，打下良好的基础。

七、运输调度指挥管理信息系统

运输调度指挥管理信息系统(英文名缩写 DMIS)是提高运输效率、确保行车安全的重要保证。DMIS 利用无线车次号自动校核系统自动输入、自动校核列车车次号,利用列车占用和出清轨道电路,自动、准确地采集列车到达、出发和通过时分,自动填写车站运统 2、运统 3,在铁路局调度所自动生成列车实际运行图和阶段调整计划,并在调度台上实时显示区段内进路排列情况、信号设备的运用情况和所有列车的实际运行情况,具有高度的真实性和实时性。DMIS 不仅仅是为了把调度员、车站值班员从繁重落后的手工劳动和接听电话中解放出来,其根本目的是为了进一步解放生产力,发展生产力,挖潜提效,向调度指挥要能力,要安全,要效益,以进一步提高运输调度指挥在激烈的市场竞争中的适应能力。

1. 系统的结构

铁路局运输调度指挥管理信息系统是我国铁路调度指挥现代化进程中的重要环节,它采用现代信息技术改造传统落后的调度方式,建立以通信、信号、计算机网络、多媒体等融为一体的两级(铁道部、铁路局)、三层(部调度中心系统、路局调度中心系统、基层信息采集系统)分散控制、集中管理的综合性现代化运输调度指挥系统。其网络体系结构如图 3－104 所示。

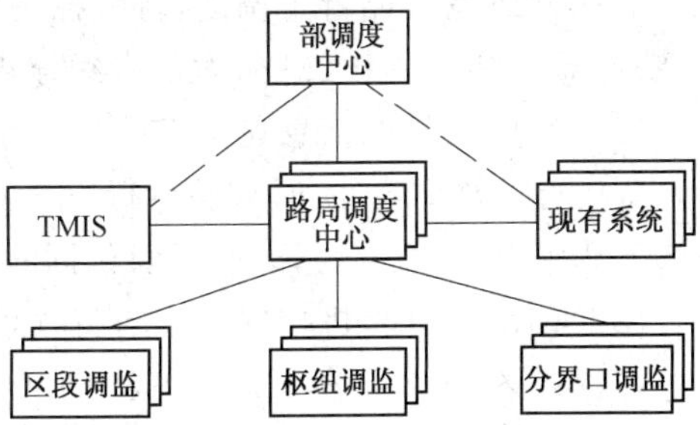

图 3－104 DMIS 结构图

由上图可见,DMIS 分为以下三层:

(1)铁道部调度指挥中心:位于第一层,是 DMIS 的最高管理层,由高性能的服务器、工作站、网络设备和相应的系统软件及应用软件构成,并通过 DDN 专线(2M)与各铁路局相连,接收全国铁路系统的各种实时信息与运输数据和资料,监视各铁路局、主要干线、铁路局交接口、大型客站、编组站、枢纽、车站、区间的列车宏观运行状态、运行统计数据、重点列车及车站的列车实际运行位置和站场状态显示,并建有全国铁路调度指挥系统数据库。

(2)铁路局调度指挥中心:位于第二层,它接收各铁路站段的信息与资料,监视各铁路局主要干线、铁路局交接口、大型客站、编组站、枢纽、车站、区间的列车宏观运行状态、运行统计数据、列车实际运行位置与次跟踪和站场状态显示,同时与铁道部调度指挥中心及相邻铁路局调度中心进行相关信息的交换。

(3)基层信息采集系统:位于最下层,它安装在各车站,用来从信号设备及其他设备上采集有关列车运行位置、列车车次、信号设备状态等相关数据,实现列车跟踪、无线车次校核、早晚点统计,并将上述数据通过专用通信线路传送到铁路局。同时在车站实现运统 2、运统 3 的自动生成。

2. 系统的功能

铁路局 DMIS 是覆盖全局的行车调度指挥管理信息系统,建成后铁路局可以实现对全局的行车进行实时、集中、透明指挥。

DMIS 通过基层信息采集设备将管内运行的列车动态信息(车次、位置、时刻、速度)实时地采集到铁路局,并以此为依据计算出每次列车当时的早、晚点时分,从而统计出某一区段或铁路局的列车正、晚点率,线路能力利用率(以基本图利用率计算),分界口交接车数。这些信息实时地传送到铁路局调度中心,根据这些信息可以分析全局的运行秩序。

在大型客运站建立车站行车信息综合系统,使旅客向导自动化。同时,使车站与接、发、检车以及各服务有关部门都能自动、实时得到列车到发时刻、停放股道等信息,使旅客服务和车站作业都在行车信息指挥下有序进行,实现铁路行车指挥、管理、服务现代化。

DMIS 跟踪每次列车的动态信息可以作为列车实时跟踪公用平台向其他系统提供。

DMIS 数据库中还可以存放列车时刻表,计划运行图,工务线、桥、隧及其他地形、地貌资料,电网,供电资料,枢纽、编组站、车站站场图,列检、红外线联网图以及气象等资料,供调用、查询。

铁路局可以向铁道部发送基层行车实时信息以及各种统计信息,以完成铁道部调度大厅的显示功能。

3. DMIS 基本技术特点

(1)DMIS 是全路行车调度指挥、控制和管理的网络系统,由铁道部、铁路局、车站 3 层组成,铁道部—铁路局由 2M 带宽的专线连接。

(2)DMIS 是铁路信息化建设的独立系统,主要完成列车调度,利用计算机生成日班计划和列车运行调整方案,实时调整运行方案并将日班计划、运行调整方案和调度命令通过计算机网络下达到车站,直接指挥列车运行,同时也为有关调度台提供列车运行实时信息。

(3)DMIS 是计算机指挥行车的实时系统,利用计算机网络,实时自动采点、自动(或手动)调整运行方案,命令自动下达,形成一个自动完成行车指挥的闭环系统。计算机代替了大部分调度工作,极大地减轻了调度员的劳动,节省了很多时间,因而也大大提高了工作效率。

车站分机是采集信息的源点,其重要意义与路局调度中心一样。为了保证设备的可靠性和可用性,分机电路及电源均采用可靠设备并采用双机热备。

(4)DMIS 要求高水平的网络系统,是现代化铁路行车调度和指挥的神经,特别是铁路局,要形成从信息采集到控制现场设备和行车的闭环系统。一旦运用将成为行车的中枢,决不允许延迟、失误或停顿。因此,这个网络系统从实时性、可靠性、安全性等方面都具有比一般管理信息系统更加严格的要求。

(5)实现 DMIS 功能的关键是车次跟踪。DMIS 要求追踪每趟列车的实时位置和当前时刻,并与计划运行图进行比较,算出早、晚点时分。这一信息是实现 DMIS 功能的最基础信息。

(6)DMIS 自动生成、下达调度计划和调度命令。DMIS 利用计算机及网络生成和下达计划和命令。这大大提高了工作效率,减轻了调度员和车站值班员的劳动强度,同时也提高了计划、命令下达、接收的准确性。

(7)DMIS 自动生成车站行车日志(运统 2、运统 3)。系统具有通过计算机自动生成行车日志(运统 2、运统 3)的功能,这使车站值班员的工作实现了现代化。

八、车号自动识别系统

1. 系统的设计目标

铁路车号自动识别系统(简称 ATIS)是一个对全国铁路货车车辆、列车和机车运行位置进行动态追踪管理的实时信息自动采集、报告和处理系统。它涉及到运输、机车、车辆、通信和计算机等各个部门。按照工程设计,在全路约有 450 000 辆部属货车、120 000 辆企业自备车和 15 000 台机车的底部安装记载有车辆、机车基本信息的电子标签。车辆的电子标签是只读的,机车的电子标签是可读写的,机车标签中除包括机车型号、机车号、配属段等固定信息外,还可按不同的车次、牵引工种由车载编程器写入相应的可变信息;车辆标签由地面编程器一次性写入车种、车型、车号和出厂日期等固定信息后不再更改。在全路 560 多个主要车站(包括铁路局分界站、编组站、大型区段站、大型货运站等)的进、出站信号机附近,安装自动的机车、车辆标签信息接收设备(即 AEI)。AEI 设备包括控制读出主机和磁钢、天线等附属装置以及相关软件。当列车通过车站信号机附近,AEI 将立刻采集到机车、车辆电子标签的信息,并将信息传到与之相连接的 CPS 计算机中,形成列车报文信息,传到 TMIS 车站系统,与相关系统的信息结合,进行车站级的应用,同时将报文信息逐级上传至路局和铁道部,在各级进行车号自动识别信息的应用。

2. 系统的结构

车号自动识别系统的结构如图 3－105 所示。

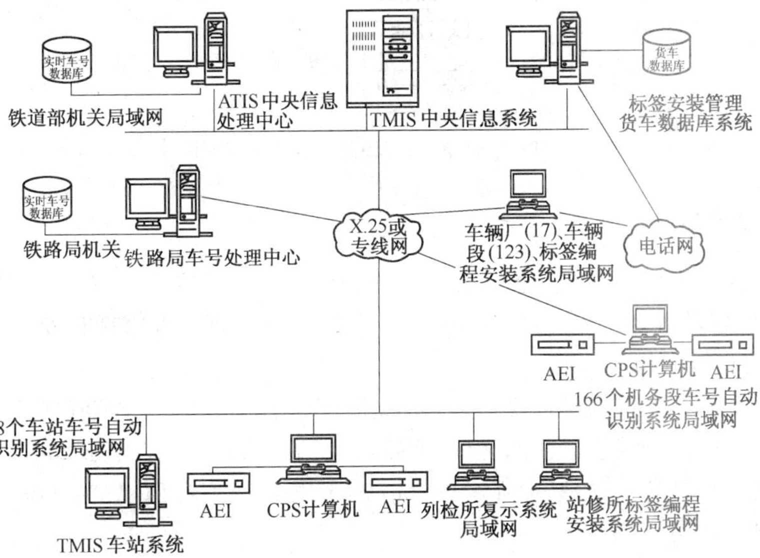

图 3－105　ATIS 结构图

由图 3－105 可知,铁道部、铁路局、站段三级网络系统采用广域网与局域网相连接的数据交换方式,广域网通过铁路 X.25 或专线网相连接,采用 TCP/IP 网络通信协议,用 MQ 通信软件逐级上传数据。在铁道部、铁路局的局域网上,用户端工作站通过 Client/Server 或浏览器模式访问车号数据库中的数据。

3. 系统的组成

ATIS 的组成如图 3－106 所示。

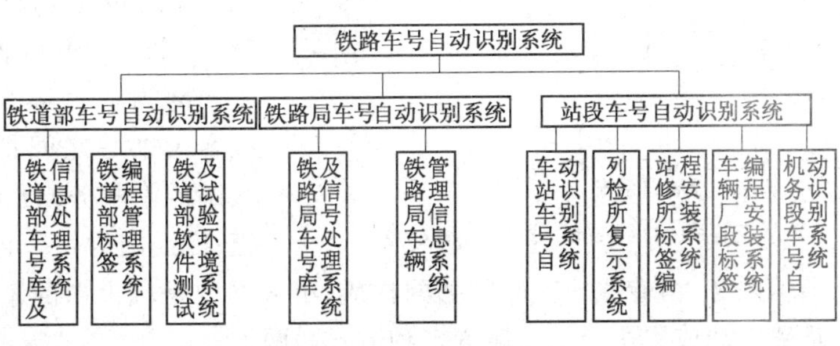

图 3－106　ATIS 的组成图

4. 系统的信息流程

当安装了机车、车辆电子标签的列车经过车站信号机附近，AEI 设备的天线接收到电子标签的机车、车辆相关信息，经 AEI 设备处理后传到 CPS 计算机中，由 CPS 的接收程序处理形成列车报文，再由传输软件将报文传到指定的目的地。信息流程如图 3－107 所示。

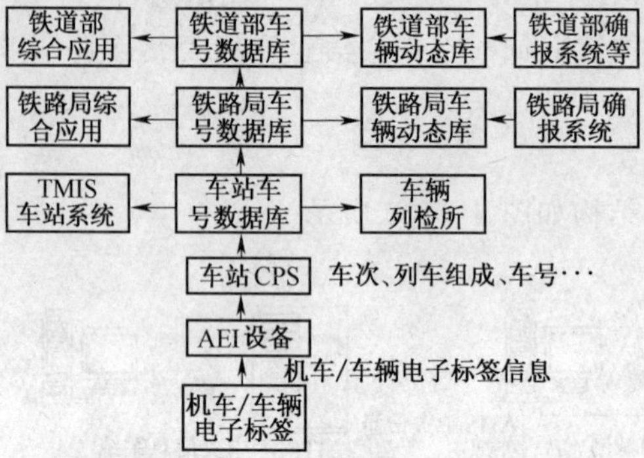

图 3－107 ATIS 系统信息流程图

九、客票发售和预订系统

铁路客票发售和预订系统是覆盖全国铁路的计算机售票网络系统，在全路快车营业站联网售票，具有发售和预订联程及往返等异地票功能，全面实现客票管理和发售工作现代化。

1. 系统的设计目标

客票发售和预订系统的设计目标是：实现全国铁路快车营业站计算机联网售票，任一售票窗口可发售任意方向和任意车次的客票；实现票额、席位、售票、订票、退票、计费、制票、结算、统计等工作的全面计算机管理；加强客票营销分析，提高座席利用率，为铁路客运的组织与管理工作提供辅助决策支持。

2. 系统的结构

客票发售和预订系统的结构如图 3－108 所示。

我国铁路客票发售和预订系统是由铁道部客票中心、地区客票中心、车站售票系统三级联网构成。该系统是一个大型广域网实时计算机交易系统，采用了集中与分布相结合的客户机/服务器结构。系统以铁道部客票中心为核心，以 25 个地区客票中心为基础，实现全路快车停靠站客票联网发售、预订与管理。

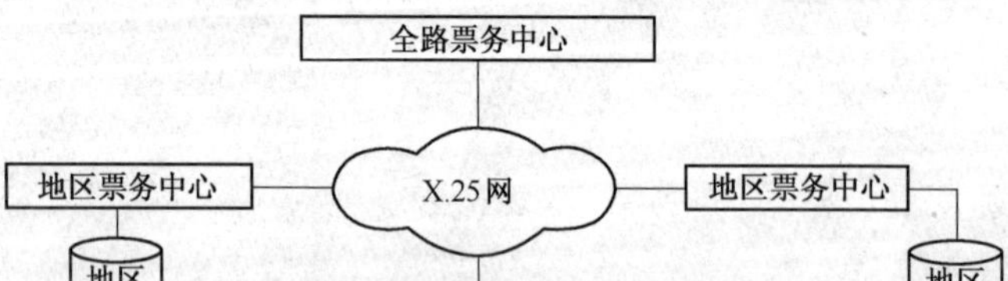

图 3－108 客票发售和预订系统的系统结构示意图

系统的通信网络主要由基干网、沿线网、市区网三部分组成。基干网为铁道部客票中心与各地区客票中心之间提供较高速率的数字传输服务，目前为 2M 专线通道；沿线网为快车停靠站与地区客票中心之间提供通信服务，由专线或铁路数据网构成；市区网则是城市内的车站、售票窗口以及代售处等采用铁路专线或租用公用线路等多种方式联网。

系统的硬件平台是：铁道部和地区中心系统采用企业级中小型计算机，大型客运站系统采用小型计算机，中小型客运站系统采用微机服务器，售票窗口机采用微机并配有专用制票机。

系统的软件平台是：服务器采用 UNIX 操作系统和 SYBASE 数据库系统，客户机采用 Windows 操作系统，通信采用 TCP/IP 协议，应用软件采用面向对象的现代开发工具 PowerBuilder 和 C++编程。

3. 系统的功能

(1)车站售票系统。车站售票系统由基础数据维护、计划与调度管理、售票、订票、制票、退票、票卷管理、值班监控、径路维护、财务结账、客运统计、财收统计、客票速报、电子报表、综合查询、软件开发、过期数据处理等部分组成，对车站售票作业实施全面计算机管理。该系统以机器替代人工作业，以即时打印的软纸票替换常备客票，以友好的人机界面实现多车次、多到站、多票种、多席位售票处理。在任一售票窗口可发售任意方向和任意车次的客票，既能发售和预订普通车票，也能办理通票、中转签字票、始发签字票；既能适应本地售票、订票、退票，也能适应异地售票、订票、退票；既能与地区客票中心联网运行，也可以独立运行；既考虑了大站的模式，也考虑了大站带小站、车务段和小站模式。

(2)地区客票中心。地区客票中心由计划管理、客运调度、基础数据维护、值班监控、综合查询、客运营销分析等部分组成，实施对票额、计划、数据的集中管理与控制，可灵活实现席位在地区与车站间集中与分散的处理，能适应铁路局内一个或多个地区中心的管理。

(3)铁道部客票中心。铁道部客票中心应用软件由基础数据维护、计划管理、值班监控、综合查询、客运营销分析、安全管理等部分组成，实施基础数据的全路统一管理与复制、全路客运营销分析和全路客票系统的监控。

十、车站管理信息系统

作为 TMIS 最重要子系统之一的车站管理信息系统(SMIS)是整个 TMIS 的建设基础。没有车站一级的计算机管理信息系统作保证，TMIS 中央系统也不可能正常运行。事实上，车站管理信息系统是 TMIS 系统的重要信息源点，中央系统的信息很大一部分都将来源于车站，确报系统、制票系统等 TMIS 的其他系统的信息，也都将在车站系统中采集，因此，一个完善的、功能齐全的车站管理信息系统是 TMIS 总体工程建设成功的重要保障。

1. 系统的体系结构

(1)大站系统体系结构。综合对现场实际情况的考虑，大站系统采用图 3－109 所示的主机接终端和客户机/服务器的混合体系结构，在这套结构中，主机采用 UNIX 服务器双机系统，双机可以互为备用，以保证系统能够不间断运行。主机系统可以采用小型机、工作站或服务器。

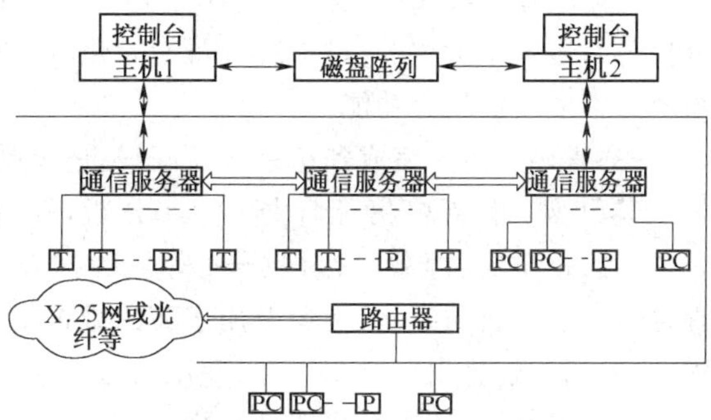

注：T:汉字终端；P:并行打印机；SP:串行打印机；PC:微机。

图 3－109　大站体系结构

(2)小站系统体系结构。综合对现场实际情况的考虑，小站系统采用客户机/服务器模式的体系结构，服务器为 PC Sever，客户为 PC 机。在使用中，还可以根据实际情况，将服务器和客户机配置在同一台微机上，采用单机模式运行，以适应特别极端情况下的车站实施的需求。如果现场具备数据库服务器和通道条件，完整的配置如图 3－110 所示。

服务器位于站内，同时作为数据服务器和通信服务器，由站内局域网通道连接 3 个客户端，一般为车号、站调（区长）和货调。

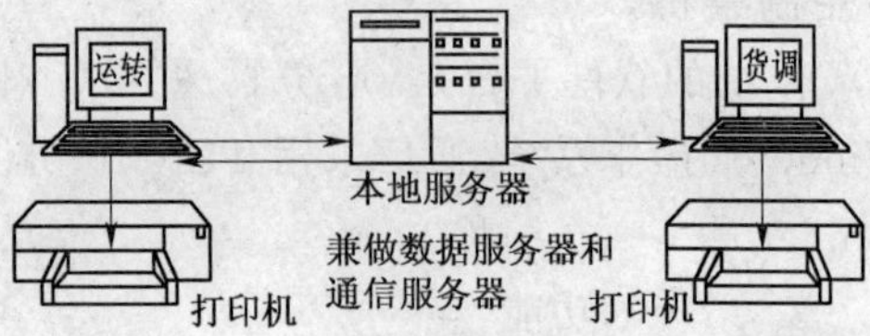

图 3－110 小站体系结构

2. 系统的功能

车站接入的货运信息有到达列车确报、到达与中转货票、路局日班计划、路局调度命令；其发出的货运信息有出发列车确报、发送货票、统计报告等。车站的货运作业流程如图 3－111 所示。

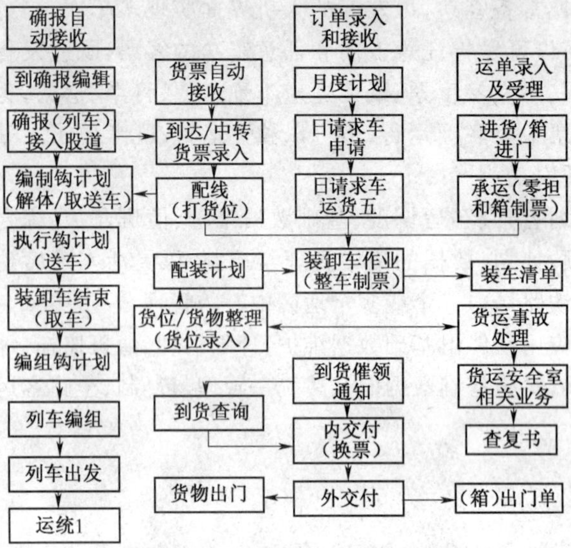

图 3－111 货运作业信息流程图

车站管理信息系统的功能基本上涵盖了车站作业生产和管理的各个环节，从而达到全面提高车站的作业管理水平，减轻作业人员的劳动强度；同时为上级管理部门提供各类车站作业信息，满足上级管理部门的需要，为实现全路货车追踪创造更好的条件。车站管理信息系统的车号员、区长、货调、内交付等主要基本模块的功能如下：

（1）车号员。主要完成对车站列车、车辆状态信息向 TMIS 中央系统实时报告；接收 TMIS 中央系统传送来的确报信息；对无确报列车进行确报录入；对于实际到达列车不符的确报进行编辑、修改；当编组完一列列车后，及时形成出发确报；确报信息查询；报告通过列车的到发时刻以及相应统计工作。

（2）区长。主要完成对现车的管理功能，包括股道现车修改、车辆状态转换、车辆货物转换、车辆运非转换；对现场各项数据的查询功能；钩计划处理功能；非运用车的管理功能；对车站各项运输指标按照统规的格式进行统计，这里的统计主要包括运报－1、运报－2、运报－3、运报－4、运统 1、运统 9；对系统进行初始化，形成车站现场环境；建立日志履历库；字典维护；系统异常中断恢复等功能。

（3）货调。主要完成到达录入及配线；运单受理录入；日请求车计划受理；装卸车管理；零担配装计划；集装箱集配计划；统计分析，完成货调每日十八点统计上报以及货报－1、货报－2、重车流、静载重、财收－4 等各种报表和统计分析；系统管理，实现系统运行监控管理，作业控制；公用字典、货运专用字典的维护工作；专用铁道作业，包括交入专用铁道车挑车报卸、专用铁道排出车挑车报卸、专用铁道内装车处理；历史票据管理，包括历史货票查询、历史各作业单查询、历史数据统计分析。

（4）内交付。主要完成到达货物的催领、接受货主的到货查询；计算收取运输杂费、内交付、退内交付；财收－4 统计；已催领待交付票查询、已交付票查询、联运单位已交付票查询；货主提货、外交付；出入门管理。到达货物催领主要是通过显示到达货票信息，根据货主要求的催领方式（电话 / 明信片 / 自提），发出催领通知，并具有记录催领次数以及重复打印的功能；

内交付处理主要是根据铁路运输规章建立统一的参数字典、费用科目字典、计算公式字典，实现自动计算收取运输杂费，按规定格式打印杂费收据的功能。

第九节 铁路装卸机械

装卸，是在货物运输过程中随同发生的作业。装卸工作是铁路运输工作重要组成部分。铁路运输的产品——位移，要经过承运、装车、挂运、卸车、交付等工序，其中装卸车是两个重要的环节，是运输工作的基础。装卸作业的质量，直接影响到铁路运输的效率和效益。

装卸机械化是装卸工作发展的方向，是实现铁路现代化和快速发展的一项重要内容。装卸机械是装卸作业的主要工具，是减轻劳动强度、提高劳动生产率、压缩停留时间及保证货物和人身安全的物质保证。随着经济的发展，货物品类变化加快，工业产品增加，长大笨重货物增多，货车趋向大型，成组和直达列车的开行，都要求装卸作业做到快装快卸、巧装满载，所以发展铁路装卸机械势在必行。

本节主要以介绍铁路常用的龙门起重机、集装箱专用龙门起重机、汽车起重机、叉车、装载机为主，同时对近年来港口和集装箱专用货场推广使用的集装箱正面吊运机做一简要介绍。

一、起重机械的分类

起重机是指除起升机构外还有水平运动机构的设备。起重机根据其结构特点可分为桥式类型和旋转类型两大类。

1. 桥式类型起重机

桥式类型起重机工作机构主要是起升机构，小车、大车两个运行机构。专用集装箱门式起重机还有小车回转机构，依靠这些机构运动的组合，就可使起重机在一个长方形空间内进行货物装卸。属于这类的起重机械有桥式起重机（又称桥吊）、龙门起重机（又称门吊）和装卸桥。其中桥式起重机主要用于工厂车间搬运物品；龙门起重机主要用于铁路货场装卸笨重货物和集装箱，也可配以其他吊具进行散堆装货物的装卸。装卸桥用于大型散堆料场装卸散堆装货物。集装箱专用门式起重机主要用于集装箱或中转站货场进行装卸、搬运和堆码集装箱。

2. 旋转类型起重机

旋转类型起重机除起升机构外，通常还有旋转机构和变幅机构，依靠这些机构运动的组合，起重机可以在圆形场地及其上空作业。铁路常用的旋转类型起重机主要有轨道起重机（装卸系统用的轨道吊，在货运量集中的大站或新建的货场已逐渐被龙门起重机代替）、汽车起重机（又称汽车吊）和轮胎起重机（又称轮胎吊）。由于它们具有机动灵活、运行速度高，能装卸长大笨重货物等特点，特别适合于流动性大、货源不固定的铁路货场进行装卸作业。

二、起重机械主要技术参数

起重机的主要技术参数有：起重量、跨度（桥架类型起重机）、幅度（臂架类型起重机）、起升高度、机构工作速度和工作类型等。对于集装箱门式起重机，还有小车回转速度、小车回转角度；对于轮胎式和汽车式起重机，最小转弯半径、最大爬坡度、最小离地间隙等也是主要的技术参数。

1. 起重量

起重机在各种工况下安全工作所允许起吊的最大重量称为额定起重量，单位为 t 或 kg。桥架类型起重机的额定起重量是定值。轮式臂架起重机的额定起重量是变值，它随臂长和幅度而变,理论上有无数个值。通常将最大额定起重量称为最大起重量,或简称起重量。

2. 起升高度

起升高度是指起重机运行轨道顶面到取物装置上极限的高度;对于旋转类型起重机则指其幅度最小时的最大起升高度。当取物装置可以放到地面或轨道顶面以下时,其下放距离称为下放深度。起升高度和下放深度之和称为总起升高度。

3. 跨度

跨度是指桥式类型起重机大车轨道中心线(或左右支腿垂直中心线)间的距离,单位为"m"。

4. 幅度

幅度是指旋转类型起重机取物装置中心线至旋转中心线间的距离,单位为"m"。

5. 工作速度

起重机的工作速度包括起升、运行、变幅、回转四个机构的速度。

6. 最大爬坡度

爬坡度是表示轮式起重机在各种道路上正常行驶能力的参数。决定爬坡度的主要因素是底盘的牵引力。汽车起重机的爬坡度与汽车相近,为 12°～18°,轮胎起重机的爬坡度为 8°～14°。

7. 最小转弯半径

最小转弯半径是轮式起重机行驶时,打满方向盘,外轮至转弯中心的半径,以 m 表示。转弯半径与起重机底盘的轴距、轮距、转向轮的转角有关。轮胎起重机的最小转弯半径在 7～12 m,汽车起重机则与原汽车底盘相同。

8. 工作类型

起重机的工作类型是指起重机工作繁重程度和载荷变化程度的参数,是起重机工作特征的重要指标。按原实行的工作级别划分方法,工作类型分为轻、中、重和特重四级,相应的 $JC\%$(接电持续率)分别取 15%、25%、40%、60%。

三、铁路货场常用起重机

铁路货场内常用的起重机有龙门起重机、汽车起重机,随着集装箱运输的发展,集装箱门式起重机也成为货场内主要的起重设备。

1. 龙门起重机

龙门起重机主要用于铁路货场装卸长大笨重货物和集装箱,配以抓斗还可用于装卸散堆装货物。龙门架具有两条支腿,可沿铺设在地面上的轨道运行,不需要建造高架桥墩,因而建造费用低;不影响货场改扩建,且能充分利用货位;作业范围大,作业方便。另外,龙门起重机还具有构造简单、制造方便,作业效率高、稳定性好等优点。因此,龙门起重机目前是铁路货场最主要装卸机械。

(1)龙门起重机的分类。龙门起重机按用途可分为一般用途起重机、抓斗起重机、集装箱专用门式起重机和其他用途起重机。铁路货场用的主要是一般用途起重机。

按主梁结构型式可分为桁架式和箱型结构。龙门起重机的构造如图 3－112 所示。桁架式龙门起重机的构造如图 3－113 所示。

(2)龙门起重机的基本组成。龙门起重机主要由机械部分、金属结构和电气设备三部分组成。

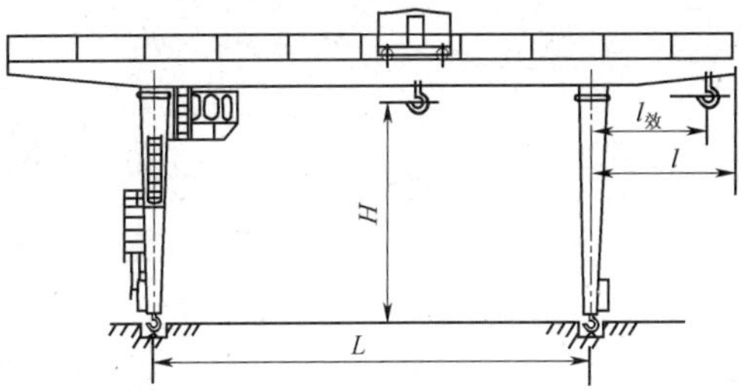

图 3－112 箱型龙门起重机

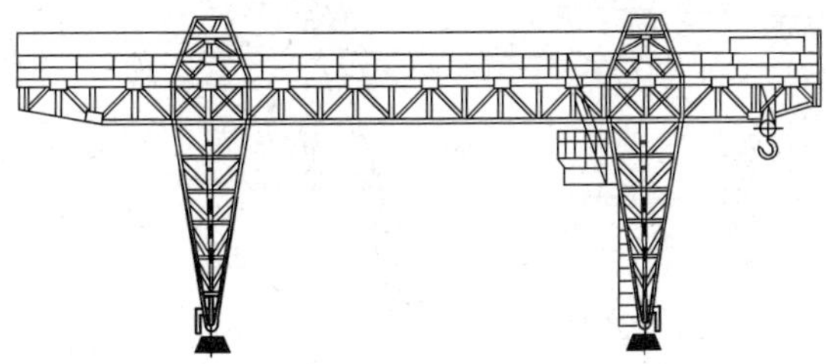

图 3－113 桁架式龙门起重机

2. 集装箱门式起重机

集装箱门式起重机的发展是伴随着集装箱运输的发展而发展的。它是目前铁路集装箱货场应用的一种新型门式起重机。集装箱门式起重机是在龙门起重机的基础上发展起来的一种集装箱专用门式起重机上。它的特点是起重量大，跨度大和起升高度(堆码层数)高，小车能够回转一定角度，电控部分实现全变频装置。能高效、安全装卸各型号集装箱。它是铁路集装箱专用货场或中转站货场进行装卸、搬运和堆码集装箱的专用机械。

集装箱门式起重机回转机构可以设在走行小车的下部、上部或吊具上。回转机构设在走行小车下部的集装箱龙门起重机，如图 3－114 所示。

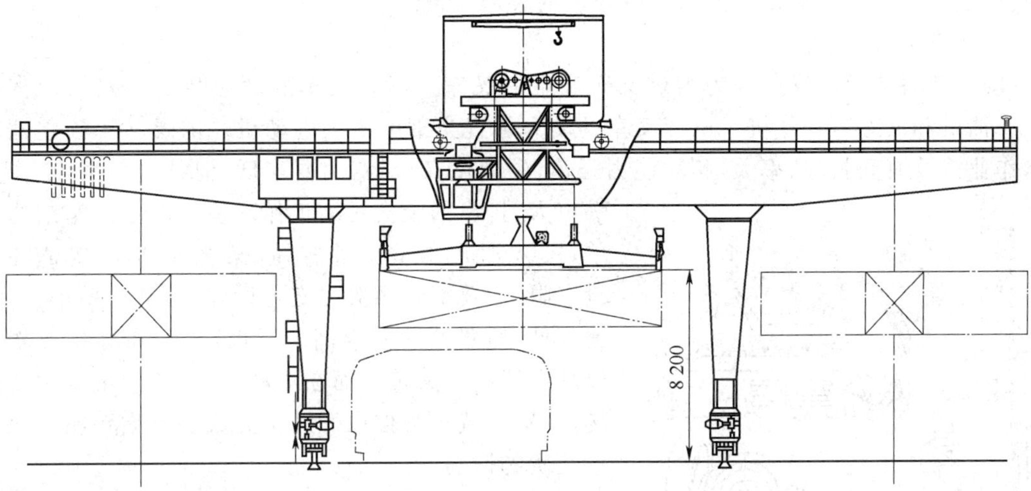

图 3－114 集装箱门式起重机

3. 汽车起重机

目前铁路货场中应用的内燃起重机一般有轮胎起重机和汽车起重机两种。轮胎起重机如图 3－115 所示，汽车起重机如图 3－116 所示。汽车起重机和轮胎起重机主要区别在于：汽车起重机采用通用的载重汽车底盘，而轮胎起重机采用的自行式轮胎底盘。汽车起重机优点是机动灵活、行驶速度高，特别适合于流动性大，不固定的作业场合。但由于汽车底盘的限制，侧向稳定性较差。轮胎起重机由于采用专用的底盘，轴距和轮距配合适当，稳定性较好，并能在平坦的地面上吊重行驶，但由于行驶速度低，所以多数固定在一个货场内进行装卸作业。

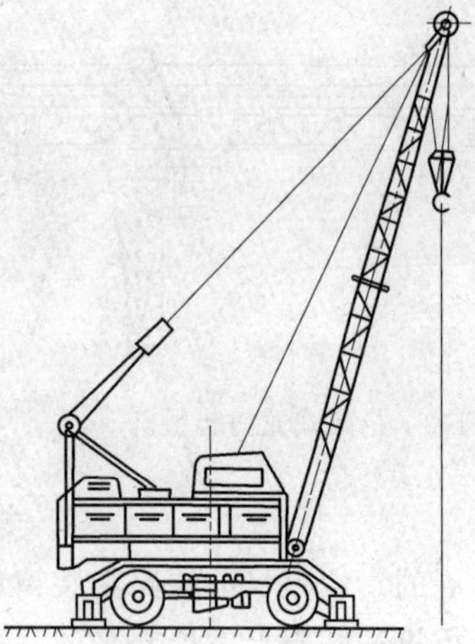

图 3－115 轮胎起重机

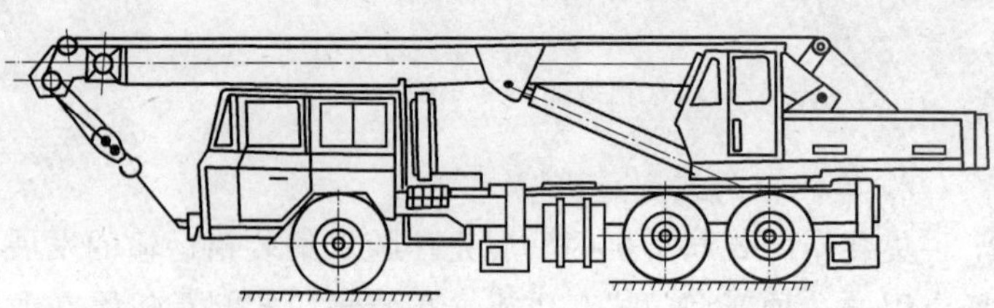

图 3－116 汽车起重机

四、叉 车

叉车是叉式装卸车的简称，也叫叉式装卸机或铲车。叉车是一种用途较广的装卸搬运机械，它主要用于完成成件包装货物的装卸、短途搬运和堆垛等作业。如果配置其他工作属具后，还可扩大其作业范围。叉车广泛用于车站、货场、港口、码头、机场和仓库等部门，是实现成件包装货物机械化的一种高效率的装卸机械。

1. 叉车的基本类型

按照动力装置可将车分为内燃叉车和电瓶叉车。内燃叉车的动力装置一般采用汽油机、柴油机和液态石油气机。电瓶叉车的动力装置为蓄电池－电动机。内燃叉车独立性较强，作业持续时间长，功率大，爬坡能力强，行驶速度高，对路面要求低，但结构复杂，工作时噪声大，排出的废气污染工作环境。电瓶叉车结构简单，操纵灵便，维修保养容易，噪声小，但蓄电池的容量有限，需要配置相应的充电设施；驱动功率小，行驶速度低，对路面的要求高。所以，一般在零担货物中转站配置电瓶叉车。而在流动性大，货源不集中的货场，一般配置小吨位内燃叉车完成小型集装箱或成件包装货物搬运。

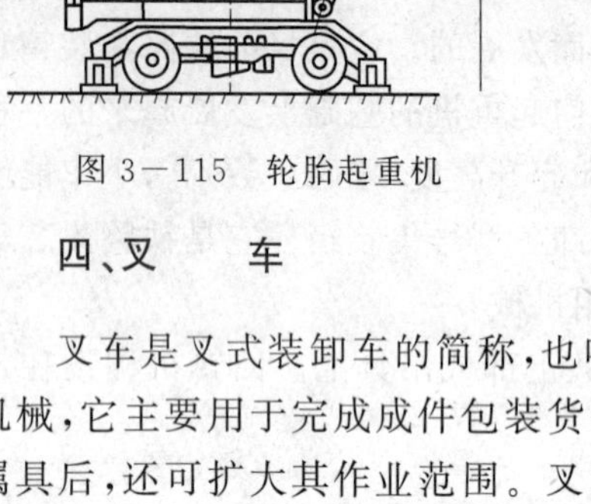

图 3－117 平衡重式叉车

按结构特点不同，可将叉车分为平衡重式叉车、插腿式叉车、前移式叉车、侧面式叉车。铁路货场使用的叉车主要是平衡重式叉车，如图 3－117 所示。

2. 叉车的基本组成

叉车主要由动力装置、传动装置、传动系统、转向系统、制动系统、起升系统、液压系统、电气系统及车架组成。

3. 叉车的主要性能

(1)起升系统。叉车起升系统是叉车最重要的组成部分之一，它用来完成货物的叉取、卸放、升降及堆码等作业。叉车起升系统由货叉、叉架、门架、起升链条和链轮等组成，如图 3－118所示。

(2)传动系统。叉车驱动桥及传动系统的作用,是将原动机主轴的旋转力矩传至驱动轮,使叉车沿地面行驶。

(3)液压系统。液压系统是利用工作液体传递能量的装置。叉车的液压传动是通过油液把运动传给工作油缸,以达到装卸货物的目的。

(4)转向桥及转向系统。叉车的转向桥(亦称后桥)除承受着车体的一部分重量外,在后桥上还装有转向系统的一些零部件,以实现叉车转向。叉车转向有机械式转向、具有液压助力器的机械式转向、全液压转向三种方式。

(5)制动系统。制动系统的作用是用来降低叉车的行驶速度和停车。由于叉车在装卸作业中需要经常减速和停车,因此制动系统工作的可靠性对于叉车的作业安全和提高作业效率起很重要的作用。

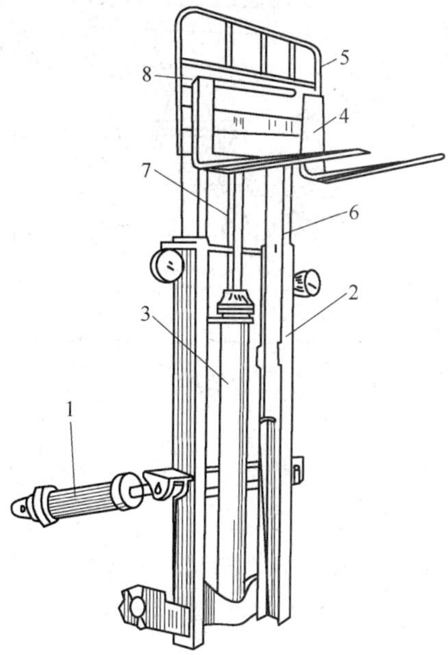

图 3－118 起升机构

1－倾斜油缸;2－外门架;3－起升油缸;4－货叉;5－叉架;6－内门架;7－起重链;8－导轮架。

制动系统由脚制动和手制动两部分组成,在一般情况下使用脚制动,而在紧急刹车或脚制动失效时使用手制动。

(6) 电气设备。根据叉车类型的不同,其电气设备的组成及作用亦有所不同。电瓶叉车的电气设备是对电瓶叉车各种动作进行电气控制的装置;内燃叉车的电气设备是维持内燃叉车正常工作的电气装置。

(7)车架。车架是叉车的机架,叉车几乎所有零部件都安装在机架上。因此,它应当具有足够的强度和刚度,以承受作业时各种载荷的作用。车架用钢板和型钢焊接而成,主要由纵梁、横梁和侧板、尾板等组成。

五、装 载 机

装载机是一种用途十分广泛的工程机械,它可以用来铲装、搬运、卸载、平整散堆装货物,也可以对岩石、硬土等进行轻度的铲掘工作,如果换装相应的工作装置,还可以进行推土、起重、装卸木料及钢管等作业。

1. 装载机的分类

装载机有单斗和多斗两种,工程上常用的是单斗装载机。

按装载机的用途分类可分为露天矿类及工程类,前者载重量大于 10 t,用于露天矿采掘作业;后者载重量小于 10 t,用于筑路工程。铁路货场采用载重量小于 5 t 的装载机,进行装车转堆等作业。

按发动机的功率分类可分为小型(功率小于 74 kW)、中型(功率为 74～147 kW)、大型(功率为 147～515 kW)和特大型(功率大于 515 kW)四种。

装载机按走行机构的不同可分为轮胎式和履带式两种,如图 3－119 所示。轮胎式装载机是以轮胎式专用底盘为基础,配置工作装置及其操作系统而成。轮胎式装载机按其车架结构型式又可分为铰接式装载机和整体车架装载机。铁路货场内使用的大多是轮胎式铰接式车架装载机。

(a) 轮胎式　　(b) 履带式

图 3－119　装载机

根据传动方式装载机可分为机械传动、液力机械传动、液压传动和电传动四种。

2. 装载机的基本组成

装载机与内燃叉车各部分的构造基本相似，区别主要是工作装置不同。主要由动力装置、工作装置、传动系统、转向系统、制动系统等组成。

3. 装载机的主要性能

(1)装载机的动力装置。装载机的动力装置是内燃发动机，主要是柴油机，为了提高装载机的单位自重功率和降低燃料消耗，可采用废气涡轮增压发动机。动力装置必须保证整机具有良好的使用性能和寿命。

(2)传动系统。传动系统的作用是将原动机的动力传到驱动轮，使装载机行驶。

(3)转向系统。转向系统的作用是使装载机行驶转向，是由方向盘、转向器及转向桥等部分组成。装载机的转向装置按转向动力来源可分为机械转向、液压助力转向及全液压转向装置三种。

(4)制动系统。制动系统的作用是使装载机行驶减速及停车，是由车轮制动器及制动总泵、分泵等部分组成。

(5)工作装置。工作装置是装载机的重要组成部分。装载机的铲装、翻斗、提升以及卸料都是通过控制工作装置的液压系统来实现的，能轻便省力、动作准确。装载机的工作装置按结构型式可分为有铲斗托架和无铲斗托架两种。在一般情况下，装载机的工作装置是由铲斗、动臂、摇臂、连杆(或托架)以及转斗油缸和动臂油缸等组成。

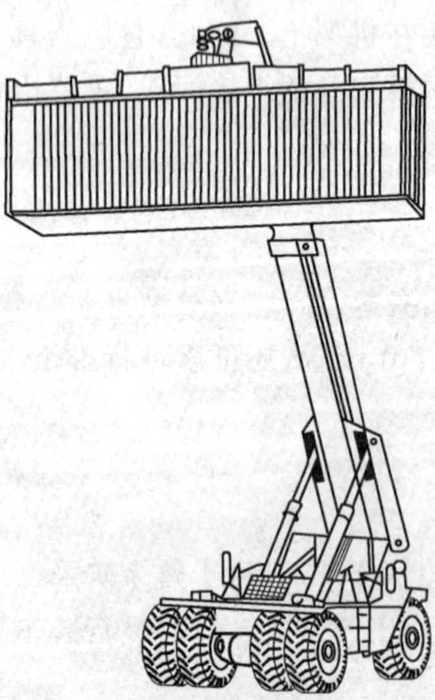

图 3－120　集装箱正面吊运机

六、集装箱正面吊运机

集装箱正面吊运机是通过改变可伸缩动臂的长度和角度，实现集装箱装卸和堆垛作业的工业搬运机械。随着铁路集装箱运输的迅速发展，铁路集装箱专用货场、中转站都需要性能好、效率高、多用途的流动式集装箱专用搬运机械，集装箱正面吊运机就是这样一种集装箱装卸搬运机械。它是在 20 世纪 70 年代中期开发的一种新机型，如图 3－120 所示。与叉车比较，它具有机动性强、视野好、稳定性好、轮压较低、堆码层数高、堆场利用率高等优点，是比较理想的货场装卸搬运机械。

1. 集装箱正面吊运机的结构形式

集装箱吊运机的结构形式有单臂架集装箱正面吊运机和双臂架集装箱正面吊运机两种。

2. 集装箱正面吊运机基本组成

集装正面吊运机由动力系统、驱动传动系统、转向系统、制动系统、臂架伸缩系统、液压系统、安全装置等组成。集装箱正面吊运机的金属机构由四大部分组成，即伸缩臂架、支承三角架、车架和吊架。

第十节 铁路养路机械

为了提高线路维修质量和作业效率、节约劳动力和维修费用，世界各国都在努力研制各种现代化的养路机械。目前，养路机械已由小型到大型、由低级到高级、由单机到联合机械，逐步发展到采用先进技术设备的大型、高效、多功能的新型机械。本节将简要介绍钢轨探伤车、钢轨打磨车、快速轨道检测车、大型抄平起拨道捣固车、全断面道砟清筛机、大型动力稳定车和大型配砟整形车等。

一、钢轨探伤车

1. 钢轨探伤车产生的背景

(1)钢轨探伤概述。铁路的旅客列车、货物列车不分春夏秋冬，不分白天黑夜，奔驰在铁路线上，天长日久，钢轨在巨大的冲击力作用下，有可能会产生非破坏性的“内伤”，这对行车安全有着很大的危害性。因此，铁路的工务部门要有专人经常检查钢轨的“健康状况”。长期以来，这项工作是由养路工人用小锤对每根钢轨进行敲打，以声音来判断钢轨是否存在内伤。这样做，主要是凭工人们的经验来判断，不但劳动强度大，而且也不一定能诊断正确。

超声波技术崛起后，人们就利用它来作为探伤的手段。铁路工务部门研制了“超声波探伤仪”，用来探测钢轨的内伤，并取得明显的效果。

(2)超声波探伤原理。超声波是一种频率超过 2 万 Hz，且不引起人们听觉的弹性波。超声波技术在工农业生产、医疗卫生、交通运输等方面得到广泛应用。例如，人们利用这个特性制造了超声波钢轨探伤仪，现已广泛应用到铁路工务部门探测钢轨内伤方面。在夜晚，我们之所以能够借助手电筒来看到物体，是因为手电筒发出的光波射到了物体上，物体又把光波反射到我们眼睛的视网膜上，把光波信号变成生物电信号让脑子感觉和分析的结果。超声波探伤仪测定钢轨伤损的原理和上述情况相似。它利用探头向钢轨内发出超声波声波，在遇到缺陷、伤痕或气泡时，反射回的超声波就被探头接收后转换成电信号，这个信号又被送到仪器的报警或显示部分，于是我们就知道伤损的存在了。超声波探伤仪的工作原理方框图如图 3－121 所示。

当仪器接通电源以后，主控同步脉冲发生器同时发出三路脉冲信号去触发相应的电路。其中一路触发超声波脉冲发生器，一路触发扫描发生器，一路触发时标及闸门电路。

仪器在工作的时候，只要适当控制扫描电压变化速度的幅度，就可以在荧光屏上得到一个清晰而稳定的图形。国产 JGT—1 型和 JGT—2 型仪器显示的都是 A 型显示方式。

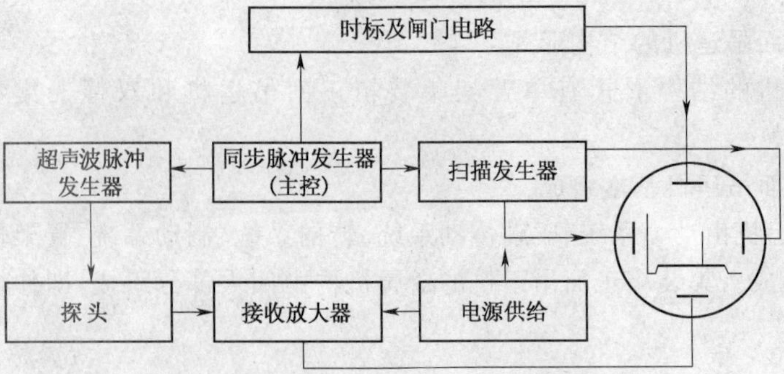

图 3－121　超声波探伤仪的工作原理图

在 A 型显示仪器的荧光屏上横轴代表时间(距离)；纵轴表示超声信号的幅度。经过检波而显示的称为 A_{DC} 型显示，不经过检波而显示的称为 A_{AC} 型显示，如图 3－122 所示。

(3)超声波钢轨探伤仪概况。到目前为止，我国自行设计、研制的超声波钢轨探伤仪先后有 JGT－1 型、JGT－2 型、JGT－3 型、JGT－4 型和 JGT－5 型等。

超声波钢轨探伤仪一般均由 5 个主要部分组成：超声波探伤仪、探头控制箱、探头装置、给水系统和蓄电池箱等。超声波探伤仪是仪器中的主要部件，它把产生的重复脉冲馈送到探头控制箱，将接受到的伤痕脉冲加以放大和显示，并带动报警信号。JGT 型超声波钢轨探伤仪的工作情况如图 3－123 所示。

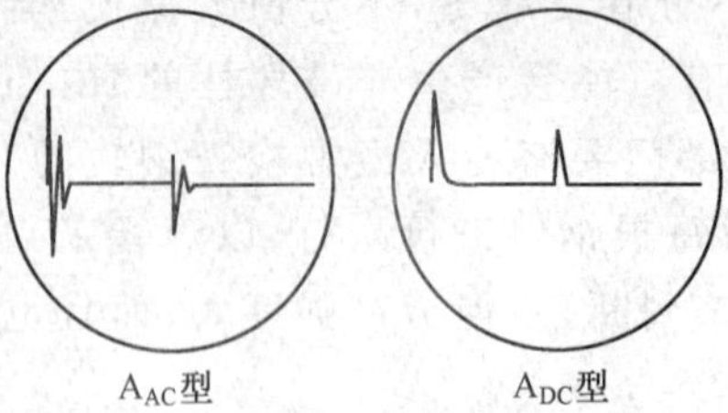

图 3－122　A_{AC} 型和 A_{DC} 型显示

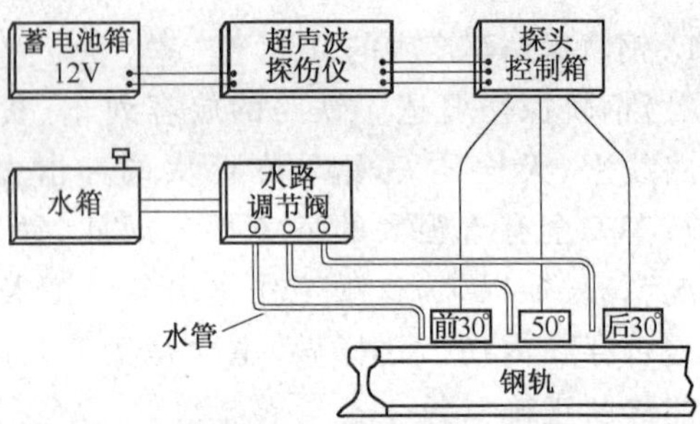

图 3－123　JGT 型超声波钢轨探伤仪工作示意图

(4)超声波钢轨探伤车的产生。随着铁路运输业的发展，铁路线路的不断增长，特别是快速、高速、重载列车的开行，对铁路线路的要求不断提高。钢轨是引导机车车辆运行并直接承受列车荷载的部件，必须经常处于完好状态。因此，铁路工务部门必须经常对干线、主要站线上的钢轨进行检测，钢轨探伤就是检测的主要内容之一。根据目前我国铁路运营里程，用超声波钢轨探伤仪来探测钢轨内伤是远远满足不了需求的，急需要一种精确度高、使用方便、能快速进行钢轨探伤的设备。在这种情况下，快速钢轨探伤车便应运而生了。

2. SYS－1000 型钢轨探伤车概述

SYS－1000 型钢轨探伤车是由我国宝鸡工程机械厂与美国 Padi Jackson 公司合作生产的用于探测钢轨内部各种伤损的大型探伤设备。它由动力车和检测车连挂组合而成，自带动力运行，其外形如图 3－124 所示。车体由我国宝鸡工程机械厂制造，SYS－1000 型钢轨探伤检测系统是美国 PJT 公司采用计算机来处理钢轨超声波信号的思想设计生产的探伤系统。该系统以微处理器为基础，应用先进的传感器、模拟、数字处理技术来采集和处理超声波数据。并且可将采集到的数据转换成二维图像显示(B 型显示)，减少了漏检和误判，在钢轨缺陷模式识别和显示领域处于领先地位。由该系统组成的探伤车能连续同时检测左、右两股钢轨，具有记录、识别、图形显示钢轨伤的类型、位置、程度以及累计变化，并在检测出伤损时发出报警。探伤速度可达 25～40 km/h，探伤重复频率 1 000～2 000 Hz，采样间隔 1.6～6.4 mm，缺陷检出率大于 80%，漏检率小于 20%。检测车及探伤系统的示意图如图 3－125 所示。

图 3－124 SYS－1000 型钢轨探伤车外形图

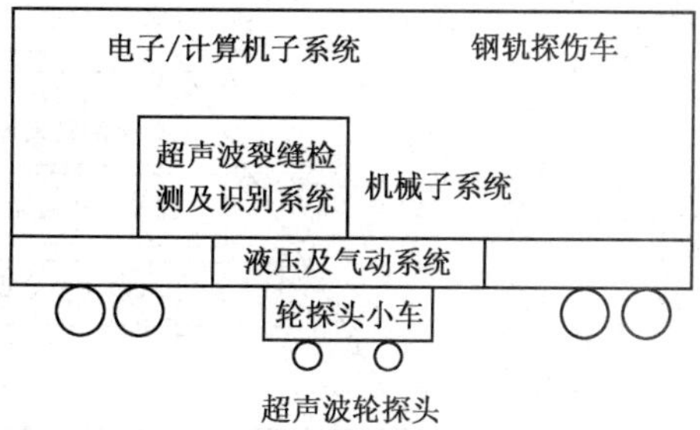

图 3－125 SYS－1000 型超声波钢轨探伤系统

3. 钢轨探伤车车体参数及使用要求

该类型探伤车是由一辆动力车和一辆检测车通过自动车钩及连接风挡连接组成，两车不能分割。动力车全长 14.5 m，检测车全长 16.2 m，两车总长度为 32 m，车体为全承载式全钢焊接结构，具有足够的强度和刚度。列车尾挂方式运输，所尾挂的列车最高速度不应超过 120 km/h。严禁货车连挂、重钩挂车、溜放及通过自动化、机械化驼峰。

4. 钢轨探伤系统组成

SYS－1000 型钢轨探伤系统是对用户有着友好界面的紧密耦合系统，以一种易理解的格式，显示检测到的信息并提供给操作员进一步的辅助信息，例如此系统具有钢轨外形和缺陷的模式识别功能，它使操作员立刻就能准确地知道钢轨中的伤损情况。该系统包括 5 个 PC 机和两个柜处理器(RP)及其他用于处理数据专用的电子电路板。由于系统紧密耦合，系统工作时就如同一个计算机一样，这在钢轨无损实时处理领域是新一代方法的真正代表。

整个系统的主要构成部分如下：两台彩色图形显示器；1 台系统控制计算机(SCC)；1 台显示计算机(VDC)；1 套超声波钢轨缺陷检测系统；一个计算机/电子用户接口；打印和永久储存设备。

系统中各个 PC 机之间通过高速通信电路板进行数据的读写，图 3－126 给出了各级的通信结构图，这就使该系统具有较高的检测速度。各接口都采用标准的接插件，具有很高的通用性能。系统的结构如同一个金字塔，操作者通过 SCC 计算机可以控制整个系统，简化了操作的复杂性。

5. 钢轨探伤车在运输安全生产中发挥了积极作用

目前，钢轨探伤车已在全路运输系统得到广泛应用，在钢轨探伤作业中探测出相当数量的重伤或轻伤钢轨，工务部门采取了措施，换下了带伤钢轨，消除了铁路运输事故隐患，有力地保障了安全生产。近年来，据广州铁路(集团)公司探伤资料统计，在广深铁路共探出重伤钢轨 21 根，在京广线某一区段探出重伤钢轨 11 根，轻伤钢轨 64 根，对于保证行车安全起到了很大的作用。

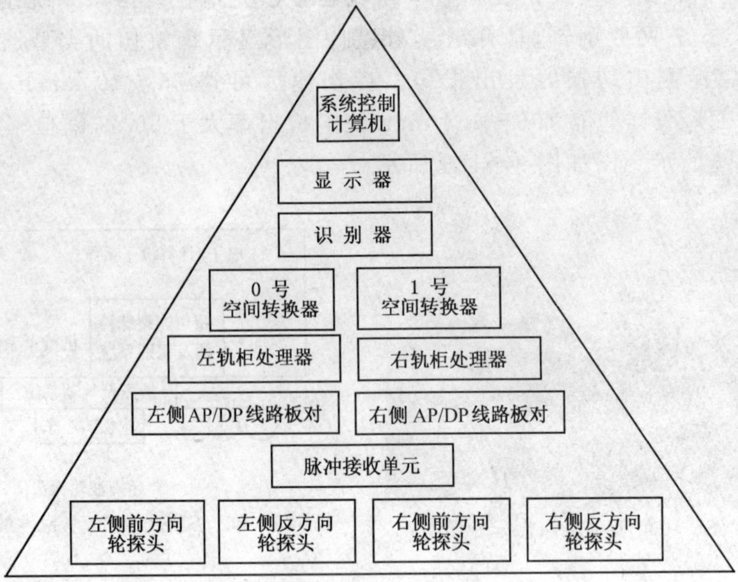

图 3－126 系统结构示意图

二、钢轨打磨车

1. 钢轨打磨车产生的背景

钢轨的轨头踏面在其轧制时就有微小的凹凸不平顺存在，在列车运行过程中，一开始会因车轮踏面与钢轨轨头踏面滚动摩擦而使之减小。但在钢轨焊接处由于列车高速运行时的撞击，会使轨头顶面产生新的微小的凹凸；在列车制动地段会使钢轨产生波状磨耗面出现波长一定的凹凸。这种钢轨凹凸成为轨道振动和噪声的发生源，也是造成轨道不平顺和轮重变动等很多问题产生的基本原因之一。

钢轨凹凸如前面所述，对轨道状态的恶化有很大的影响。因此，揭示其在轨道铺设后如何发展被人们所关注，世界各国都进行了探索。

2. 六头式钢轨打磨车

(1)钢轨打磨车的基本结构。日本开发生产的 6 头式钢轨打磨车如图 3－127 所示。该车

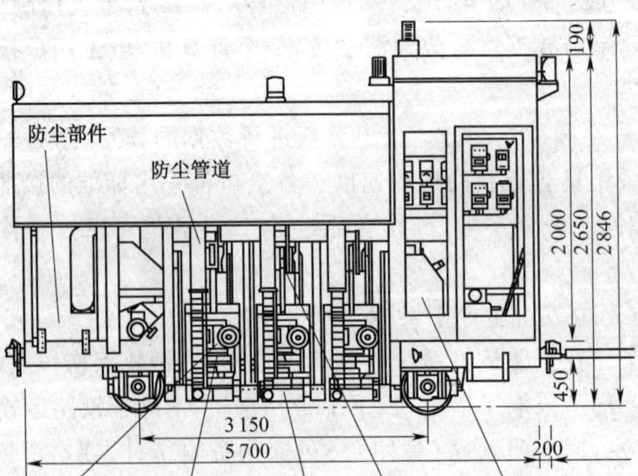

图 3－127 六头式钢轨打磨车(单位：mm)

包括 2 辆编组的电源车，打磨车的左右设置了油压缸升降的 3 台并行打磨设备，共计有 6 个砂轮。砂轮是帽子状，直径为 255 mm，高度为 80 mm，用电动机以 1 700 r/min 的速度旋转。这些打磨设备是手动操作，与前进方向成直角，砂轮可以倾斜到钢轨外侧(field 角)15°及内侧(轨距角)45°位置。

打磨作业产生的粉末可分为微小的漂浮物和较粗的颗粒，其中漂浮物与空气一起被吸入过滤器进入吸尘器箱子内。而打磨颗粒用设置在砂轮火花喷散方向的专用吸尘箱收集。

(2)钢轨打磨车的特点。六头式钢轨打磨车具有以下特点：变化打磨角度，可以打磨轨距角部位；可调整轨距(1 067 mm，1 372 mm)；回送时行驶速度为 45 km/h(被牵引)，自行时为 5 km/h；设置贯通制动(3 头方式)；设置打磨粉末的回收装置；易操作，在驾驶室可集中操作；效率高，打磨速度为 500～600 m/h，打磨量为 0.01～0.03 mm/次；搬运容易，电源车和打磨车是相互独立的，驾驶室远离打磨车。

(3)钢轨打磨车的性能。钢轨打磨车的性能如下：打磨速度：500～600 m/h；自行速度：5 km/h；回送速度：被牵引时 45 km/h；打磨量：0.01～0.03 mm/次；吸尘设备：风量为 30 m^3/min；砂轮升降：150 mm(上限螺丝动程)；输出电源：125 kVA，3 相 200V 和单相 110V，60Hz 和 50Hz；发动机输出：180 PS 、1 800 r/min。

3. PGM—48 钢轨打磨列车

为了加速我国铁路养路工作机械化，20 世纪 90 年代末，广州铁路(集团)公司从国外进口了 PGM—48 钢轨打磨列车，下面简要介绍其基本情况。

(1)PGM—48 钢轨打磨列车的组成。钢轨打磨列车由 1 号车(或叫控制车或叫 A 端车)、2 号车(也叫生活车)和 3 号车(叫末端车或 B 端车)组成。1 号车是主控制车，部件组成如图 3－128所示。2 号车是生活车，部件组成如图 3－129 所示。3 号车是末端车，其构造和组成与 1 号车基本相同。

(2)打磨小车。打磨小车是一个承载装置，上面装有打磨头，PGM—48 钢轨打磨列车上每一个打磨小车都装有 8 个磨头，每节打磨车装有两个打磨小车，打磨小车在长途运行及整车被机车牵引时，在正常施工作业时，小车始终处于低位(工作位)。打磨小车的俯视图如图 3－130所示。

(3)PGM—48 钢轨打磨列车的操作条件。当处于运行状态时，PGM—48 的轮廓尺寸满足中国铁路机车车辆限界，轨距为 1 435 mm，本车最大轴荷为 23 t。

本车可在下列条件下工作：超高可达 150 mm；海拔高度 1 000 m；环境温度－10℃～40℃；相对平均湿度 72%；雨天及夜间；可连续工作 6 h，但砂轮在 6 h 内发生消耗时，这个连续工作时间则不含更换砂轮的时间。

(4)PGM—48 钢轨打磨列车的运行性能。PGM—48 钢轨打磨列车带有两个装备齐全的驾驶室，它们分别位于列车的前端和后端，并可在任意一端进行驾驶，司机座位设计成左位。

本车可编挂进入其他列车运行，最大自行速度为 80 km/h，本车处于编挂状态时，速度可达 100 km/h；本车处于运行状态时可通过最小半径为 100 m 的曲线；处于运行状态，速度 80 km/h，在平直干燥的线路条件下，其制动距离小于 400 m；当本车处于打磨状态，打磨小车置于钢轨上，它能以不大于 30 km/h 的速度通过 50/60/75 kg/m 钢轨的 8 到 20 号道岔，超过此条件应相应降低运行速度或提起打磨小车运行。

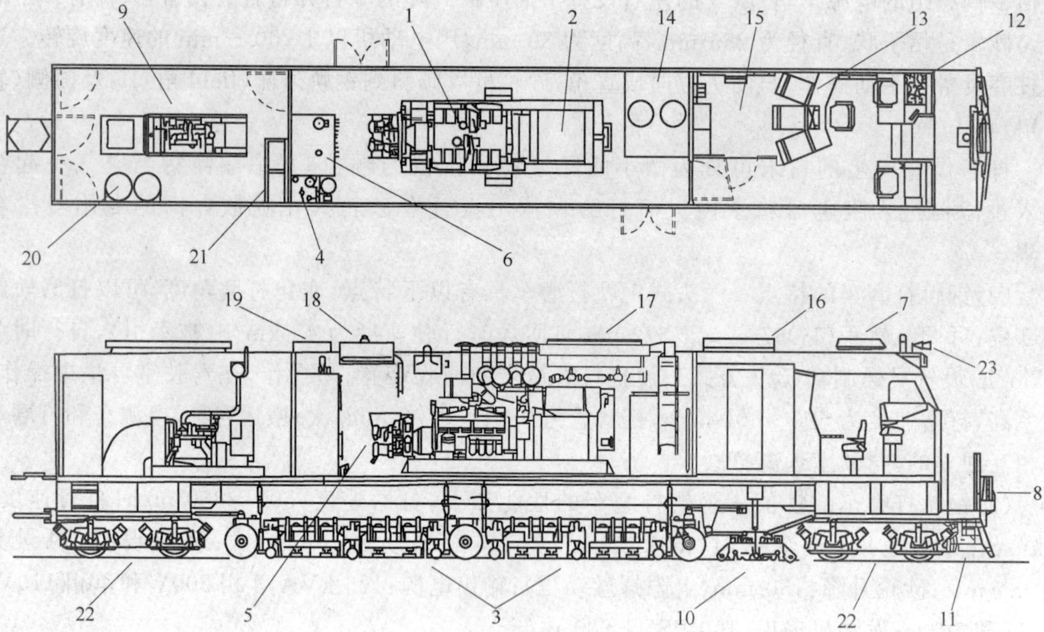

图 3－128　1 号车部件组成图

1－910 kW 康敏斯 KTA38 柴油机；2－680 kW Rato 8P6－1500 发电机 600 V/120 Hz；3－16 个磨头，分别安装在两个小车上；4－液压油箱和油泵及打磨系统；5－液压泵，走行和冷却系统；6－液压油箱，走行和冷却系统；7－空调；8－软管盘；9－辅助发电系统 77 kW，380/220 V，星形连接，3 相，50 Hz；10－波磨小车；11－轨廓测量系统；12－司机控制部分；13－打磨控制计算机系统；14－燃油箱；15－电气控制间；16－加压装置；17－发动机水冷却器；18－机油冷却器－走行系统；19－机油冷却器－打磨系统；20－机油桶，用于储存；21－蓄电池，康敏斯 KTA38 柴油机；22－走行转向架；23－汽笛及灯系。

4. 钢轨凹凸的打磨效果

依据前面介绍的理论，钢轨/车轮噪声及结构物的噪声，是由于车轮/钢轨凹凸而在其接触处发生的。日本在新干线综合试验线（小山试验线），进行轨头踏面打磨试验，取得良好的效果。通过打磨作业后，车下噪声可以大大降低，列车运行平顺。

实践证明，在钢轨出厂前进行钢轨轨头踏面的打磨，可以在钢轨铺设后产生上述效果。

钢轨打磨车出现之后，在高速铁路线上定期对钢轨轨头踏面进行打磨，消除钢轨凹凸不平形状和防止钢轨剥落，使列车运行平顺，大大减少振动，降低噪声，从而提高旅客的舒适度。同时，可以减少轨道养护维修作业量，降低运营成本。

三、快速轨道检测车

1. 概述

在铁路线路的运用和日常管理中，一方面要做好线路设备静态检查、评定；同时，在静态检查、评定的基础上，还应加强线路设备的动态检测。动态检测一般是用快速轨检车（高速铁路为高速轨检车）来进行的。通过检查，了解和掌握线路局部不平顺和线路区段整体不平顺。线路区段整体不平顺的动态质量用轨道质量指数（TQI）评定。对超过管理值的线路有计划地安排综合维修、经常保养和临时补修，以轨道检测数据指导维修管理。

我国铁路轨道几何尺寸允许偏差管理值在《技规》中有明确规定。

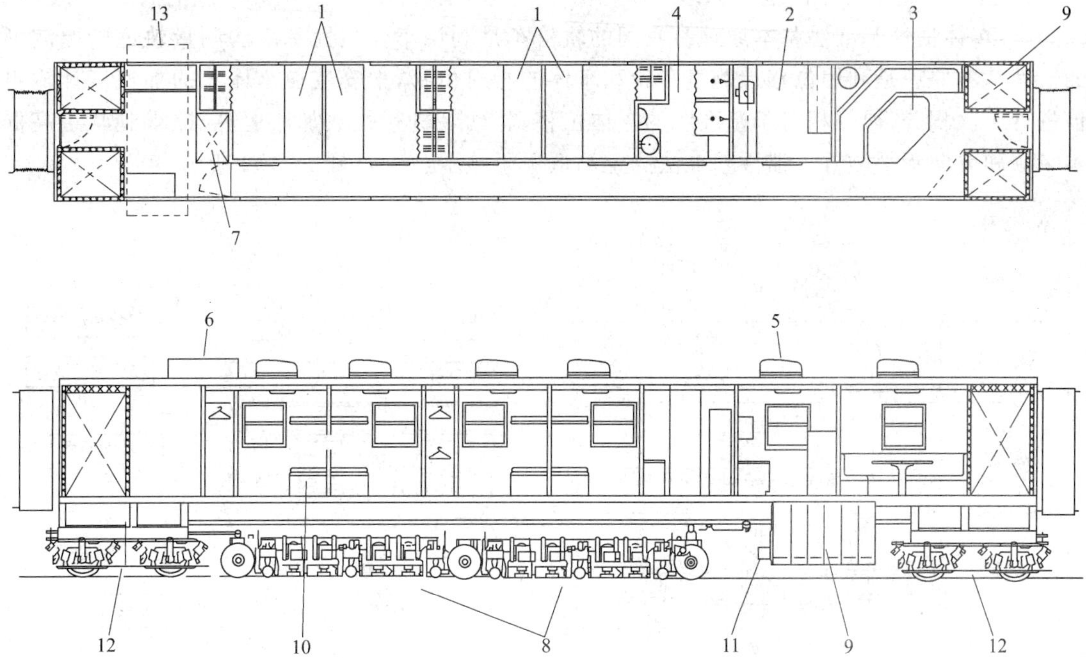

图 3－129 2 号车部件组成图

1－卧铺间；2－厨房；3－饭厅；4－漱洗间；5－空调系统；6－空气加压系统；
7－液压油箱和泵——打磨系统；8－安装在两个打磨小车上 16 个磨头；9－消防水箱；
10－生活水箱；11－水泵——消防控制用；12－转向架(非动力转向架)；13－水泵，生活水用。

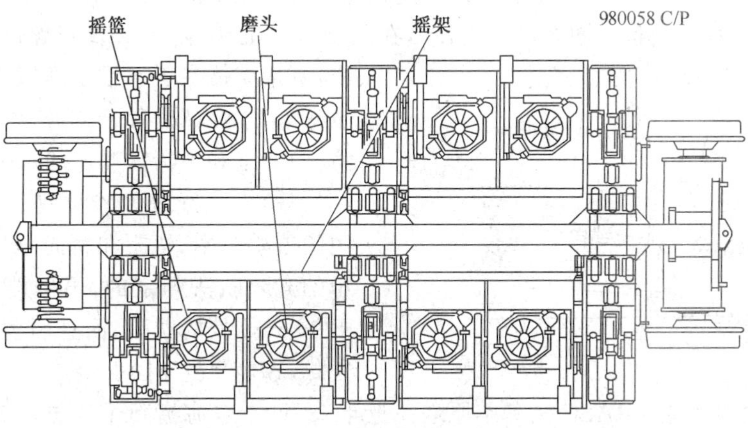

图 3－130 打磨小车(俯视图)

快速(高速)轨道检测车可以在快速(高速)运行中检查动荷载下的轨道几何状态，并能及时处理数据。当轨道变形超过规定限度时，能在现场自动喷射涂料，在轨道上留下标志。

轨道检测车可以测定轨距、水平、方向、高低(轨道超高)、10 m 或 20 m 等弦正矢、车辆振动加速度、轴重等项目。此外，还能测定噪声强度。

日本铁路轨道不平顺的检测方法如图 3－131 所示。轨距是随着方向不平顺在钢轨表面以下 14 mm 处测量；水平误差是钢轨轨头顶面的高度之差；高低和方向不平顺是以 10 m 弦为基线而测量的正矢值。这些不平顺，除在运输过程中间隔一定时间以运行的轨道检测车在轮重作用下进行动态检测外，必要时还采用人工或简单的检测装置进行静态测试。

2. 轨道检测车的检测基本原理

(1)车体惯性基准法基本原理。我国的轨检车是利用车体惯性基准法测量轨道的原波形的。其基本原理是利用位移计测量车轮和车体的相对位移，把安装在车体上的加速度计输出值进行二次积分，得到相对于基准线的车体位移，将两者进行代数加法运算，即得到轨道高低不平顺和方向不平顺等。惯性基准法测定高低不平顺示意图如图 3－132 所示。

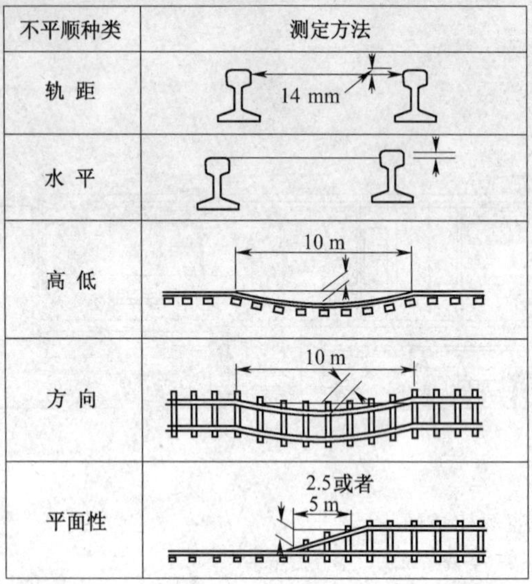

图 3－131　日本铁路轨道不平顺检测方法

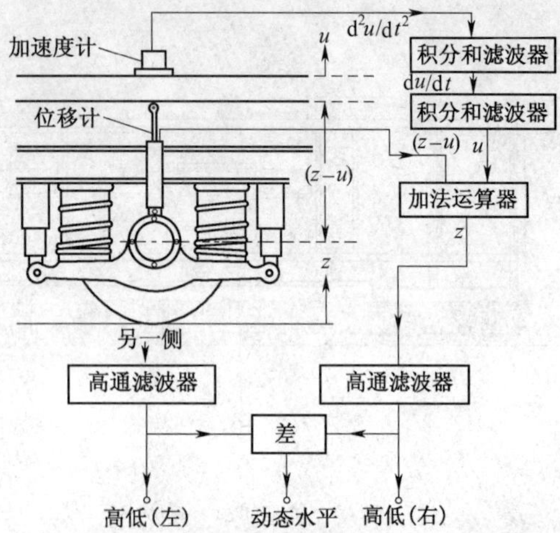

图 3－132　惯性基准法测定高低不平顺示意图

(2)陀螺仪法基本原理。日本新干线测量高低不平顺是用刚度特别大的具有三个转向架的轨道检查车。水平测量如图 3－133 所示，在刚度很大的车体上，装置陀螺仪构成水平基准线，测量车体对于水平基准线的倾角，测量由于车轮的相对位移而对于水平基准线的倾角，两者之和即为需测定的水平值。

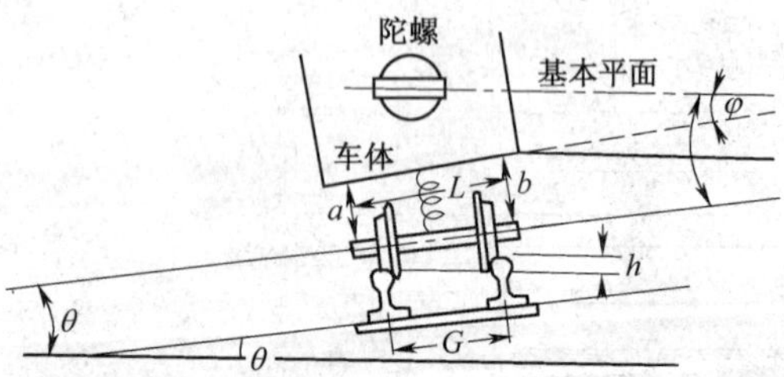

图 3－133　水平不平顺的测定示意图

(3)光隔断法基本原理。日本新干线使用的轨检车中，轨距和轨向是用图 3－134 所示的光隔断法测定的，不但能正确测定轨面下 14 mm 处的轨距，而且因为是非机械接触方式，速度可达 210 km/h。

(4)电子检测装置 TRASC 法基本原理。近年来，日本东海道新干线更新轨道检查车时，在轨道检查车上安装了一套轨道状态确认装置 TRASC，其原理如图 3－135 所示，在轨道检查车的轴箱上安装加速度计，对其输出值二次积分得到高低不平顺。另外，从这个轴箱上伸出臂架，面向钢轨安装涡电流式位移计，测量位移计和钢轨之间的变形，同时对位移计处的加速度值进行二次积分得一数值，两者进行代数加法，即可得到原波形。

在这种装置中，若走行时有超过管理目标值的轨道不平顺，该装置会产生鸣叫，该区间不平顺值和前后 20 m 区间的不平顺值会同时打印出来。测定的数据还可利用并行处理装置输入到车载计算机中。检测结束时，下载到软盘或光盘上，在地面上再进行各种处理。

3. 轨道检查车的测定设备

轨道检查车的测定设备主要由检测部、运算部、记录部等组成。现代检测车的重要特点是

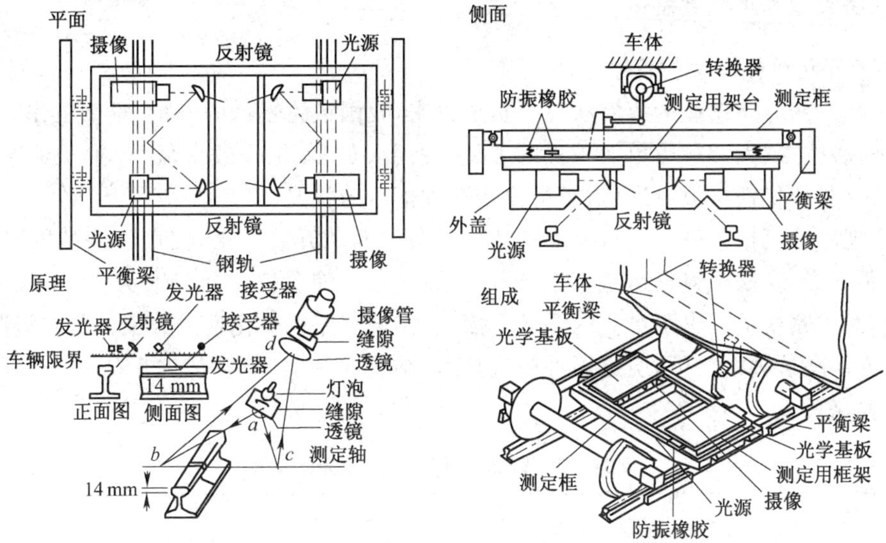

图 3－134　光隔断法测轨距及方向不平顺示意图

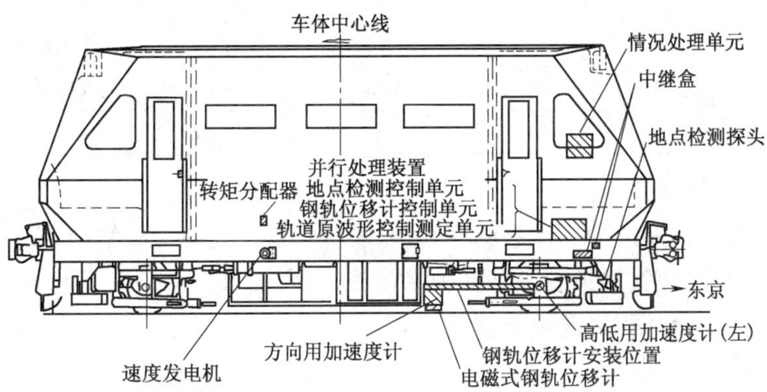

图 3－135　装有 TRASC 的轨检车示意图

使用电子计算机和各种分析仪器，及时处理轨道检测数据。检测数据记录除用磁笔模拟记录在纸上外，各国还采用了模拟磁带和数字磁带记录，并装有光学示波器记录装置。测量系统的功能如图 3－136 所示。

电子计算机：为通用数据处理计算机，直接固定于车体仪器架上。

示波器：为紫外线示波器，使用振子式记录仪，纸带宽 200 mm，可记录 12 条波形信号。

模拟磁带记录仪：采用 14 路模拟磁带记录仪，在 2.54 cm 宽磁带上记录 13 条模拟信号。

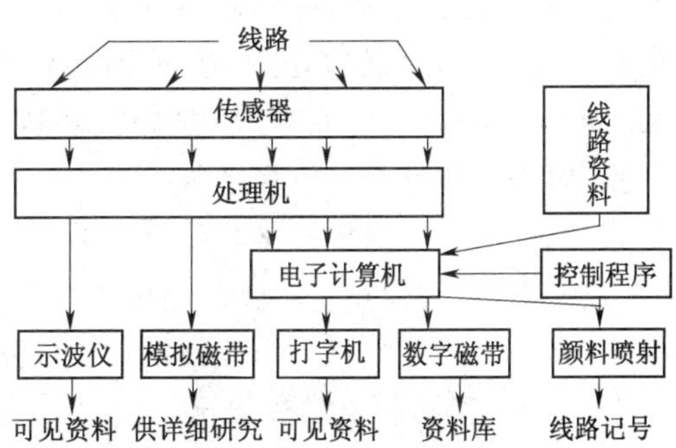

图 3－136　测量系统的功能示意图

数字磁带：可记录 600 km 数据。

打字机：可及时打印轨道质量特性统计，每 200 m 打印一次数据。

颜料喷射：通过电子计算机控制的喷涂器，把记号留在轨道上。

四、铁路大型养路机械概述

1. 大型养路机械产生的背景

(1)亟待改变养路作业的落后状况。长期以来,我国铁路轨道的养护、维修工作,主要是使用道镐、铁扒、撬棍、大锤等简单而笨重的工具,占用人员多,工作效率低,养护质量差,工人们劳动强度大,与现代铁路极不适应,亟待改变这种落后的状况。

(2)实现养路机械化是一项重要而迫切的任务。改革开放以来,国民经济持续发展,人民生活水平不断提高,铁路客货运量不断增长(表3-13),使养路工作量大大增加,特别是列车提速之后,对线路质量提出了更高的要求。因此,实现养路机械化就成为工务部门极其重要而迫切的任务。在这种情况下,引进国外先进技术,结合我国实际情况,先后研制和批量生产了各类大型养路机械。

表3-13 铁路近期客货运量增长情况

运量及% \ 年份 / 项目	1980年	1985年	1990年	1995年	2000年	2005年
客运量(万人)	92 204	112 110	95 712	102 745	105 073	115 583
	100%	121.6%	103.8%	111.4%	114.0%	125.4%
货运量(万t)	111 279	130 709	150 681	165 982	178 581	269 296
	100%	117.5%	135.4%	149.2%	160.5%	242.0%

资料来源:2006年《中国交通年鉴》。

实现我国铁路快速发展的总体思路中强调,要优化铁路线路基础结构,提高轨道整体结构承载力,在主要干线全面实行大型机械养护维修施工,大力推进专业化集中修,扩大线路大型养路机械维修,以适应高速、重载发展的需要。

2. 机械化养路工作的现状

目前,我国铁路线路维修作业机械化程度仍然较低。为了加快发展步伐,在工务段设立了机械化施工队和养路工区,配备了以单项、小型为主的养路机械,如电动捣固机、扒砟机、边坡回填机、液压起道机等,从而减轻了劳动强度,提高了作业效率和线路质量。大型养路机械逐步在各铁路局推广应用,由单机到联合机械,逐步发展到采用先进技术设备的大型、高效、多功能的机械。例如,大型起道、拨道、捣固联合作业机械每小时可捣固线路600~1 300 m;清筛机每小时可以清筛道砟650 m^3;线路大修列车能够完成拆卸旧轨排直到铺设新轨排的全部作业,每小时作业进度为200多米等。

近年来,我国铁路机械化养路有了新的突破,各铁路局普遍组建了机械化维修段;以捣固车、配砟整形车、动力稳定车为编组的大机作业在各繁忙干线进行维修作业;钢轨打磨车、探伤车投入运用;机群开"天窗"作业技术日臻成熟并得到普及。

3. 大型养路机械的发展概况

在我国铁路史上,20世纪80年代是养路机械化发展的重要时期。特别是在大型养路机械研制方面,铁道部、各铁路局都非常重视,先后引进了一批国外大型养路机械,并结合我国的国情进行改造,生产出适合我国铁路应用的大型养路机械。经过近20年的努力,大型养路机械已发展到相当的规模。据统计资料,至"九五"末,全路大型养路机械达250台(列),线路大修、维修年作业能力分别达到2 500 km和22 000 km。实践证明，采用大型养路机械化作业开"天窗"进行线路维修是我国铁路线路，特别是运输繁忙线路修理作业的有效途径，是线路维修现代化的发展方向。

在大型养路机械研制和生产方面，昆明机械厂做出了突出贡献。近年来，该厂批量生产了18个品种的铁路养路机械、机具，销往各铁路局、铁路工程局以及矿山、港口等地方铁路专用线。该厂生产的WD－320型线路动力稳定车、SPZ－200型双向道岔配砟整形车、QQS－300型全断面道床枕底清筛机是工厂自行开发的高技术产品，引进奥地利普拉塞公司先进技术生产的08－32型和09－32型自动抄平起拨道捣固车，RM80型全断面道砟清筛机是具有国际先进水平的铁路养护机械。

4. 快速发展对大型养路机械的要求

随着路网规模的扩大，综合运输能力的提高，高速、重载列车的开行，铁路客货运量将实现大幅度增长。这样，对铁路线路的质量要求将越来越高。为适应这一新的形势，按铁路快速发展的要求，铁道部将调整工务布局，工务实行养修分开，工务段主要负责线路保养和临修，逐步取消中修，广泛采用大型养路机械。根据新技术新设备的要求，将全面调整维修体制，大力推进专业化集中修，扩大线路大型养路机械维修，不断提高线路维修质量和机械化养路的比例，以适应高速、重载和大运量行车安全的要求。

5. 大型养路机械的种类

目前，我国铁路广泛采用的大型养路机械主要有以下几种类型：

(1)线路捣固机械。线路捣固机械是通过捣固作业，使轨枕下支承力量均衡的一种专用机械设备。在铁路新建和线路大、中修施工中，它与铺轨轨、起拨道机、配砟整形机及夯实机等联合使用，可完成线路施工的机械化作业。目前，我国铁路线路主要是使用08－32型抄平起拨道捣固车，其外形如图3－137所示，结构图如图3－138所示。

当前，国外铁路上使用的线路捣固机械大多为重型、高效、多功能的机械。它能在新建铁路、线路大修和维修作业中高速度、高质量地完成线路捣固、起拨道、整平等作业。

(2)道床清筛机。道床清筛机是用来清筛道床中道砟的作业机械。它将脏污的道砟从轨枕底下挖出，进行筛分后，将清洁道砟回填至道床，将筛出的污土清除到线路外。

我国铁路工务部门十分重视清筛机械的发展。改革开放以来，铁道部为保证铁路高速、安全的运营，彻底改变我国养路机械的落后面貌，在工务系统引进了奥地利普拉塞－陶依尔公司制造大型线路机械的先进技术，采用技贸结合方式引进RM80生产制造技术制造的清筛机已批量生产，其外形如图3－139所示，结构图如图3－141所示。这标志着我国线路机械的制造技术和线路大修、维修作业机械化水平已经发展到了一个新的阶段。

(3)动力稳定车。铁路线路新建、大修和维修施工中，在起道、拨道和捣固作业之后，由于轨排横向移动而使线路的稳定性下降。为了尽快恢复和提高线路的稳定性，保持大修及维修后的几何形状，必须在捣固作业之后立即用夯实机对枕盒及枕肩道砟进行夯拍，使之密实。这样，可大大提高线路的稳定性。WD320型动力稳定车的外形如图3－140所示，结构

图3－137　08－32型抄平起拨道捣固车外形图

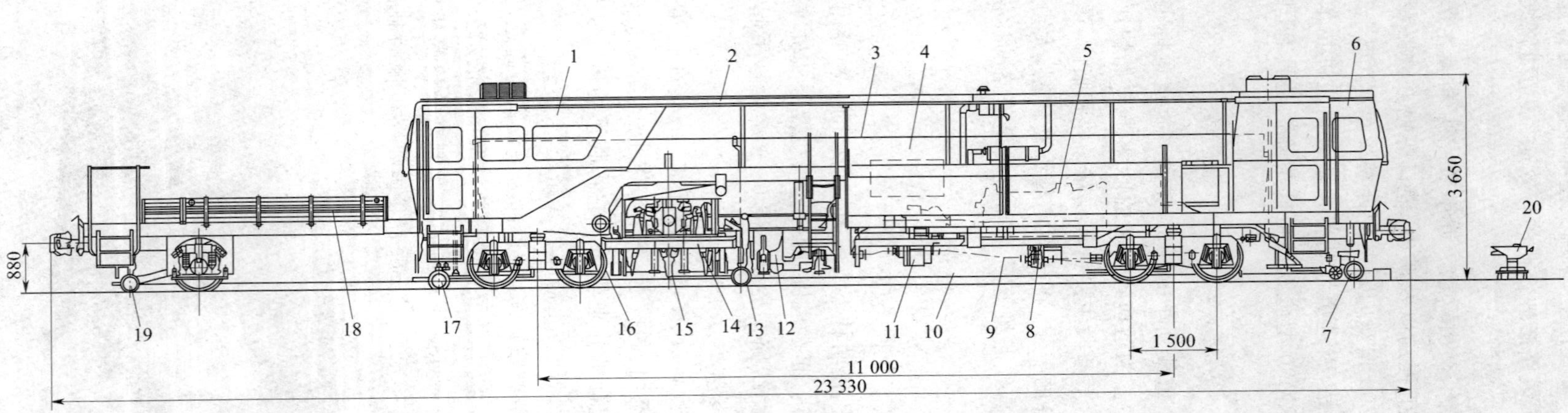

图 3－138　08－32 型抄平起拨道捣固车结构图(单位:mm)

1－后司机室;2－中间车顶;3－高低检测弦线;4－油箱;5－柴油机;6－前司机室;7－D 点检测轮;8－分动箱;9－传动轴;10－方向检测弦线;11－液力机械变速箱;12－起拨道装置;13－C 点检测轮;14－夯实器;15－捣固装置;16－转向架;17－B 点检测轮;18－材料车;19－A 点检测轮;20－激光发射器。

图 3－139　RM80 型全断面道砟清筛机外形图

图 3－140　WD320 型动力稳定车外形图

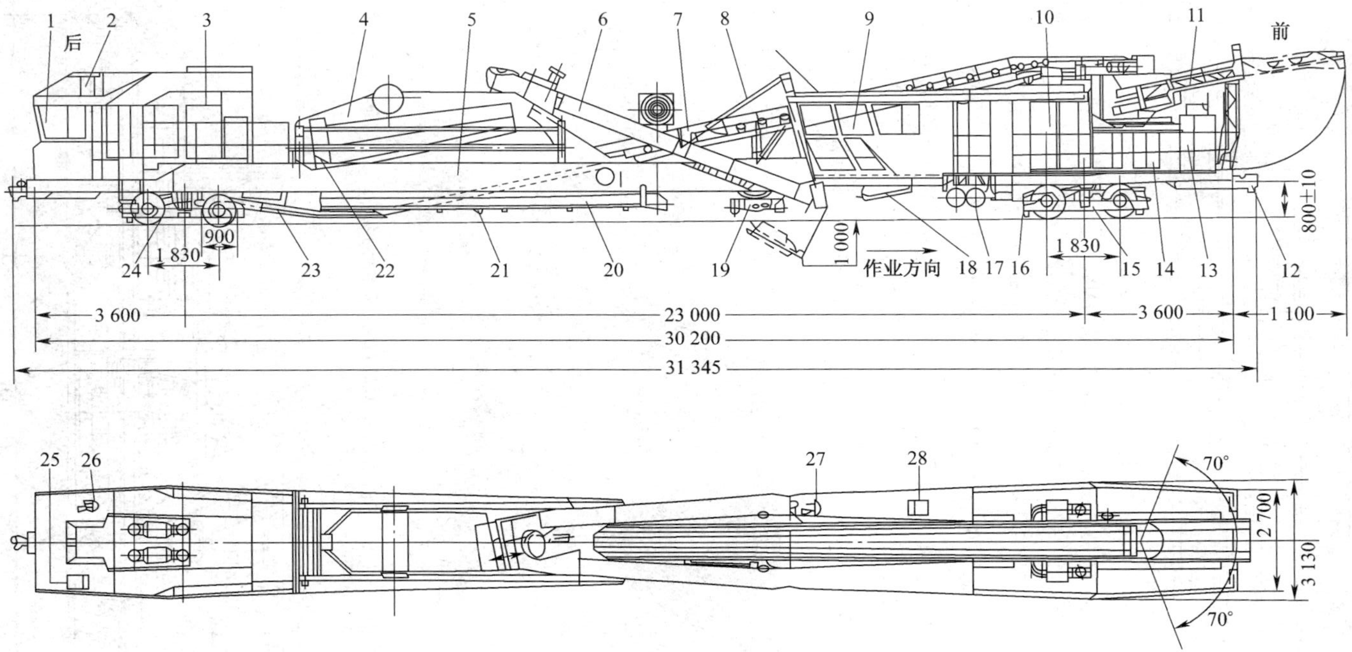

图 3－141　RM80 型全断面道砟清筛机结构图(单位:mm)

1－后驾驶室“2”;2－空调装置;3－后机房;4－筛分装置;5－车架;6－挖掘装置;7－主污土输送带;8－液压系统;9－前驾驶室“I”;10－前机房;11－回转污土输送带;12－车钩;13－油箱;14－工具箱;15－转向架;16－车轴齿轮箱;17－气动元件;18－举升器;19－起拨道装置;20－道砟回填输送带;21－后拨道装置;22－道砟导向装置;23－道砟清扫装置;24－制动装置;25－后司机座位;26－后双声报警喇叭;27－前双声报警喇叭;28－前司机座位。

图如图 3－142 所示。

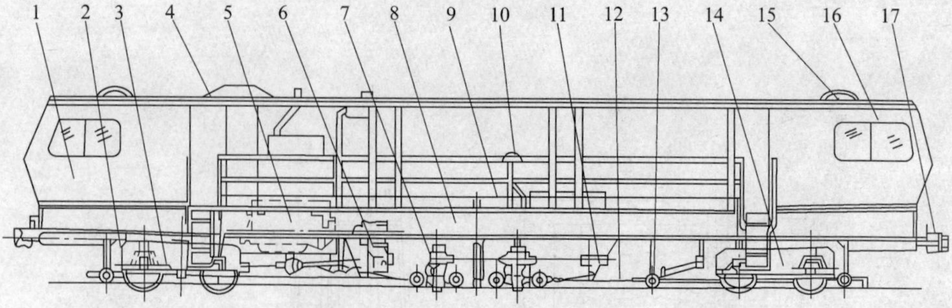

图 3－142 WD320 型动力稳定车结构图

1－后司机室；2－主动转向架；3－制动系统；4－顶棚；5－柴油机；6－走行传动系统；7－稳定装置；8－车架；9－双弦测量系统；10－电气系统；11－液压系统；12－单弦测量系统；13－气动系统；14－从动转向架；15－空调与采暖设备；16－前司机室；17－车钩缓冲装置。

(4)配砟整形车。配砟整形车用于新建铁路及线路大、中、维修施工中的道床配砟、整形作业。该车与铺轨机、清筛机、起拨道机、捣固车、动力稳定车等配套，可分别组成新建、大修和维修施工的各种机械化机组。一般放在捣固车前，主要进行配砟及初步整形；也可放在捣固车后，进行整形作业。SPZ－200 型配砟整形车的外形如图 3－143 所示，结构图如图 3－144 所示。

图 3－143 SPZ－200 型配砟整形车外形图

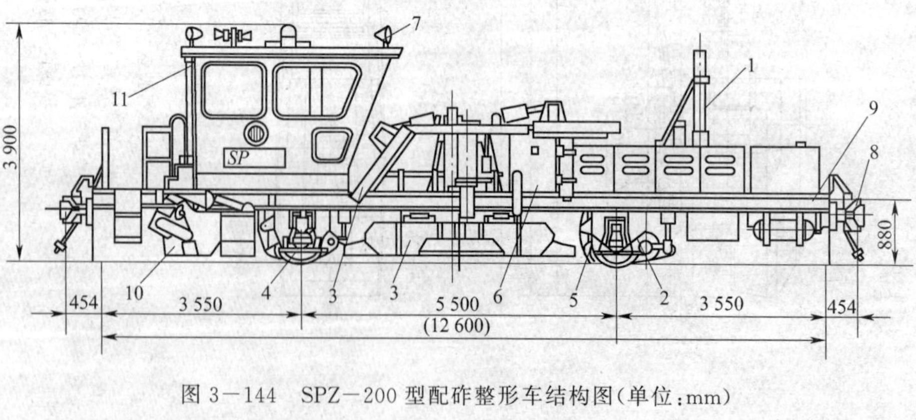

图 3－144 SPZ－200 型配砟整形车结构图(单位：mm)

1－发动机；2－传动装置；3－作业装置；4－走行装置；5－制动系统；6－液压系统；7－电气系统；8－牵引装置；9－车架；10－清扫装置；11－驾驶室。

第十一节　高速铁路

高速铁路是世界铁路的一项重大技术成就，它集中反映了一个国家铁路牵引动力、线路结构、高速运行控制、高速运输组织和经营管理等方面的技术进步，也体现了一个国家的科技和工业水平。高速铁路是社会经济发展和运输市场竞争的必然产物，它不仅促进了地区经济的发展和城市化的进程，同时还促进了地区间的经济联系和相互影响。当今世界上，随着技术的进步，对于铁路运输高速水平的规定日趋提高，目前将时速 200 km 及以上的改造旧线、250 km 及以上的新建客货混线和 300 km 及以上的新建客运专线定义为高速铁路。

高速铁路是超大而复杂的系统工程。我国立足本国基本国情，充分利用多年来积累的技术储备，认真学习和借鉴国外高速铁路建设和运营的成功经验，坚持博采众长，加强原始创新、集成创新、引进消化吸收再创新的全面自主创新模式，通过系统设计和系统集成，逐步构建具有中国特色和世界先进水平的高速铁路技术体系。

一、我国高速铁路的发展概述

1. 我国高速铁路的发展概况

从国家“十一五”规划实施以来，随着“全国铁路第六次大提速”的实施，我国铁道部在全国各地开始运行时速超过 200 km 的“和谐号”动车组，标志着我国铁路装备水平踏上了新台阶。通过立足自我和博采众长，从引进并生产时速 250 km 级别动车组到生产出时速 350 km 的自我适应型动车组，我国用几年的时间走完了国外 10 至 20 年才能走完的道路。2008 年北京奥运会开幕前夕，拥有完全自主知识产权的京津城际高速铁路开始运营，时速达到 350 km。2009 年，郑西、武广两条时速 350 km 级别的高速铁路相继开通。2010 年上海世博会期间，沪宁、沪杭两条城际高铁投入使用，长三角地区实现了“一小时生活圈”。2010 年 12 月 3 日，我国国产“和谐号”CRH380A 新一代高速动车组，在京沪高铁先导段创造了时速 486.1 km 的世界高铁最高实验运营新记录，比之前“和谐号”CRH380A 在沪杭高铁从杭州到上海虹桥试运行中创造的时速 416.6 km 的世界铁路运营实验最高速超出了 69.5 km/h，再次改写世界高铁最高实验运营速度。2011 年 6 月 30 日，京沪高铁正式开通运营，设计时速大于 400 km，目前运营时速分为 300 km 和 250 km。截止到 2010 年底，我国高铁投入运营里程达 8 358 km，高速铁路运营里程高居世界第一。预计至 2011 年底，包括现已开通的京沪高铁等，我国高速铁路运营总里程将突破 1.3 万 km，将初步形成覆盖面更广、效应更大的高铁网络。

2. 我国高速铁路的发展规划

目前，我国高速铁路在建规模超过 1 万 km，已成为世界上高速铁路发展最快、系统技术最全、集成能力最强、运营里程最长、运营速度最高、在建规模最大的国家。根据《中国铁路中长期发展规划》(2008 年调整版)，到 2020 年，为满足快速增长的旅客运输需求，建立省会城市及大中城市间的快速客运通道，规划“四纵四横”铁路快速客运通道以及三个城际快速客运系统，建设客运专线 1.6 万 km 以上，旅客列车速度目标值达到 200 km/h 及以上。中国规划建设的“四横四纵”高速铁路客运网骨架和三大城际高铁客运系统如下：

(1)“四纵”客运专线

北京—上海：全长约 1 318 km，纵贯京津沪和冀鲁皖苏四省，连接环渤海和长江三角洲两大经济区。京沪高铁已于 2011 年 6 月建成通车。

北京—武汉—广州—深圳(含深圳—香港段):全长 2 350 km,连接华北、华中和华南地区。武汉—广州已经建成通车。

北京—沈阳—哈尔滨(含沈阳—大连段):全长约 1 612 km,连接东北和关内地区。秦皇岛—沈阳已于 2003 年建成。

上海—杭州—宁波—福州—深圳:全长约 1 650 km,连接长江三角洲、东南沿海和珠江三角洲地区。

(2)"四横"客运专线

徐州—郑州—兰州:全长约 1 346 km,连接华东和西北地区。郑州—西安已经开通。

上海—杭州—南昌—长沙—昆明:全长约 2 264 km,连接华东、华中和西南地区。

青岛—石家庄—太原:全长约 906 km,连接华东和华北地区。

上海—南京—武汉—重庆—成都:全长约 1 922 km,连接华东、华中和西南地区。

(3)三大城际高铁客运系统

长三角:以上海、南京、杭州为中心,形成"Z"字形主骨架,连接沪宁杭周边重要城镇的城际铁路客运网络。上海—杭州已经开通。

珠三角:以广深、广珠两条客运专线为主轴,形成"A"字形线网,辐射广州、深圳、珠海等 9 个大中城市,构建包括港澳在内的城市 1 小时经济圈。广深客运专线长度约 105 km;广珠城际轨道交通含江门支线约 143 km。

环渤海:以北京、天津为中心,北京—天津为主轴进行建设,形成对外辐射通路。京津城际轨道交通约 115 km。

除此之外,武汉及周边城际圈、郑州及周边城际圈、长沙—株洲—湘潭地区、长春—吉林等经济集中带或经济据点,均将规划修建城际铁路。广州至南宁、广州至贵阳、成都至兰州等重要省会之间或重大城市之间,将来随着经济规模的扩大和客运需求的增加,都将陆续修建 200 km/h 及以上的客运专线或城际铁路。预计到 2020 年,中国 200 km/h 及以上时速的高速铁路建设里程将超过 1.8 万 km,将占世界高速铁路总里程的一半以上。

二、高速铁路的技术经济特征

高速铁路之所以受到世界各国的广泛重视和成为铁路客运的发展趋势,是由于高速铁路是用高新技术改造和更新传统铁路的重大创新工程;同时,相比高速公路和航空等其他运输方式,高速铁路具有自身比较明显的技术经济优势。这些技术经济优势主要表现在以下方面。

1. 输送能力大

输送能力大主要体现在三个方面:速度高、行车密度大和运量大。速度高是高速铁路技术水平的最主要标志,目前中国、法国、日本、德国、西班牙和意大利高速列车的最高运营时速分别达到了 380、350、300、330、270、250 km。由于速度高,可以大大缩短全程旅行时间。以北京至上海为例,正常情况下,乘飞机的全程旅行时间(含市区至机场、安检等)约为 5.5 h,如果乘京沪高铁的直达列车,全程旅行时间最短为 4 h 48 min,加上市内和候车时间,总旅行时间 6 h 左右,与飞机相当。

行车密度大是高速铁路另一重要特征。目前从技术上各国高速铁路几乎都能满足最小行车间隔 4 min 及其以下(中国、日本可达 3 min)的要求,根据客运需求量的大小,可适时调整开行间隔。2009 年武广高铁开通以后,列车运行的最小间隔可达到 3 min,如果不扣除维修天窗,意味着 12 h 内双向通行高速列车 240 对,具有强大的运输能力。

运量大也是高速铁路的一个重要特征。我国高速铁路的动车编组一般为 8 节或 16 节车厢，平均定员 800 人左右，在特殊时期，加上外挂可以增加到 18 节，单次列车最高客运量达 1 200 多人。

由于高速铁路具有强大的输送能力，它已经成为我国节假日客运高峰的有力运输工具。2011 年为期 40 天的春运期间，广州铁路局管辖的武广高铁、海南东环高铁等发送旅客逾 1 000 万人次，约占广州铁路局春运发送总量的 1/3，高铁已成为广州铁路局春运的生力军。

2. 旅行方便、舒适

城市之间的高速铁路开行一般实施公交化运营，旅客基本上可以做到随到随走，不需要候车。为方便旅客乘车，还可以组织列车规律化运行，站台按车次固定化进行接发；同时为方便旅客购票，可以开通网上购票、自动售票机售票等方式；可通过身份证等一卡通刷卡检票进站等。此外，高速旅客列车车内设施先进，震动摇摆幅度小，噪音低；车厢宽敞、坐席舒适，有飞机和汽车上无法比拟的个人活动空间。乘坐高铁可以看成是一次愉快的旅行享受。

3. 安全性好

安全是人们出行最为关心的问题。高速铁路由于在全封闭环境中自动化运行，又有一系列完善的安全保障系统，所以其安全度是任何交通工具所无法比拟的。即使德国和我国高铁在运营初期发生过安全事故，但高铁的事故率和人员死亡率也远远低于其他现代化交通运输工具。

4. 准点率高

高速铁路全部采用自动化控制，可以全天候运营，除非发生地震等特殊自然灾害，因而即便是较为恶劣的大风、冰雹、浓雾等天气，也只需减速运行。但飞机机场和高速公路等，在浓雾、暴雨和冰雪恶劣条件下都需关闭停运。此外，高速铁路系统的高可靠性运输组织可以保证旅客列车极高的正点率，这是航空运输和公路运输都无法比拟的，这也是旅客信赖高铁的主要原因之一。

5. 能源消耗低

根据相关统计，各种交通运输工具平均每人每公里的能耗，高速铁路 571.2 J，普通铁路 403.2 J，高速公路公共汽车 583.8 J，小轿车 3 309.6 J，飞机 2 998.8 J。如以普通铁路每人每公里的能耗为 1.0，则高速铁路为 1.42，公共汽车为 1.45，小汽车为 8.2，飞机为 7.44，这也是在当今石油能源紧张的情况下，选择发展高速铁路的原因之一。

6. 环境污染小

全球普遍认为，发展交通运输应注意环境生态问题。现在的交通运输，特别是汽车运输造成的环境污染日益严重，特别是汽车排出的废气、发出的噪声对生态环境和人类健康的影响越来越严重。从旅客运输的有害物质换算排放量看，一氧化碳公路每人每公里为 0.902 kg，铁路为 0.109 kg，公路为铁路的 8 倍。而一架喷气式客机平均每小时排放 46.8 kg 二氧化碳、635 kg 一氧化碳和 15 kg 三氧化硫，这些在大气中要存留约 2 年以上的物质将造成大面积酸雨，致使地球植被生态遭到破坏和建筑物遭到侵蚀，这些废弃的排放还将造成气候异常等现象。高速铁路电气化后将基本消除粉尘、油烟和其他废气污染。此外，铁路的噪声污染也是最低的。

7. 经济和社会效益好

高速铁路的良好经济效益和社会效益主要反映在两方面：一方面是高速铁路带来的直接经济效益，另一方面是高速铁路所带来的社会效益。由于高速铁路具有输送能力大、准点率高、能耗低、安全可靠等特征，其直接经济效益相当明显。如法国 3 条高速铁路均取得赢利。

此外高速铁路除占用较小的土地资源外，其社会成本较低。由于任何一种现代交通运输方式都具有污染环境、破坏生态、增加交通事故等运输的社会成本，因此，各国都必须花费代价进行治理。根据国际联盟对1991年欧洲17个国家用于交通对环境影响所花费的费用统计资料表明，航空、汽车、铁路等不同形式运输工具，除本身的能源、材料消耗外，为环境保护和交通事故所花费的额外的社会运输成本构成比例中，高铁所占比例最小。同时，像中国这种人口大国，当遇到客流高峰等特殊情况时，高铁运输还能缓解社会压力和矛盾。

三、高速铁路的技术体系

1. 我国高速铁路系统设计的总体原则

实现高速铁路目标，系统设计尤为重要，它是高速铁路建设和运营的指导纲领。我国在自主实践和吸取其他国家经验的基础上，制定了我国高速铁路系统设计的总体原则。

(1) 符合安全适用、技术先进、经济合理的要求。考虑设备的兼容性，具备本线旅客列车和跨线旅客列车共线运行、正线双方向行车的运输组织条件。铁路新线、既有线、枢纽是一张完整的路网，高速、快速客运必须覆盖更大的地区和更多的人口。

(2) 线路基础设施和不易改建的建筑物和设备，应适应长远发展要求；对易改建的建筑物和设备，宜按近期运量和运输性质设计，预留发展条件。

(3)最小曲线半径、最大坡度、到发线有效长度、动车组类型、列车运行控制方式、运输调度方式、追踪列车最小间隔时间，须根据行车速度、沿线地形地质条件、输送能力和用户需求等，以及经济技术比选后确定。

(4) 车站位置根据沿线城市的经济、客运量、铁路运输组织、通过能力和技术作业需要，结合工程条件等综合研究确定。车站的布局、规模，根据铁路技术政策，结合城市规划等统筹考虑。

(5)选线设计宜避开高填、深挖和长路堑等路基工程，并绕避不良地质条件地段。无法避开时，采用桥涵通过或选用其他适宜的工程措施处置。

(6)路基、桥涵、隧道、轨道等各类结构物的设计要满足强度、刚度、稳定性、耐久性要求，并加强各结构物的协调和统一，使车、线、桥(或路基、隧道)的组合具有良好的动力特性，严格控制结构物的变形及工后沉降。

(7)认真执行国家节约能源、节约用水、节约材料、节约用地等有关方针政策，因地制宜地利用太阳能、风能、地热能等可再生能源，提高能源、资源的利用效率，减少污染。

(8)坚持科学用地、合理用地、统一规划的原则，在满足运输生产和安全防护要求的基础上，节约用地，少占耕地。

(9)重视保护生态环境、自然景观和人文景观；重视水土保持，生态环境敏感区、湿地的保护和防灾减灾及污染防治工作；选线、选址宜绕避自然保护区、风景名胜区、饮用水源保护区、国家重点文物保护单位等环境敏感区；通过城市或居民集中地区时，应采用适宜的速度值或降噪减震措施，满足国家环保标准和要求；路基边坡宜采用绿色植物与工程相结合的防护措施，兼顾美观与环保、水保、节约土地等要求。

(10)加强对桥、隧和路基上电缆槽、接触网、声屏障，综合接地线、通信、信号电缆过轨等设备的系统设计，充分考虑综合利用设施。

(11)按全封闭、全立交设计。设置防灾安全监控系统，根据需要对自然灾害和异物侵限等进行监测。

(12)统筹运作、详细研究、科学论证工务工程、牵引供电、通信信号、信息系统、电动车组、运用维修各子系统的协调配合及系统优化和集成,实现高速度、高密度、高安全性。

2. 我国高速铁路的系统构成与集成

在系统设计总体原则的指导下,通过系统设计和系统集成,逐步构建具有中国特色和世界先进水平的高速铁路技术体系。我国高速铁路系统主要由高质量及高稳定的基础设施、性能优越的高速列车、先进可靠的列车运行控制、高效的运输组织与运营管理架构等综合集成。各子系统之间既自成体系,又相互关联,围绕整体统一的经营管理目标,彼此兼容,完整结合。图 3－145 展示了我国高速铁路系统构成及各子系统之间的关系。

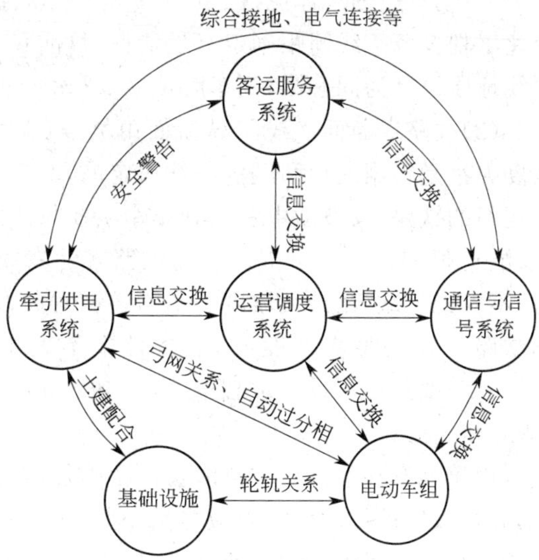

图 3－145 高速铁路系统构成及各子系统之间的关系

四、高速铁路的基础设施

1. 线路的平面和纵断面

(1)线路平面。线路平面是由直线和曲线组成的。曲线一般能较好的适应地形的变化,减少工程量,但它降低行车速度和增加轮轨磨耗。线路平面的设计主要考虑超高、最小曲线半径、缓和曲线、夹直线及线间距的选择。

在最高设计速度和运营速度确定以后,首先需要确定影响舒适度的参数——实设超高与欠超高。关于超高方面的计算已在前面章节中有所描述,这里不再赘叙。考虑到舒适度等问题,根据我国的实验和参考国外的设计,京沪高速铁路规定实设最大超高允许值为 180 mm。

高速铁路的最小曲线半径取决于实设超高、旅客列车最高速度和最低速度。应因地制宜,合理选择曲线半径,目前我国按表 3－14 选择曲线半径。同时为保证线路测设和检测精度,使铺设、养护、维修达到要求的标准,最大曲线半径一般控制在 12 000 m。

表 3－14 线路平面圆曲线半径

设计速度(km/h)	无砟轨道		有砟轨道	
	R_{min}(m)	R(m)	R_{min}(m)	R(m)
350	5 500	8 000～10 000	7 000	9 000～11 000
300	4 000	5 500～8 000	4 500	6 000～9 000
250	2 800	3 300～3 700	3 000	3 600～4 000
200	1 800	2 500～2 800	2 000	2 500～2 800

注:舒适度良好条件下有关超高参数可参考《新建时速 300～350 km 客运专线铁路设计暂行规定》。

缓和曲线采用三次抛物线形,其长度取决于超高顺坡率、未被平衡的横向加速度时变率、车体倾斜角度等参数取值。缓和曲线间夹直线和圆曲线的长度主要受列车运行平稳性和旅客乘坐舒适条件控制,我国一般条件下该值不小于 $0.8v_{max}$,困难条件下取 $0.6v_{max}$。

高速铁路的线间距主要受高速列车交会运行时的气动力作用控制。线间距窄,会车压力波大，对动车组的车体流线、头型、车宽、气密性、门窗设计和制造要求高，但线间距窄，可节省土建工程投资。线间距确定有灵活性，目前我国高速铁路正线按线间距不变的并行双线设计，曲线地段设计为同心圆，列车时速 350 km 时正线线间距为 5.0 m，时速 300 km 时为 4.8 m。

(2)线路纵断面。线路纵断面由坡段(上坡、下坡、平坡)和连接相邻坡段的竖曲线组成。坡度大小是根据地形和经济条件决定的，对选线、选址、工程数量、运营费用等影响大。客货共线运行的铁路，其坡度由货物列车牵引质量决定，用限制坡度表示，设计坡度还要考虑曲线半径、隧道附加阻力的折减。高速铁路客运专线移动设备牵引和制动性能优良，适应大坡度运行，不考虑折减，用最大坡度表示。通过对最大坡度与最大坡段长度关系的运行模拟，我国高速铁路正线的最大坡度，一般条件下不大于 20‰；困难条件下，经技术经济比较，不大于 30‰。一般条件下最小坡段长度不小于 900 m，当采用 15‰和 20‰时，坡段长度不宜大于 9 km 和 5 km。

由于列车在经过变坡点时会产生附加应力和附加加速度，其值与坡度代数差成正比。因此，相邻坡段的坡度代数差应尽量小些，不得超过允许的最大值。当相邻坡段的坡度代数差大于等于 1‰时，设圆曲线型竖曲线连接，一般条件下竖曲线半径取 30 000 m。同时，考虑行车安全和舒适度的影响，测设、养护、维修、检测工作的难度，竖曲线与竖曲线、缓和曲线、道岔均不得重叠设置。

2. 路基、桥梁与隧道

(1)高速铁路路基。路基是轨道的基础，其稳定性与坚固性是保证铁路线路的质量和列车运行安全的关键。与普通铁路相比，高速铁路路基工程主要表现为具有高强度和大刚度的基床，对路基沉降和变形的控制等。当前其设计特点为：路基具有多层结构系统；变形控制作为路基工程设计的主控因素；路基刚度具有均匀性和缓慢变化的特征；需保证高速列车在自然条件下的稳定性等。

高速铁路路基一般为多层结构，通常由基床表层、基床底层、路堤下部和地基组成。我国客运专线上，基床为路基上部列车动应力作用较显著的部分，由表层与底层组成，基床表层的厚度是根据应力和变形确定的，主要考虑列车的轴重和速度的影响，表层和底层的总厚度为 3.0 m(图 3－146)。对于高度小于基床厚度的路堤，基床包括路堤和地基的一部分；对于路堑则为开挖路基面以下基床厚度的范围。对于无砟轨道路基，基床表层由两部分组成，即 30 cm 的混凝土支撑层和 40 cm 的级配碎石层。对于有砟轨道路基，基床表层采用级配砂砾

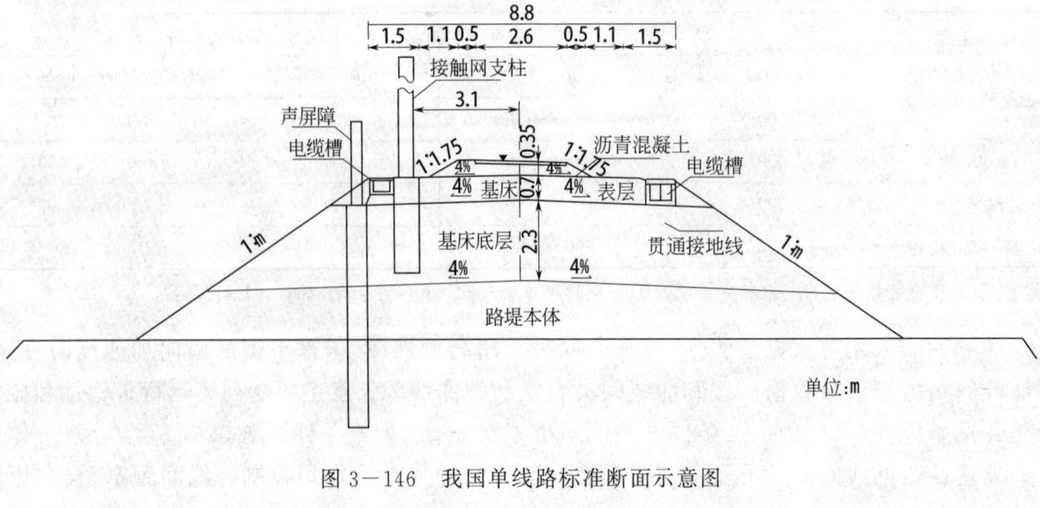

图 3－146 我国单线路标准断面示意图

石或级配碎石材料。

(2)高速铁路桥梁。高速铁路由于行车速度高、密度高、采用全封闭的行车模式、线路的平纵断面参数限制严格、要求轨道结构的高平顺性等特点，导致桥梁的比例明显增大。我国秦沈客运专线共有桥梁197座，总长60多km，占线路全长15%以上；在京沪高速铁路中，桥梁约占线路全长的33%左右。

相比于普通铁路，由于高速铁路的列车速度大幅度提高，高速铁路的桥梁设计必须具有更高的要求。首先，为了保证列车高速、舒适、安全行驶，高速铁路桥梁必须具有足够大的竖向和横向刚度以及良好的整体性，以防止桥梁出现较大挠度和振幅；必须限制桥梁的预应力徐变上拱和不均匀温差引起的结构变形，以保证轨道的高平顺性；同时，还要保证墩台基础要有足够的纵向刚度，以尽量减少钢轨附加应力和梁轨间的相对位移。其次，由于高速铁路运营繁忙，桥梁结构物应尽量具有耐久性，并易于检查和维修。此外，还应强调桥梁结构与环境的协调和注意生态保护，尤其是考虑轮轨振动和噪声对沿线居民的影响。

基于上述考虑，我国高速铁路的桥梁结构形式具有如下特点：结合地形条件，多采用多孔等跨的布置方式；考虑到噪声影响、结构变形、造价、养护维修量等因素，宜多采用钢筋混凝土、预应力混凝土和部分预应力混凝土结构；梁型宜采用混凝土简支梁、混凝土连续梁和混凝土刚架桥；桥墩以双柱式桥墩为主；高架桥采用多孔等跨简支梁桥的形式；等等。

(3)高速铁路隧道。高速铁路隧道与普速铁路隧道最大的区别就是当列车以高速通过隧道时，会产生极强的空气动力学效应，主要表现在三个方面：瞬变压力、洞口微气压和行车阻力，对行车安全性、旅客舒适度和洞口环境等均产生不利。另外，高速铁路隧道对于防排水标准、防灾救援和耐久性等方面也有较高的要求。结合隧道空气动力学研究成果，我国统一制定了200 km/h、250 km/h、350 km/h不同行车速度条件下的隧道衬砌内轮廓，并编制了相应的隧道衬砌通用参考。图3－147和图3－148列出了我国两种高速铁路隧道衬砌及内轮廓。

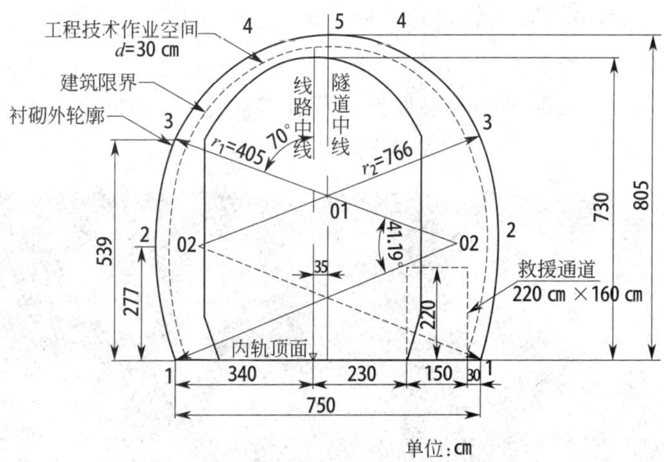

图3－147 我国250 km/h高速铁路隧道建筑限界、内建筑限界及内轮廓

3. 轨道

高速铁路轨道结构类型从总体上分有砟轨道和无砟轨道。有砟轨道是铁路的传统结构。它具有结构形式简单，铺设、更换与维修方便，造价较低，吸噪减振特性较好等优点，但它的缺点是横向抗力较小，当列车速度提高时，轨道呈“蠕动状态”。无砟轨道的优点是：稳定性高、刚

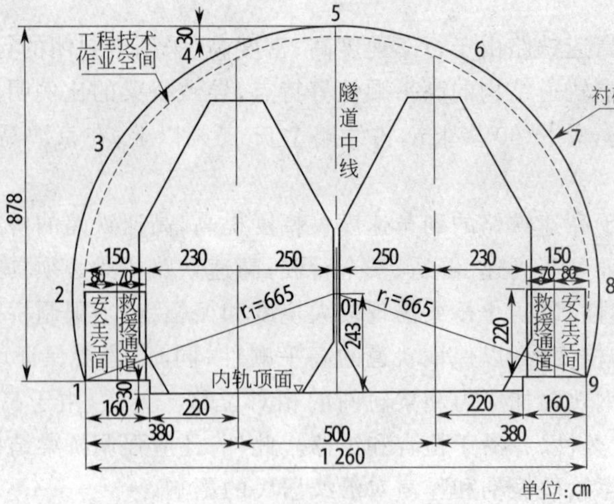

图 3－148 我国 350 km/h 高速铁路隧道建筑限界、内建筑限界及内轮廓

度均匀性好、结构耐久性强、维修工作量显著减少；相同设计速度条件下，曲线半径小，有利于选线；曲线路基不需加宽，基床表层级配碎石减薄 20～25 cm；结构高度低、自重相对轻，可减轻桥梁二期恒载，减少隧道开挖断面以及道床整洁美观；减少综合维修工区设置及大型养路机械配置，在高速铁路上得到越来越广泛的应用。但无砟轨道也存在地震等不可抗拒的灾害修复不如有砟轨道容易，线路噪声、振动大于有砟轨道，建设投资大于有砟轨道的缺点。

根据国外高速铁路的建设经验和中国铁路的研究、论证、实践，中国铁路时速 300 km 的客运专线将大范围成段、成线修建无砟轨道。

4. 车站与枢纽

(1)车站。高速铁路沿线车站宜设在市区范围内，也可设在靠近市区的合适地点，与市区主要干道间应有便利的交通联系，并为发展旅客综合运输创造条件。旅客流线组织要简洁顺畅、短捷合理，站内导向直观明确。外形设计也可以多样化，具有时代气息。图 3－149 中的车站是武广高铁长沙南站。

图 3－149 武广高铁长沙南站外貌

(2)枢纽。针对高速铁路、客运专线引入枢纽面临的新情况，应建立适应城市发展、客站保留在城市内便于旅客出行、货站逐步调整到城市外围以减少对城市干扰的“客货分线、客内货外”新格局；大力发展城际、市域及其他短途运输，采用“人便其行，多种流线”，实现铁路与其他

交通方式有机衔接,服务城市的现代化客运综合交通枢纽;集中利用通道资源多线跨越大江大河;充分利用既有铁路设施,优化铁路枢纽总图布置,并与城市总体规划相协调、相配合。

五、高速铁路的牵引供电

牵引供电是实现高速行车的重要关键技术之一。与一般铁路相比,高速铁路牵引供电的主要特点应包括:满足高速运行的弓网关系;满足可靠稳定的供电要求;满足免维护、少检修、抵御自然环境侵害的要求;动车组自动过分相;供电能力适应高速度、高密度;具有综合一体化远程监控能力。因此,高速铁路的牵引供电及动力涉及许多方面的新技术:电力牵引下的高可靠性受电技术和装备;满足高速牵引的大功率牵引动力和传动装置;满足分散或相对集中的动车组动力配置方式;高速条件下的制动技术;车载微机控制的列车牵引、制动和智能诊断技术等。我国高速铁路的牵引供电系统包括变电所、接触网、远程控制等子系统。

1. 供电和变电

牵引变电所是电气化铁路供电系统的心脏。我国高速铁路的牵引变电所优先采用两回独立可靠的电源,并互为热备用。外部接入电压为 220 kV,接触网的标称电压为 25 kV,短时(5 min)最高电压 29 kV,设计最低电压 20 kV,高速正线采用 2×25 kV(AT)供电方式,牵引变电所分布要满足列车追踪运行间隔时间要求。

牵引变压器采用固定备用方式,一台运行,另一台备用。牵引变压器优先采用单相接线形式,高压侧开关采用六氟化硫 SF6 断路器或 GIS(Gas Isolated Switchgear,即高压气体绝缘开关装置);2×25 kV 侧采用户内 GIS、AIS(Gas Isolated Switchgear,即空气绝缘开关装置)或户外分散布置断路器,变电所实行无人值班。

2. 接触网

接触网是牵引供电系统的主动脉。其悬挂方式一般有三种:简单链形悬挂、弹性链形悬挂和复链形悬挂。为保证良好的弓网受流质量,高速铁路的接触网多采用简单链型悬挂和弹性链形悬挂。我国高速铁路的接触网采用全补偿简单链型悬挂或全补偿弹性链型悬挂,H 形钢柱,绝缘爬距 1 400 mm。接触导线一般采用 150 mm^2 的铜合金材质,张力不小于 25 kN,接触线最低悬挂高度不小于 5 300 mm,困难条件不小于 5 150 mm;承力索采用 120 mm^2 的铜合金,张力不小于 20 kN。简链、弹链悬挂时,正线区间标准跨距分别取 50～55 m,55～60 m。电分相采用带中性区的双断口锚段关节方式,中性区长度一般不小于最大取流受电弓间距加 120 m。

3. 数据采集与监视控制系统——SCADA 系统

SCADA(Supervisory Control And Data Acquisition)系统,即数据采集与监视控制系统,系统功能以满足牵引供电、电力等机电子系统需要为原则,包括调度管辖范围动态配置,对牵引供电、电力等机电子系统运行及设备状态的实时监视,事故报警、事故追忆、自动控制、调度事务自动化管理。系统由调度端、各被控站、复示终端系统以及联系被控站的传输通道组成,是运营调度系统的一个子系统。

六、高速铁路的动车组

1. 概述

动车组就是由动力车和非动力车(拖车)或全部由动力车长期固定地连接在一起组成的车组。非动力车用于载运乘客,动力车一般也有客室,也需载运乘客,其客室部分与非动力车相同。动车组的动力配置包括动力集中和动力分散两种方式。动力分散方式动车组的动力配置也有两种模式，一种是完全分散模式，即动车组中的车辆全部为动力车；另一种是相对分散模式，即高速列车编组中部分是动力车，部分是拖车。

与一般速度的客车相同，非动力车也由四大部分组成：车体和车内设施、走行部(转向架)、制动装置和车辆连接装置。但与一般速度客车相比，高速客车需要在设计制造中解决一些关键技术问题：客车结构和材料需轻量化，其外形、结构需具有良好的空气动力学性能；转向架需具有高速运行条件下良好的动力学性能；制动系统需具备大功率和高安全特性；车辆连接装置必须安全可靠而又不影响乘客舒适度；此外还须注意噪声、振动、气密性控制，防火措施强化，车内空气调节和排污等等。

2. 我国高速动车组的类型及总体技术特征

(1)我国动车组的总体技术特征。按照国务院“引进先进技术，联合设计生产，打造中国品牌”的总体要求和“先进、成熟、经济、适用、可靠”的技术方针，采取“两步走”的战略，立足自主创新，成功构建了 250 km/h 和 350 km/h 两个速度等级的高速动车组技术平台。高速动车组总体技术特征为：流线型外形设计，隔音降噪与气密性良好；轻量化车体技术，轴重在 17 t 以下，一般轴重为 15 t 左右；采用动力分散方式的技术路线；以 8 辆编组为基数，设 8 辆短编组和 16 辆长编组两种模式，短编组列车可以重联方式编组运行；车内设一等、二等、餐车、VIP 车、卧铺车等车种；包括华南华北温带主型车以及沿海地域、东北高寒地域、西北部风沙地域地区气候环境特殊车种。

(2)我国高速动车组的类型。我国铁道部将所有自行发展关键技术、引进国外技术、联合设计生产的中国高速铁路(CRH，全名 China Railways High-speed)车辆均命名为“和谐号”。目前我国铁路上的动车组列车按照技术引进可以分为 4 种类型：

CRH_1 系列动车组，以庞巴迪为瑞典 AB 提供的 Regina 型动车组为原型车，通过公司内部技术转移，由庞巴迪、四方机车车辆股份有限公司和鲍尔(BSP)公司在国内联合生产制造；

CRH_2 系列动车组，以日本新干线 E2-1000 型动车组为原型车，通过全面引进设计制造技术，由日本川崎重工和四方机车车辆股份有限公司在国内生产制造；

CRH_3 系列动车组，以德国西门子公司制造的 ICE3 型动车组为原型车，由唐山机车车辆厂在国内生产制造；

CRH_5 系列动车组，引进法国阿尔斯通高速列车车款，车体以芬兰铁路的 SM_3 型动车组为原型车，由法国阿尔斯通与北车长春轨道客车股份有限公司联合生产制造。

CRH_1、CRH_2 和 CHR_5 动车组技术平台可满足时速 200～250 km 的要求；CRH_3 动车组技术平台可满足时速 300～350 km 的要求；CRH_2 动车组技术平台可直接提升，满足时速 300 km 及以上高速动车组开行要求。此外，我国铁道部为满足营运新建的高速城际铁路及客运专线，开展了“中国高速列车自主创新联合行动计划”，自主研发出了 CRH380 系列(包括 CRH380A、CRH380AL、CRH380B、CRH380C、CRH380D 等)和 CRH_6 等高速动车组。图 3－150 是正在线上运行的 CRH380 列车。

3. 我国高速铁路动车组的运用及维修

动车组的整备、维修是保证动车组有效使用和运用质量的前提条件，而动车组的运用计划同时是合理安排整备、维修工作的重要依据。我国借鉴国外高速铁路动车组运用和管理的经验，采用“动车组运用与整备、维修一体化的思路”，即根据运用期间的所有动车组数量、设备状态、所在位置、累计运营里程和定检期限，安排滚动式的运用方案，在保证完成运输任务和按期进段检修的前提下，使动车组的利用效率达到最高。因此，动车组的运用和整备、维修计划是

图 3－150 CRH380 动车组

统一编制、统筹安排的，这使运载设备的运用和管理从常规铁路的分散化走向集中化，使动车组摆脱常规铁路客车车底的固定运用方案模式，采用更为高效的运用方案。

(1)我国高速铁路动车组的运用方式。动车组的运用方式分为固定方式、不固定方式和半固定方式。

固定方式：高速动车组只在固定的区段内往返运行。在固定使用方式下，各动车组在固定的区段内运行，有利于动车组的管理，并可根据客流变化采用不同的车辆编组方案，动车组的运用组织比较简单。但是，这种方式不利于高速动车组的检修。

不固定方式：采用的动车组类型差别不大时，可以在任何高速区段内运行。这种使用方式便于安排动车组在综合维修中心区段上运行的变路，可灵活解决运行与维修相配合的问题，提高动车组的利用效率，但也有可能造成输送能力浪费。

半固定方式：即部分动车组采用固定运行方式，而另一部分动车组采用不固定运行的方式。半固定方式所运用的动车组数量介于固定式和不固定方式之间，这种方式既便于管理，又可以灵活解决维修的问题。如：半固定方式可在京津区段、沪宁区段各采用固定的动车组运行，其他地方动车组采用不固定区段运行的方式。

(2)我国高速铁路动车组的维修。我国铁路高速动车组的维修基地采取二级组织机构。一级维修机构属高速动车组的配属机构，负责全线高速动车组的运用与管理，段内设置功能齐全的维修中心，担当厂修以外的全部检修作业及整备工作，维修能力大。二级维修机构则主要负责高速动车组的日常维修和临修、日常整备工作以及动车组非运用时间内的存放，配置的检修设备相对简单。目前为了满足动车组开行的需要，铁道部在北京、上海、武汉、广州建立现代化动车组检修基地，四大基地在能力和规模上立足干线，并辐射周边地区，由铁道部统一管理，面向全路，服务全路。在四大基地的基础上，通过统筹布局，已在全国建立了若干动车段运用所。至 2015 年，将形成以四大动车组检修基地为中心，覆盖整个客运专线网的动车维修系统。

此外，基于可靠性分析，我国动车组的维修按维修性质、维修范围和维修深度划分了 5 种不同的维修级别。包括一级例行检查、二级重点检查、三级重要部件分解检修、四级系统全面分解检修和五级整车全面分解检修。考虑动车组列车各部件故障的发生概率和工作方式制定不同的检修周期。

七、高速铁路的通信与信号

1. 通信系统

通信在铁路运输中起着神经系统和网络的作用。列车运行速度的提高，对通信提出了更高的要求。高速铁路通信系统的主要任务包括三个方面：及时、准确地完成指挥列车运行的各种调度命令信息的传输；为旅客提供各种服务的通信；为设备维修及运营管理提供通信条件，能够满足维修人员沿线作业时的需求。

随着通信技术的不断发展，高速铁路通信系统以传输及接入、电话交换、数据网、铁路综合数字移动通信(GSM-R)等设备为基础，建立调度、会议电视、救援指挥、动力环境监控和同步时钟分配等通信系统，将有线和无线通信有机结合，实现话音、数据、图像、列控等功能。

值得一提的是，在现行列车低速运行的情况下，通信系统与信号系统基本上独立，但在列车高速运行的情况，通信系统与信号系统紧密结合，正逐渐形成一个自动化的通信、指挥、控制和信息系统。

2. 信号系统

高速铁路的信号与控制系统，是高速列车安全、高密度运行的基本保证。随着新技术及微型计算机的发展与应用，高速铁路的信号与控制系统表现出的主要特点有：形成管理集中、控制分散的微机综合列车自动控制系统；具有较高的容错能力及安全性，即使调度中心计算机发生故障，各站微机也能按计划很好的完成各项控制功能；具有较大的信息处理能力及系统运用上的灵活性，可以包括行车指挥、运行控制和运营管理在内的综合控制系统；人机关系合理，构成系统的主要设备及计算机的软、硬件都已模块化，功能综合，设备一体化。

目前，世界各国所采用的较为完善的高速铁路信号与控制系统称为列车自动控制系统(Automatic Train Control System，简写为 ATCS)，它由列车运行自动化和行车指挥自动化两大部分组成。ATCS 控制方式主要分为两类：一类是以设备为主、人控为辅的控制方式，这种方式以日本为代表；一类是人机共用、人控为主的方式，这种方式以法国为代表。

我国高速铁路的列控系统基于路网的统一性和调度集中的统一管理，对 300～350 km/h 的高速铁路确定 CTCS-3(Chinese Train Control System，简写为 CTCS，即中国列车运行控制系统)列控系统作为全路统一技术平台，并兼容 CTCS-2 列控系统实现动车组上下线运行。该系统主要由调度集中、列车运行控制、车站联锁、集中检测等子系统组成。其中调度集中子系统的主要功能包括列车进路及调车进路的控制、列车运行情况集中监控、车次号追踪、列车运行计划调整、临时限速设置等；列车运行控制子系统的主要功能有超速防护、临时限速、防止列车冒进、错误出发和错误退行等。

例如，京津城际铁路采用 CTCS-3D 列控系统，它以地面点式应答器信息为主，补充轨道电路连续信息，克服了点式系统不能实时提供行车许可的缺陷，实现了 350 km/h 的速度目标、3 min 追踪间隔的运输需求。此外，一套地面设备接收 CTCS-2 和 CTCS-3D 两套列控信息，实现跨线运行。

八、高速铁路的运营调度

高速铁路在运输组织工作上，与常规铁路客运的一般流程相同，即根据客运市场需求、生产设备条件和运营策略，制定出列车开行方案和综合运输计划，然后通过调度指挥系统保证运输计划的顺利实施。因此，高速铁路的运输组织也须解决两个主要问题，即如何运营和如何调度的问题。但是高速铁路的运输组织也有自身的特点，其目标是高安全性、高速度、高密度、高正点率、高可靠性、高服务质量及高效益。因此，必须建立以高新技术为基础的安全保障体系和以调度中心为中枢的运营调度总体系统，在保证高速铁路运输的高度安全性和可靠性的基础上，形成设备运用、整备、检修的一体化和信息、机制、决策、运作、评估之间的高度协调统一，以实现运营组织的高水平和高效益。

我国借鉴国外高速铁路运营调度系统建设、运营的先进理念和成熟经验，坚持路网完整性和调度集中统一指挥，通过自主创新，在北京建立调度指挥中心，在北京、上海、武汉、广州建立调度所的高速铁路调度指挥系统，构建了拥有自主知识产权的运营调度技术体系。

我国高速铁路的运营调度系统由运输计划、运行管理、车辆管理、综合维修、客运服务、供电管理等 6 个子系统构成。各子系统的关系及功能叙述如下：

1. 运输计划子系统

铁道部和各高速铁路调度所运输计划编制部门采用统一的计划编制系统，能随时按业务需求的调整进行权限控制和功能切换。计划编制系统依据计划编制规则要求，提供计算机辅助计划编制方式，具备牵引计算、合理性检查和模拟仿真功能。

(1)基本计划编制。铁道部运输计划编制部门根据不同时期的客运市场需求，组织编制基本计划。基本计划以线路数据、动车组参数、信号系统参数、车站参数等数据为依据，结合客流分析与开行方案进行编制。基本计划包括：基本列车运行计划、基本动车组交路计划、基本车辆分配计划。

(2)实施计划编制。高速铁路调度所运输计划编制部门根据铁道部下达的计划、市场需求及线路、设备等相关情况，负责编制管辖范围实施日前 7 天内的实施计划。实施计划分为列车运行计划、动车组交路计划、车辆分配计划、车辆检修计划、乘务计划、车站作业计划、综合维修计划、供电计划。

2. 运行管理子系统

运行管理子系统具备实施计划接收、人工和自动列车运行计划调整、列车运行监视、列车运行调整计划下达、人工和自动进路控制、实绩运行图描绘、调度命令传送、列车跟踪及车次号校核等功能。在异常情况下，铁道部调度指挥中心运行管理系统能接管高速铁路调度所指挥权。

3. 车辆管理子系统

系统具备接收列车运行计划、动车组交路计划和列车运行调整计划的功能，可实时显示动车组的运行位置、运用情况和动车组状态。根据列车运行调整计划、车载诊断信息等，制定动车组交路和车辆分配调整计划并发送至有关单位。查询动车组的修程、修制和与动车组运用相关资料的功能，接收动车检修部门的动车组相关信息，并在动车组发生故障时，提供紧急处置预案。此外，系统还具备动车组各项运营指标的统计和分析功能。

4. 供电管理子系统

车辆管理子系统具备的功能：接收列车运行计划、供电计划、综合维修计划、列车运行调整计划和列车运行状态的功能；实时监视牵引供电系统运行状态、系统设备带电状态的功能，将重要信息发往相关系统；实时监视牵引供电设备技术状态和故障信息分类归档的功能，将重要信息发往相关系统；可靠完善的遥控功能，包括单控、程控两种方式，程控内容可由用户根据系统控制需要编制，遥控功能具有严格的防误操作闭锁措施；事故记录功能，并可实现历史数据回放；调度事务管理功能；容错、自诊断、自恢复功能，并能支持远程维护；实现对无人值班场所的视频监控;供电设备发生故障时,能提供紧急处置预案。

5. 客运服务子系统

客运服务子系统具备的功能:接收列车运行计划、动车组交路计划和列车运行调整计划,自动生成相关的旅客服务信息,并发送到站车及有关单位;集中管理旅客服务有关各类信息,实时掌握列车运行实绩信息和预测信息,并实时监督管辖范围内高速铁路列车编组、上座率、各站中转旅客人数、动车组周转、中转列车接续及列车乘务组等信息的功能;通过监督晚点列车,制订其运行调整建议方案;查询与旅客服务相关的数据功能,生成相关数据统计和信息汇总;当发生突发事件时,能提出紧急处理预案、旅客疏运方案,提出列车运行调整方案建议,同时对大型车站关键场所进行视频监控。

6. 综合维修子系统

综合维修子系统具备综合维修管理、防灾安全监控和综合设备管理功能。

九、高速铁路的客运服务

作为现代化的交通工具,以旅客为本的服务意识和理念是各国高速铁路的共同之处。依靠当今最新信息技术,我国也逐步建立起信息高度共享、资源高效利用、运行安全可靠的综合完整的客运服务系统,系统主要由票务系统、旅客服务系统、呼叫中心系统、互联网服务系统等构成。

1. 票务系统

票务系统是以席位管理和交易处理为核心,建立广泛的销售渠道以适应多种售票方式、支付方式和营销策略。其中,自动售检票(Automatic Fare Collecting,简写为 AFC)系统是票务系统中重要系统之一。高速铁路通过自动售检票系统完成检票功能与辅助售票功能。自动售检票系统是基于计算机、通信、网络、自动控制等技术,实现售票、检票、计费、收费、统计、清分、管理等全过程的自动化系统。

除了自动售票机售票以外,我国高速铁路还有其他几种主要的售票渠道:车站窗口售票、因特网上售票、电话订票、代售车票和上车补票。

2. 旅客服务系统

旅客服务系统以为旅客提供全方位信息服务为目标,实现车站信息自动广播、导向揭示、信息服务、监控等功能,并提供互联网、呼叫中心、无线局域通信等多种途径的信息服务,运用多样化的服务手段为旅客提供优质的服务,实现旅客服务的信息化。旅客服务系统的设置旨在体现以人为本的理念,在旅客出行前、进站、候车、乘车、换乘、出站等各环节上提供全方位的信息服务,通过引导、揭示、广播、监控、查询、求助、应急、投诉、寄存、站台票发售、残障旅客服务和延伸服务等多种服务手段,形成统一的旅客服务平台。

我国旅客服务系统总体上为两级架构,设置若干个旅客服务中心系统,实现服务策略的制定和车站服务状况的监控,从运营调度系统和 CTC 获取运行图信息,按照客运服务的需求进行整理后,下载到所辖各车站。车站后台设置小型管理系统,实现对服务设备设施状态的设置和临时服务信息的调整。

3. 呼叫中心系统

呼叫中心系统以电话接入方式,在旅客旅行的各环节中为其提供全方位的查询、咨询、订票、投诉、建议等服务,成为客户与铁路之间沟通、互动的重要渠道。公司也可通过该呼叫中心开展宣传、信息发布、市场调查等业务。呼叫中心系统可以为高速铁路票务系统、旅客服务系统等系统提供对外统一的服务途径。

我国客运专线呼叫中心系统(热线号码:12306)将分为平台管理、客户服务、业务管理、服务支持4个子系统。全国设置统一的呼叫中心系统,面向旅客提供电话接入服务。旅客可以通过呼叫中心系统完成订票、查询、投诉、建议、业务宣传、市场调查及客户关系管理方面相关业务。

4. 互联网服务系统

互联网服务系统以满足旅客的需求为出发点,在高度信息安全保障的基础上,建立客户与铁路服务者之间沟通和互动渠道。以互联网接入方式,在旅客旅行的各环节中为其提供全方位的查询、咨询、订票、投诉等服务。铁路通过互联网开展宣传、信息发布、市场调查等业务。互联网服务系统可以为高速铁路票务系统、旅客服务系统等系统提供对外统一的服务途径。从2011年9月30日起,中国铁路客户服务中心网站(www.12306.cn)可以办理铁路所有高速动车组列车车票售票及其改签、退票等业务。

十、高速铁路的环境保护

环境保护是当今世界发展的主题之一,也是我国的一项基本国策。高速铁路作为造福于民的巨大工程,更需要从规划、布局、建设、运营与管理等多方面开展环保工作。高速铁路的环保工作主要包括噪声治理、振动控制、电磁干扰控制、生态和环境防护等。

1. 噪声污染及控制

高速铁路列车速度高达300 km/h以上,其噪声强度将随速度的提高而上升。因此,控制噪声将是高速铁路环保的头等任务。高速铁路的噪声主要由轮轨噪声、集电系统噪声、空气动力噪声和建筑物激励噪声等组成,其中轮轨噪声与集电系统噪声是最主要的噪声源。高速铁路的噪声控制措施,主要分为以下四个方面。

(1)声源降噪。主要措施有:降低钢轨和车轮表面的粗糙度,对轮轨表面进行研磨,保持平滑完好状态;铺设超长无缝线路可减少车轮对钢轨接缝的冲击声,采用重型和防振钢轨,保持线路方向顺直,减轻高频振动对道床的影响,提供高速行车所需的平滑运行表面;铺设大号码可动心轨道岔,以减少车轮对道岔的冲击噪声;在高架桥上采用混凝土平板道床结构、橡胶防振垫及混凝土噪声屏障;用混凝土桥代替钢结构桥;采用动力集中型动车组,减少整个动车组受电弓的数量以减少电弧放电噪声;动车组头部采用流线型设计,提高列车车厢表面的光洁度,减少空气阻力的同时降低风切噪声;采用盘式制动方式代替闸瓦制动,减少制动时的尖叫噪声等。

(2)传播途径降噪。主要措施有:在距轨道中心线3.5 m处设置高约2.0 m的隔声屏障,将噪声源和接受者分开;如铁路线路设置在路堑内,可将路堑的深度加大以减低噪声;在转向架上安装隔声板,车体下悬挂车裙,车裙内侧覆盖吸声材料,以减少轮轨噪声向路旁的辐射;将车厢的侧板做成内倾式,可减少空气的阻力等。

(3)受声点降噪。高速铁路选线尽可能绕避躁声敏感区,市区发展规划用地尽量远离高速铁路两侧,或者在高速铁路两侧附近修建对噪声不敏感的建筑物等。

(4)车室内噪声控制。主要措施有:在车厢内外墙板和顶板间填充吸声材料,座椅上安设吸声海绵,地板贴吸声材料;车体金属表面涂阻尼层,采用双层地板结构及带空气层的双层玻璃;车厢内空调设备应用螺旋杆压缩机取代活塞式压缩机等。

2. 振动污染及控制

高速铁路列车运行产生环境振动,这种振动的振级与列车速度成正比,如速度提高到

200 km/h 以上时，其振级将超过我国《城市区域环境振动标准》规定的铁路干线两侧 80 dB 的规定。影响高速铁路环境振动的主要因素有：受振点的距离、路基的地质条件、列车的运行速度、高架桥的结构及线路结构等。其中受振点的距离和地质条件是主要因素。目前，按照振动传播途径，从多层面对振动采取控制措施。如保持路基稳定，加强轨道的弹性设计，采用性能良好的轻型动车组等，将是控制高速铁路振动污染的主要方向。

3. 电磁干扰污染及控制

高速铁路采用电力牵引，可实现大气无污染的零排放。但是，电化区段对城市居民区的环境影响，除集电系统的噪声污染以外，包括电磁干扰。高速铁路的电磁干扰主要包括两大噪声：一是列车在运行时，受电弓与接触网导线间滑动而产生的无线电噪声污染；二是绝缘子放电时产生的无线电噪声污染。这些污染不仅使有线、无线通信声音失真，还会使电视画面紊乱而无法收看。目前主要从三个方面对电磁干扰进行控制：在电气方面，设置屏蔽线，采用单个受电弓，在受电弓上安装铁氧体套管；在机械方面，在受电弓上安装微动滑板，改进滑板材料，缩小接触网吊弦间距，以降低受电弓的离线率；在电视信号接受方面，采用方向性较强的接收天线，装设防护距离以外的共用接收天线，或者接入有线电视网等。

4. 生态和环境防护

高速铁路建设规模大、占用农村和城市用地多，且一般需经过繁华的城市区和经济带，对自然生态环境和城市生态环境造成影响，如水土流失、大气和水环境污染、植被和农田水利的破坏、城市房屋建筑物的拆迁、城市景观破坏、列车生活垃圾等等。因此，需要在规划、修建、运营等方面加强生态和环境保护的措施。

第四章 城市轨道运输

20 世纪 80 年代，随着社会经济的持续发展，城市化进程的加快，城市人口高速聚集，车辆急剧增加，致使一些大城市的交通普遍出现挤、慢、堵、乱现象，而且日益严重，这不仅制约着社会经济的进一步发展，也恶化了城市的生态环境。因此，如何有效地疏解日益突出的城市交通拥堵情况，已成为各大城市急迫要解决的问题。

目前，国内许多大城市借鉴世界各国治理和解决大城市交通问题的成功经验，正在积极发展立体化的大、中运量城市轨道交通，建设以城市轨道交通为骨干，辅以常规地面交通，实现便捷地为全市居民出行服务的公共交通网路系统。城市公共交通体系如图 4－1 所示。我国北京、上海、广州等十几座城市主要采用技术最为成熟、应用最为广泛的钢轮、钢轨走行系统的地铁和轻轨。但是，为了适应不同城市的交通需求、经济水平、地理条件以及环境保护等要求，世界上许多国家在地铁、轻轨的基础上进行变革与创新，又出现了单轨交通、自动导轨交通、索轨交通、直线电机轨道交通和磁浮交通等新型城市轨道交通。这些交通模式有的已应用实施，有些正处于研发阶段，但都在不断改进和完善。

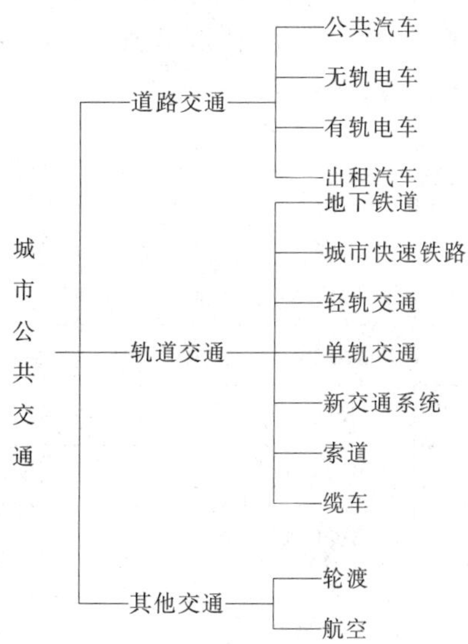

图 4－1　城市公共交通体系示意图

我国地域广阔，地形、地貌较为复杂，发展多种轨道交通模式，以适应不同城市的条件和要求是较为经济和科学的。实践证明，轨道交通在运量、速度、节能与环保等方面与其他交通方式相比，具有明显的优势，尤其是城市轨道交通在解决城市交通拥堵和改善城市布局等方面发挥着重要作用。近些年来，我国大中城市掀起了一股城市轨道交通建设的热潮，有 20 多个城市正在建设和提出规划，拟建的轨道交通线路已超过 30 条，总长度约 2 000 km。

第一节　地下铁道

一、概　　述

1. 地铁发展的概况

地下铁道是城市快速轨道交通的先驱。1863 年，世界上第一条用蒸汽机车牵引的地下铁道诞生于英国伦敦。经过一个多世纪的不断发展，目前伦敦地铁的总长接近

400 km，每天平均运送乘客200多万人次。美国的纽约、芝加哥、旧金山，法国的巴黎，俄罗斯的莫斯科，日本的东京，瑞典的斯德哥尔摩等大城市，地铁长度都在100 km以上。

我国第一条地铁于1965年7月在北京开始修建，第一期工程全长22.17 km，于1971年投入运营。接下来建地铁的是天津，地铁1号线长约10 km，1970年动工，1980年建成通车。此后相隔20多年，到1995年上海建成地铁1号线16 km。广州成为我国大陆第四个建成地铁的城市，地铁1号线总长18.47 km，已于1999年建成通车。目前，我国还有深圳市、沈阳市、南京市、重庆市、青岛市等均在兴建地下铁道。由于地铁建设耗资巨大，建设周期又很长，因此发展的速度受到很大的制约。不过随着经济的发展，一些新兴城市已具备足够的能力，它们的地铁建设也摆上了议事日程。

2. 地铁的主要技术参数

长期以来，地铁车辆采用传统的驱动方式，依靠钢轮与钢轨之间产生的牵引力来驱动车辆前进。近年来地铁技术得到了迅速发展，采用电气牵引，可以实现车辆连挂、编组运行，其主要技术参数如表4—1所示。

表4—1 地铁主要技术参数

顺序	项 目	技术参数	顺序	项 目	技术参数
1	高峰小时单向运送能力	30 000～70 000人	9	安全性和可靠性	较好
2	列车编组	4～8节，最多11节	10	最小曲线半径	300 m
3	列车容量	3 000人	11	最小竖曲线半径	3 000 m
4	车辆构造速度	80～100 km/h	12	舒适性	较好
5	平均运行速度	30～40 km/h	13	城市景观	无大影响
6	车站平均间距	600～2 000 m	14	空气污染、噪声污染	小
7	最大通过能力	30对/h	15	站台高度	一般为高站台，乘降方便
8	与地面交通隔离率	100%			

3. 地铁在城市公共交通中的作用

实践表明，地铁不仅具有运量大、速度快、安全、准时、节省能源、不污染环境等优点，而且可以在建筑物密集而不便于发展地面交通和高架轻轨交通的地区大力发展。因此，地铁在城市公共交通中发挥着巨大的作用，给城市居民出行提供了便捷的交通工具。例如，北京地铁到2000年已有55 km投入正式运行。北京地铁已在城市交通中发挥了重要作用，客运量1994年突破5亿人次，平均每天运载约146万人次，并创下满载率世界第一，单车运行公里世界第一两项世界记录。

4. 地铁系统的构成

地下铁道由于大部分线路在地下或高架通行，因此技术水平要求高，可靠性和安全性要求也高。地铁系统与国家铁路干线一样，主要由线网、轨道、车站、车辆、通信信号等设备构成，要求各部分能够有机结合，协调动作，最大限度地完成旅客输送任务。下面将对地铁各主要组成部分作简要介绍。

二、地铁线网

城市化初期，大都市的地铁线路一般只有 1 到 2 条，尚没有形成网路。随着城市范围的扩展，城市人口急剧增加，城市既有交通设施已远远不能满足居民出行的需求，要求建设地铁的呼声越来越高。世界性的大都市开始加快建设地铁的步伐，地铁线路由原先的少数几条相互不甚关联的线路发展成纵横交错，错落有致的地铁网路，由整个网路共同承担繁重的城市客运任务。例如莫斯科地铁从 1933 年开始修建，迄今为止已有 9 条地铁线路，8 条是放射线，一条是环线，环线把所有地铁线联成一个整体，在城市公共交通中发挥着巨大的作用。据 1988 年统计，地铁年客运量 26.02 亿人次，占莫斯科公共交通总客运量的 40.19%，而且由于地铁线网与城市总体布局有机结合，莫斯科地铁的运营效率与世界各大城市相比是最高的。

北京市近期地铁等轨道交通线路规划如图 4－2 所示。

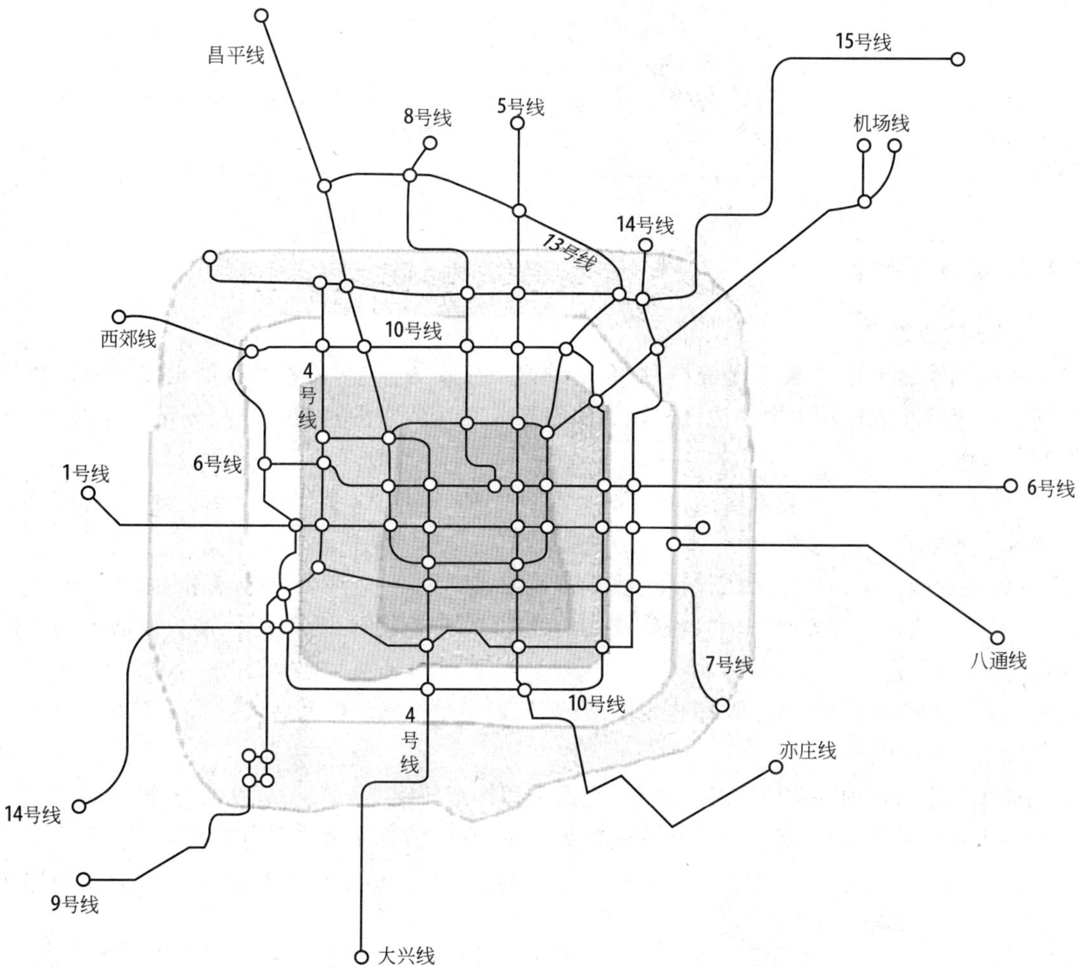

图 4－2　北京市近期地铁等轨道交通线路规划示意图

上海地铁 1 号线一期 16.4 km 于 1995 年建成通车，向南延伸至莘庄站，通车里程为 20 km。2000 年底，地铁 2 号线 14.6 km 和明珠轻轨线 22.14 km 建成通车，这样，上海快速轨道交通达 57.0 km。上海地铁与明珠线分布图如图 4－3 所示。

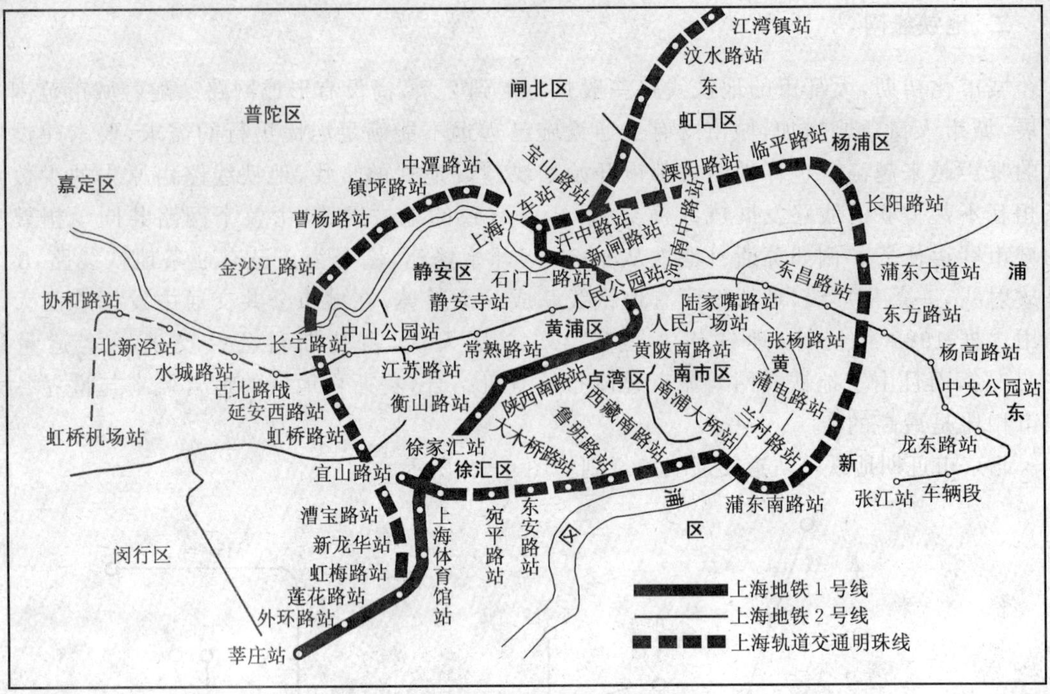

图 4－3　上海地铁、明珠线分布图

三、线路与轨道

1. 地铁线路

考虑到乘客出行方便、土地充分利用、节约建设费用等因素，地铁线路的走向一般选择易于施工和客流相对比较集中的地区。地铁线路按其在运营中的地位和作用划分为正线、辅助线和车场线。

(1)正线。正线是车辆载客运营线路，行车速度高、密度大，要保证行车安全和乘坐舒适，线路标准要求高。

(2)辅助线。辅助线是为了保证正线运营而配置的线路，速度要求低，标准也低。

(3)车场线。车场线是车辆检修作业用的线路，行车速度较低，线路标准只要满足场区作业即可。

(4)联络线。有时地铁线路间也设联络线，用以满足车辆调配和转线运行的需要。

2. 地铁轨道

地铁轨道与地面铁路轨道基本相似，我国采用标准轨距 1 435 mm，以便与铁路相互配合，更好利用我国铁路的技术、设备。地铁钢轨采用重型钢轨，道床为碎石道床或混凝土道床。碎石道床绝缘性和抗振性好，但养护和维修工作量大。混凝土道床维修方便，但需用弹性扣件和橡胶垫板等来改善轨道的弹性。

四、车　　站

车站是旅客乘降的场所，也是地铁面向公众开放的窗口。车站的规模大小、设施先进程度、服务水平，从某种程度上也反映了城市的综合实力、科技发展水平以及精神文明程度。因此，世界各国大都市都比较重视地铁车站的建设，莫斯科地铁车站富丽堂皇，艺术价值和观赏性相当强；蒙特利尔地铁车站与周围环境有机融为一体，环境优美，令人流连忘返；华盛顿地铁车站朴实大方，极具使用性；东京地铁车站则多设于繁华都市闹市区，既吸引客流，也进一步促进商务中心的繁荣。

1. 车站位置的选择

车站位置的选择要考虑客流的吸引点，以及与周围环境的配合。地铁车站的间距一般在800～1 500 m，既要考虑到乘客的方便，也要考虑到保持较高运行速度的要求。

2. 车站的分类

地铁车站按运营性质可分为中间站、尽头站、换乘站和折返站；按结构形式可分为地下车站、地面车站和高架车站；按机能又分为郊外站、市内站、联络站和待避站；按车站与轨道的相对位置又可分为岛式站台车站和侧式站台车站两种。

3. 车站出入口的设置

地铁车站出入口的数目、通道和楼梯的宽度、自动扶梯的条数、检售票设备数量以及站台面积等都要能满足高峰客流量的需求。车站内还应有各种标志、指示图表、广播设备和问讯处等，以保证车站为乘客提供优质服务。

4. 车站站台的设置

地铁车站的大小在很大程度上取决于站台的长度。站台长度应满足远期预测客流的最大列车停靠的要求，再加上预留长度。对于6～8节编组的列车，站台长度一般在130～180 m。站台宽度取决于高峰小时的客流量。一条地铁线路各个车站的客流量有大有小，一般按照规模分为几类。例如上海地铁1号线，车站站台宽度分为三类，大型车站的站台宽度为14 m，中型车站为10～12 m，小型车站为8 m。

5. 地铁车站的剖面图

地铁地下车站通常由站厅层、站台层、站台下管廊及行车道、设备及管理用房、地面出入口、通道、地面风亭及通风管等组成。地铁车站的剖面示意图如图4－4所示。

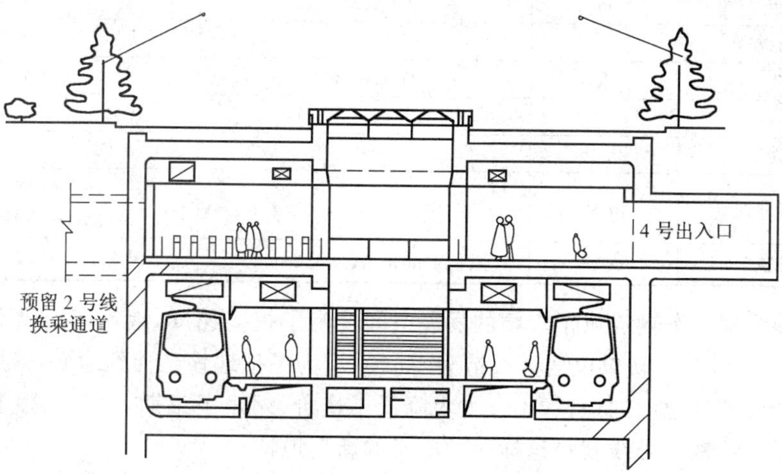

图4－4 地铁车站的剖面示意图

五、车　　辆

地铁车辆作为旅客运载工具，不仅要保证运行的安全、可靠、快速，而且要考虑乘客的舒适和方便以及公共交通所需的大容量。

1. 地铁车辆的编组

地铁车辆不管采用何种模式，都是电动车组编组，即装有牵引电机能自行行走的电动客车，通常把无驾驶室的车辆称为中间车，没有牵引电机但有驾驶室的车辆称为控制车，牵引电机和驾驶室都没有的车辆称为拖车。在编组运行时，带驾驶室的控制车始终在列车的两端，其他车型在列车中的位置可以互换，一般编组辆数为4～8节，最多为11节。编组辆数由预测客流量以及行车间隔时间决定，如上海地铁1号线远期采用8节编组，近期采用6节编组。

2. 地铁车辆的组成

无论是动车还是拖车，地铁车辆主要由以下几部分组成：车体、转向架、牵引缓冲装置、制动装置、受流装置、车辆内部设备、车辆电气系统。

3. 地铁车辆的特点

由于地铁车辆主要运行在地下隧道中，而且地铁线路曲线半径小，坡度大，站距短，与地面轨道车辆相比就要具备更好的技术性能。地铁车辆不同于其他轨道车辆的主要特征在于地铁车辆具有较好的加减速性能，起动快，停车制动距离短，平均运行速度高；地铁车辆具有较大的载客容量，车门数多，以便于乘客上下车，缩短停站时分；地铁车辆车型小，适合隧道内运行，而且车辆采用难燃或阻燃材料制成，不容易发生火灾；地铁车辆技术含量较高，一般都安装列车自动控制、自动停车、自动驾驶装置等。

4. 地铁车辆的主要技术参数

我国现有地铁车辆主要技术参数如表4－2所示。

表4－2 地铁车辆主要技术参数

项目名称	单位	上海地铁车	北京地铁车
车体长度	m	有司机室23.54 无司机室22.1	19.0
车体宽度	m	3.0	2.8
车体高度	m	3.8	3.715
车辆轴距	m	2.5	2.165
每侧车门数	个	5	4
定员	人	310(超410)	251(超350)
自重	t	动车38，拖车32	动车30.94，拖车24.5
最高运行速度	km/h	80	80
平均起动加速度	m/s^2	0～25 km/h时，1 m/s^2	0～36 km/h时，0.9 m/s^2 0～80 km/h时，0.5 m/s^2
平均制动减速度	m/s^2	常用1 m/s^2，紧急1.3 m/s^2	常用1 m/s^2，紧急1.2 m/s^2

科技发展为地铁车辆提供了广阔的发展空间。为了提高速度，地铁车辆供电电压由以往的直流750 V，且以第三轨供电居多改造为1 500 V；为了把地铁延伸到地面，采用架空接触导线供电。这种延伸到地面的地铁，不仅大大降低了造价、缩短了工期，而且加强了城市与郊区的联系。上海的地铁1号线就是这样一种广义的新型地铁。

法国巴黎、加拿大蒙特利尔等城市的地铁采用空气橡胶轮胎车辆。这种地铁车辆的特点是噪声小、粘着力大、乘坐舒适性好，适于坡度大、延伸到地面的地铁使用。

电动车组也在不断改进。目标是提高加速和减速性能，并实现轻量化。为增加行车密度，保证安全，地铁已广泛使用列车自动控制系统(ATC)。

六、供电系统

1. 供电系统的重要性

电能是地铁系统必需的能源，几乎所有的地铁设备都离不开电力供应，一旦供电中断，整个地铁运输将陷入瘫痪状况。因此，高度安全、可靠的供电系统是地铁正常运营的重要条件和保证。

2. 供电系统的组成

地铁供电系统一般包括牵引供电系统、动力照明系统和高压电源系统。牵引供电系统供给地铁车辆运行需要的电能，由牵引变电所和接触网组成；动力照明系统提供车站和区间各类照明、风机、水泵等动力机械设备电源和通信、信号、自动化等设备电源，它由降压变电所和动力照明配电线路组成；高压电源系统视各城市具体情况而定，可以是市电直接供给地铁各变电所，也可由城市高压供电线路集中供给地铁线路，然后由电源变压器再分配给地铁沿线各变电所，也可以是这两种情况的综合。

七、通信信号系统

通信信号系统在地铁中的作用相当重要，既要确保行车安全，指挥列车运行，又要提高运营效率，充分利用通过能力。因此，目前国内外有关科研机构都在进一步加紧研制更加先进的通信信号设备。

1. 地铁的信号系统

根据地铁高速度、高密度、短间隔的特点，地铁信号系统从传统的以地面信号为主发展到自动监控列车速度和自动调整列车追踪间隔的方式。地铁信号系统按其功能可分为以下几部分：自动闭塞、联锁、列车自动监视系统、列车自动监控系统、列车自动防护系统、列车自动运行系统。

2. 地铁的通信系统

为了迅速、准确、可靠地传递和交换语音、图像、数据信息，地铁通信系统是一个自成体系的独立完成的内部通信网。通信网由光纤数字传输系统、数字电话交换系统、闭路电视监视系统、无线调度系统以及车站广播系统等组成。

地铁的通信信号是一个完整的运行管理系统，其示意图如图 4－5 所示。

八、环控系统

地铁环境控制系统是地铁的重要组成部分，关系到乘客旅行安全和旅途心情，影响着地铁对广大市民的吸引力。早期地铁较少考虑环境问题，以致乘客乘坐地铁必须忍受高温、高湿及污浊的空气。随着经济和社会发展水平的提高，乘客对乘坐环境有了更高的要求，不少城市在地铁系统中增设环境控制系统以满足乘客的要求。

环境控制系统主要包括地铁通风、空调和采暖等设备。

九、地铁的主要优势

地下铁道之所以在世界范围内得到广泛的发展，一个很主要的原因就在于它具有城市道路交通不可比拟的优势。

1. 运量大

地铁是一种大容量的城市轨道交通系统，单向每小时运送能力可以达到 30 000～70 000 人次，而公共汽电车单向每小时运送能力只在 8 000 人次左右，远远小于地铁，因而在客流密集的城市中心地带建设地铁可以明显疏散公交客流，分担绝大部分城市公共交通流量。

2. 可信赖度高

地铁具有可信赖的准时性和速达性，地铁线路与道路交通隔绝，有自己的专用线路，不受

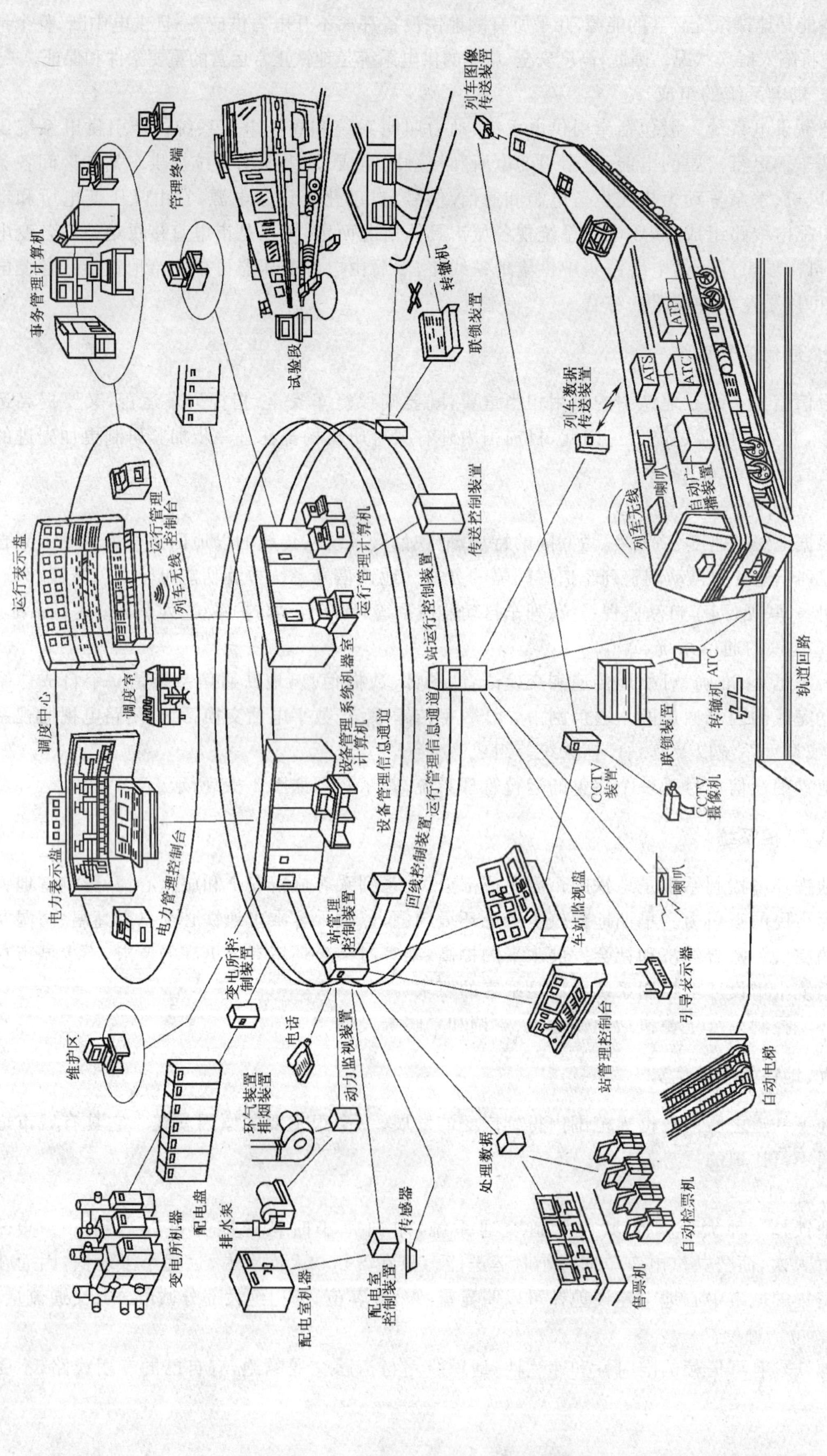

图 4-5 地铁运行管理系统示意图

气候、时间和其他交通工具的干扰，不会出现交通阻塞而延误时间，因而在保证准时到达目的地方面得到乘客的信赖，对居民出行具有很大的吸引力。

3. 安全可靠

由于地铁大多在地下或高架，因而与其他交通方式无相互干扰，安全性高，在当今世界汽车泛滥，交通事故居高不下的情况下，地铁如果不发生意外或自然灾害，乘客安全总可以得到保障，这也是地铁吸引人的地方之一。

4. 噪声及污染小

地铁噪声小，污染少，对城市环境不造成破坏。

5. 节约地面用地

在城市发展空间日益狭小的今天，地铁充分利用地下空间，节约出地面宝贵的土地资源为人类所用，这一方面意义深远。

虽然地铁具有很多其他交通方式并不具备的优势，但其造价昂贵的缺点也相当突出，制约着地铁的进一步发展。地铁的绝大部分线路和设备处于地下，而城市地下由于各种管线纵横交错，极大增加了施工工作量，而且在建设中还涉及隧道开挖、线路施工、供电、通信信号、水质、通风照明、振动噪声等一系列技术问题，同时还应考虑防灾、救灾系统的设置等，都需要大量的资金投入，因此，地铁的建设费用相当高。在日本，地铁建设费用要超过 200 亿日元/km；我国地铁造价 8 亿元/km(人民币)。因此，对发展中国家来说，地铁所需建设费用一般难以承担。另外，地铁建设周期长，见效慢。地铁还有一个致命的弱点，即一旦发生火灾或其他自然灾害，乘客疏散比较困难，容易造成人员伤亡和财产损失，对社会造成不良影响。

十、地铁适应范围

乘客选择交通方式，主要考虑的是速达性、准时性、便利性、舒适性、安全性和经济性。国内外专家研究表明：人口超过 100 万的特大城市建设地铁是比较合适的。有关文献指出，如果设计线路日客流量大于 15 万人次或单向高峰每小时客流量为 3 万～4 万人次，修建地铁也是比较合适的。

随着科学技术的发展，地铁车辆日益小型化、轻量化，建设费用不断降低，地铁的适应范围还会不断扩展，为更多的城市所接受。

第二节　轻 轨 交 通

一、概　　述

发展城市公共交通成为人们的共识，但在实践中发现地铁虽有很多长处，却造价高，工期长，见效慢，而公共汽车又运量小，速度慢，不能满足城市交通需求，于是人们开始寻求一种可以介于公共汽车与地铁之间，而又兼具两者优点的新型交通系统。轻轨交通适应这种需要，应运而生，并得到迅速发展。

所谓轻轨交通，是指利用轨道作为车辆导向的运输方式，并以客运交通为主。“轻轨”这一概念主要是指其车辆施加在轨道上的荷载重量，相对于火车和地铁的荷载比较轻。国际公共交通联合会(UITP)于 1978 年 3 月在布鲁塞尔召开的会议上，确定了轻轨交通的统一名称，英文为 Light Rail Transit，即轻轨交通，简称“轻轨”，英文缩写 LRT。轻轨交通是一种中等运量级的城市快速轨道交通客运系统，也是城市交通客运公共交通的重要组成部分。它的客运量在地铁与公共汽车之间，运行速度与地铁接近。轻轨可分为两类：车型和轨道结构类似地铁，运量较地铁略小的轻轨交通称为准地铁；另一类为运量比公共汽车略大，在地面行驶。它是在传统的有轨电车基础上发展起来的快速轨道交通运输系统。

轻轨交通线路可分为地面、地下和高架三种基本形式。铺设在地面上的轨道，根据道路条件可分为三种情况：一是混合车道，多为原有轨道电车道，允许其他车辆混行。二是半封闭式的专用道，其他车辆不得进入，仅在道路交叉口处设置道口，并利用信号控制技术，保证有轨车优先通行。三是全封闭专用车道，采用立体交叉，保证较高运行速度。新建轻轨交通工程，主要采用后两种专用道。

轻轨交通的最大特点是因地制宜，不同城市有不同的客观条件，因此，车辆规格、性能参数也会有不同的要求。例如，供电系统有直流 600 V，750 V 和 1 500 V，供电方式有架空线供电和第三轨供电。车辆宽度在 2.4～2.65 m，也有更窄或更宽的。

我国的轻轨交通尚在规划阶段，目前只有上海、大连等利用原有旧线改造成的轻轨，许多城市都有发展轻轨交通的计划，轻轨交通在我国发展前景广阔。

现代化轻轨交通受到了各国的青睐，发展很快。有人认为，以现代高新技术为支撑的轻轨交通作为更普通化、更接近市民的大众运输工具，可能成为 21 世纪城市公共交通的一大标志。

二、车　辆

1. 轻轨车辆通用技术要求

(1)轻轨车辆为直流电动车辆；

(2)轻轨车辆应适应高站台、低站台的地面、地下、高架形式的轻轨交通系统；

(3)轻轨车辆应具有形式新颖，舒适度好，载客多，速度高，加减速快的特点；

(4)轻轨车辆应适应在小半径曲线和大坡道上正常运行的技术特性；

(5)轻轨车辆应具备良好的减振、减噪声措施。

2. 轻轨车辆的种类

现代轻轨车辆都比较新颖，有单节的四轴车、双节单铰接的六轴车和三节双铰接的八轴车。采用铰接使车辆节间贯通，既有利乘客均匀通过，也增加了载客量。六轴铰接车如图 4－6 所示，车辆长度一般不超过 25 m，每侧至少设 4 个车门。六轴车有三个转向架，前后两个为动力转向架，中间的不带动力，主要起承载作用。八轴铰接车如图 4－7 所示，车辆长度一般不超过 30 m，每侧至少设 5 个车门。八轴车的 4 个转向架中，前后两个为动力转向架，中间铰接处的 2 个为非动力转向架。

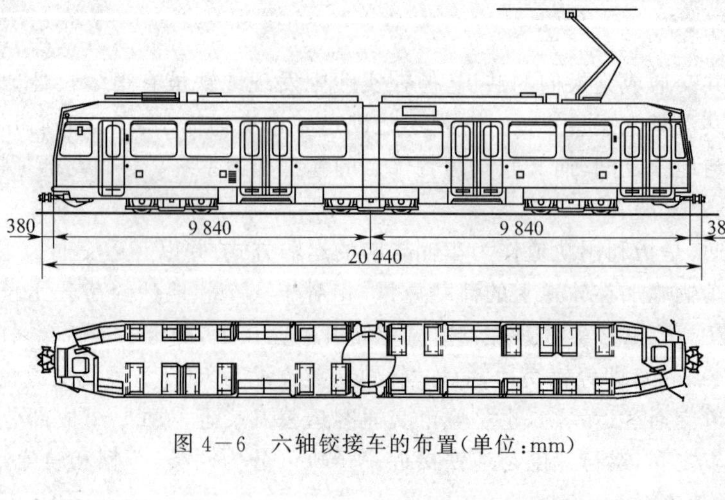

图 4－6　六轴铰接车的布置(单位：mm)

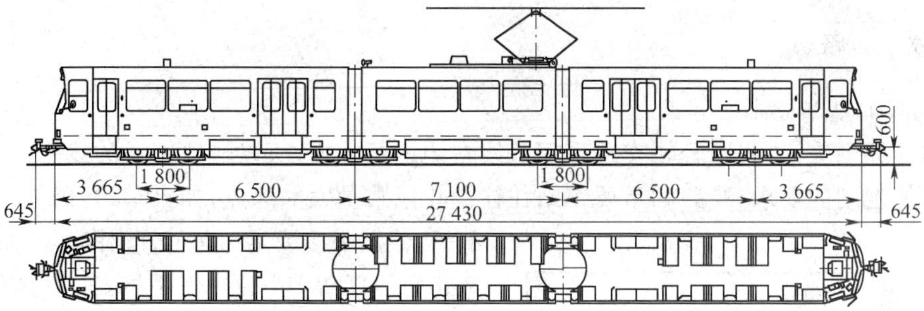

图 4－7 八轴铰接车的布置(单位:mm)

3. 轻轨车辆主要技术规格

这里列出三种轻轨车辆的有关技术参数,如表 4－3 所示。

表 4－3 轻轨车辆主要技术规格

序号	名称	单位	四轴车	六轴车	八轴车
1	两车钩连接面长度	mm	19 800	23 800	29 700
2	车体长度	mm	18 900	22 900	28 800
3	车辆宽度	mm	2 600	2 600	2 600
4	轨面至车顶部高度	mm	3 250	3 250	3 250
5	轨面至设备顶部高度	mm	3 700	3 700	3 700
6	受电弓工作高度	mm	3 900～5 600	3 900～5 600	3 900～5 600
7	受电弓落弓高度	mm	3 700	3 700	3 700
8	车内高度	mm	2 150	2 150	2 150
9	地板面高度	mm	900～950	900～950	900～950
10	车辆定距	mm	11 000	7 500－7 500	6 700－7 500－6 700
11	固定轴距	mm	1 900	1 900/1 800	1 900/1 800
12	车轮直径(新/旧)	mm	760/700	760/700	760/700
13	每侧车门数	个	4	4	5
14	客室车门宽度	mm	1 300	1 300	1 300
15	客室车门高度	mm	1 900	1 900	1 900
16	额定载客量	人	190～210	235～255	300～320
17	构造速度	km/h	80	80	80
18	最高运行速度	km/h	70	70	70
19	起动平均加速度	m/s^2	1.2	1.1	0.9
20	常用制动平均减速度	m/s^2	1.2	1.2	1.2
21	紧急制动平均减速度	m/s^2	2	2	2
22	每米车身自重指标	t/m	1.4～1.55	1.4～1.55	1.4～1.55
23	车辆每吨自重功率指标	kw/t	约 12	约 11	约 10

注:1. 车辆定距指 2 个转向架中心至中心的距离。

2. 固定轴距指转向架 2 个轮轴中心之间的距离,前面的数字指动力转向架,后面的数字指非动力转向架。

3. 构造速度指按照车辆设计容许的最高速度。

现代轻轨交通应考虑如何方便乘客上下车的问题。随着技术上的创新,新一代的轻轨车辆采用低地板的结构,将地板高度降低到 300～350 mm。这样,除了乘客可以从地面很方便地上下外,更解决了老人、儿童、小孩推车、残疾人轮椅的上下车。对于全封闭的轻轨交通系统来说,每个车站的站台高度都可以做到与车门的下沿相平,车辆可以采用传统的高地板结构,地板高度离轨面约为 850～1 000 mm。

三、线　　路

1. 选线的基本原则

从总的原则来说，我国轻轨交通采用双线右侧运行方式，所以轻轨交通的线路走向应当服从城市总体规划的要求，线路的重要车站往往设在换乘量大的地点，如火车站、码头、城郊结合部等；线路大多要通过城市的闹市区，如商业区、文化生活区等，或通往住宅区、工业区等。线路结合实际情况，可采取地面、高架或地下浅埋等多种形态，如图4－8所示。地面部分应尽量采用专用轨道的形式，两侧设置护栏，以保证列车快速安全运行。线路通过市区繁忙路口时，要求采取立体交叉。在次要路口，行车密度小于20对/h时，可考虑设平交道口，交通信号灯给予优先通行。新建的轻轨交通线路如不能做到全封闭，则封闭区段的长度占线路总长度的比例应达到60%以上，才能符合快速的要求。

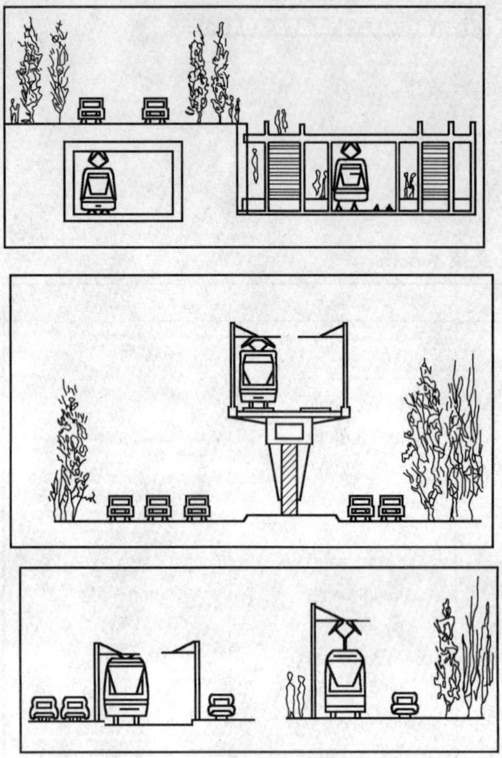

图4－8　轻轨交通的空间布置

2. 线路平面、纵断面的要求

为了保证车辆通过的速度，正线上平面最小圆曲线半径一般应不小于200 m，困难条件下应不小于100 m，辅助线及车场线应不小于50 m。在车站站台范围内，曲线半径应不小于300 m。线路的纵断面设计，要求正线最大坡度限制为60‰，坡道长度不超过500 m；坡度为50‰的坡度长度不超过1 000 m；坡度小于50‰的长度不受限制。隧道内考虑排水的要求，线路不宜设计为平坡，坡度一般不小于20‰～30‰。竖曲线采用圆型曲线，最小竖曲线半径应为2 000 m，困难条件下采用1 000 m。

3. 轨道部件的要求

走行系统采用钢轮、钢轨，其钢轨除了考虑车辆的轴重以外，还要考虑车辆的运行质量和钢轨的使用寿命，所以，主要采用国内通用标准型号，即50 kg/m(或60 kg/m)的钢轨，在车场内可采用40 kg/m的钢轨。直线地段的轨道标准轨距为1 435 mm。由于轻轨交通的行车密度大，运营时间长，留给轨道维修作业的时间很短，因而一般应采用较强的轨道部件。新建轻轨交通系统时，对浅埋隧道和高架结构，一般应采用混凝土道床等维修工作量少的轨道结构。

轻轨交通高架区段的高架桥是永久性的城市建筑，其结构在制造、运输、安装及运营过程中应当具有规定的强度、刚度和稳定性，而且要求施工简便快捷，对现有城市交通的干扰小，并要考虑城市景观，经济寿命要求按50年以上来考虑。

轻轨交通的地下区段只有在无法避免的情况下才考虑，较短的地下区段以不设车站为宜。

四、车　　站

轻轨车站设置比较简单，轻轨交通的车站分为地面、高架和地下三种形式，是根据线路位置、地形条件、行车组织等决定的，在地面和高架的车站上主要建筑物就是装有风雨棚的站台。如果运营管理采用车下售票方式，则还应设置售票房。

1. 设置车站的基本要求

轻轨交通的车站选址、布置、规模等对运营效果具有决定性的意义。优良的车站建筑既为乘客提供安全、便捷、舒适的乘降条件，又能吸引更多的客流，获得更好的运营效益，同时可以美化城市景观，以取得经济、社会和环境的综合效益。

轻轨交通的车站设置，一方面要考虑客流的吸引，站距不能过长；另一方面要考虑保持一定的运送速度，站距不能过短。轻轨线路的站距一般在 500～1 000 m，市区的站距应当小一些，市郊可以大一些。车站的设置还要符合城市规划的合理布局。

2. 车站规模的确定

车站规模要满足初期、近期、远期预测的客流集散量和行车管理的需要。客流量要考虑预测的最高日客流量和高峰小时的乘降量。按照我国的情况，车站规模可以分为四个等级，如表 4—4 所示。

表 4—4 轻轨车站的规模分级

车站规模	日乘降量（万人次/日）	高峰小时乘降量（万人次/h）	侧式站台售票口（个）	岛式站台售票口（个）
小型站	5 以下	0.5 以下	2	1～2
中型站	5～20	0.5～2	2～4	2～3
大型站	20～100	2～10	4～6	3～4
特大型站	100 以上	10 以上	10 个以上	8 个以上

注：特大型车站的日乘降量为若干条轻轨线路交汇的客流量与其他公共交通车辆枢纽站换乘处的客流量之和。

3. 车站站台的布置

站台布置有不同的形式，如图 4—9 所示。

(1)岛式站台。岛式站台设在上下行线路中间，可以供上下行两条线路合用，所以利用率较高。在相反方向列车不同时到达时，可互相调节，但同时到达时容易发生交错混乱，甚至造成乘客乘错方向。岛式站台管理比较集中，可节省工作人员；站台的建筑艺术较易处理，可获得较好的效果。但线路由区间进入车站时，由于线间距变宽，形成一个喇叭口过渡段，在结构上增加复杂性。

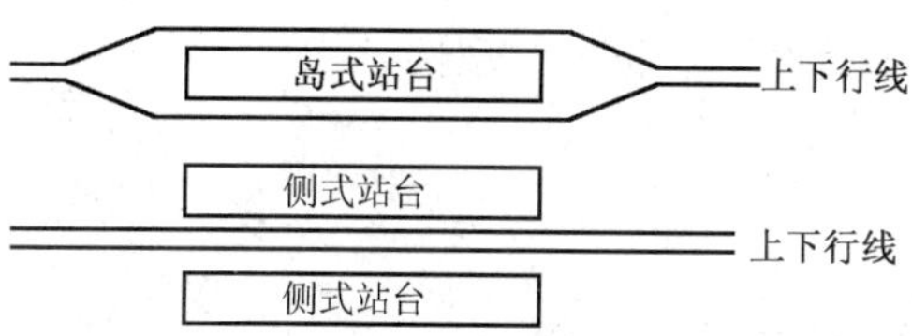

图 4—9 岛式站台与侧式站台示意图

(2)侧式站台。侧式站台是在上下行线路两侧各设一站台，两侧客流不会混合，但不能起调节作用，站台的利用率较低，站台的管理分散，站台在建筑艺术处理上空间较为分散。其优点是区间线路通过车站时，线间距保持不变，线路结构简单。

(3)站台长度、宽度和高度的确定。站台的长度取决于适应远期预测客流的列车长度加上预留长度。列车长度通常不超过 90～100 m，预留长度考虑为 4 m。

站台的宽度取决于高峰小时的客流量，通常高峰小时内集中了全日乘降人数的 25%～30%。在高峰小时内客流量也有不均匀现象存在。按照人流速度和每人占用的面积，加上安全防护因素，可以计算站台面积，从而确定站台宽度。侧式站台的最小宽度为 2.5 m，岛式站台的最小宽度为 4 m。

站台高度应与选用的车型相适应。

五、供　　电

1. 供电系统的组成

轻轨交通的供电系统包括牵引供电系统、动力照明供电系统和高压供电系统。牵引供电系统供给轻轨车辆运行的电能，由牵引变电所和接触网组成。动力照明供电系统提供车站和区间各类照明、动力电源、以及通信、信号、自动化等设备电源，由降压变电所和动力照明配电线路组成。高压电源系统根据各城市的情况而定。

2. 供电制式

轻轨交通采用直流供电，因为直流电适合于电气牵引的调速要求，而且直流牵引接触网结构简单，建设投资少，电压质量高。我国的国家标准定为 750 V 和 1 500 V 两种。

3. 馈电方式

我国轻轨交通的馈电方式主要有架空接触网和地面接触轨（铺设在轨道旁边的第三轨）两类。接触轨维护简便，线路损耗小，运行费用低，相对于架空接触线网而言，对城市景观的影响较小。

六、通　　信

通信系统是实现行车指挥和列车运营管理、保证行车安全和提高运营效率的重要手段。

轻轨交通的通信系统由调度指挥通信系统、无线通信系统、公务通信系统、广播系统、电视监控系统等组成。

七、信　　号

轻轨交通的信号系统是行车指挥和列车运行的控制设备，信号显示是指示列车运行及调车工作的命令，以确保安全行车，提高效率，改善工作人员的劳动强度。信号系统与行车密度有密切的关系，不同行车密度的轻轨交通应选用不同的信号系统，才能既满足运营的要求，又符合技术经济的合理性。

第三节　单轨交通

一、概　　述

1. 单轨交通的基本概念

单轨交通是一种轨道为一条带形的梁体，车辆跨坐于其上或悬挂于其下行驶的交通工具。因此，单轨交通按其走行模式和构造的不同，分为跨座式和悬挂式单轨交通两种类型，如图 4－10所示。单轨交通属于中运量城市轨道交通，在该序列中属于较高的一种，其轨道结构简单，易于融入城市景观环境，采用范围正在扩大。

2. 跨座式单轨交通

跨座式单轨交通的车辆骑行于轨道梁的上方，车辆底部有走行轮外，在车体的两侧下垂部分还有导向轮和稳定轮，夹行于轨道梁的两侧，保证车辆沿轨道安全平稳地行驶。

当代跨座式单轨交通的轨道梁，通常采用预应力钢筋混凝土梁。在梁的跨度较大或一些特殊地段有时采用钢制轨道梁。车场等平地供停放车辆的轨道梁，一般采用现场浇筑的普通钢筋混凝土梁。

3. 悬挂式单轨交通

从图 4—10 可知,悬挂式单轨交通的车辆悬挂于轨道梁下方行驶。轨道梁为下部开口的箱形钢架梁,车辆走行轮与导向轮均置于箱形梁内,沿梁内设置的轨道行驶。车辆改变行车方向时,通过梁内可动轨的水平移动实现。

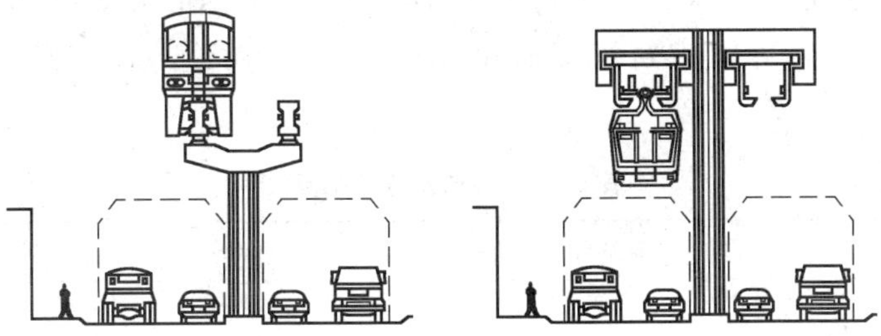

(a) 跨座式单轨交通　　(b) 悬挂式单轨交通

图 4—10　单轨交通示意图

跨座式和悬挂式单轨交通,轨道梁的支柱通常采用的形式为 T 形、倒 L 形和门形。跨座式单轨交通的支柱一般为钢筋混凝土柱;悬挂式单轨交通的支柱通常采用钢柱。

二、单轨交通发展简况

1. 世界各国发展概况

单轨交通问世和起步发展于西欧的英国、法国、比利时、德国等国。20 世纪七八十年代在日本得到迅速发展,先后建成了东京羽田线、北九州线、大阪市等跨座式单轨交通和湘南江岛线、千叶市等悬挂式单轨交通。日本的这些单轨交通多为具有较高的技术水平和较大运量的城市公共交通系统,在城市客运交通中起着重要作用。当前在美国、中国、东南亚等地方的一些大城市开始修建单轨交通,采用这种交通工具作为城市骨干交通或短途客运交通。

2. 我国发展单轨交通概况

在我国单轨交通作为城市客运交通的首条线路是重庆市轨道交通 2 号线(校场口—新山村)。这条线路是 2000 年动工修建的,为跨座式单轨交通,线路由市中心解放碑地区的校场口出发,沿嘉陵江畔西行,再向南至重庆钢铁厂所在地新山村,全长 18.6 km,设有 18 座车站。重庆跨座式单轨交通如图 4—11 所示。

图 4—11　重庆跨座式单轨交通

重庆市是西南地区的经济中心和水陆交通枢纽,主城区是座山城,城市道路坡陡、弯急、路窄,地势比较险峻,跨座式单轨交通能够爬大坡、转小弯,十分适合重庆地形特点,同时结构比较轻巧、简洁,易融于山城景色,并取得较好的景观效果。

我国其他一些城市,特别是地势起伏和十分重视景观的旅游城市,也在考虑采用单轨交通作为城市的客运交通工具。

三、单轨交通的特点

单轨交通与城市一般客运交通相比，具有以下一些特点：

1. 行驶速度快、运量大

单轨交通是立体型交通，不会受地面和其他交通工具和行人的干扰，因此可以快捷行驶，车辆运行的最高速度可达 80 km/h，平均运行速度为 30～45 km/h，约为地面公共电车、汽车的 2 倍，与地铁及轻轨等城市轨道交通速度相当。城市交通各种运输工具的最大运量如表 4－5 所示。

表 4－5 城市交通最大运量

类型	列车编组车辆数(辆)	行车间隔(min)	单向小时运量(人次)
公共电车、汽车	1	2	6 000
单轨交通	2～8	2.5～3	4 000～30 000
轻轨交通	2～6	2	10 000～40 000
地铁	4～8	1.5～3	30 000～75 000

单轨交通单向每小时运量为 4 000～30 000 人次，介于公共电车、汽车和地铁运量之间，与轻轨交通一道填补了城市客运交通的中运量运输空间。

2. 能够爬陡坡、转急弯

单轨交通由于车辆采用橡胶车轮，具有较强的爬坡能力，最大坡度可达 10%，车辆能够通过的最小平面曲线半径为 30 m，这是一般钢轮钢轨轨道交通无法达到的。单轨交通具备的这种能行驶于陡坡急弯上的能力，可以广泛适应城市中复杂的地形和弯曲的道路条件，从而能避免许多房屋、管道的拆迁，减少工程费用和缩短建设工期。为了保证行车平稳，乘车舒适和保持有较快的运行速度，在单轨交通正线上通常选用 6%的最大坡度，最小平面曲线半径不小于 100 m。

3. 建设工期短，造价低

单轨交通结构比较简单。跨座式单轨交通的混凝土支柱通常采用现场浇筑，但主要部件轨道梁则可在工厂预制，现场架设安装；悬挂式单轨交通的工程结构基本为钢结构，更便于采用工厂预制，现场组装。因此，建设速度比较快，工期短。

与城市地铁相比，工程造价低。我国重庆单轨交通较新线造价为人民币 2.47 亿元/km；在此时期建成的上海地铁 2 号线造价为 6.53 亿元/km；北京地铁复八线为 5.61 亿元/km。

4. 占地面积少，空间体积小

单轨交通高架结构的支柱，由于承受的荷载比其他轨道交通相对要小，柱径一般为 1.0～1.5 m，占地面积不大，通常又设置在城市道路中央隔离带内，对地面交通和景观影响都比较小。单轨交通区间双线轨道结构宽度，跨座式约为 5 m，悬挂式约为 7 m，地铁与轻轨高架结构的宽度为 9.0～10.0 m，其墩柱直径一般不小于 2 m。

5. 乘行安全、舒适

单轨交通为立体型交通，不会因与其他交通系统交错而危及安全。单轨交通的车辆行走稳定，无脱轨危险。此外，单轨交通车辆和道岔系统均有保证安全的自动保护和自动控制系统，可严防意外事故发生。由于车辆采用充有惰性气体的橡胶车轮，转向架配有空气弹簧，因此，乘坐很舒服。

6. 对环境污染小,对居民正常生活干扰少

现代单轨交通均采用电力牵引,不会产生废弃污染周边环境。单轨交通采用胶轮车辆,产生的噪声和振动都比较小。我国重庆跨座式单轨交通噪声实测值为 68～72dB(A),在允许值范围内。

四、单轨交通系统的组成

单轨交通系统主要由车辆、轨道结构、设备系统和车站等建筑物构成。

1. 车辆

(1)跨座式单轨交通的车辆基本构造。跨座式单轨交通的车辆基本构造如图 4－12 所示。

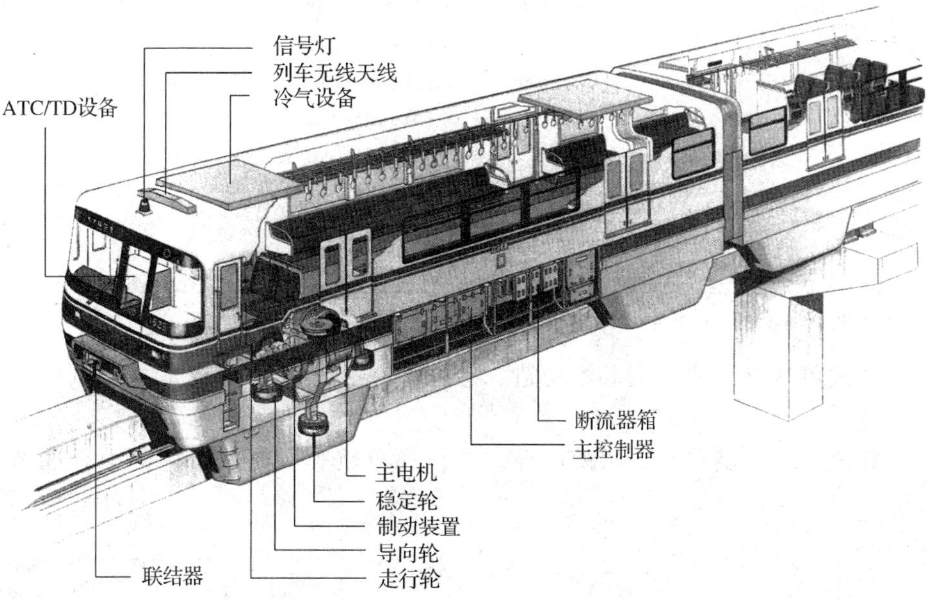

图 4－12 跨座式单轨车辆构造

(2)跨座式单轨车辆与轨道梁的配合。跨座式单轨车辆与轨道梁的配合如图 4－13 所示。

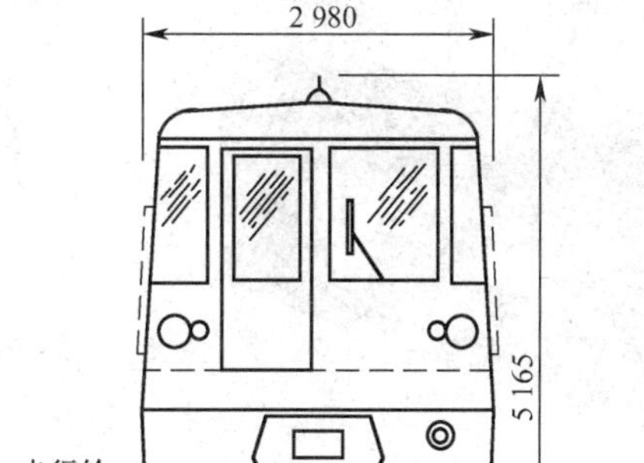

图 4－13 跨座式单轨车辆与轨道梁的配合(单位:mm)

(3)跨座式单轨车辆的主要技术规格。跨座式单轨车辆的主要技术规格如表 4－6 所示。

表 4－6　跨座式单轨车辆的主要技术规格

序号	名称	单位	大型	标准型	序号	名称	单位	大型	标准型
1	两车钩连接面长度	mm	15 500/14 600	14 400/13 700	12	额定载客量	人	167/180	145/160
2	车体长度	mm	14 800/13 900	13 700/13 000	13	最大载客量	人	233/251	202/222
3	车体宽度	mm	2 980	2 980	14	车辆平均自重	t	27	26
4	车辆高度	mm	3 490	3 460	15	轴重	t	11	10
5	地板面高度	mm	1 130	1 082	16	最高运行速度	km/h	80	80
6	车辆定距	mm	9 600	9 000	17	起动平均加速度	m/s^2	0.97	0.97
7	固定轴距				18	常用制动平均减速度	m/s^2	1.1	1.1
	走行轮胎	mm	1 500	1 500	19	紧急制动平均减速度	m/s^2	1.25	1.25
	导向轮胎	mm	2 500	2 500	20	最小曲线半径	m	30	30
8	走行轮直径	mm	1 006	982	21	最大爬坡能力	‰	100	100
9	每侧车门数	个	2	2	22	牵引电动机功率	kW	4×75	4×75
10	车门宽度	mm	1 300	1 300	23	额定电压	V	1 500 直流	1 500 直流
11	座位数	人	35/39	32/37					

注：表中分子和分母的数字分别表示有司机室和无司机室的车辆。

(4)悬挂式单轨交通的车辆基本构造。悬挂式单轨交通的车辆基本构造如图 4－14 所示。

(5)悬挂式单轨车辆与轨道梁的配合。悬挂式单轨车辆与轨道梁的配合如图 4－15 所示。

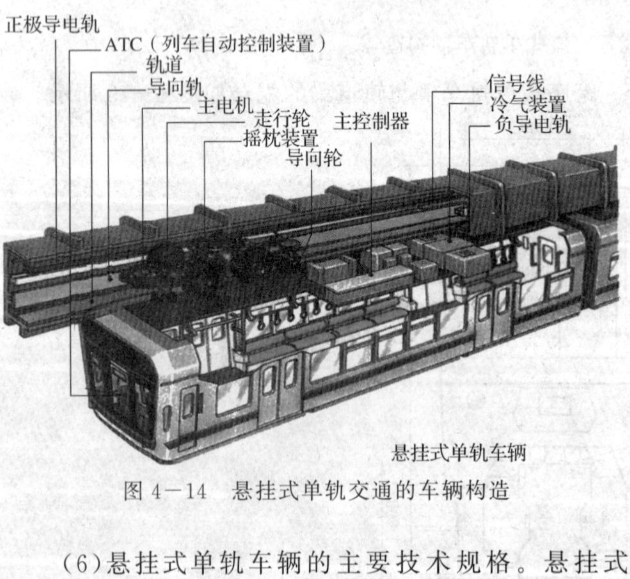

图 4－14　悬挂式单轨交通的车辆构造

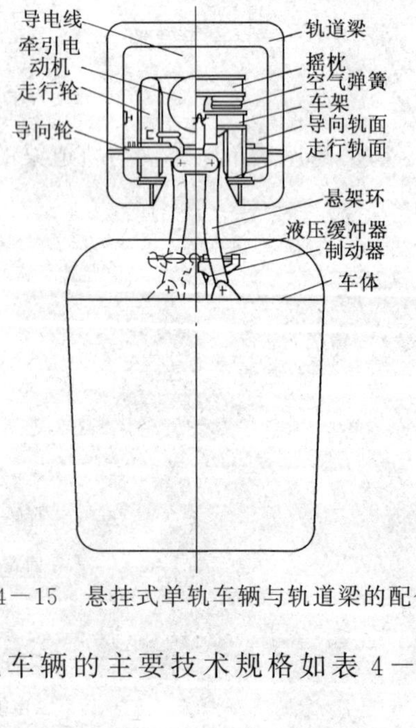

图 4－15　悬挂式单轨车辆与轨道梁的配合

(6)悬挂式单轨车辆的主要技术规格。悬挂式单轨车辆的主要技术规格如表 4－7 所示。

2. 轨道结构

单轨交通的轨道结构，主要包括轨道梁、支柱（包括托梁与基础）与道岔等几部分。

表 4—7 悬挂式单轨车辆的主要技术规格

序号	名称	单位	大型	标准型	序号	名称	单位	大型	标准型
1	两车钩连接面长度	mm	17 300	13 800	12	最大载客量	人	193/212	135/150
2	车体长度	mm	16 800/16 500	13 300/13 000	13	车辆自重	t	21.54/20.28	19.0/17.98
3	车体宽度	mm	2 660	2 510	14	轴重	t	9.5	7.5
4	车辆高度	mm	2 950	2 950	15	最高运行速度	km/h	80	80
5	地板面高度	mm	730	730	16	起动平均加速度	m/s^2	0.97	0.97
6	车辆定距	mm	11 700	8 400	17	常用制动平均减速度	m/s^2	0.97	0.97
7	固定轴距	mm	1 550	1 500	18	紧急制动平均减速度	m/s^2	1.25	1.25
8	每侧车门数	个	2	2	19	最小曲线半径	m	30	30
9	车门宽度	mm	1 300	1 300	20	最大爬坡能力	‰	100	100
10	座位数	人	42/48	40/46	21	牵引电动机功率	kW	4×75	4×75
11	额定载客量	人	143/157	103/115	22	额定电压	V	1 500 直流	1 500 直流

注:表中分子和分母的数字分别表示有司机室和无司机室的车辆。

3. 设备系统

单轨交通的设备系统与传统型城市轨道交通配备的设备系统基本相同,主要有供电系统、信号系统。

单轨交通牵引供电通常采用 1 500V 直流电源,保证不间断供电。

信号系统是单轨交通控制系统中重要组成部分,保证列车安全、快速、有序运行,实现行车指挥、运行调整及列车驾驶自动化,提高运输的效能。信号系统一般包括信号、轨道回路、闭塞联锁、调度集中、列车保护及自动驾驶等。

4. 车站建筑

单轨交通的车站型式与传统型城市轨道交通一样,可分为侧式站台车站、岛式站台车站和混合式站台车站等。在客流大而集中和位置重要的车站,应采用岛式站台。岛式站台车站如图 4—16 所示。

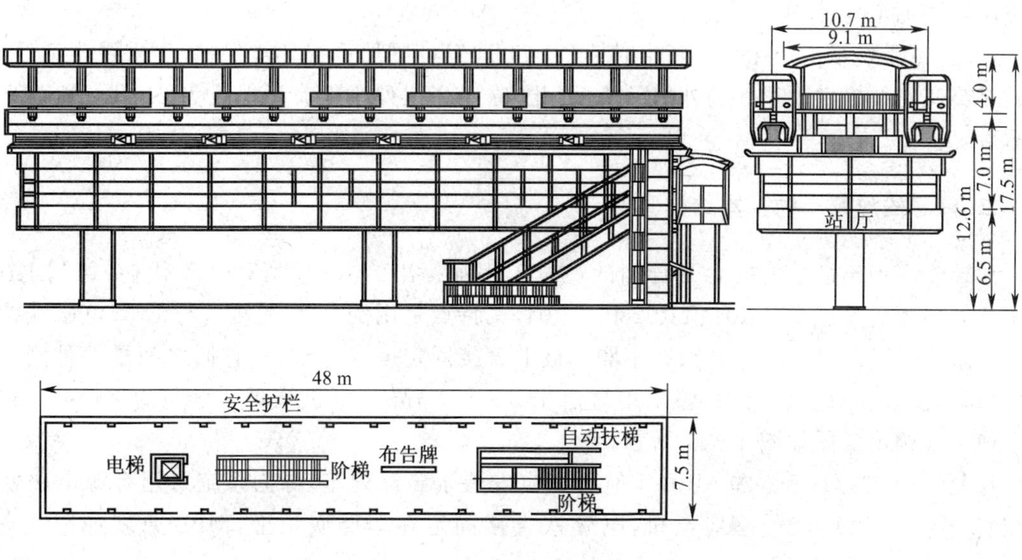

图 4—16 岛式站台车站

五、单轨交通的适应范围

根据以上分析，单轨交通是一种能够满足各类城市的不同交通量需求，适应不同地形及道路条件，是实现最佳效率选择的交通工具。实践证明，它的适应范围比较广，既适应中运量城市客运交通系统，又适应短途、低运量的客运交通系统。

第四节 磁浮交通

一、概　　述

磁浮列车是“用磁力悬浮的车辆”的简称。德国称为“磁力铁道”，日本称作“直线电机车辆”，前苏联比喻为“飞行快车”，有的国家称为新交通系统。这是一种非轮轨黏着传动，悬浮于地面的交通运输系统，是介于常规高速铁路和航空运输之间的一种独特的运输方式。磁浮列车利用常导磁铁或超导磁体产生的吸力或斥力使车辆浮起，用复合技术产生导向力，用直线电机产生牵引动力，使其成为高速、安全、舒适、节能、无公害、噪声小、维护简单、占地少的新一代交通运输工具。

磁浮交通目前还是新生的交通系统，从原理上、结构上、系统配置上、运营组织上和商业运作上都有许多不完善的地方。目前，世界上有 10 多个国家正在试验和发展磁浮交通系统。德国常导型磁浮交通、日本低温超导高速磁浮交通和常导型常速磁浮交通技术上比较成熟，接近或达到商业运营的要求。英国于 1984 年在伯明翰开通的速度为 54 km/h、长度为 640 m 的商用磁浮列车，成为世界上第一个用作公共运输、服务于伯明翰机场航站大厦和国铁车站间的磁浮式运输系统。中国于 2003 年在上海开通了速度为 430 km/h、线路长度为 30 km 的商用磁浮列车。该线西起上海地铁 2 号线龙阳路车站，东至浦东国际机场，双线折返运行，设两座车站、两个牵引变电站、一个运行控制中心、一个车辆维修中心。该线是世界上第一条高速磁浮交通商业示范运营线，也是一条城市交通和观光旅游并重的线路。目前，高速磁浮交通由于造价和运营费用太高，又很难形成网络，所以在决策修建高速磁浮铁路时必须十分慎重。

总之，磁浮列车正处在一个新生时期，但 21 世纪将更加重视环境保护，更重视生活质量，为磁浮交通发展提供了很好的外部环境，因此，磁浮高速列车很有可能成为 21 世纪地面高速运输系统。

二、常导磁浮列车的基本结构原理

常导磁浮列车最早的概念是德国的一位工程师提出的。20 世纪 70 年代初，德国 Kruss Maffei 公司先后发展了 TR01、TR02 和 TR04，其特点是用倒 U 型的轨道与 U 型电磁铁构成的悬浮系统，具有侧向自稳功能；在车厢底板上直接固定 4 个电磁铁，它们之间是一种刚性的结构约束，没有相对运动自由度；采用短定子（在车上）异步电机推进。早期的 Kruss Maffei 磁浮列车结构示意图如图 4－17 所示。

与此同时，1971 年德国 MBB 宇航公司也发展了磁浮列车，导向系统采用有源电磁铁主动控制；推进采用短定子感应电机，电磁铁直接固定在车厢底板上，MBB 原理如图 4－18 所示。

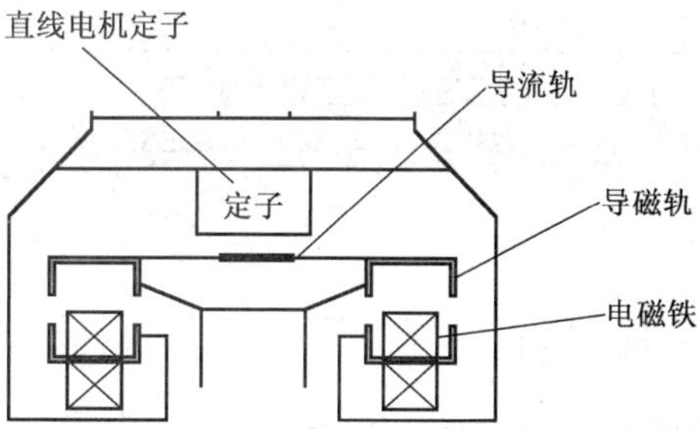

图 4—17 早期磁浮列车结构示意图

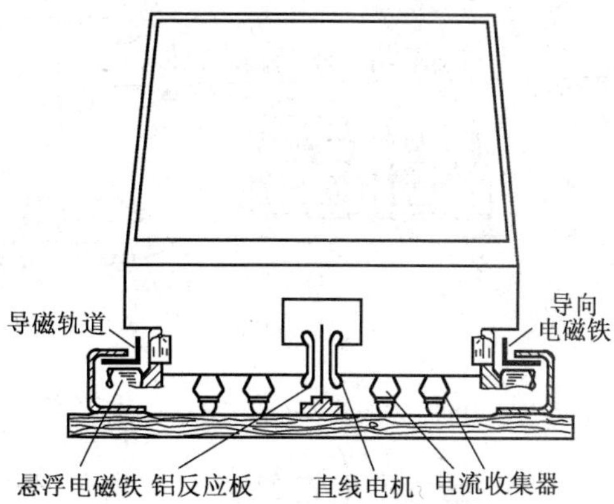

图 4—18 MBB 原理示意图

1984 年 5 月，英国在伯明翰建成 Maglev 磁浮客运系统，轨道构造如图 4—19 所示。

三、常导中、低速磁浮列车

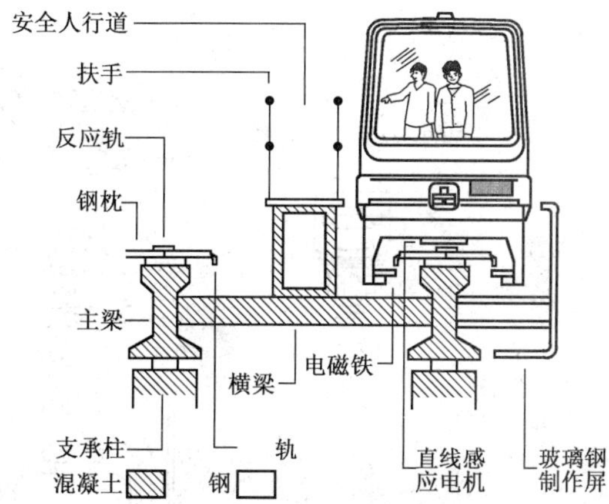

图 4—19 Maglev 轨道构造示意图

1. 常导中、低速磁浮列车产生的主要原因

常导型中、低速磁浮列车研制的动力，主要来自两个方面的原因：其一是近 20 世纪来地铁的造价大幅度上升，使修建地铁的城市经济上承受很大的压力。我国目前修建地铁平均 2 亿～5 亿元/km；英国平均 1.725 亿英镑/km，约合人民币 22.7 亿元/km。因此，人们希望能有一种比较经济的交通方式。其二是城市居民对环境要求更加殷切，希望有一种与环境更加友好的交通工具。常导中、低速磁浮列车能满足上述两方面的要求，再加上技术上相对容易掌握，所以许多国家都把这种类型的磁浮列车作为最初研究的车型。目前世界各国正在研究的车型中，具有代表性、有实用意义的主要是由日本航空公司从 20 世纪 70 年代起开发的 HSST 型，主要用于航空港与城市的中、低速交通。日本先后以不同的目标速度形成了 HSST—100、HSST—200、HSST—300 等 3 种产品，如图 4—20 所示。

根据日本的试验，认为成熟的车辆是 HSST—100 型。该车型的各项指标均已满足实用要求，并获得了日本官方的铁道事业许可证。HSST—100 型磁浮列车如图 4—21 所示。

2. HSST—100 型磁浮列车的工作原理

该车型由斩波器控制电磁铁的通电电流，以产生吸引式磁力，将列车悬浮并保持在轨道上方约 10 mm 的高度。驱动则采用短定子异步感应式直线电机，由 GTO(或 IGBT)VVVF 调频调压车载逆变器进行控制。定子在车上(电机)，转子在轨道上(反应轨)，受流为电刷式。转弯时靠电磁铁与轨道偏移所产生的悬浮力的侧向分力导向。该系统轨道简单，供电容易，成为目前中、低磁浮列车的主要形式。

3. 常导型磁浮交通(HSST)的特点

与传统的轮轨系统比较，HSST 系统有以下特点：

(1)高效率地投资和经济地运作。由于系统简单和车辆较轻，轨道结构相对也轻，因此，

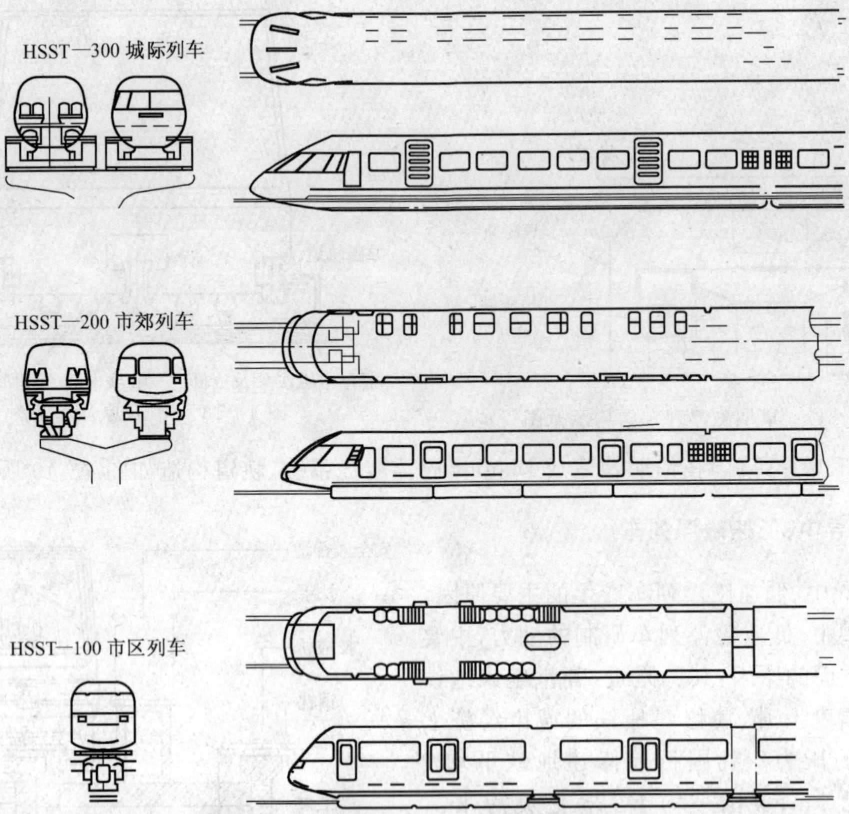

图 4－20　HSST 系列三种类型车辆图

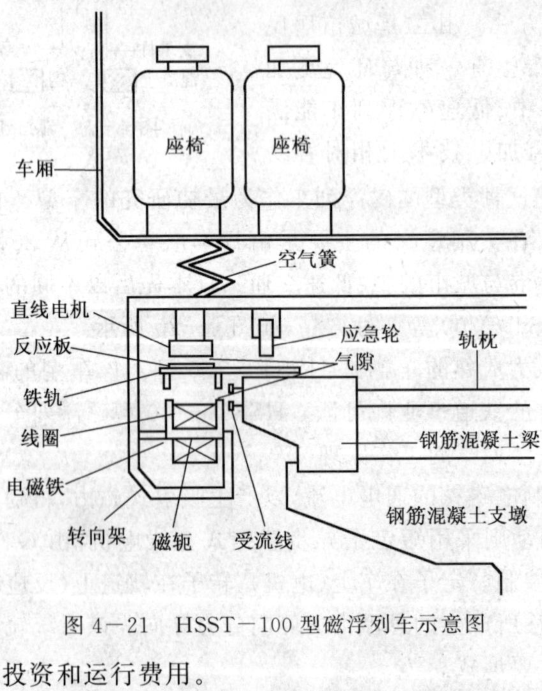

图 4－21　HSST－100 型磁浮列车示意图

HSST 只需较低的初期投资和运行费用。

(2)安全。HSST 系统使用吸引型电磁铁，绝对没有地磁辐射的危害；车体紧扣轨道，完全消除任何脱轨或倾覆的可能性。

(3)快速。HSST 系统不依赖黏着而使列车浮升，试验证明能有效地达到 300 km/h 的速度。

(4)效率。HSST系统无摩擦无运动部件,提供了一个市内、市内至郊区或中距离的运输系统,其维修成本和运营费用很少。

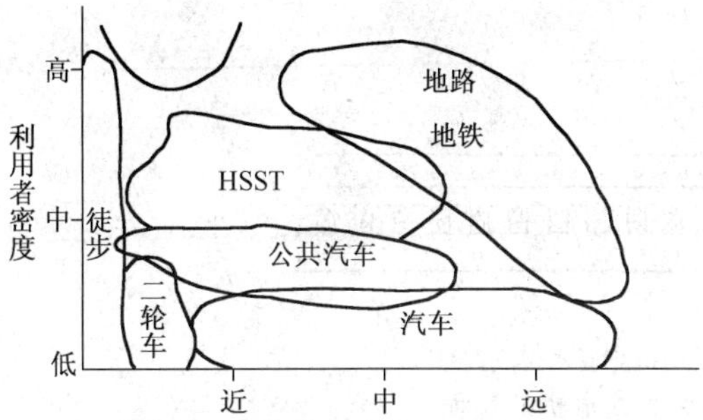

图4-22 HSST系统在交通工具中的位置

(5)无污染。HSST系统无废气排出,噪声和振动已消除。

(6)适应性广泛。HSST的爬坡能力(8%)和通过小半径曲线(50 m)的性能,能在复杂的地形地貌自由定线,不受气候影响,环境恶劣的地方也能适应。

由于HSST系统具有以上的特点,具有存在和开发的价值,在各种交通方式中有其自己的位置,如图4-22所示。

四、直线电机的基本构造及原理

直线电机是20世纪下半叶电工领域中出现的具有新原理、新理论的新技术,它可采用交流电源、直流电源或脉冲电源等各种电源进行工作。

1. 直线电机的分类

直线电机,特别是直线感应电动机,按其功能用途主要分为力电机、功电机和能电机。直线电机按其工作原理可分为直线电动机和直线驱动器等。

2. 直线电机的基本构造

直线电机和旋转电机如图4-23(a)、(b)所示。从图可以看出:直线电机主要是由初级和次级组成,工作时产生推动力;旋转电机是由定子和转子组成,工作时产生旋转力。

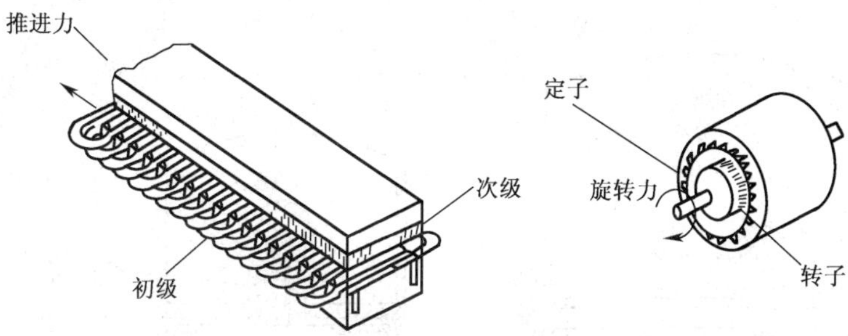

(a) 直线电机 (b) 旋转电机

图4-23 直线电机与旋转电机示意图

直线电机可以认为是旋转电机在结构方面的一种演变,是将一台旋转电机沿径向剖开,将电机的圆周展成直线,如图4-23所示。这样就得到了由旋转电机演变而来的最原始的直线电机。由定子演变而来的一侧称为初级,由转子演变而来的称为次级,如图4-24所示。

直线电机一个最大的特点是在初级与次级之间存在着一个很大的法向吸力,这个法向吸力约为推力的10倍左右。

3. 直线电机的基本工作原理

直线电机的工作原理与旋转电机工作原理相似,直线电机通入电流后产生气隙磁场,两者的差异是:这个气隙磁场是平移的,而不是旋转的,因此称为行波磁场。直线电机与旋转电机的基本工作原理如图4-25所示。

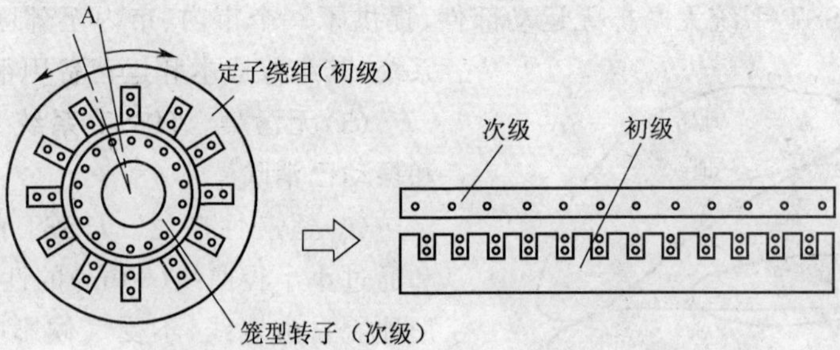

(a) 沿径向剖开　　(b) 把圆周展成直线

图 4－24　由旋转电机演变为直线电机的过程

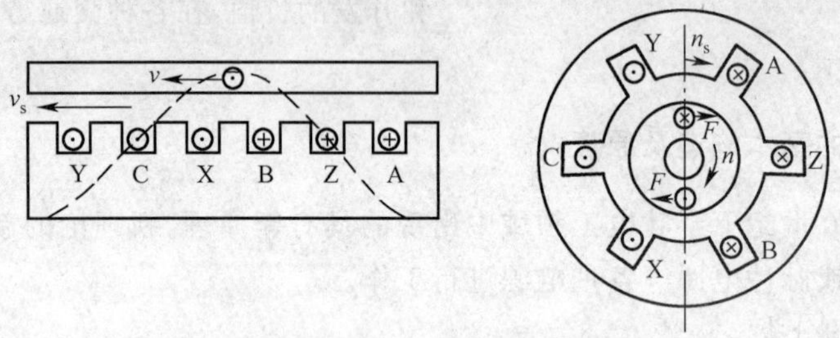

(a) 直线电机的基本工作原理　　(b) 旋转电机的基本工作原理

图 4－25　直线电机与旋转电机的基本工作原理

4. 直线悬浮电动机

直线悬浮电机是根据单边直线电机存在较推力大几倍至十几倍的垂直力的原理而设计的。直线悬浮电动机具有实用意义的基本型式是吸引型和推斥型两种，其结构如图 4－26 所示。

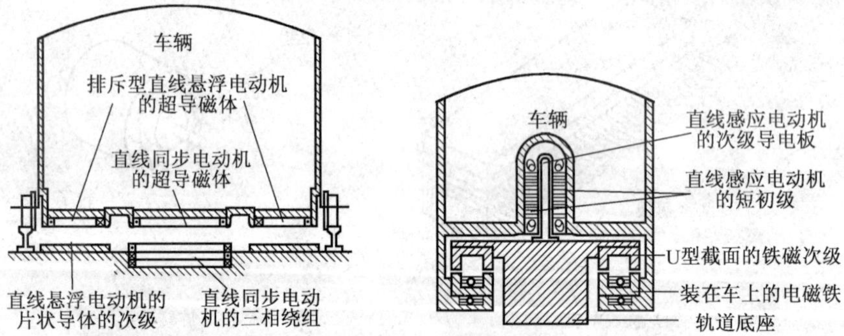

(a) 推斥型直线悬浮电动机　　(b) 吸引型直线悬浮电动机

图 4－26　推斥型和吸引型直线悬浮电动机

五、我国磁浮列车研制和试用简况

1. 我国对磁浮列车的研制工作非常重视

1992 年中国国家科委将磁浮列车列为“八五攻关项目”，经过国防科技大学、西南交通大学、中国科学院电工所、铁道科学研究院等 10 多个单位 10 多年的艰苦深入研究，在接受前人研究成果的基础上，现已取得了阶段性的成果，同时解决了磁浮技术的一些关键技术问题。目前已试制了两辆接近实际工程使用的样车，将用在北京八达岭旅游试验线和成都青城山旅游试验线上。

2. 已建成上海磁浮交通示范营业线

在引进德国常导型高速磁浮交通(TR)技术的基础上,上海磁浮交通示范营业线工程于2001年3月正式开工兴建,全长约30 km,2004年3月正式投入商业运营,设计最高运行速度为430 km/h。该示范线通过两年多的运营实践,已基本达到了原来预想目标的要求,成功地实现了商业运行,并取得了不少的科研成果。上海磁浮公司取得了8项专利,如表4-8所示。

表4-8 上海磁浮交通取得的专利

专利名称	专利号
高速轨道交通的轨道结构	01126832.8
磁浮铁路轨道梁侧面导向装置	01246610.7
可调式支座	011266127.9
高速轨道交通的轨道结构	01126699.6
横向调节支座	01126912
可固定单向调节支座及其使用方法	01126913.8
预应力轨道梁及其制造方法	01132016.8
磁浮、有轨铁路的轨道梁的制造方法	01132690.7

第五章 水路运输

水路运输是我国现代交通运输体系的重要组成部分，是国民经济的基础产业部门。我国的水运资源极为丰富，居世界首位。长期以来，水上运输在国民经济建设中发挥了重要作用。我国水路运输发展不平衡，其特点是沿海港口和远洋运输发展较快，内河运输发展缓慢；货物运输发展较快，旅客运输发展缓慢；集装箱运输发展特别快。

第一节 水路运输概述

一、水路运输概念及特点

1. 水路运输的概念

水路运输是利用船舶和其他浮运工具，在海洋、江河、湖泊、水库及人工水道上运送旅客和货物的一种运输方式。

水路运输既是一种古老的运输方式，也是一种现代化的运输方式。在出现铁路、航空以前，水路运输同以人力、畜力为动力的陆上运输工具相比，在运输能力、运输成本和方便程度等各方面都处于优势地位。因此，西方资本主义国家早期的工业大多沿通航水道的两岸设厂，形成沿着江、河布局的"工业走廊"。在历史上，水运的发展对工业的布局带来很大的影响。

正因为水路运输有载量大、成本低的特点，所以直到今天许多大宗物资的运输仍依靠水路，诸如我国海上的"北煤南运"、"南粮北调"，以及长江流域各省市的物资调运等。这些畅通的水运路线常被人们誉为"黄金水道"。

此外，水路运输中的海洋运输还具有其独特的地位，由于大陆被海洋分隔，海洋运输成为沟通联系各个国家和地区的主要运输方式，尤其是在大力发展对外贸易过程中，它的主导作用几乎是无可替代的。由于国际贸易和国际货物运输是在全世界范围内进行产品交换，地理位置和地理条件决定了海洋运输是最主要的手段。目前，世界贸易总运量的75%以上是利用海洋运输来完成的；在我国的对外贸易运输中，90%以上的货物运输是通过海洋运输实现的。此外，海洋运输还在国际市场上承揽第三国货载，成为国家外汇收入的重要渠道。

2. 水路运输的特点

(1)点多、面广、线长。水路运输具有点多、面广、线长的特点。通过内河运输和海洋运输，将内陆经济腹地与世界连通，使处于运输交汇口的港口城市产生了内陆经济腹地和国际港口城市两个极为宽阔的辐射面。水路运输线路长，沿线的站点多，为腹地的经济建设提供了量大价廉的运输服务。

(2)载运量大。海洋和主要内河干线的轮船及拖驳船队载运量大，从几百吨到几十万吨，散货船最大可达 40 万 t，油轮最大可达 70 万 t。

(3)运输成本低。在各类运输中，水路运输成本是最低的。

(4)运输的连续性和灵活性较差。由于水路航道的地理走向和水情变化难以全面控制，在运输的连续性和灵活性方面较差，难以和铁路、公路比拟。

二、水路运输在国民经济发展中的地位与作用

1. 水路运输在国民经济中的地位

水路运输业与国民经济中的其他产业不同，它本身具有的基础设施并不生产有形的产品，而是为产品在商业的流通中提供运输服务。这个特殊性使水路运输业不仅是服务部门，而且又是国民经济的基础产业，如水路运输中的航道，水域建筑物如堤坝、港池、锚地及港口设施等都表明了水路运输是国民经济的基础产业部门，这个基础产业具有资本密集、技术密集、劳动密集、信息密集的特征。

经济要发展，交通必先行；国际贸易要发展，水路运输必先行。这是因为国民经济贸易发展必然需要运输大量的原材料，成品和半成品。20 世纪 70 年代初，水路运输曾是我国对外开放和经济发展的瓶颈，由于港口设施的不足和落后，使大量外轮在港外排队等泊，使我国蒙受了大量的经济损失。日本是个资源较为缺乏的国家，在它经济腾飞的前期，它首先发展水路运输业，以优惠的政策鼓励发展造船业，以保护政策扶持本国船队的发展，使它在经济腾飞之时有充足的运力从世界各地进口优质的原材料，从而制造优质的产品，进入世界市场。历史的经验和教训使我们深刻认识到水路运输的先行地位。根据国际实证分析，水路运输业发展的先行期一般为 3～5 年。

2. 水路运输在国民经济发展中的作用

水路运输是增进全球性经济联系的纽带。水路运输通过越洋通海联河的运输，将世界各地连成了一片，从此，各国家和地区摆脱了孤立和封闭而走向世界。在与现代全球性的社会、经济、贸易的联系中取得自己的地位。在人类历史进入 21 世纪的今天，在航空仍不能解决大批量货物运输的现实情况下，量大价廉和较为便捷的水路运输仍将是联系全球性经济贸易的主要方式，承担着全球性、区域间的货物运输，成为为世界经济全球一体化和区域化服务的主要运输纽带。

水路运输对国民经济发展起促进作用。水路运输在运作过程中，不仅与造船业、建筑业、制造业及其他产业部门密切相关，更与金融业、保险业密切相连。它的发展为经济贸易起服务保障作用，促进了国民经济的发展。它的发展同样为国民经济有关行业创造了就业机会，为国民经济积累作出重要的贡献。

水路运输通过国际航运，对发展国家外向型经济发挥了基础性作用。水路运输系统中良好的港口基础设施和航运服务质量是吸引国际资本的重要条件，对国家经济的发展起着重要的门户作用。

三、水路运输的航运生产过程

1. 航运生产过程

航运生产过程即指船舶将货物从发货港运至目的港的过程。一个完整的航运生产过程应包括：船舶装卸前的准备工作，船舶在发货港装货，船舶载货从发货港航行至目的港，船舶在目的港卸货这几项作业。船舶每完成一次货物运输任务都必须重复这些作业，并且这些作业的顺序都是固定不变的。我们称船舶完成一次整个的运输生产过程为一个生产周期。

在航运生产中,用航次来表示船舶运输的生产周期。生产周期的主要特征是它的延续时间,完成一个生产过程所需的延续时间愈短,即生产周期越短,意味着在一定时间内其产量愈高。只有了解航次中各项作业的构成及其时间定额,不断优化航运生产工艺,改进航运生产组织工作,才能有效地缩短生产周期,提高生产效率。

航次时间的构成分为三部分:第一部分为基本作业,包括装货、卸货、上下旅客、航行等直接从事客货运输的作业;第二部分为辅助作业,包括装卸前的准备、编制货物积载图,开闭舱盖、办理文件以及拖顶船队编解队等作业;第三部分为服务作业,包括燃料、物料、淡水、食品及备品供应等作业。

2. 船舶配载和积载

船舶配载和积载是货物装船之前一项细致、复杂而又十分重要的工作。它是正确贯彻运输政策,保证船货安全,合理使用船舶,正确组织装卸,顺利完成货物运输的重要环节。

(1)船舶配载。船舶配载是指为船舶的具体航次选配货载,即船舶公司根据货物托运人提出的货物托运计划,对所属船舶的具体航次确定应装运的货物品种、数量及体积。配载的结果要编制成一张航次装货清单。远洋航行船舶装货清单的内容包括:卸货港、装货单号、货名、件数、包装、重量、体积和积载因数等,同时还要注明特殊货物的装载要求。

为船舶的具体航次选配货载时,应遵循以下原则:

①要认真贯彻执行国家的运输政策,做到急需物资、重点物质、支农和外贸物资优先运输;

②要适应船舶的结构、设备与营运性能的要求,且尽量充分利用船舶的载重量和载货容积;

③要为积载创造有利的条件,对忌装货、到中途港的重货和要求特殊装载的货物,选配的数量不要过于集中,以利于正确选配舱位,保证船舶安全及货运质量;

④要有利于加速车、船、货物的周转,力求减少港内移泊,便于按作业流程组织港口生产,缩短货物和船舶在港停泊时间。

(2)船舶积载。船舶积载是指对货物在船上的配置与堆装方式作出合理的安排,即船上大副或港口有关部门在配载的基础上根据装货清单确定货物在各货舱、各层舱配装的品种、数量与堆码位置及正确的堆装工艺。而积载的结果,则要编制一个计划积载图,计划积载图是用一个简单的示意图把船舶拟装载的各票货物的名称、装货单号、卸货港、包装形式、件数、吨数、体积及货位详细地标示出来,故该图又称为货物积载图。完整的积载图内容还应包括:船舶本航次的起运港、中途港及终点港;离港及预计到港日期,装货后船舶前、后吃水与平均吃水;本航次装运各港口货物的数量及其在船上各货舱的配置情况;装卸货的特殊要求及其注意事项等。

积载工作必须保证船舶安全、货物完好,满足船舶必要的航行技术性能,装卸方便及良好的营运经济效果。因此,安全、优质、快速、经济是对船舶积载总的基本要求,具体应注意以下几个问题:

①充分利用船舶装载能力;

②确保船体强度不受破坏和损伤;

③保证船舶具有适度的稳性;

④保证船舶具有适当的吃水差;

⑤保证货物的运输质量;

⑥满足中途港卸货顺序的要求;

⑦便于装卸和缩短船舶在港停泊时间;

⑧确保正确合理的舱面积载。

船舶配载与积载是既紧密联系又互有区别的两个阶段的工作。配载是积载的前提和依据,它应为积载创造便利的条件;积载是配载的继续和具体实施,它须保证配载计划的完成。

四、船舶运行组织

船舶运行组织,就是根据一定时期内的客货运输任务、国家的运输政策,以及船舶、港口、航道等技术营运条件,综合考虑水路运输生产各环节及其他有关运输方式(如铁路、公路及航空运输)间的协调配合,对船舶运行活动所作出的合理安排。

1. 船舶运行组织的基本要求

(1)经济性。用科学的方法,合理组织生产过程中的各有关环节,有节奏地高效生产,以最少的人力、物力、财力和时间消耗,取得最大的收入。

(2)及时性。缩短航次生产周期,加速船舶周转,提高船舶的运输能力,减少货物资金在途中的积压,从而提高船货两方面的经济效益。

(3)协调性。协调是指航运企业基本生产过程同辅助生产过程之间、生产过程各工序之间、干线运输与支线运输之间、水路运输与其他运输方式之间等在生产能力上应保持合理的比例关系,使船舶生产能协调进行。生产过程的协调性是合理组织生产过程的重要前提。

(4)安全性。在组织船舶运输的过程中,安全性应放在首位,它是各项工作的前提,也是保证水路运输质量的基础。

2. 船舶运行组织的具体内容

(1)船舶运行组织的基础工作。船舶运行组织要以运输对象的流向、流量等需求特征为前提,以船舶运行环境为基础。做船舶运行计划前,应充分分析、研究航线、货流的各方面特征。对船舶运行环境来说,要注意航线的以下一些问题:

①航线距离。航线总距离和港口间各区段的距离(海上运输采用海里,内河运输采用千米)。

②航线有效期。航线有效期决定于航线所处的地区和航线种类。例如,有冰冻区域的有效期主要决定于封冻期的长短;季节性航线的有效期只是全年或航期中的部分时间。

③平均装卸定额。反映航线上各港口的平均装卸效率和组织管理水平。

④水文气象条件及适航性。如风浪参数、海况、航道尺度等。

上述这些航线特征对船舶运行组织有直接的影响,做计划和运输组织时应全面了解。

(2)船舶运行组织的主要内容。这项工作主要包括制订航线系统,为各航线选配适当的船舶或船队、协调各环节的工作、确定推(拖)船与驳船工作配合的方式以及制订船舶运行时刻表等。

①航线形式。航线形式是指在固定港口之间,为完成一定的运输任务,选配适合具体条件、性能接近的一定数量的船舶,并按一定的程序组织船舶运行活动。航线形式作为一种独特的组织形式,是由航次形式在具有稳定的运输需要的航区形成和发展起来的。可见,组织航线形式的条件,首先是要有稳定而且量大的货流和客流。

②航次形式。航次形式是指船舶的运行没有固定的出发港和目的港,船舶仅为完成某一次运输任务、按照预先安排的航次计划运行。航次形式是一种非正规的运行组织形式,它具有很大的机动灵活性,对航线形式能够起到调整和补充作用。

③两种形式应用。假如单纯从经济角度考虑,组织航次的基本原则是:对于起讫港之间距

离长、港口装卸效率高的运输任务，选派载重量大、航速高的货船去承运。在国际航行中，根据贸易与市场需要，可组织船舶以航线形式或航次形式运行。在国内沿海及内河运输中，航线形式是船舶运输的基本组织形式，而航次形式则是一种辅助的，但不可缺少的运行组织形式。

3. 船舶运行组织特点

货船、顶推(拖带)船队和客船运行组织均具有不同的特点和适用范围。

(1)货船运行组织特点和适用范围。货船是单船，船体短、灵活，舵效反应快，操纵性能好；因吃水较深，故抗风浪性能好；由于阻力小而使得其航速较高；货船运行组织简单，即使在港口靠离码头和移泊时，一般也不需要港口拖(推)船协助；但货船在整个停泊时间内，动力部分不能充分利用，影响了经济性；货船的载货部分固定，没有驳船队灵活；又因货船吃水较深，对航道深度有一定的要求。根据上述技术营运性能特点，货船一般适用于以下水路运输：

①远洋、海区湖泊、水库以及河面开阔和水深大的下游航段；

②要求快速运送的贵重货物、鲜活货物(牲畜、家禽、禽蛋、水果、蔬菜等)和急需物资的运输；

③港口装卸效率较高、水深较大、港口间距离较长的航线。

如果其他条件不考虑，一般将载重量大、航速高的货船安排在距离长、装卸定额高的航线上将更为经济。所谓"大船大线"是货船航线配船最一般的原则。

(2)顶推(拖带)船队运行组织特点和适用范围。顶推(拖带)船队与货船不同之点，主要是载货部分和动力部分可以分开，而且载货部分驳船队组成的大小又可随航道条件和货流构成的不同而变化，具有较大的灵活性与适应性。因此，它能加速船舶周转，充分利用机动船舶。运输成本一般较货船低。在吃水受到限制的航道，它的载重量也远比货船大。顶推(拖带)船队的主要缺点是航速较低、抗风浪能力差、船员的工作条件与生活条件不如货船。推(拖)船与驳船工作要求严密配合，组织管理较货船复杂，如果组织配合不好，可能造成运力浪费。所以它完成运输任务的好坏，很大程度上取决于运行组织和管理水平。根据顶推(拖带)船队技术营运特点，船队一般适用于以下水上运输：

①水浅、风浪小的内河航道；

②价格较低、运输速度要求不高的大宗货物的运输；

③货源不稳定、批量悬殊的多点运输；

④运输距离较短、装卸效率较低的港口。

(3)客船运行组织特点。客船运行组织一般具有以下的特点：

①定期定时发船，便于旅客掌握发船规律；

②主要港口到发船时间安排应方便旅客；

③市郊和市内客运航线要求发船密度大而船舶载客量小；

④预先做好节假日客流高峰的运行组织安排。

五、不定期船运输组织

1. 不定期船运输特点

船主随时根据货主的需求在时间、地点和内容上发生的变化，组织船舶运输的一种营运方式称为不定期船运输。不定期船的主要运输对象是货物本身价格较低的大宗散货，如：煤炭、矿石、粮食、铝钒土、石油、石油产品及其他农、林产品和少部分干杂货。这些货物难于负担很高的运输费用，但对运输速度和运输规则性方面要求不严，不定期船运输正好能以较低的营运成本满足它们对低廉运价的要求。在不定期船市场上成交的租船合同形式主要有：光船租船合同、期租合同、程租合同、连续航次租船合同、包运合同等。

(1)光船租船的特征。船舶出租人只提供一艘空船，合同期一般较长；承租人负责配备船员，并负担船员的工资及伙食费等；承租人负责船舶调度和安排营运，并负担一切营运费用；租金按船舶的装载能力和租期长短计算。

(2)定期租船的特征。船舶出租人负责配备船员、负担船员工资、伙食费等；承租人负责船舶调度和营运工作。航次费用如燃油费、港口费等由承租人负担；租金按船舶的装载能力和租期长短计算。

(3)航次租船的特征。船舶出租人负责运输组织工作，并负担船舶的营运费、燃料费、港口费等；按装载货物的数量或按船舶总载重吨位及航线(或航程)计收运费。

2. 航次租船

签订航次租船合同前，一般要根据货源情况和装卸港、航线情况进行航次估算。所谓航次估算是船舶经营者根据各待选航次的货运量、运费率、挂靠港口、船舶特性及航线参数等有关资料，估算各航次的航次收入，航次成本和航次每天净收益，从而预知某个航次是否盈利。特别是当有多个航次货载机会时，根据估算结果，经营者就可做出最有利的决策，即选择单位时间净收益最大的航次签定运输合同。因此，航次估算是船主或经营人进行航次租船决策的基础，它被广泛地应用在不定期船的运输组织中。通常是以航次每天的净收益作为衡量一个航次经济效益优劣的指标。一般来说，每天净收益大的航次自然对船主有较高的吸引力，但单纯的盈利数字高低并不是唯一决定性的因素，有时还要注意到船主喜欢的航行方向，或考虑到下一航次易于获得货载的港口位置等其他因素。

3. 船舶期租

在期租过程中，通常船舶出租人负有保证船舶适航性的义务，并基于此收取一定的租金。因此，期租保本费率就是每一载重吨、每一个月分摊的船舶出租人为提供适航船舶和船员所发生的全年所有费用，也叫船舶期租租金基价，简称 H/B(Hire Base)。所列费用通常应包括：船舶资本费、维修费、保险费、船员工资费、润料费及应分摊的管理费等。船舶营运月数是指一年内能出租给租船人实际使用的月数，国外航运公司通常以全年 11.5 个月(或 350 天)计算。

4. 船舶闲置

根据航运市场的变化情况，为合理使用船舶，在进行经济核算后，决定船舶的正常投入使用或闲置。下面简要介绍船舶闲置的基本条件。在航运市场上，需求随着经济的发展和贸易量的变化经常发生变化，而作为供给的船舶吨位一旦形成，一般是比较稳定的。因此，在运输需求与实有运力之间常会出现不平衡的现象，导致运价上下波动。当货少船多，运价下跌时，船舶盈利逐渐减少、保本甚至出现亏损，企业被迫就要考虑封存(闲置)一部分运力，以减少亏损，调整供需关系，使运价回升。但也不能一亏损就将船舶封存起来。因为船舶封存起来以后，仍需要发生一定的维持费用，如资本费(折旧费)、看守费用、保险费、维护保养费等，称其为封存成本或闲置成本。虽然成本数额大为减少，但这些成本却得不到任何来自船舶自身的补偿。权衡这两种状态的经济得失，可以得出船舶封存的以下经济条件：

①当船舶营运亏损额＜船舶封存成本，应继续营运；

②当船舶营运亏损额＝船舶封存成本，视其他情况而定(称为封存点或封存界限)；

③当船舶营运亏损额＞船舶封存成本，应停航封存。

5. 轮驳船队运输组织

(1)运输组织形式。轮驳船队的运输组织形式有如下几种：

①直达航线。根据货物是否在中途港倒载、换驳运输来分，不在中途港换驳，直接由起运港装船运达目的港卸船的运输组织形式叫直达航线。

②非直达航线。需在中途港由一个驳子倒载到另一驳子上继续运输才能到达货物目的港的运输组织形式叫做非直达航线。

③直通航线。按推(拖)轮的运行划分，轮驳船队从航线的始发港至航线终点港，在中途不更换推(拖)轮者称为直通航线。

④区段牵引航线。如在中途更换推(拖)轮，实行分段牵引，则称为区段牵引航线。

⑤中途集解航线。在沿途装货港或卸货港比较分散的一些航线上，驳船队中的部分驳船在航线沿途港加入船队或从船队中分离出去送达途经港口的运输组织形式，称为中途集解航线。

(2)轮驳配合方式。轮驳配合方式分为以下三种：

①单航次配合。一艘推(拖)轮每个航次将驳船从启运港送达目的港后，马上去运送其他驳船，称为单航次配合。这种方式充分体现了轮驳船队的动力部分与载货部分既可分离，又可组合的特点，提高了推(拖)轮与驳船的使用效率。

②往返航次配合。一艘推(拖)轮在运送驳船时，只在装货港或卸货港更换一次驳船，每个往返航次轮、驳重新组合一次，这称为往返航次配合。

③固定配合。一艘推(拖)轮与一组驳船长期固定组合运行，称为固定配合。

六、世界水运资源分布及利用

地球表面水面积约占地球表面积的71%。水运资源则是指能够行船的海洋、湖泊与河流等。其更为广泛的含义还包括可供船舶停靠的港口和进行客货运输的船舶。

1. 世界主要海运资源的分布及利用

(1)太平洋。太平洋是全球面积最大、水深最深、边缘水域和岛屿最多的大洋，约占世界海洋总面积的一半。太平洋沿岸有40多个国家和地区，是当前世界经济贸易活动最活跃的地区。有经济学家预言，21世纪将是太平洋国家的时代，海运量将进一步提高，航线密度也将进一步增加。目前，太平洋航线主要有：远东—北美西海岸航线；远东—加勒比海、北美东海岸航线；远东—南美西海岸航线；远东—澳、新及西南太平洋岛国航线；东亚—东南亚航线；远东—北印度洋、地中海、西北欧航线；东亚—东南非、西非、南美东海岸航线；澳、新—北美西、东海岸航线。

(2)印度洋。印度洋地区有30多个沿岸国家和岛国，沿岸资源较丰富，如石油、铁矿，但加工业欠发达，地区间的经贸仍在发展之中，沿岸港口较少，主要分布在北印度洋沿岸，大致有以下航线：中东海湾—远东各国航线；中东海湾—欧洲、北美东海岸航线；远东—南非航线；中东海湾—澳大利亚航线。

(3)大西洋。大西洋沿岸有70多个国家，是各大洋中沿岸国家最多，经济最繁荣，贸易往来频繁，航运最为发达的地区，海运量约占全球海运量总量的50%。其主要航线有：西北欧—北美东海岸航线；西北欧—地中海、中东、远东、澳、新航线；西北欧—加勒比海航线；欧洲—南美东海岸、非洲西海岸航线；北美东海岸—地中海、中东、亚太地区航线；北美东海岸—加勒比海沿岸航线；北美东海岸—南美东海岸航线。

(4)北冰洋。北冰洋在全球四大洋中最小，平均水深最浅。它是欧、亚、北美三洲的顶点，是联系三大洲的捷径。北冰洋虽气候寒冷，洋面大部分常年冻结，鉴于地理位置的特殊性，目前北冰洋已开辟有以摩尔曼斯克经巴伦支海、喀拉海、拉普捷夫海、东西伯利亚海、楚祥奇海、白令海峡至俄罗斯远东港口的季节性航线；以及从摩尔曼斯克直达斯瓦尔巴群岛，冰岛的雷克雅末克和英国的伦敦等航线。随着航海技术的进一步发展和北冰洋地区经济的开发，北冰洋航线将会有更大的发展。

2. 世界主要内河水运资源的分布及利用

全球内河航运较为发达的代表性国家主要有中国、美国、前苏联以及欧洲等国家。

(1)美国水运资源。美国水运系统分为沿海岸、内陆和大湖区三部分，航道总共约4万 km，海湾航道 3 700 km；内河航道约 3 万 km，其中密西西比河水系近 2 万 km；大湖区水道约 1 800 km。在 4 万 km 航道中，水深在 2.7 m 以上的约为 1.77 万 km，占总里程的 44%，共有 226 座船闸。密西西比河水系是美国内河运输的主要通道，已形成江、湖、河、海相连，干支通畅无阻的内河水上运输网系。整个水系有五大支流，服务范围达 22 个州，是美国工农业的心脏地区。运量和运输密度，居世界首位。该水系的主要运输方式是大型顶推船队。

(2)前苏联水运资源。前苏联航道网经过数十年的建设，开发渠化第聂伯河、伏尔加河、卡马河。开挖了白海—波罗的海、莫斯科—伏尔加、伏尔加—顿河、伏尔加—波罗的海运河。20世纪 60 年代在境内欧洲地区建成了总长 6 600 km，统一水深 3.65 m 的深水航道网，把莫斯科和波罗的海、白海、黑海、亚速海、里海联系在一起。伏尔加河主干航线可通行 5 000 t 级货轮和 20 000～30 000 t 级顶推船队。境内亚洲地区的鄂毕河、叶尼塞河、勒拿河等干流航道水深在 2.5～3.0 m 以上。前苏联内河通航里程为 12.3 万 km，人工航道里程约占 15%。但因受气候影响，全年平均通航时间仅 220 天左右。

(3)欧洲等国水运资源。德国、荷兰、比利时、芬兰等欧洲 14 国总面积为 224.6 km^2，人口总数为 2.89 亿。该地区北邻北海、波罗的海，南向黑海、地中海，西临大西洋。该地区河流众多，其中向北注入北海、波罗的海的有：维斯拉河、奥得河、易北河、威悉河、莱茵河等；注入大西洋的有：塞纳河、卢瓦尔河；注入地中海的有：多瑙河、罗纳河。上述河流多为穿越西欧诸国的国际河流和界河。为开发这些河流，各国单独或联合完成了大量的渠化工程，同时修建了许多通航运河，将各主要水系沟通，形成一条与北海、波罗的海基本呈平行走向的东西向运河，与南北走向的河流大致垂直相交，连同沿海水道构成了格状运输网。而莱茵河与塞纳河、卢瓦尔河及罗纳河之间的运河，将德、法的内河航道连成统一标准的四通八达的水运网。著名的莱茵—美茵—多瑙运河把欧洲二条最大的河流连为一体，从而形成了北海—黑海的内陆直达航道。

3. 我国水运资源分布及利用

我国水运资源居世界第一位。我国东面毗邻渤海、黄海、东海、南海，有 1.8 万 km 的海岸线；岛屿总数 5 000 多个，有 1.4 万 km 的岛屿岸线；在漫长的海岸线上，分布有众多的海湾、海峡和河口。我国有 5 万多条河流，多呈东西走向，南北走向的为少。其中航运发达的有通称“三江两河”的内河水系，即长江、珠江、黑龙江、京杭运河、淮河。我国湖泊分布甚广，面积在 1 km^2 以上的湖泊共有 2 800 余个。

(1)我国沿海运输航线。我国沿海运输航线分为北方航区和南方航区。每个航区均开辟多条航线，组成了若干条跨航区航线。北方航区的航线以上海、大连为中心，其主要航线有：上海至大连、秦皇岛、天津、烟台、青岛、连云港、宁波、温州、福州、厦门、广州、香港、湛江、北海、防城、海口等航线。大连至营口、龙口、秦皇岛、天津、烟台、青岛、连云港、上海、广州、湛江等航线。此外，还有天津至龙口、营口至烟台等航线。

南方航区的航线以广州为中心，其开辟的主要航线有：广州至大连、青岛、连云港、上海、汕头、湛江、北海、海口、三亚、八所等航线。此外，还有湛江至秦皇岛、青岛、连云港、厦门、香港等航线。

(2)我国远洋运输航线。我国开辟的远洋航线通达160多个国家和地区的1 100多个港口。近100多条近洋和远洋航线，形成了一个发达的环球运输网络。我国远洋航线以沿海港口为起点，可分为东、南、西、北四个主要方向。

①东行线方向。从我国沿海各港出发，经日本、横渡太平洋抵达北美、南美和拉丁美洲诸国。

②西行线方向。从我国沿海各港先南行至新加坡，再西行穿越马六甲海峡进入印度洋后，可达西亚诸国；如欲至欧洲及非洲各港港口，可有两条航路进人大西洋：一条经非洲南端好望角，另一条经苏伊士运河、地中海、直布罗陀海峡。

③南行线方向。由我国沿海各港南行，可通达东南亚、澳洲等国港口。

④北行线方向。从我国沿海各港北行，可至日本、朝鲜、俄罗斯东部港口。

(3)我国主要内河水运资源的分布及利用

①长江水系。长江为我国通航的最大河流，整个水系有通航支流3 500多条，通航里程长约7万km，占全国内河航道总里程的70%。长江干线从宜宾至长江口全长2 813 km，分为上、中、下游三段。宜宾至宜昌共1 044 km，通称上游，通航500～800t级船舶；重庆至武汉约626 km，习惯上称之为中游，通航1 500～3 000 t级船舶。汉口至长江口为长江下游，全长1 143 km，常年可通航5 000～15 000 t级船舶，24 000 t级油轮可乘潮直抵南京长江大桥处。

②珠江水系。珠江为我国仅次于长江的第二大通航河流。珠江水系现有通航河流988条，通航里程1.3万km。珠江指从三水至入海口长约96 km的一段水道，珠江南水道至黄埔港长25 km，可通航1 000～5 000 t级船舶；黄埔港至虎门沙角47 km，可通航15 000～20 000 t级船舶。

③京杭运河。京杭运河通航里程为1 044 km，其中梁山至济宁60.9 km，只能季节性通航50～100 t级船舶；其余各段可常年通航100～200 t级船舶，个别河段可通航500 t级、1 000 t级船舶。

④黑龙江水系。黑龙江水系由黑龙江、松花江、第二松花江、嫩江、乌苏里江、石勒喀河等组成，黑龙江是主流。黑龙江通航里程1 890 km，每年封冻期长约180～200天。黑龙港至抚远乌苏里江口996 km为中游，可通航1 000 t级船舶。

第二节　水路运输基础设施

水路运输系统由船舶、港口、各种基础设施与服务机构等组成。船舶是水路运输的主要运输工具，各类船舶根据其运输对象的不同，在船舶结构和性能方面各具特色；港口是水路运输的重要环节；服务机构包括船舶经营者、船舶租赁者、货运代理、船舶代理等各种运输服务机构。本节主要介绍水路运输各种基础设施。

一、航道与航标

航道是供规定尺度船舶安全航行的水道。航标是引导船舶安全航行的标志。

1. 航道及航行条件

(1)航道。以组织水路运输为目的所规定或设置的船舶航行通道,称为航道。随着运输生产与科学技术的发展、船舶尺度的增大、船舶运行密度的增加和纵横水运网的逐步形成,现代水路航道已不仅是天然航道,而是包括人工运河、进出港航道以及保证航行安全的航行标志系统和现代通信导航设备系统在内的工程综合体。

①海上航道。海上航道属自然水道,其通过能力几乎不受限制。每一海区的地理、水文情况都反映在该区的海图上。船舶每次的运行都是根据海图,结合当时的气候条件、海况和船舶本身的技术性能进行计算并在海图上标出。经过人们千百年来的努力和探索,加上现代化导航技术的应用,全世界各国地区间的海上航道已基本为人们所了解和掌握。随着船舶吨位的增加,一些海峡或狭窄水道会对通航船舶产生一些限制条件。如位于新加坡、马来西亚和印尼之间的马六甲海峡,为确保安全、防止海上污染,三国限定通过海峡的油轮吨位不得超过22万 t,龙骨下水深必须保持 3.35 m(11 英尺)。

②内河航道。内河航道大部分是利用天然水道加上引航的航标设施构成的。内河航道与海上航道相比,其通行条件是有很大差别的,反映在不同的通航水深(如各航区水深不同)、不同的通行时间(如有的区段不能夜行)和不同的通行方式(如单向或双向过船)等,因此在进行综合规划时,还应考虑航道分级和航道标准化。航道分级有利于从安全角度对船舶进行管理;航道和过船建筑物的标准化则是实现船型及港口设备标准化、形成现代化高效运输系统的前提条件。同时,大多数内河自然水道还须考虑航运、发电、灌溉、防洪和渔业的综合利用与开发,所以在发展内河航运而涉及航道问题时,还应注意与其他国民经济部门协调配合。

③人工航道。人工航道是指由人工开凿、主要用于船舶通航的河流,又称运河。人工航道一般都开凿在几个水系或海洋的交界处,可以使船舶缩短航行路程,降低运输费用,方便人们生产和生活,扩大船舶航行的范围,进而形成一定规模的水运网络。一些著名的国际通航运河对世界航运的发展和船舶尺度的限制影响很大,其中主要有苏伊士运河、巴拿马运河和基尔运河。我国有世界上最古老最长的人工运河——京杭大运河。运河全长 1794 km,横跨北京、天津两市,直穿河北、山东、江苏、浙江等 4 省,从内陆将海河、黄河、淮河、长江、钱塘江五大水系沟通,是我国国内水运的大动脉。正是由于这种特殊的重要作用,两千多年来人们一直在对大运河进行整治和扩建。

(2)航道的航行条件。因海上航道的通过能力一般不受限制,故着重于内河航道的航行条件。影响航道通行能力的主要因素有:航道的深度、宽度、弯曲半径、水流速度、潮汐及季节性水位变化,过船建筑物尺度以及航道的气象条件及地理环境。这些因素对港口建设、船型选择及运输组织往往具有决定性影响。为了保证船舶正常安全航行和获得一定的运输效益,航道必须具备以下的航行条件:

①有足够的航道深度。航道水深是河流通航的基本条件之一,它常常是限制船舶吨位和通过能力的主要因素。航道深度是指全航线中所具有的最小通航保证深度,它取决于航道上关键性的区段和浅滩上的水深。航道深浅是选用船舶吃水量和载重量的主要因素。航道深度增加,可以航行吃水深、载重量大的船舶,但增加航道深度,必然会使整治和维护航道的费用增高。因此,设计航道深度时,应全面考虑,可按下列公式计算:

最小通航深度=船舶满载吃水+富余水深

其中富余水深应根据河床土质、船舶类型、航道等级来确定,一般沙质河床可取 0.2~0.3 m,砾石河床则取 0.3～0.5 m。

②有足够的航道宽度。航道宽度视航道等级而定。通常单线航行的情况极少，双线航行最普遍，在运输繁忙的航道上还应考虑三线航行。

所需航道宽度＝同时交错的船队或船舶宽度之和＋富余宽度

富余宽度一般采用同时交错的船队或船舶宽度总和的 1.5～2.5 倍。

③有适宜的航道转弯半径。航道转变半径是指航道中心线上的最小曲率半径。一般航道转弯半径不得小于最大航行船舶长度的 4～5 倍。若河流转弯半径过小，将造成航行困难，应加以整治。若受自然条件限制，航道转弯半径最低不得小于船舶长度的 3 倍，而且航行时要特别谨慎，防止发生事故。

④有合理的航道许可流速。航道许可流速是指航线上的最大流速。船舶航行时，上水行驶和下水行驶的航线往往不同，下水在流速大的主流行驶，上水则尽量避开流速大的水区而在缓流区内行驶。船舶航行速度与流速的关系如下：

下驶时：航速＝船舶静水速度＋流速

上驶时：航速＝船舶静水速度－流速

航道上的流速不宜过大，否则不经济。比较经济的船舶静水速度，一般在 9～13 km/h，即 2.5～3.5 m/s 之间。因此，航道上的流速以 3 m/s 之内为宜。

⑤有符合规定的水上外廓。水上外廓是保证船舶水面以上部分通过所需要的高度和宽度。水上外廓的尺度按航道等级来确定，通常一、二、三、四级航道上的桥梁等建筑物的净空高度，取 20 年一遇的洪水期最高水位来确定；五、六级航道则取 10 年一遇的洪水期最高水位来确定。

航行对航道的上述要求中，最主要的是航道水深，因为无论江河湖海和水库，只要有足够的水深，船舶航行一般没有大的问题。对于上述这些自然条件，通常人为改变的部分较少，更多的还是尽量去适应，即在大多数情况下总是根据航道条件来设计港口、选择船舶和组织运输。

2. 航标的种类及用途

(1)航标。航标即助航标志，是用以帮助船舶定位、引导船舶航行、表示警告和指示碍航物的人工标志。为了保证进出口船舶的航行安全，每个港口、航线附近的海岸均有各种助航设施。航标具有以下的主要功能：

①定位：为航行船舶提供定位信息；

②警告：提供碍航物及其他航行警告信息；

③交通指示：根据交通规则指示航行方向；

④指示特殊区域：如锚地、测量作业区、禁区等。

永久性航标的位置、特征、灯质(灯火的颜色、高度、射程、闪频等)、信号等已载入各国出版的航标和海图。

(2)航标的分类。航标一般可按以下方法分类：

①按照设置地点，航标可分为海区航标与内河航标。海区航标建立在沿海和河口地段，引导船舶沿海航行及进出港口航行；内河航标是设在江、河、湖泊、水库航道上的助航标志，用以标示内河航道的方向、限界和碍航物，为船舶航行指示安全航道。

②按照工作原理分类，有视觉航标、音响航标与无线电航标。

(3)海区航标。海区航标是指在海上的某些岛屿、沿岸及港内重要地点所设的航标。视觉航标白天以形状、颜色和外形，夜间以灯光颜色、发光时间间隔、次数、射程及高度来显示，能使驾驶人员通过直接观测迅速辨明水域，确定船位，安全航行。视觉航标是使用最多最方便的航标。常见的视觉航标有灯塔、灯桩、立标、浮标、灯船、系碇设备和各种导标。

①灯塔。灯塔是设置在重要航道附近的塔型发光固定航标，是海上航行的重要航标，一般设在港口附近和海上某些岛屿的高处。大的灯塔夜间能照射20～30海里，小的灯塔能照射5～6海里。

②灯船。灯船是作为航标使用的专用船舶，装有发光设备，灯光射程一般为5～10海里。灯船的作用与灯塔相同，锚碇于难以建立灯塔而又很重要的航道进出口附近。

③浮标。浮标是用锚碇泊于水中的航标，设在港口附近及进出港航道上，用于表示航道、浅滩和碍航物等，发光的称灯浮标。

其他还有立标和导标，用于引导船舶进出港口，通过狭窄航道，进入锚地以及转向、避险、测速和校正罗经等。激光导标也已开始应用。

④音响航标。它是能发出规定响声的助航标志。它可在雾、雪等能见度不良的天气中向附近船舶表示有碍航物或危险，包括雾号、雾笛、雾钟、雾锣、雾哨、雾炮等。雾号，即下雾时按照规定的识别特征发出的音响信号，一般听程仅为几海里。根据工作原理分为气雾号、电雾号与雾情探测器。气雾号用压缩空气驱动发声，电雾号以电能驱动发声，雾情探测器能自动测量能见度和开启电雾号。

⑤无线电航标。它是利用无线电波的传播特性向船舶提供定位导航信息的助航设施，包括无线电指向标、无线电导航台、雷达应答标、雷达指向标和雷达反射器等。

(4)内河航标。它的主要作用是准确标出江河航道的方向、界限、水深和水中障碍物，预告洪汛，指挥狭窄和急转弯水道的水上交通，引导船舶安全航行。

内河航标一般分为三等。在航运发达的河道上设置一等航标，由岸杆和浮标交相组成，夜间全部发光，保证船舶昼夜都能从一个航标看到次一个航标；在航运较为发达的河段上设置二等航标，它的密度较一等为稀，夜间只有主航道上的航标发光，亮度也较弱；在航运不甚发达的河段上设置三等航标，密度稀，夜间不发光，船舶只能利用航标和天然参照物在白天航行。

内河航标的种类很多，各国不尽相同。我国目前分为三类，即航行标志、信号标志和专用标志，共计19种。

①航行标志。它是用于标示内河安全航道的方向和位置等，有过河标、接岸标、导标、过河导标、首尾导标、桥涵标等6种。例如过河标，标示跨河航道的起点或终点，引导由对岸驶来的船舶过河，同样引导沿本岸驶来的船舶，在标志达到本船正横的时候驶往对岸；接岸标是标示沿着河岸的航道，指示船舶继续沿着本岸行驶。

②信号标志。它是用于标示航道深度、架空电线和水底管线位置，预告风讯，指挥弯曲狭窄航道的水上交通，有水深信号杆、通行信号杆、鸣笛标、界限标、电缆标、横流浮标、风讯信号杆等7种。

③专用标志。它是用于指示内河中有碍航行安全的障碍物，有三角浮标、浮鼓、棒形浮标、灯船、左右通航浮标、泛滥标等6种。

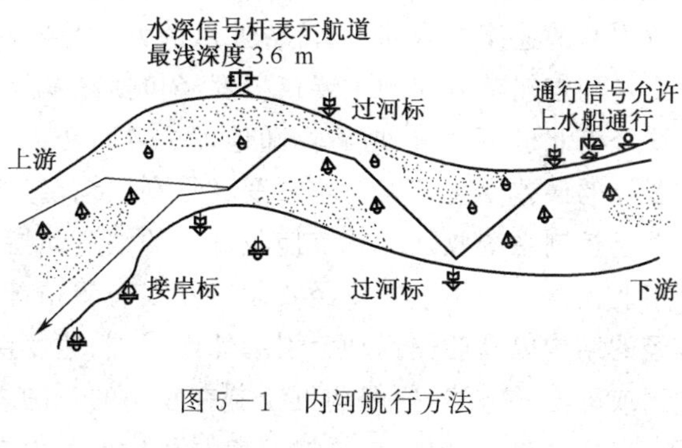

图5—1　内河航行方法

利用江河航标的航行方法如图5—1所示。

我国确定江河左、右岸的原则是：面向江河下游，左手一侧的河岸为左岸，反之为右岸。左岸的航标，标顶漆白色，标杆漆黑白相间的横纹，夜间发白光或绿光；右岸航标，标顶漆红色，标杆漆红白相间的横纹，夜间发红光。

当船舶由下游驶向上游时，左舷(即河流右岸)应是红浮标，右舷应是白浮标。见到接岸标，船舶应贴近该岸航行；遇过河标，应转向另一岸航行；在狭窄航道航行时，信号台发出准许通行的信号，才能通过；浅水航道处的信号杆标示了该处最浅水深 3.6 m，若船舶吃水超过此数值，则应停驶；采取减载措施，减少船舶吃水深度，然后通过。

内河航标的详细情况可参见中华人民共和国交通部颁布的《内河航标规范》。

二、港池和锚地

1. 港池

港池一般指码头附近的水域。它需要有足够深度与宽广的水域，供船舶靠离操作。对于河港或与海连通的河港，一般不需要修筑防浪堤坝，如上海黄浦江内的各港区和天津海河口的港口。对于开敞海岸港口，如烟台、青岛、大连港等，为了阻挡海上风浪与泥沙的影响，保持港内水面的平静与水深，必须修筑防波堤。防波堤的形状与位置根据港口的自然环境而确定。港池要保持足够的水深，以保证最大吃水的进港船舶靠泊；港池要有足够宽广的水域，使船舶有足够的操纵余地。

2. 锚地

锚地是供船舶抛锚候潮、等候泊位、避风、办理进出口手续、接受船舶检查或过驳装卸等停泊的水域。锚地要求有足够的水深，使抛锚船舶即使由于较大风浪引起升沉与摇摆时仍有足够的富余水深。锚地的底质一般为平坦的沙土或亚泥土，使锚具有较大的抓力，而且远离礁石、浅滩等危险区。锚地离进出口航道要有一定距离，以不影响船舶进出为准，但又不能离进出口航道太远，以便于船舶进出港操作。过驳装卸的锚地不仅要考虑锚泊大船本身的旋回余地，还要考虑到过驳小船与装卸作业的安全。锚地水域面积的大小根据港口进出口船舶艘次与风浪、潮水等统计数据而定。

三、航行安全保障技术

1. 船舶定位与导航

(1)航向。为了保证船舶航行安全，首先要确定船舶的航向与位置。船舶的实际航向主要是罗经航向，它是由罗经直接指示的船首方向。罗经航向经过罗经误差修正后得到正确的船首方向，称为真航向。但由于风、流的影响，船舶运动的速度是船舶在静水中运动的速度与风流引起的速度的合速度，该合速度的方向是船舶重心轨迹的方向，称为航迹向。

测定船首方向的主要仪器罗经包括磁罗经与陀螺罗经。由于地磁场的南北极与地球的磁罗经南北极不一致，地磁场随地理位置而变化，磁罗经又受周围的铁磁性物质的影响，因此磁罗经的误差变化较大。陀螺罗经是利用绕定点转动的高速旋转陀螺仪的定轴性与进动性，借助于控制系统及阻尼系统使陀螺仪的轴自动指北，并能跟随地球自转，精确跟踪地理子午面的指北仪器。由于陀螺罗经安装时基线与船舶首尾线不一致会造成基线误差，此外由于陀螺罗经的结构以及船舶运动会引起纬度误差、速度误差、冲击误差与摇摆误差等。这些误差通过校正或补偿的方法，一般均可控制在较小的范围之内。

(2)定位。定位方法按照参照目标可分为岸基定位与星基定位。

①岸基定位。该方法是利用岸上目标，如灯标、山头以及导航系统中的信号发射台等都是岸基目标。最普通的是用肉眼通过罗经测定灯标、山头等显著物标的方位，或通过六分仪测定

目标的距离，然后得出几个目标的方位或距离的位置线，相交求出船位。雷达定位是通过雷达脉冲遇到显著物标反射回来所经过的时间及方向测定物标的距离和方位，得出位置线，相交而定出船位。有些导航系统，如劳兰C，它是利用到两个定点（信号与发射台）的距离差为定值的点的轨迹作为位置线，测定两发射台信号到船舶的传播时间差，而得出双曲线位置线。因而称为双曲线导航系统。

②星基定位。星基定位是以星体为参照物测定船舶位置的方法。传统的星基定位方法是利用天体，包括太阳、月亮、恒星、行星与船舶的相对位置来确定船舶的位置，称为天文定位。

卫星导航系统是以人造地球卫星为参照目标的位置测定系统。目前使用最广泛的是美国从1973年开始研制到1993年投入使用的全球定位系统（Global Positioning System，GPS）。它包括24颗卫星，分布在6个轨道平面，卫星高度为20 200 km。它是利用已知空间位置的人造卫星发射的经过伪随机噪声码调制后的电磁波，测定其卫星到接收机天线的距离。若同时测量三颗卫星的距离，则可求得接收机的三维位置，经度、纬度和高度。若同时测量四颗卫星的距离，除测定接收机的三维位置外，还可求得接收机的钟差。

为了提高GPS的定位精度，目前沿海地区使用最多的是差分GPS。它使用一台精确位置已知的GPS接收机作为基准接收机，测得所在地的各种误差，而附近的GPS用户接收机在接收含有各种误差的GPS信号的同时，还接收基准台发送的误差信息，经过修正后，得到精确的位置信息。当用户距基准台100 km时，水平位置误差在5 m以内。我国在“九五”期间建成沿海无线电指向标差分全球定位系统台链（RBN/DGPS）。

2. 船舶操纵与避碰

（1）船舶操纵。控制船舶运动的设备是推进器（车）与舵。在海上正常航行时一般只用舵控制，当测得船舶位置偏离计划航线，或船首偏离设定航向时，要设法使船舶以最有效的方法回到计划航线与设定航向。控制航向的主要设备是舵，在港内或狭水道，对有双螺旋桨或侧推器的船舶，在用舵的同时也可用双桨配合或侧推器来控制船首向。在狭水道或港内一般由人工操舵；在海上一般采用自动操舵控制航向。自动操舵大致可分航向保持系统和航迹保持系统。

①航向保持系统。该系统是根据船首向与设定航向的偏差，通过控制系统来控制舵角，使船首回到设定航向。根据控制系统的原理不同分为PID（比例—积分—微分）自动操舵、自适应自动操舵等。此外，新的自动操舵中还采用模糊控制、多模式控制等先进技术。

②航迹保持系统。该系统是根据定位信息测定航迹偏离程度，通过计算确定出最有效舵角与舵角执行时间，使船舶能最快、最省燃料地回到设定航线上来。

舵用于控制航向，螺旋桨用于推进与制动船舶。要控制船舶的航向、位置、速度、回转角速度等，必须掌握船舶的操纵特性，了解船舶在舵作用下的保向与改向能力，惯性停船冲程及螺旋桨逆转制动冲程等规律。这些规律一般用船舶操纵运动方程式来描述。最有代表性的有二种：一是阿柏柯维茨（Abkowitz）推导的运动方程，其特点是水动力用泰勒级数的形式表示；二是日本操纵性数学模型小组提出的MMG方程，它在分别计算船体、螺旋桨和舵的水动力基础上，加上船—桨—舵之间的流体力干扰，得出船舶运动方程。

（2）避碰。根据《国际海上避碰规则》，避碰是指航行中各类水上运输工具相互间的避让。一般是通过航行值班人员的瞭望与仪器观测来判断是否有碰撞危险，然后用舵与推进器来避免本船与它船的碰撞，但至今尚未构成一套实用的闭环的自动避碰系统。目前使用最广泛的雷达自动标绘仪（ARPA），它根据雷达的目标回波经过量化、滤波和跟踪处理后得出的目标运动轨迹，在雷达荧光屏显示目标的相对运动矢量或目标的预示危险区(PAD)，向驾驶人员提供避碰信息，然后由驾驶人员采取避碰措施。但由于噪声干扰等引起的目标回波误差及本船航向误差，使滤波跟踪后得到的目标轨迹有误差，还会引起跟踪目标丢失或误跟踪。目标船的运动不是本船所能控制的，它有相当的随机性。由于这些原因，使得带 ARPA 的雷达也只能向驾驶人员提供避碰信息，而不能进行自动避碰。

四、船舶交通管理系统

随着世界外贸海运量迅速增加，大量船舶频繁活动于港口和海上交通要道，加之船舶向大型化、高速化发展，使港口航道拥挤不堪，导致这些水域的海损事故率逐年增加。国际海事组织对此制订了相应的对策，船舶交通管理系统(亦称船舶交通服务系统，Vessel Traffic Service，简称 VTS)是其中之一。

1. VTS 功能与组成

经过多年的实践与各方面的努力，1995 年 11 月国际海事组织(IMO)通过了 A. 578(14)号决议，即《船舶交通服务指南》。VTS 旨在提高交通安全、交通流效率和保护环境。VTS 的功能包括搜集数据、数据评估、信息服务、助航服务、交通组织服务与支持联合行动。VTS 由 VTS 机构、使用 VTS 的船舶与通信三部分组成。VTS 功能见图 5－2 所示。

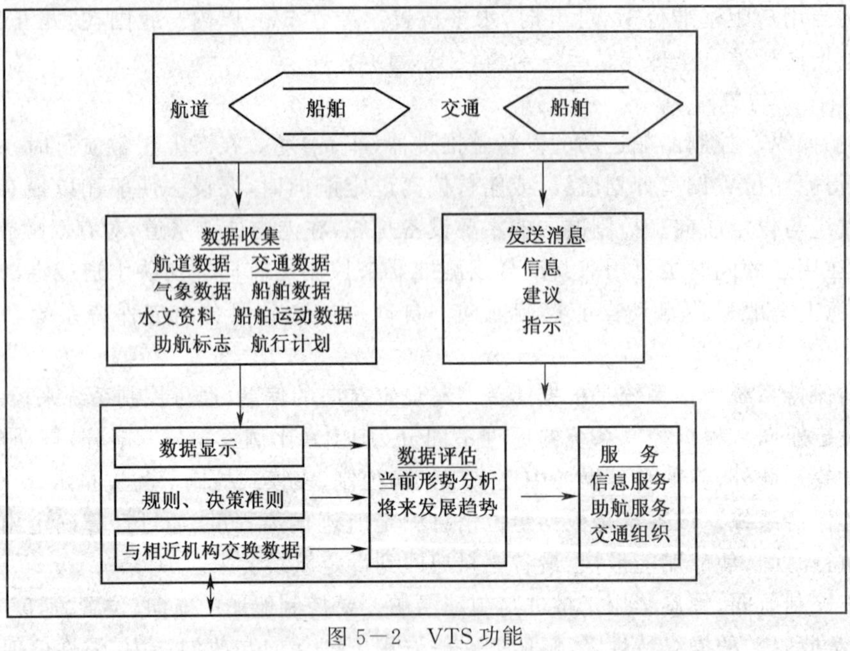

图 5－2 VTS 功能

VTS 在其覆盖的水域中搜集两方面数据：一方面是航路的气象、水文数据及助航标志的工作情况；另一方面是航路的交通形势。搜集到数据以后，再用适当的方式显示这些数据，根据国际与当地的船舶交通规则以及有关的决策准则，对交通形势现状与发展趋势进行分析，这就是数据评估。VTS 通过发布消息的方式提供服务。发布的消息分以下三类：

①信息。在固定时刻或在 VTS 中心认为必要的时刻或应船舶要求而播发的。它包括有关船舶动态、能见度与它船意图；航行通告、助航设施状况、气象与水文资料；各航行区域的交通状况，各种碍航船舶与障碍物警告，并提供可选择的航线。

②建议。VTS 通过咨询服务发出的消息，它包括以专门方式影响交通或个别船舶行为的

意图。

③指示。为交通控制目的而以命令方式发布的消息，它包含了控制交通或个别船舶行为的意图。

2. VTS 设备

VTS 的设备配置随 VTS 系统的等级不同而变化，一个完整的 VTS 系统应配置如下主要设备：

(1)雷达监测系统。按照各 VTS 的不同任务，要求雷达的分辨率与探测距离不同，配备的雷达从最简单的船用雷达到复杂的、专门设计的岸基雷达。一个较大规模的 VTS 系统所覆盖的区域，常由几个分散的雷达站构成雷达链。雷达信号通过同轴电缆，微波接力或光导纤维传送到 VTS 中心。

雷达数据处理包括雷达目标自动录取、自动跟踪及多雷达跟踪过程中的数据处理。

(2)通信系统。VTS 中的通信方式很多，供语音通信使用的频率也很多，但大部分 VTS 以甚高频无线电话(VHF)为基础。

(3)计算机系统。VTS 中的计算机连成一个网络，计算机主要用于雷达数据处理、VHF 测向数据处理、船舶数据处理、遥感数据处理及其他非实时的离线操作。船舶数据分为以下三类：

①固定数据：常指在船舶寿命周期内不变的数据，如船名、呼号、船舶尺度等。

②变化数据：指一个航次内有效的数据，如驶离港、目的港、货物、吃水等。

③动态数据：指连续变化的数据，如船速、航向等。此外还有 VHF 测向、数据记录设备、闭路电视、遥感装置与助航标志等。

3. VTS 对船舶的服务和监管

根据 IMO 规定，凡使用 VTS 的船舶应符合《海上人命安全公约》要求，到达实施 VTS 港口之前应注意做到以下几点：

(1)仔细阅读 VTS 主管机关印发的出版物，了解当地水上交通规则及其他有关规定；

(2)保证船舶助航与通信设备处于正常工作状态；

(3)注意按照规定收听 VTS 中心发布的有关消息；

(4)按照 VTS 主管机关的规定，正确、及时地向 VTS 中心报告有关信息；

(5)一般不改变经船舶与 VTS 中心双方同意的航行计划；

(6)迅速、准确向 VTS 中心报告意外情况；

(7)当到达或离开 VTS 区域时要向 VTS 中心进行到达与最终报告。

五、全球海上遇险与安全系统

全球海上遇险与安全系统(Global Martime Distress and Safety System，简称 GMDSS)是一个符合《1979 年海上国际搜救公约》规定的全球性通信网络。它应能满足遇险船的可靠报警，对遇险船的识别、定位，救助单位之间的协调通信，救助现场的通信，可靠、及时的预防措施以及日常通信等各项要求，其原理如图 5—3 所示。

1. GMDSS 的功能

(1)报警。船对岸报警，即遇险船向某一岸上救助协调中心(Rescure Coordination Center，简称 RCC)的报警；船对船报警，即遇险船向附近船舶的报警；岸对船报警，即岸台向遇险船附近的船舶报警。报警信息应包括遇险船舶的识别码(国际统一的一个九位十进制数字识

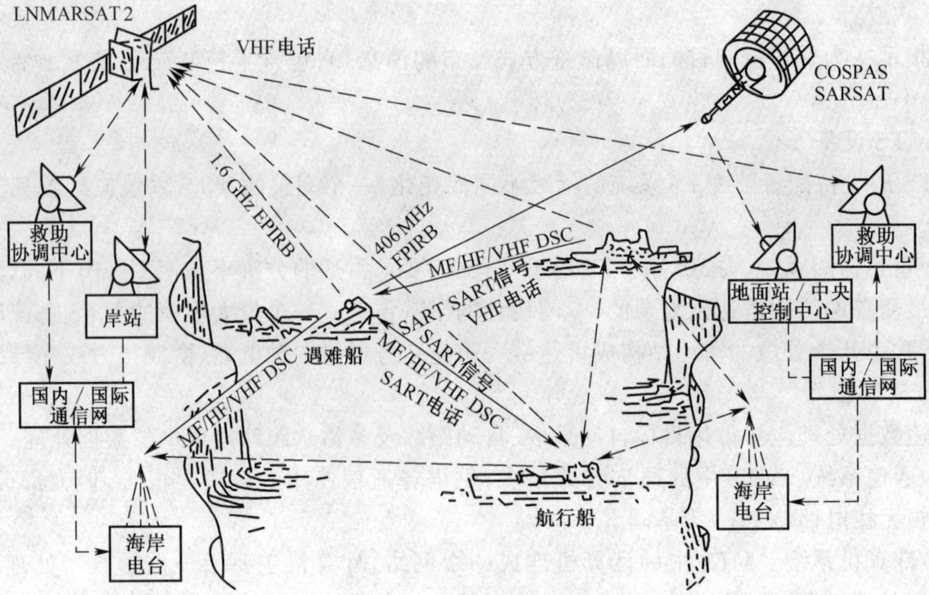

图 5—3　GMDSS 原理示意图

别码)、遇险位置、遇险性质和其他有助于搜救的信息。

(2)通信。通信包括搜救协调中心通过岸台或岸台与遇险船舶、参与救助的船舶、飞机及其他搜救单位之间的双向通信。在搜救现场参与救助的船舶、飞机之间的通信。GMDSS 系统还能进行正常航行时相遇船舶之间的通信和有关的业务通信。

(3)寻位。遇险船舶或救生艇通过应急示位标(Emergency Posistion Indicating Radio Beacon,EPIRB)或其他设备发出一种无线电信号,便于救助船舶和飞机寻找。

(4)播发海上安全信息。GMDSS 系统能提供手段发布航行警告、气象预报和其他各种紧急信息以保证航行安全。为了实现上述功能,GMDSS 系统采用了两种系统:一是卫星通信系统,二是地面通信系统。

2. GMDSS 的组成

卫星通信系统包括 INMARSAT 和 COSPAS/SARSAT 两个系统。国际海事卫星通信系统(International Maritime Satellite System,INMARSAT)是一个静止卫星通信系统,用于纬度低于 70 度区域的报警与通信。INMARSAT 是为海上航行船舶提供卫星通信服务的国际性组织。系统由卫星及其跟踪遥测指令站、船舶地面站、海岸地面站、通信网络协调站、运行控制中心五个部分组成。INMARSAT 中的作用是:用 INMARSAT 船站实现船到岸的遇险报警;利用 INMARSAT 岸站实现岸对船的遇险报警;利用 INMARSAT 船站的搜救协调中心通信;救助现场通信。

COSPAS/SARSAT 是一个近极地轨道卫星通信系统,用于全球范围内船对岸的遇险报警。COSPAS/SARSAT 是由加拿大、法国、美国、前苏联和其他国家联合开发的全球性搜救卫星系统。该系统包括卫星、本地用户终端(Local User Terminal,LUT),使命控制中心(Mission Control Center,MCC)与各种应急示位标,如飞机上用的应急定位发射机(Emergency Locator Transmitter,ELT)、陆地上用的个人示位标(Personal Locator Beacon,PLB)和海上用应急示位标(Emergency Position Indicator Radio Beacon,EPIRB)。

INMARSAT 组织为 GMDSS 开发的卫星通信系统有 INMARSAT—A/B/C/E 四种。A 系统投入使用最早,主要业务有遇险通信、电传、电话、传真和数据的自动传输。B 系统是

1993 年 10 月开始运行的全部采用数字技术的新系统。它比 A 系统更有效地利用了卫星的功率和带宽，因而增加了信道。同时 B 系统还可进入陆地数据网，主要业务有双工电话、船对岸的单工电话，岸到船的业务通告和 A 系统的业务。C 系统只能处理数字化报文和数据的卫星通信系统，主要业务有：遇险和安全通信、双向电传和数据及船到岸传真。E 系统是通过静止卫星来获得遇险船或人员位置等信息的卫星 EPIRB 系统。该系统的 1.6 GHz EPIRB 在遇险时可人工启动或自动启动，实现船对岸遇险报警。

地面无线电通信系统是指使用 MF/HF/VHF 收发通信设备及其终端进行遇险报警、搜救协调通信和现场通信。使用的终端设备：数字选择呼叫(Digital Selector Calling，DSC)，窄带直接印字电报(Narrow Band Direct Printing，NBDP)，单边带无线电话(Single Side Band TP，SSB)，甚高频无线电话(Very High Frequency，VHF)，NAVTEX，9 GHz 的雷达应答器(SART)和 VHF CH70 的应急示位标(EPIRB)。其中 NAVTEX 业务是指在 518 kHz 频率上由各国主管部门指定的岸台用英语向 400 n mile 海域内船舶定时播发(海上安全信息，MSI)，包括航行警告、气象预报和海上搜救通知及航标失效等。船上 NAVTEX 接收机自动接收 MSI，并打印输出。根据 1988 年 SOLAS 公约修正案，一切从事国际航行的客轮和 300 总吨以上的货轮，都必须按其航行区域配备相应的 GMDSS 船用设备。

第三节 船舶的种类与构造

运输船舶是指载运旅客与货物的船舶，通常又称为商船。在船舶发展史中，大致经历了舟筏、木帆船及蒸汽机船三个阶段，目前正处于以柴油机为主要动力的钢船时代。随着世界经济的发展，现代运输船舶已形成了种类繁多、技术复杂及高度专业化的运输船舶体系。

一、船舶种类和特点

运输船舶可按用途、航行区域、航行状态、推进方式、动力装置和船体材料及船体数目等进行分类。按用途可分为货船和客船两大类。

1. 货船

货船是运送货物的船舶的统称，一般不载旅客。货船外形如图 5－4 所示。货船按装载货物的不同又可分为以下几种：

图 5－4 货船外形图

(1)杂货船。杂货船又分为普通型杂货船与多用途杂货船。普通型杂货船主要用于装载经过包装、袋装、箱装和桶装的一般货物。杂货船所运送的单件货物，最小的为几十公斤，最大的可达几百吨；它的航线遍布内河和大海，到达的港口也大小不等；排水量从几吨到 1～2 万 t。海上杂货船载重量(船舶装载的载荷重量)在 2 000～15 000 t 左右；航速 12～18 n mile/h(节)；货舱通常分为 2～3 层，便于装货分票和避免挤压；货舱按船的大小及装货方便需要设置 1～6 个不等。每个货舱的甲板上有舱口及吊杆，吊杆起重能力为几吨，而吊大件货的重型吊杆负荷可达 500 t。机舱大多设在船的中后与尾部。由于普通型杂货船装卸效率低，逐渐出现一些多用途杂货船，它既可装杂货，又可装散货、集装箱甚至滚装货，提高了揽货能力与装卸效率，从而提高了营运经济性。

(2)散货船。散货船是专门运输谷物、矿砂、煤炭及散装水泥等大宗散装货物的船舶。它具有运量大和运价低等特点，目前在各类船舶的总吨位中占据第二位。散货船的特点是：单层甲板，尾机型，船体肥胖，航速较低，约 11～18 n mile/h。为提高装卸效率，通常采用码头专用设备装卸，故较大的散货船上一般不设装卸设备，但货舱口尺寸很大，宽度可占船宽的 70%甚至更大。散货船载重吨位为 3 万 t 左右，满足通过巴拿马运河限制条件的巴拿马型船，载重量为 5 万～8 万 t，最大载重量也有近 40 万 t 的。散货船按货种可分运煤船、散粮船、矿砂船、散装水泥船及其他专用船等。

(3)集装箱船。集装箱船是用于载运集装箱的专门运输船舶，如图 5－5 所示。根据国际标准化组织(ISO)公布的统一规格，集装箱一般都使用 20 英尺和 40 英尺两种，20 英尺集装箱被定为统一标准箱(Twenty－foot E－quivalent Unit，简称为 TEU)。集装箱船可分全集装箱船和半集装箱船两种，其中全集装箱船是将全部货舱及上甲板都用于装载集装箱；而半集装箱船是只有部分舱室用于装载集装箱，其余货舱则用来装运件杂货。

图 5－5 集装箱船外形图

集装箱船在结构与船型上与杂货船有明显不同，它的特点是船型尖瘦，航速高，一般在 20～37 n mile/h；舱口尺寸大，舱口宽度约占船宽的 70%～80%，便于装卸；机舱及上层建筑位于船尾，以便有更多的甲板和货舱面积用于堆放集装箱，主甲板之下的船舱内一般可堆码 3～9层集装箱，而主甲板之上则可堆码 2～4 层集装箱；船上一般不设装卸设备，而由码头上的专用机械设备操作，以提高装卸效率等。按载箱数量分为第一代、第二代、第三代等，载箱数大致分别为 1 000 TEU、2 000 TEU、3 000 TEU，现已发展到第五代、第六代集装箱船，载箱数为 5 000 TEU 以上。

(4)冷藏船。冷藏船是使鱼、肉、水果、蔬菜等易腐食品处于冻结状态或某种低温条件下进行载运的专用运输船舶。外形与杂货船相似，只是舱口尺寸较小以防止传热。冷藏船上设有制冷装置，包括制冷机组和各种有关管系。根据货物所需温度，制冷装置一般可控制冷藏舱温度在 15～20℃。

因冷藏货物批量不大，故冷藏船的吨位较小，通常在数百吨至数千吨；专用的冷藏船航速较高，一般在 22 n mile/h 以上。

(5)滚装船。滚装船是专门装运以载货车辆为货物单元的运输船舶。装船或卸船时类似于汽车与火车渡船，载货车辆从岸上通过滚装船的跳板开到船上，到港后再从船上经跳板开到岸上。

滚装船的最大优点是船和码头都不需要设置装卸设备，载货汽车可以自行上船或下船进行装卸，速度快、效率高。另外滚装船对货种的适应性强，除可装运各种车辆外，还可装运集装箱、钢材、管材和重型机械设备等长大件货物。这种船适用于装卸繁忙的短程航线，也有向远洋运输发展的趋势。滚装船的载重量一般为 6 000～26 000 t，航速 18～20 n mile/h，最高可达 25 n mile/h。

(6)载驳船。载驳船也称子母船,是专门装运以载货驳船为货物单元的运输船舶。其运输方法是先将货物或集装箱装载在规格统一的驳船(子船)上,再把驳船装上载驳船(母船)。到达目的港后,将驳船卸到水中,由拖船或推船将其分送内河各地,载驳船则再装载另一批等候在锚地的满载货驳开航驶向新的目的港。驳船的装卸方式有三种:利用尾部门式起重机、尾部驳船升降平台或浮船坞原理装卸驳船。目前,比较常见的载驳船有“拉希”(LASH)型和“西比”(Sea bee)型两种,分属上述装卸方式中的前两种。“拉希”型载驳船的载重吨位为 30 000～40 000 t,航速 18 n mile/h;“西比”型载驳船的载重吨位为 38 000 t,航速 20 n mile/h。载驳船的最大优点是装卸效率高,运输成本比其他货船低。载驳船不受港口水深影响,不需占用码头泊位,不需装卸机械。采用载驳船装运货驳的运输方式,已经成为目前实现海河直达运输的有效方法。

(7)油船。运送散装液体的船统称为液货船,主要包括油船、液化气船和液体化学品船。因液体散货的理化性质差别很大,所以运送不同液货的船舶,其构造与特性均有很大差别。

油船一般只设一层甲板。根据防污染的要求,国际海事组织已明确规定:从 1996 年 6 月 6 日以后交付使用的载重吨为 5 000 t 以上的油船,要求具有双船壳与双层底;载重吨在 600～5 000 t 的要求有双层底,每舱容积不超过 700 m^3。油船没有大货舱口,只有油气膨胀舱口,并设有水密舱口盖。石油是通过油泵和输油管进行装卸的,因此油船上不设吊货杆等装卸设备。油船载重吨位是各类船舶中最大的,一般在 20 万～30 万 t,最大的油轮可达 70 万 t。装原油的载重吨位一般比装成品油的为大。沿海油轮航速一般为 12～15 n mile/h,远洋油轮约为 15～17 n mile/h。大型油轮的外形如图 5－6 所示。

(8)液化气船。液化气船分为液化石油气(LPG)船、液化天然气(LNG)船和液化化学气(LCG)船。液化气船的液舱结构与其他货船的货舱结构不同,它是采用全封闭的金属罐。

液化气船的吨位一般在 6 万～13 万 t(通常用货舱容积的立方米数表示)。大型远洋液化气船的航速为 19～20 n mile/h,近海液化气船的航速均在 15～18 n mile/h 范围以内。

图 5－6 大型油轮外形图

(9)液体化学品船。液体化学品船是用于载运各种液体化学品(如醚、苯、醇、酸等)的专用运输船舶。液体化学品大多具有剧毒、易燃、易挥发和腐蚀性强等特点,因而液体化学品船对防火、防爆、防毒和防腐蚀等有很高的要求。根据所运载货物的危险性大小,液体化学品船分为Ⅰ、Ⅱ、Ⅲ级。Ⅰ级船危险性最大,其货舱容积要求小于 1 250 m^3,Ⅱ级船则应小于3 000 m^3,Ⅲ级船装载危险性较小的液体化学品。

(10)拖船、推船。拖船和推船是专门用于拖曳或顶推其他船舶、驳船队、木排或浮动建筑物的机动船。它本身不载旅客和货物,是一种多用途的工作船,被称为水上的“火车头”。目前我国长江干线上常见的推船功率为 1 940 kW。

(11)驳船。驳船是指自身没有动力推进装置,靠机动船(拖船或推船)带动的单甲板船。驳船可以单只或编列成队由拖船拖带或由推船顶推航行。驳船没有锚、舵等设备,也不设装卸机械和上层建筑。主要用于沿海、内河或港内驳运货物,往往用于转驳那些因吃水等原因不便进港靠泊的大型船舶的货物，或组成驳船队运输货物。驳船具有结构简单，造价低廉，管理维护费用低，可航行于浅狭水道，编组灵活等特点。因此，它在内河运输中占有重要地位。驳船载重量可从数百吨到 6 万 t。

2. 客(货)船

客船是专门用于载运旅客及其行李和邮件的运输船舶；而那些以载运旅客为主，兼运一定数量货物的运输船舶则称为客货船。大型客船的外形如图 5－7 所示。

图 5－7　大型客船外形图

为保证旅行安全和满足旅客在旅途中文化生活的需要，客船必须具有良好的航行性能，以及为旅客提供舒适的居住和生活条件。因此，客船均设置了一定数量、若干等级的旅客住舱，并配有足够数量的盥洗室和浴室，设置公共娱乐、休息、就餐等厅室。大型国际客船还设有影剧院、花园、咖啡馆、图书馆、医院、理发厅、百货商场和银行等，设有供旅客体育活动使用的游泳池、球场、健身房、运动场等。为满足上述要求，客船需要有较大的甲板面积和舱室面积。因此，客船的长度比一般同吨位货船为长，上层建筑庞大，甲板层数较多，一般约有 8～9 层，最多可达十几层。住舱内备有良好的照明、空气调节等设备。为保证旅客安全，客船具有良好的稳性、抗沉性，且船体结构必须设置双层底，同时还应设有足够数量的消防、通信、救生等设备；为达到船舶操纵性要求，客船通常采用双螺旋桨推进，以便其中一个推进器发生故障时，另一个推进器仍能保证船舶继续航行；为满足旅客舒适性要求，客船具备较好的耐波性，其在减摇、避震、隔声等方面的设计标准较高；另外，为旅行需要，客船一般有较高的航速和较大的功率储备。

客船按区域可分为远洋客船、近海客船、沿海客船和内河客船。随着远程航空运输的发展，客船逐渐转向为短程运输和旅游观光服务，由此发展起来的新型船舶有豪华旅游船、汽车客船、滚装客船和小型高速船等。

(1)海洋客船。海洋客船主要包括远洋、近海与沿海几种形式。这类船舶一般吨位大、航速高、设备齐全。在航空运输兴起之前，国际邮件主要靠这类船舶输送，故又称为邮船。远洋客船的吨位一般在 2 万～3 万总吨，最大的可达 7 万总吨(均为重量吨)；航速较高，约29 n mile/h左右，最高可达 36 n mile/h。近海、沿海客船的吨位在 1 万 t 左右，航速为 18～20 n mile/h。

(2)旅游船。旅游船在 20 世纪 60 年代兴起，供旅游者旅行、游览之用，其船型与海洋客船相似，但吨位较小。船上设备齐全，能为旅客提供疗养、娱乐、休闲等综合服务。

(3)内河客船。内河客船指运行在江河湖泊上的客船，其载客量较小，速度较低，设备也较海洋客船简单。

(4)汽车客船。汽车客船是 20 世纪 60 年代以后兴起的船种，除载客外，还能同时载运一定数量的旅客自备汽车。这种客船在船舯或船艉设置跳板，以供旅客自备的小型客车驶进船上的车库。

(5)小型高速客船。小型高速客船主要有水翼船和气垫船，多用于沿海及内河的短途航行。

水翼船是指船体下装有水翼、航行时靠水翼产生的升力支持船体全部或部分升离水面而高速航行的船舶。目前，水翼船的航速可达 40～60 n milc/h，排水量约在 100～300 t，最多可设有 300 个客位。

气垫船是利用高压空气在船底与水面间形成气垫，使船体部分或全部垫升而实现高速航行的船舶。工作时，用大功率鼓风机将空气压入船底下的围蔽空间，由船底周围的气封装置限制其逸出而形成气垫，托起船体从而使船舶高速航行。其缺点是耐波性较差，在风浪中航行失速较大。目前，气垫船的航速约在 60～100 n mile/h，最大可达 130 n mile/h，客位约 100～200 个。

(6)双体船。双体船由两艘并列的相同尺度的船体所组成，它是用设计在水线以上的中间联桥把两个船体连接成一个整体。双体船分别有两个船首、两个船身和两个船尾，每个船体各装有一台主机和一个推进器，航行时左右两台主机同时运转工作。

双体船甲板面积和船舱容积大为增加，相对普通客船大幅度提高了载客能力；双体船的宽度尺寸大，故稳性好，航行安全；因其两个单船形体瘦长，所以兴波阻力较低，因而航速较高，同时有利于保持航向稳定性；又因两个推进器的行距较宽，可产生较大的回转力矩，提高了船舶操纵的灵活性。但其上层建筑跨越两个船体，所以双体船的中间体结构强度较差，受风浪冲击时容易断裂；另外其过大的稳性还会使船体在风浪中摇摆剧烈，易使旅客、船员感到疲劳和不适，对船体结构也有损害。因此，双体船一般作为内河客船或沿海短途客船。

除了上述各种运输船舶外，还有渡船、工程船(如挖泥船、救捞船)和工作船(如领航船、测量船)等几种船舶。

二、船舶尺度和性能

1. 船舶的主要尺度

船舶的主要尺度是表示船体外形大小的基本量度，有船总长 L、型宽 B、型深 H 和吃水 T。

(1)船总长(L)。它是指船舶首端至尾端的最大水平距离。

(2)型宽(B)。它是指沿船体设计水线自一舷的肋骨外缘量至另一舷的肋骨外缘之间的最大水平距离，一般在船长的中点处。

(3)型深(H)。它是指在船长中点处，沿舷侧自龙骨上缘量至上甲板下缘的垂直距离。

(4)吃水(T)。它是指在船长中点处，从龙骨上缘量至设计水线的垂直距离。

2. 船舶的技术营运性能

(1)船舶的航行性能。船舶为了完成运输生产任务，经常在风浪、急流、险滩等航行条件极为复杂的情况下工作。因此，要求船舶必须具有良好的抗风浪能力及能够有效控制船舶的航行性能。其航行性能主要有：

①浮性：即船舶在各种装载情况下，保持一定浮态的性能；

②稳性：即船舶受外力作用离开平衡位置而倾斜，当外力消除后能自行回复至原平衡位置的能力；

③抗沉性：即船舶破损浸水后仍保持一定浮态和稳性的能力；

④快速性：即船舶的快速性，就是指主机以较小的功率消耗而得到较高航速的性能；

⑤适航性：即船舶在多变的海况中的运动性能；

⑥操纵性：即船舶操纵性，是指船舶能保持或改变航行方向的性能(其中，船舶保持其航向不变的能力，称为航向稳定性；船舶改变其航向的能力，称为回转性)。

(2)船舶的重量性能。运输船舶的重量性能包括船舶的排水量和载重量，计量单位以“t”表示。

①排水量。它是指船舶浮于水面所排开水的重量，它亦等于船上的总重量。排水量又可根据不同装载状态分为空船排水量和满载排水量。

②载重量。它是指船舶所允许装载的重量。载重量有总载重量和净载重量之分。总载重量是指在任一水线下，船舶所允许装载的最大重量。它包括货物或旅客、燃料、淡水、粮食和供应品、船用备品、船员和行李以及船舶常数等重量的总和。船舶总载重量等于相应吃水时的船舶排水量减去空船重量。船舶净载重量等于船舶总载重量减去燃料、淡水、粮食和供应品、船用备品、船员和行李以及船舶常数后的重量。

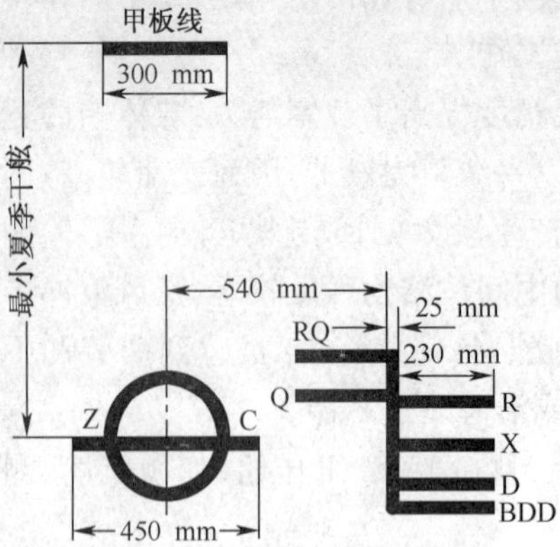

图 5－8 船舶载重线标志

③船舶载重线标志。为了保证运输船舶能够在各种航行条件下安全行驶，同时又能最大限度地利用船舶的载重量，国家验船机构或其他国家勘定干舷的主管机关，根据船舶航行于不同的航区和季节，分别规定了船舶的最小干舷及允许使用的载重水线，称船舶载重线。它用载重线标志的形式勘绘在船舯两舷外侧，以限制船舶的最大吃水。船舶载重线标志如图 5－8 所示。

图中拼音字母的含义是：ZC 表示勘定干舷的主管机关是中华人民共和国船舶检验局；RQ 表示热带淡水载重线；Q 表示夏季淡水载重量线；R 表示热带载重线；X 表示夏季载重线；D 表示冬季载重线；BDD 表示北大西洋冬季载重线。上述各载重线是表示适于各种区带、区域和季节期的最大吃水，均以载重线上边缘为准。

(3)船舶的容积性能。船舶容积性能包括货舱容积和船舶登记吨位。货舱容积的计量单位以立方米或立方英尺表示；登记吨位的计量单位是以立方米或立方英尺折算的“登记吨”表示。

货舱容积是指船舶货舱实际能够容纳货物的空间。货舱容积根据装运货物方法不同分为散装舱容和包装舱容两种。

$$船舶舱容系数=\frac{货舱容积}{船舶净载重量}(m^3/t)$$

舱容系数是船舶的重要容积性能，也是反映载货性能(指适于装重货或轻货)的重要技术指标。一般杂货船的舱容系数均在 1.5 m^3/t 以上，且有明显增大的趋势，有时达 1.8～2.1 m^3/t，这是为了适应装运轻货的需要。

船舶登记吨位是指按吨位丈量规范所核定的吨位。它是为船舶注册登记而规定的一种以容积折算的专门吨位。船舶投入营运以前，根据国家规定须对船舶进行丈量以确定其登记吨位。每艘船舶经过丈量核算后，均将结果记入“吨位证书”内。船舶登记吨位分为总吨位和净吨位两种。总吨位 GT，主要用于：表示船舶大小；国家统计船舶数量的单位；计算造船，买卖船舶和租船费用，计算海损事故赔偿的基准以及计算净吨位的依据等。净吨位 NT，主要用于计算船舶向港口交纳各种费用和税收(如停泊费、引航费、拖带费及海关税等)的依据。

三、船舶布置与设备

1. 船舶布置

船舶被强力甲板划分成主体和上层建筑两部分。

(1)船舶主体。船舶主体是船体的主要部分,通常是指强力甲板(主甲板)以下的船体。船体内部空间,沿船深方向由甲板来划分,沿船长及船宽方向则分别由横舱壁及纵舱壁来划分,由此形成船舶的各个舱室。

(2)上层建筑。在主甲板以上的各种围蔽建筑,统称为上层建筑。两侧延伸至船的两舷或至舷边的距离小于4%船宽的,称为船楼。位于船艏、船舯、船艉的船楼,分别称为艏楼、桥楼和艉楼,船楼以外的上层建筑,称为甲板室。

(3)船舶舱室。海船的舱室可分为船员舱室、工作舱室和营业舱室三大类。

2. 船舶设备

航舶为了从事正常的营运,除安装推进主机外,还必须具备其他各种设备。对于一般运输船舶来说,其主要设备包括舵设备、锚设备、系泊设备、起货设备、救生设备等。

(1)舵设备。舵设备是用于控制船舶方向的装置。它主要由舵、舵机、传动装置及操纵装置等部分组成。驾驶人员操纵舵轮或手柄,或由自动舵发出信号,通过传动装置带动舵机,由舵机带动舵的转动来控制船艏方向,使船舶保持航向或回转。

(2)锚设备。锚设备是船舶锚泊时所用装置和机构的总称,由锚、锚链、锚链制动装置、锚机和锚链舵等组成。锚利用它在海底的抓力(一般为锚重的4～5倍)以及锚链与海底表面的摩擦力来制动船舶,主要用于船舶在海上锚地固定船位,同时也可作为协助船舶制动、控制船身和掉头的辅助手段。

(3)系泊设备

系泊是船舶的主要停泊方式,系泊设备就是用分布在舷侧的缆绳将船舶固定于码头、浮筒、船坞或邻船用的设备,它主要包括系缆索、带缆桩、导缆器、绞缆机卷缆车和系缆机械。较先进的船上卷缆车本身有动力,用于收绞缆绳。缆绳有尼龙缆、钢丝绳与棕绳,目前用得最多的是尼龙缆。

(4)起货设备。起货设备是船舶自备的、用于装卸货物的装置和机械,主要包括吊杆装置、甲板起重机和其他装卸机械。

(5)救生设备。救生设备是装在船上供船舶失事时船上人员自救和营救落水人员的设备。常用的救生设备有救生艇、救生筏、救生圈和救生衣等。

除上面这些船舶设备外,船舶大多还配备消防和堵漏设备等。它们都是保证船安全航行所必须装置的设备。

四、船舶动力装置

船舶动力装置是保证船舶推进及其他需要提供各种能源的全部动力设备的总称。船舶动力装置由推进装置、辅助装置、管路系统、甲板机械及自动化设备组成。

1. 推进装置

推进装置也称主动力装置,它是为保证船舶正常航行而设置的所有设备的总称,是船舶动力装置中最主要的部分,包括主机、传动设备、轴系和推进器。主机发出动力,通过传动设备及轴系驱动推进器产生的推力,使船舶克服阻力航行;再通过改变主机的转数和轴系的转动方向,来控制船舶航行的快、慢和进退。根据主机形式不同,船舶动力装置可分为蒸汽动力装置、燃气动力装置及核动力装置等几种。目前民用船舶使用内燃机最普遍。柴油机具有热效率高、起动迅速、安全可靠、重量轻、功率范围大等优点。在大中型民用船舶上使用的柴油机有大型低速和大功率中速两大类。船舶动力装置由于工作条件的特殊性,要求可靠、经济、机动性好、续航能力大等。

2. 辅助装置

辅助装置是产生除推进装置所需能量以外的其他各种能量的设备，它包括船舶发电站、辅助锅炉装置和压缩空气系统。它们分别产生电能、蒸汽和压缩空气供全船使用。

3. 船舶管系

船舶管系是指为某一专门用途而设置的输送流体（液体或气体）的成套设备。按用途可分为：

(1)动力系统。它是为主、辅机安全运转服务的管系，有燃油、润滑油、海水、淡水、蒸汽、压缩空气等系统。

(2)船舶系统。该系统又称为辅助系统，是为船舶航行安全与人员生活服务的系统，如压载、舱底、消防、生活供水、施救、冷藏、空调、通风和取暖等系统。

4. 甲板机械

为保证船舶航向、停泊及装卸货物所设置的机械设备，如锚泊机械、操舵机械和起重机械等。

5. 自动化设备

用以实现动力装置的远距离操纵与集中控制，以改善船员工作条件，提高工作效率及减少维修工作量。主要由对主、辅机及其他机械设备进行遥控、自动调节、监测、报警等设备组成。

五、船舶的现代化

进入21世纪以后，世界很多国家提出了未来造船技术的三大发展方向，即提高船舶的安全性、减少船舶对海洋和大气污染、应用尖端新技术提高船舶技术水平，具体体现在以下几个方面。

1. 船舶大型化

船舶大型化可以发挥大型船舶的规模经济、增强竞争实力、改善装卸性能及提高港口效率。但是，船舶大型化趋势要受到以下几个方面的限制：一是船舶在港口停泊时间的长短对规模经济的限制，若大型船舶装卸效率不能同步提高，那么船舶越大，在港口时间越长，在港口的单位成本也将随之增加；二是货主发货批量大小和时间间隔长短；三是货源是否充足；四是集疏运系统效率的限制；五是运河通航条件的限制。船舶大型化在油轮和集装箱船上发展很快。

2. 船舶专业化

船舶专业化是随着经济建设速度的不断加快、运输需求的迅速增长而逐渐发展起来的。传统货船的装卸搬运工艺已不能满足运输的需求，且装卸效率低、劳动强度大、船舶在港时间长、周转速度低。船舶专业化的实现扭转了上述被动的局面，改善了各种运输工具之间的换装作业，加速了货物的整个运输流程和船舶周转。但也应看到专用船只适合单一货种，返程常常放空，船舶载重量利用率低。然而，随着世界经济高速发展和经济一体化的进展，海上物流形态和品种不断变化，专用船将得到进一步的发展。

3. 船舶高速化

在航线与发船间隔时间一定的条件下，航速与配船数呈反比关系，即航速越高，航线上需配备的船舶数就越少。但是由于船舶的主机功率及燃料消耗量几乎与航速的三次方成正比关系，尤其是在油价较高的情况下，船东对提高航速往往持谨慎态度。

短途客船在高速化方面发展较快，特别是在海湾、陆岛、岛岛之间等具有地理优势及其他运输工具无法或难以竞争的地区发展尤为迅速。

高速船中具有代表性的是水翼船和气垫船。高速船体一般都采用铝合金材料焊接而成，目的在于减轻船舶自身的重量而提高装载能力。

由于船舶的航速大幅度提高而随之带来的一系列问题，如高速航行中船舶自适应的稳定性问题、安全性问题等，必须采取相应的措施解决好。

4. 船舶自动化

由于造船和航海技术及自动化技术发展的不断加快，船舶自动化程度越来越高。例如中远集团购进的第四代集装箱船就都配备了自动导航系统。该系统具有最佳航行计划、自动航行、定位和监测功能。当船驶至开阔海面需自动航行时，开启自动航行系统，则综合导航仪里的自适应舵控制单元根据GPS指示位置与计划航线的交叉误差（XTF）和跟踪增益所得出的推荐航向，结合罗经航向、计程仪速度、舵角反馈信号，根据自适应原理，以省油的方式给自动舵发出舵角指令，使船首方向与航向一致，从而使船舶航行驶在计划航线上。

随着全球卫星导航系统（GPS）、自动雷达标绘仪（ARPA）、电子海图显示与信息系统（ECDIS）、国际海事卫星组织（INMARSAT）、船舶交通管理系统（VTS）、全球海上遇险和安全系统（GMDSS）、船舶维修与保养系统（CWBT）、港口维修中心（PMC）等系统的广泛应用，将导致船舶及其公司的管理发生一场根本性的变革，船舶的管理不但实现机电合一、驾通合一，而且实现驾机合一。船舶操纵和管理人员的功能演变成对船舶进行监控。船公司将依靠现代化通信技术，将各个分散的、独立的通信、导航、避碰、配载和维修、支持系统连成一个综合性的网络。船舶的位置、状态、控制、动力装置的各种参数都将依靠计算机进行分析、调整，并随时将信息反馈给船公司，由公司进行调度、指挥、监督和控制。设备的故障也可由公司直接进行诊断、预测。定期维修的方法完全由视情况维修所替代。备件、燃润物料、水的添加和管理也由全球计算机网络进行计划和调拨，届时船舶的实时管理将让位于船舶公司在岸上的综合信息管理。

船舶航行与管理全面实行自动化，其中主要特点是可靠性高、船上设备标准高、减少船员、优化运输。

5. 船舶节能与环保化

当前船舶的燃油消耗已经占到整个船舶营运开支的40%～50%，因此，节约能源，降低船舶的能源消耗，提高能源综合利用效率极为重要。另外，随着《国际防止船舶污染海洋公约》的生效实施、人类对环境污染的日益重视，使得减少船舶对海洋和大气的污染成为未来船舶的发展趋势。

第四节　水路运输现状与发展趋势

一、水路运输现状

改革开放以来，我国水路运输在党和政府的领导和关心下，得到了迅速发展。截止2001年底，我国民用船舶已发展到21万艘，近5 450万载重吨，其中从事外贸运输的船舶2 000多艘，3 700万载重吨。从事国际航运的船公司有300多家，沿海运输的船公司有1 300多家。内河运输也得到了长足的发展，以我国第一大河长江为例，经过40年的建设，现有各类船舶11万艘，运输能力达1 400万t。目前中国远洋运输（集团）公司的集装箱船队，在世界20大班轮公司中排名第七。通过国际航运。我国已与世界上160多个国家和地区的1 100多个港口通商。我国连续五届当选国际海事组织A类理事国，已成为名副其实的航运大国。

随着我国市场经济制度的确立和航运市场的发展,我国水运发展呈现出如下特点:

1. 国际集装箱运输发展迅速

我国港口集装箱吞吐量连续12年保持25%左右的增长速度,1997年突破1 000万TEU(标准箱),2001年达2 748万TEU。集装箱船舶运量达到7 224万t,全国从事国际集装箱运输的船公司达150家,拥有船舶1 080艘,30余万箱位。全国拥有集装箱专用泊位65个,年设计能力1 003万TEU。我国大陆沿海已初步形成了华南以深圳为中心,华东以上海为中心,华北以青岛、天津和大连港为中心的国际集装箱中转型枢纽港口群。

2. 我国航运市场形成并全面开放

随着我国社会主义市场经济的建立,我国航运市场已经形成,船舶经营者(船公司)、港口经营者、船舶代理、货运代理及各种国际运输辅助服务和相关行业得到了较充分的发展。我国航运市场实行全面对外开放,航运业的发展呈现国际化,并具有如下特征:

(1)我国航运市场全面开放。为了促进航运事业繁荣发展,自1985年来我国政府对航运业采取了逐步开放的政策。1985年首次正式规定,允许外资通过合资的形式进入中国从事海上运输;1988年起取消了国货国运政策;1990年向外国航运公司开放了国际班轮运输;1992年,外国籍船舶在我国港口服务和使用港口设施方面开始享受到完整的国民待遇;1995年,中外合资船队准许进入沿海航运;1996年起允许外国航运公司在中国设立独资船务公司。

(2)外资航运企业在中国航运市场发展迅速。进入到21世纪以来,我国对进入航运市场的外资企业的准入度提高,受限制的条件减少,没有数量和地域等方面的限制,使在中国设立的外资航运企业,在短短的几年中发展迅速。到2001年底,经批准经营水路运输的中外合资企业120多家,批准国外航运公司在华设立独资子公司及其分支机构53家,与我国国内航运公司同样从事中国港口至国外港口间的海上运输,并执行与中国船舶相同的费率标准。

(3)我国航运业向国际化发展。中国现行的政策法规对进入中国航运市场的外资航运企业无歧视性规定,即外资航运企业在中国不受歧视,例如中国政府不采用行政手段规定中外船公司承运中国外贸货物的比例。在货运代理方面,目前中国实行打破垄断,促进竞争的政策,为外资企业在我国顺利开展航运业务创造了有利条件等。同时,由于"市场准入"的双向作用,我国航运市场的对外开放也为我国航运业扩大在国际航运市场的份额提供了有利的条件。我国航运业发展呈现出国际化的时代特征。

二、水路运输的发展趋势

1. 水路运输功能拓展

现代运输强调物流的系统观念,在拓展港口功能、充分发挥港口集疏运作用的前提下,建立以港口为物流中心的由铁路、公路、水运、航空、管道等多种运输方式优化组合的多式联运系统,使由原材料供应,产品生产、储存、运输,到商业销售的整个物流流通更畅通,从而使货方、运输方、销售方和购买方在合理的多式联运中全面受益,体现运输服务于社会经济的宗旨。物流的系统观念改变了船方、港方、货方在运输中过分顾及各自利益的传统做法,而树立了全新的物流流通全系统利益的观念,使运输服务于社会经济的观念得到升华,这是运输的时代新特征。

2. 航运经营观念的新变革

在航运市场激烈的竞争环境下,航运公司经营观念从单纯追求利润转变为追求低运输成本和服务高质量，以使自己获得新的生存和发展机会。由于在物流系统中，货方兼有“双重身份”，即它不仅是物流系统中的组成部分，而且也是运输服务的对象，船方和港方用“顾客至上”的态度争取为货方服务，用运输低成本和高质量吸引货源，由此引起了航运经营观念的大变革。

3. 船型专业化与运输全球化

在经济贸易全球化的今天，运输全球化是必然的趋势，长距离的海上运输促进了船舶大型化和专业化。从船型构成看，油轮和散货船舶等专业化船舶占有极大的比例，作为新运输方式的集装箱船发展迅速。有关资料表明，预计今后几年，全球商船队载重吨位将平均以 3.2%的年增长率增加。

4. 泊位深水化、码头专用化、装卸机械自动化

船舶大型化对前沿水域的水深提出了新的要求，例如随着第四、第五代集装箱船舶和大型油轮、散货船的出现，要求港口航道和集装箱泊位前沿水域的水深不断加深。对流量大而稳定的货物，如散货、石油及其成品油类和集装箱的运输，专用码头泊位的产生，加上专用装卸机械自动化程度高，大大地提高了港口通过能力，同时也提高了港口的装卸效益。因此，泊位专用化和装卸高效化已成为现代港口的发展趋势。现代港口装卸机械如图 5－9 所示。

(1)泊位深水化。为了适应现代运输技术的发展，尤其是船舶大型化、高速化对港口靠泊条件和装卸设备的要求，以及出于保持或争取成为世界级大港的目的，当前世界各国有条件、有能力的港口先后加强了港口建设，扩大港口生产规模，建造深水泊位。据预测，至 2020 年世界上将有 20%的国际集装箱班轮需要水深在 13.5 m 以上的深水泊位和航道。目前许多大型港口新建的集装箱泊位水深均在 14～15 m 左右。

图 5－9 现代港口装卸机械

(2)码头专业化。船舶运输的历史始终贯穿着专业化运输由低级到高级的不断发展过程。船舶运输的几次重大工艺变革，均与专业化的发展有关。与船舶运输的专业化相适应，港口也相应地建起了适应专业化船舶运输的专业化码头。

(3)装卸机械自动化。现代高科技的发展给港口装卸机械向自动化方向发展奠定了基础。目前，世界第一大港——荷兰鹿特丹港，是世界上最先进的港口，建设了全球自动化程度最高的散货码头和集装箱码头。

(4)港航企业经营管理改革。近几年中，世界航运业实现“强强联手，优势互补”。在港口方面，实行“政企分开”和“港口经营民营化”。我国港口对外开放以来，吸纳了大量的外资，沿海各大港口的集装箱码头的中外合资经营已不鲜见，以“政企分开”建立港口现代化企业制度已经成为我国港口体制改革的核心任务，港口组合经营，港航联合经营，港方和货方合作经营正成为港口的一种新的经营机制。

三、现代信息技术在水上运输管理中的应用

1. 港航管理信息系统

管理信息系统是以计算机为基础，以系统思想为主导建立起来的，为管理业务和管理决策服务的信息系统。港航企业管理信息系统通常划分为三个层次：

(1)作业信息系统。该系统应随时将港航生产营运活动中的原始数据输入系统，结合数据库中原有的资料作出各种生产营运分析表格和辅助决策的信息。

(2)管理信息系统。根据计划、统计与控制的要求，利用数据库中的数据作出各种综合分析报告，对某方面的发展趋势作出预测，并能提供查询服务。这一系统主要供中级管理人员使用。

(3)战略决策信息系统。该系统具有对企业发展战略问题作出辅助决策的功能。如运量或客流量预测、装卸机械及设备或船舶的投资经营经济性分析、港口或船队规划等，主要为港航企业高层领导作辅助战略服务。

港航企业管理信息系统由调度管理系统、经营管理系统、计划与统计分析系统、财会管理系统、人事工资管理系统、技术管理系统、物资管理系统、外部信息交换系统所构成。管理信息系统常分为五个子系统，即日常事务处理子系统，联机查询子系统，处理报表子系统，维护子系统，物资油料管理子系统。当然，每一个港航企业业务范围有所不同，管理信息系统划分应根据企业实际而定。目前，多数港口开发了不同层次的管理信息系统且正在向智能型发展，不仅能对各类信息进行管理，而且能通过对信息的分析提出决策咨询意见，能预测行情变化的趋势。

2. 电子数据交换

电子数据交换(Electronic Data Interchange，简称 EDI)利用计算机与通信的结合，自动地实现贸易伙伴计算机应用系统之间按照标准格式进行数据的互相交换，并对之进行自动处理。港航企业每天需填制大量表格、卡片，采用计算机处理港航业务有三大优势：

(1)提高处理速度，在货运业务量增加的同时可使工作人员数量减少；

(2)准确程度高，用计算机接受订舱签发单证和发票的失误现象减少；

(3)功能趋向多样化，用 EDI 系统可以实现传统方法不可能实现的功能，如各种复杂的统计、集装箱管理的改善和传递等等。

由于海上运输业具有国际性，港航信息网络化无疑是提高运输服务效率的重要手段。尤其是港口企业，通过 EDI 系统可使港口的计算机系统直接同用户、货主、海关、商检、理货等有关机构的计算机系统进行通信。目前，世界第一大港鹿特丹港的 EDI 服务系统"INTIS"正在推广"电子商务网络"。该网络的用户除港口外，还有制造商、装卸公司、铁路、服务代理、货运代理等超过 180 家公司。该系统用于报关、运输指令、国际铁路运单、装货通知、装货清单、货物进出口等信息，日处理量达 2 000 余条。鹿特丹下一步计划将加强与德国、法国及北美其他港口的 EDI 网络系统联网，目前已开发船舶进出港和港内活动动态登记。该计划实施后，将给予港口、船公司和用户以极大的方便，可在很大程度上提高以该港为节点的国际多式联运的效率。

上海港在信息技术与信息资源综合利用上走在我国诸港口的前列。"七五"期间，上海港开始计算机网络应用试点，成功地在开平装卸公司建立了第一个微机网络系统。"八五"期间，全港计算机网络规模不断扩大，性能不断提高。覆盖全港的上海港港口网络(SH—PORTNET)已于 1997 年开始建设，1999 年开通运行。该港口网络提供动态、多媒体的用户界面，各种结构化及非结构化信息均可通过 Web 服务器实现存取，能在更高层次上把上海港生产业务信息、企业管理信息、办公自动化信息有效地汇集在一起，为上海港提供管理信息的集成环境，为上海港 MIS 由静态转向实时动态系统创造有利条件，并与 Internet 网互连，实现了与局外单位实现信息交换与共享。

第六章 民航运输

第一节 民航运输概述

民航运输是以航空器为运载工具，由机场、空中交通控制系统以及通信导航等设施组成的现代运输体系，民航运输是周期短、运输速度最快、受地形限制较小、舒适、安全的运输方式。在长途客运和精密仪器、鲜活易腐运输中具有明显优势。

一、民航运输体系

1. 民航运输设备体系

民航运输设备体系主要包括飞机、机场、空中交通管理系统和飞行航线四个部分。这四个部分有机地结合，在空中交通管理系统的协调控制和管理下，分工协作，共同完成民航运输的各项任务。

飞机是民航运输的主要工具。按运输的类型不同，民用飞机可分为运送旅客和货物的各种运输机和为工农业生产作业飞行、抢险救灾、教学训练等服务的通用航空飞机两大类。按其最大起飞重量，民用机可以分为大型、中型、小型飞机。按航程远近，可分为远程、中程、短程飞机。

机场是提供飞机起飞、着陆、停驻、维护、补充给养及组织飞行保障活动的场所，也是旅客和货物运输的起点、中转点以及终点。机场由供飞机(起飞、降落等)使用和供旅客、货物(办理手续以及上下飞机等)使用的两部分区域组成。

空中交通管理系统是为了保证航空器飞行安全及提高空域和机场飞行区的利用率而设置的各种助航设备和空中交通管理机构及规则。目前助航设备是指用于引导飞行降落、滑行的装置，包括灯光、信号、标志等。空中交通管制机构通常按区域、进近、塔台设置。管制方式分程序管制和雷达管制。

飞机航线是民航运输的线路，是由空管部门设定飞机从一个机场飞抵另一个机场的通道。飞行航线分航路、固定航线、非固定航线。航路是用于国与国之间、跨省市的民航运输的飞机航线，其宽度为 20 km。固定航线是用于省市之间和省内定期航班飞行，尚未建立航路的飞行航线。非固定航线是用于临时性的民航运输或通用航空飞行，在航路和固定航线以外的飞行航线。

民航运输体系除了上述四个基本组成部分外，还有商务运行、机务维护、航材供应、油料供应、地面辅助以及保障系统等。

2. 民航运输管理体系

现代民航运输是一个资金密集型、高风险、高科技的产业，拥有巨额资金、先进的技术和设备、复杂的生产过程和严格的生产质量标准以及全球性的生产规模和庞大的员工队伍。经过近一个世纪的发展，民用航空运输在国际、国内以及企业内部已经形成一整套管理体系，以保障民用航空运输业正常、安全、健康地发展。

(1)国际民用航空运输管理体系。民用航空运输具有国际性。国际民用航空运输管理机构负责指定国际民用航空运输活动的行为规范，协助国际间民用航空运输业务关系，以保障国际民航运输的航行安全和有序发展。通过国际民航管理机构的协调与管理，世界各国民航企业在国际民航活动中实行统一的技术标准 、航行规则、操作规程；执行统一价格体系，价格标准和票据规格；遵循统一的国际法规准则、公正处理国际航空事务。

当今世界上有许多国际性航空组织，具有较大影响的主要有两大国际民用民航运输管理机构，一个是ICAO(国际民用航空组织)，另一个是IATA(国际航空运输协会)。ICAO的作用是：制定和监督执行有关民航运输飞行安全和维护国际民航运输市场秩序的标准，促进发展，和平利用航空技术，以保证飞行在尊重主权的基础上公平发展。IATA的主要任务是：制定国际民航运输价格、运载规则和运输手续，协助民航运输企业之间的财务结算，执行国际民用航空组织ICAO制定的国际标准和程序。

(2)我国民航运输管理体系。我国民航运输管理体系到目前已发展并形成了以航空公司、机场、管理局(航管部门)为主题的基本格局。中国民航总局是国务院的直属的一个职能机构，是中国政府管理和协调中国民用民航运输业务的职能部门，它对中国民用航空事业实行行业管理。

①民用航空总局的职能。民航总局的主要职能是研究并提出民航事业发展的方针、政策和战略；拟定民航法律、法规草案，经批准后监督执行；推进和指导民航业体制改革和企业改革工作；编制民用航空行业中长期发展规划；对行业实施宏观管理；负责全行业综合统计和信息化工作；制定保障民用航空安全的方针政策和规章制度，监督管理民航行业的飞行安全和地面安全；制定航空器飞行事故和事故征候标准，按规定调查处理航空器飞行事故等。

②航空公司的地位与作用。2002年全国民航经过了重组的重大改革。中国民航航空总局行政管理机关分设若干专门业务机关，负责相关业务的管理。全国分为7大民用航空管理局，分别为民航华北管理局、民航华东管理局、民航东北管理局、民航中南管理局、民航西南管理局、民航西北管理局、民航乌鲁木齐管理局，各管理局负责管理本地区所属航空公司、机场、航站、导航台等企事业单位的行政与航空事务。

航空公司是直接进行民用航空客货邮运输的企业，是具有独立法人地位从事生产和时常销售的营利性单位。它拥有机场、航线、销售服务网络等。

直属航空公司是利用国家投资组建、隶属中国民航总局管理的直属航空公司，主要有中国通用航空公司、云南航空公司、长城航空公司和中国航空股份有限公司等企业。地方航空公司是利用地方资金组建的航空公司，其航务由民航地方(省、市)管理局负责管理，资金和人事等方面由地方政府管理。

③民航运输。民航旅客运输是民航运输业的主要生产任务。随着世界经济的发展和航空运力的不断提高，航空旅客运量逐年增长。对服务质量要求越来越高，生产过程也变得越来越复杂。因此，民航运输生产计划安排要求更加周密、组织实施更加严格，以保障民航运输安全正点、优质高效。

民航运输是一个复杂的生产过程，它需要地面保障和空中服务等多方面工作的密切配合，通过各生产体系中有关部门的综合协调来共同完成。

民航运输生产可以分成机场保障、机务维修、航行业务管理、油料供应和运输服务五个生产体系，各生产体系分别由民航系统的有关部门负责管理和协调。

二、民航旅客运输生产过程

1. 航班计划

航空公司根据公司的发展目标、航线计划、运力、人力资源以及资金等情况，在市场调查的基础上，进行航班安排，具体确定飞行班次、航班频率和经停机场，并制定航班时刻表。航空公司和机场的所有生产活动，将以航班计划为核心进行组织安排，确保航班计划的顺利实施。

2. 市场销售

根据航班计划，航空公司市场销售部门以及销售代理，在公布的订座期限内，进行航班座位销售。市场销售是航空公司回收投资的主要环节。航班座位销售将直接影响航空公司的经济收益。

航班座位管理一般通过计算机订座系统（CRS）来实现，辅以手工操作。管理部门通常采用集中控制、规定配额和始发控制等方式，对航班座位进行有效的管理。乘客可通过多种方式进行航班机票预定或预约。

3. 旅客乘机

航空公司根据航班时刻表，为旅客安排登机准备，接受旅客的行李交运。同时，机场有关部门对旅客和行李进行安全检查，提供候机服务和查询服务。

4. 运输飞行

运输飞行阶段是具体实施运输任务的具体过程，分为飞行准备和飞行实施两部分。

飞行准备：为了保证运输飞行安全和正点，航空公司的机务维修部门必须保证飞机各项性能指标符合适航标准，地勤部门必须保障机上服务用品（如配餐、用水等）；机场当局必须确保跑道等设施条件良好，为航班飞机牵引，提供登机桥和其他特种车辆服务；航务管理部门确保飞行调度和通信导航设备可靠，为飞机的起飞、飞行和降落提供可靠的航行指挥和通信服务设施；油料供应必须保障航油优质充足。

飞行实施：在飞机的空中阶段，飞行任务主要由机组和地面空中交通管制指挥部门协作完成。在飞行旅途中，乘务人员向旅客提供优质的空中服务。

现场指挥调度部门对飞行的准备过程和实施过程进行统一协调，保障航班飞行计划正常实施。

5. 旅客离港

在飞机安全抵达目的地机场后，运输服务部门安排旅客下机，卸运行李；航空公司为旅客提供查询和领取行李服务。

三、民航运输的特点

民航运输的迅速发展，是和其本身具有的经济性分不开的，与其他运输方式相比，它的主要特点可以概括为：

1. 快速性

速度快是民航运输最大的优势和主要的特点。涡轮螺旋桨和喷气式民用飞机的时速一般为 500 至 1 000 km，比海轮快 20～30 倍，比火车快 5～10 倍。与地面运输相比，民航运输的运程越长，所能节约的时间就越多，快速的特点就越显著。利用民航运输节省的时间所创造的机会和经济价值是难以估量的。

2. 机动性

民航运输是由飞机在空中完成的运输服务，在两地之间只要有机场和必备的通信导航设施就可以开辟航线。与其他运输方式相比较，民航运输不受地面条件的限制，运输距离也比其他的运输方式短。飞机可以按班期飞行，也可以在非固定航线飞行。而且可以根据客货流量的大小和流向的变化及时调整航线和机型。民用航空可以在短时间内完成政治、军事、经济上的紧急任务，例如抢险救灾、医疗急救、近海油田的后勤支援工作等。

3. 安全舒适

喷气式民航运输飞机的飞行高度一般为 1 万 m 左右，不受低空气流的影响，飞机飞行平稳、舒适。由于航空技术的发展，民航运输的安全性高于铁路与海运，更高于公路运输。根据国际民航组织统计，世界民航定期航班飞机失事，由 1966 年每亿客公里死亡 0.44 人，下降到 0.04 人。随着航空技术的发展，民航运输的安全性正在不断提高。

4. 准军事性

由于民航运输所具有的快速性和机动性，以及民航所拥有的机场和空地勤人员对军事交通运输的潜在作用，各国政府都视民航为准军事部门。一旦发生战争或紧急事件，军事部门可依据有关条例征用民航设施和人员。

5. 国际性

民航运输从一开始就具有国际性的特点，随着世界民航运输相互依赖和合作关系的发展及多国航空公司的建立，民航运输国际化的特点更明显了。国际化的目的是要任何一位旅客、一件货物或邮件，能够随时从世界上任何一个地方，快捷、方便、安全、经济、可靠地被运送到另一地方，这是民航运输对国际交往和人类文明所作出的巨大贡献。

6. 营运成本高

飞机的商务业载小，即使大型宽体飞机的业载仅有 100 t 左右。而民航运输又属资金和技术密集型行业，投资大，飞行成本高。由于民航运输运营成本高，与其他运输方式相比较，航空客货运价高，机舱容量小。目前，民航运输只适应人员往来和时间性较强的货物和邮件等。

与其他运输不同的是，由于洲际、越洋等远途旅行适合使用民航运输的方式，各国航空公司在国际空运市场的竞争十分激烈，而且民航运输受气候影响比较大。

第二节 民航运输基础设施

民航运输是以航空器为运载工具，由机场、空中交通控制系统以及通信导航等设施组成。

一、机 场

1. 民用机场的构成

民航运输机场包括飞行区和客货运输服务区，有的机场还包括机务维修区。

(1)飞行区。它是机场的主要组成部分，包括跑道、滑行道和停机坪，以及各种保障飞行的设施，如导航设施、气象自动观测系统及指挥系统等。在机场、飞行区及其临近地区上空，为保证飞机安全起飞和着陆，规定若干障碍物限制面，这些限制面以上的空域称为净空区。

(2)客货运输服务区也称航站区。它是为旅客、货物、邮件运输服务的区域。区域内设施包括客机坪、候机楼、停车场等。货运量较大的机场还设有专门的货运站或货运中心。

(3)机场维修区。一般包括维修机坪、维修机库、维修工厂或维修车间、航空器材库等，为飞机发动机和机上各种设备提供维修服务。

民航运输机场还设有航空油料的储存、供应和飞机加油设施，机场消防和急救设施，以及供水、供电、供热、供冷、污水污物处理、通信、地面交通的公共和市政设施。

机场一般分为空侧和陆侧两部分。空侧（又称对空面或向空面）是受机场当局控制的区域，包括飞行区、站坪及相邻地区和建筑物，进入该区域是受控制的。陆侧是为民航运输提供各种服务的区域，是公众能自由进出的场所和建筑物。

在民航运输机场的规划和设计工作中，处理好机场与城市的关系十分重要。如果机场与城市的距离过近，飞机噪声对城市居民及环境造成影响，而城市建筑物和烟尘也对机场净空和能见度有影响，两者相互干扰，影响到各自的发展；机场距离城市过远，则不便于客货运输。一般认为，机场与城市之间必须有快捷的地面交通，行车时间以不超过 30 或 40 min 为宜。机场所处的位置和跑道的方向，要尽量避免飞机起飞和降落时经过城市的上空。影响机场选址的因素是多方面的，必须根据具体情况综合考虑上述因素后确定。

2. 民航运输机场分类

机场是指可供飞机起飞、降落、滑行、停放的场地和有关的建筑及设施的总称。机场可分为军用机场和民用机场。有些机场则是既供军用又供民用的军民合用机场。

民用机场包括：民航运输使用和服务的运输机场；工业、农业生产飞行使用的通用航空机场；飞机研制、维修后进行试飞的工厂用机场；培养训练民航飞行人员的学校用机场。另外，航空俱乐部使用的机场，也可以归为民用机场这一类。

根据所服务的航线和规模，民航运输机场可以分为三类：

第一类是连接国际、国内主要城市，航线密集的大型枢纽机场，如北京的首都国际机场、上海虹桥国际机场和广州白云国际机场。这三个机场是中国的主要门户机场。

第二类是以国内航线为主，空运量较为集中的干线机场，这类机场主要是省会、自治区首府、重要工业、旅游和开放城市的机场。

第三类是 地方航线或支线机场，这类机场大多分布在各省、自治区地面交通不太方便的地方，机场规模一般比较小，等级也较低。

我国还根据容许起降飞机的最大起飞全重，将机场分为一、二、三、四级。国际民航组织过去一直按照跑道的长度赋予机场以 A、B、C、D、E 五种代号。目前已用数字和英文字母相结合的新办法分级，即按使用机型的翼展和主起落架轮组外侧轮子外缘间的宽度，赋予 A、B、C、D、E 字母代号。以一个数字和一个字母结合起来，作为机场飞机区等级代号。

3. 机场场道

机场场道包括飞行区和停机坪，如图 6—1 所示。

(1)飞行区

①跑道。跑道是提供飞机起飞、着陆、滑跑以及起飞滑跑前和着陆滑跑后运转的场地。机场的构成主要取决于跑道的数目、方位以及跑道与航站区的相对位置。

跑道数目取决于民航运输量的大小。跑道的长度是机场的关键参数之一，它与飞机的起降安全直接有关。跑道长度的确定，主要考虑飞机的起降质量与速度、机场所在环境、气象条件、跑道条件等因素。跑道的方位即指跑道的走向，与当地风向有关，飞机最好是逆风起降。因此，跑道的方位应尽量与当地常年主导风向相近。

跑道应有足够的宽度，因为飞机在跑道上滑跑、起飞、着陆不可能总能沿着中心线，可能会有偏离，有时还要掉头。跑道横向应有坡度，且宜采用双面坡，以加速道面的排水。应尽量避

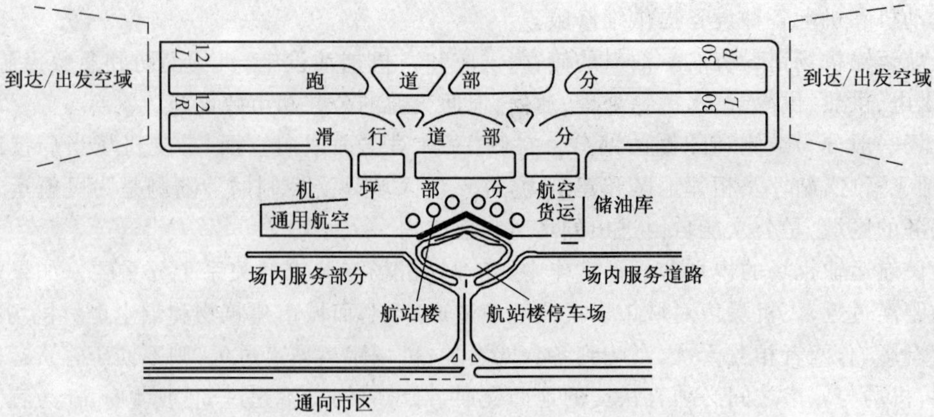

图 6－1 机场场道

免跑道的纵向坡度及坡度的变化，以保证飞机起飞、着陆和滑跑的安全。

根据机场用途、机场所在地区的海拔高度和气温的不同，跑道长度一般为 1 000～5 000 m，宽度为 45～100 m。例如白云新机场有两条起降方向均为 3 800～3 600 m 的跑道，东跑道为 3 800 m×60 m，西跑道为 3 200 m×45 m。

此外，跑道道面应具有良好的平整度和摩擦特性，以便保证飞机滑跑时的稳定性。

②滑行道。滑行道的主要功能是提供从跑道到航站区的通道，使已着陆的飞机迅速离开跑道，不与起飞滑跑的飞机相干扰，并尽量避免延误随即到来的飞机着陆。同时，滑行道也提供飞机由航站楼区进入跑道的通道，且将性质不同的航站各功能分区连接起来。

③机场净空。机场能否安全有效地运行，与场地内外的地形和人工构筑物密切相关。飞机在机场起飞降落必须按规定起落航线飞行。这样，就必须对机场附近沿起降航线一定范围内的空域提出要求，即净空要求。这个空域称为机场净空区。在该空域内，不应有高障碍物和干扰导航信息的电磁环境。

(2)停机坪。停机坪包括站坪、维修机坪、隔离机坪、等候机位机坪等。停机坪上设有机位(供飞机停放的划定位置)。航站楼空侧所设停机坪称为站坪，可供飞机滑行、停驻机位和上下旅客及加油。

二、机场设施与设备

1. 航站楼

航站楼(主要指旅客航站楼，即候机楼)是航站区的主体建筑物。航站楼的设计，不仅要考虑其功能，还要考虑其环境、艺术氛围及民族(或地方)风格等。航站楼一侧连着机坪，另一侧又与地面交通系统相联系。旅客、行李及货邮在航站楼内办理各种手续，并进行必要的检查以实现运输方式的转换。旅客航站楼的基本功能是安排好旅客和行李的流程，为其改变运输方式提供各种设施和服务，使民航运输安全有序。旅客航站楼的基本设施应包括车道边、公共大机械化代步设施(自动扶梯、人行步道)、登机桥和旅客信息服务设施等。大型机场的旅客航站楼还设有特许商业经营和服务设施。因此，航站楼不仅是民航的营运中心，而且还是商业中心。旅客航站楼内还设有机场和航空公司的办公机构和特许经营部门。

2. 目视助航设施

为了满足驾驶员的目视要求，保证飞机的安全起飞、着陆、滑行，应在跑道、滑行道、停机坪及相关区域内设置目视助航设施，包括指示标和信号设施、标志、灯光、标记牌和标记物。此外，还要设置表示障碍物及限制使用地区的目视助航设施。

(1)地面活动引导和管制系统。地面活动引导和管制系统是指助航设备、设施和程序组成的系统。该系统的主要作用是使机场能安全地解决运行中提出的地面活动需求，即防止飞机与飞机、飞机与车辆、飞机与障碍物、车辆与障碍物以及车辆之间的碰撞等。

(2)地面特种车辆和场务设备。进出港的飞机都需要一系列的地面服务，这些服务往往都是由工作人员操作各种车辆(牵引车、电源车、加油车、行李车、加油车、行李车、升降平台、客梯车等)或设备来完成。为了保证飞机在飞行区内正常运行，机场应配备维护、检测设备(清扫车、吹雪车、推雪车、割草车、道面摩擦系数测试车)以及驱鸟设备等。

三、通信与导航设备

1. 通信设备

民航客机用于和地面电台或其他飞机进行联系的通信设备包括高频通信系统、甚高频通信系统和选择呼叫系统。

(1)高频通信系统。一般采用两种制式工作，即调幅制和单边带制，以提供飞机在航路上长距离的空与地或空对空的通信。它工作在短波波段，频率范围一般为 2～30 MHz。

(2)甚高频通信系统。一般采用调幅方式，主要提供飞机与地面、飞机与飞机之间近距离视线范围的话音通信。其工作于超短波波段，频率范围一般为 113～135.975 MHz。

(3)选择呼叫系统。选择呼叫指地面塔台通过高频或甚高频通信系统对指定飞机或一组飞机进行联系。当被呼叫飞机的选择呼叫系统收到地面的呼叫后，指示灯亮、钟响，告诉飞行员地面情况。

2. 导航设备

民航客机的导航主要依赖于无线电导航系统，其设备有甚高频全向无线电信标/测距仪系统、无方向性无线电信标系统以及仪表着陆系统等。

(1)甚高频全向无线电信标/测距仪系统。甚高频全向无线电信标系统(VOR)是一种近程无线电导航系统。由地面发射台和机载设备组成，地面设备通过天线发射从 VOR 台到飞机的磁方位信息，机载设备接受和处理该信息，并通过有关指示器指示出飞机到 VOR 台的磁方位角。

测距机是为驾驶员提供距离信息的设备，由机载测距机和地面测距信标台配合工作。一般情况下，地面测距台与 VOR 台安装在一起，形成极坐标近程定位导航系统。它是通过询问应答方式来测量距离的。

(2)无方向性无线电信标系统。无方向性无线电信标系统也称为导航台。它是用来为机上无线电罗盘提供测向信号的发射设备。根据要解决的导航任务，导航台可以设置在航线上的某些特定点、终端区和机场。航线上导航台，可以引导飞机进入空中走廊的出、入口，或到某一相应的导航点以确定新的航向。终端区的导航台，用来将飞机引导到所要着陆的机场，并保证着陆前机动飞机穿云下降，也用来标志该机场的航线出口位置。机场着陆导航台，用来引导飞机进场，完成机动飞行和保持着陆航向。

(3)仪表着陆系统。仪表着陆系统，在 1949 年被 ICAO 确定为飞机标准进近和着陆设备。它能在气象恶劣和能见度差的条件下，给驾驶员提供引导信息，保证飞机安全进近和着陆。

3. 监视设备

目前实施空中交通监视的主要设备是雷达。它是利用无线电波发现目标，并测定其位置的设备。

四、飞　　机

1. 民用航空器

航空器是指人创造出来的,可以从空气的反作用中取得在大气中的支撑力离开地面飞行的机器的总称。

航空器分为轻于空气和重于空气两大类。

气球和飞艇是轻于空气的航空器。飞行时靠空气的浮力或空气的静力。根据"阿基米德"原理,气球和飞艇能升空是因为它们排开的空气重量等于或大于它们自身的重量。气球是没有动力驱使的轻于空气的航空器,它是一个轻质密封气囊,充入热空气或轻气体,依靠风力推进。飞艇又名可操纵气球。即可在垂直方向作升降操纵,又可在水平方向操纵。操纵方法是靠发动机和螺旋桨推动前进,并靠方向舵来控制方向,另外由水平安定面来保持纵向稳定。飞艇一般为椭圆形气囊,下挂吊舱,舱中可载人或物。

重于空气的航空器能升空是因为气流通过机翼时产生的升力克服自身的重力,它们包括滑翔机、直升机、飞机等。

(1)滑翔机。滑翔机有机翼、机身、尾翼和起落装置,是一种没有动力驱动的重于空气的航空器。滑翔机升空以后靠自身重量进行滑翔飞行。滑翔机是训练飞行员的良好工具,也可以用于体育运动。

(2)直升机。直升机是一种重于空气而有动力驱动的航空器,有一个或多个垂直的轴,飞行时轴上自由转动的旋翼产生的空气反作用力支持其在空中飞行。直升机的飞行具有独特的方式,能垂直起落,在空中悬停和定点转弯,还能在空中前进、左右横行甚至倒退。因此,直升机可用于海上石油勘探平台作业、运输旅客、货物和邮件等。

(3)飞机。飞机是由动力装置产生前进动力,由固定翼产生升力,在大气层中飞行的重于空气的航空器。飞机是目前最主要、应用最广泛的航空器。

2. 飞机的基本组成

飞机由机体、推进装置、飞机系统和机载设备四个部分组成:

(1)机体。飞机机体由机翼、机身、尾翼(组)、起落架等组成。如图 6－2 所示。现代民用飞机机体除起落架外一般都是以骨架为基础加蒙皮的薄壁结构,其特点是强度高、刚度大、重量轻。机翼主要作用是产生举力,以支持飞机在空中飞行,也有一定的稳定操纵作用。如亚音速飞机机翼几乎都是下表面平直而上表面凸起的翼型。机翼上装有很多用于改善飞机气动特性的装置,包括副翼、襟翼、前缘缝翼、扰流板等。副翼是飞机的主操作面之一,位于机翼后缘外侧(远离机身),一对副翼总以相反的方向偏转,使一侧机翼的升力增加而另一侧机翼的升力减少,从而使飞机滚转。襟翼、前缘缝翼都是增加飞机起飞降落时的升力的装置,以缩短飞机的起降滑跑距离。扰流板是铰接于机翼上表面的金属薄板,打开时分离上翼面的气

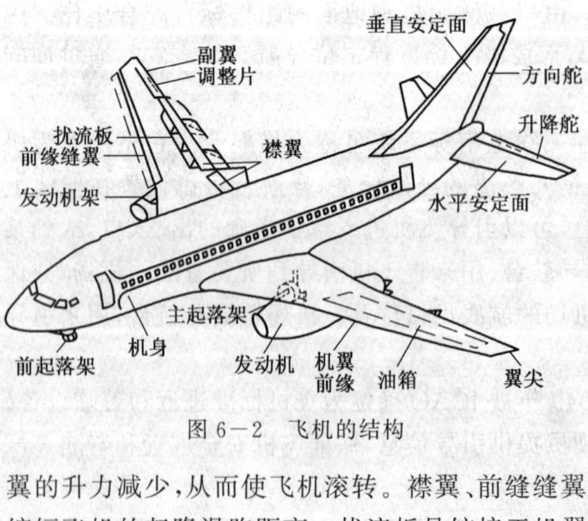

图 6－2　飞机的结构

流，造成机翼上的升力下降、阻力增加。在空中扰流板可以协助副翼使飞机滚转，在地面扰流板可起减速板的作用。民用飞机的燃油箱大多位于机翼内。

机身是飞机的主体，左右对称并呈流线型。机身用来装载人员、货物、安装设备，并将飞机的各部件连接为整体。大型客机机身一般由机头、前段、中段、后段和尾锥组成。机头主要为雷达天线和整流罩；前段和中段为气密增压舱，空间被地板分成上、下两部分，上部为驾驶舱和客舱，下部为货舱、设备舱和起落舱；后段主要安装尾翼和部分设备；尾锥主要是辅助动力装置的排气管。

尾翼组由垂直尾翼和水平尾翼组成。垂直尾翼包括垂直安定面和方向舵，提供方向(航向)稳定性和操纵性；水平尾翼包括水平安定面和升降舵，提供俯仰稳定性和操纵性。

飞机起落架的主要部件有支柱、机轮、减震装置、刹车装置和收放机构等，其功能主要是使飞机起降时能在地面滑跑和滑行，以及使飞机能在地面移动和停放。现代飞机的起落架可以收放，大大减小飞机阻力，有利于飞机姿态的控制。

(2)动力装置。发动机是产生推动飞机前进的动力。动力装置除喷气发动机或活塞发动机外，还包括一系列保证发动机正常工作的系统，如燃油供应系统等。

燃气涡轮发动机的工作原理是使进入发动机的空气经压气机压缩，流入燃烧室与喷入的燃油(航空煤油)混合后燃烧，形成高温、高压燃气，再进入驱动压力机的燃气涡轮中膨胀做功，使涡轮高速旋转并输出驱动压气机及发动机附件所需的功率。由燃气涡轮出来的燃气，仍具有一定的压力和温度，对燃气利用的不同手段，相应产生了不同类型的燃气涡轮发动机。如涡轮喷气、涡轮螺旋桨、涡轮轴和涡轮风扇发动机。

图 6－3 所示为涡轮喷气式发动机。由压力机、燃烧室以及驱动压气机的燃气涡轮组成燃气发生器，主要提供高压、高温燃气。图 6－3 中的尾喷管，由燃气发生器出来的燃气在尾喷管中膨胀加速，以高速从喷管中排出产生推力。

(3)飞机系统。飞机系统包括飞机操纵系统、液压传动系统、燃油系统、空调系统、防冰系统等。

飞机操纵系统将驾驶员在驾驶舱内发出的操作指令传递给有关装置、驱动舵面，改变和控制飞机姿态。

液压系统的作用主要是传动和控制操纵系统和起落系统等。

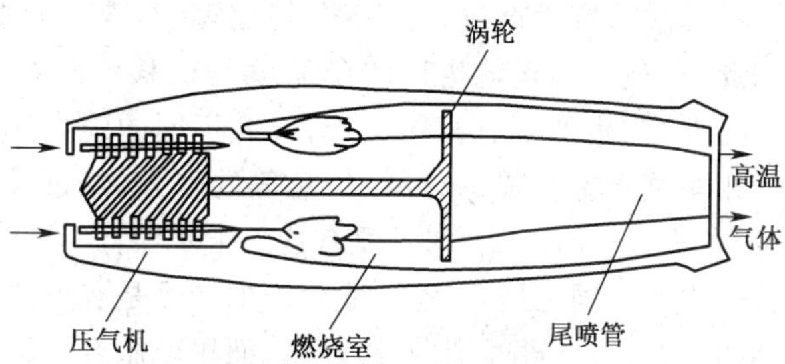

图 6－3 涡轮喷气式发动机

燃油系统用于储存飞机所需的燃油，并在飞机的不同飞行状态和工作条件下按要求的压力和流量连续可靠地向发动机供油。同时，燃油还可以冷却飞机上的有关设备和平衡飞机。

现代飞机采用气密座舱空气调节系统以抵御飞机在高空飞行时的低压、缺氧和低温给人体带来的不适。

飞机在高空中飞行时，大气温度在摄氏零度以下，飞机的迎风部位，如机翼前缘、驾驶舱挡风玻璃、发动机进气等易结冰。防冰系统是防止结冰给飞机飞行带来危害，功能包括防止结冰与去除冰块。

(4)机载设备。机载设备主要是为驾驶员提供有关飞机及其系统的工作情况的设备。通过机载设备驾驶员能随时得到飞行所必需的信息，并可在飞行结束后向维修人员提供有关信息。现代大型运输机驾驶舱内的机载设备包括飞行和发动机仪表、导航、通信和飞行控制等辅助设备。机载设备随着飞机性能不同而有所区别。

3. 飞机的分类

飞机可按推进装置的不同,分为螺旋桨飞机和喷气式飞机。按发动机类型的不同,螺旋桨飞机又分为活塞式飞机和涡轮螺旋桨飞机;喷气式飞机又分为涡轮喷气式飞机和涡轮风扇喷气式飞机。按飞机上发动机数目的不同,飞机又可分为单发飞机、双发飞机、三发飞机和四发飞机。

飞机还可依性能特点不同来分类。按最大飞行速度不同可以分为亚音速飞机和超音速飞机。亚音速飞机又分为低速飞机和高亚音速飞机,大多数喷气式运输机都属于高亚音速飞机。按飞机的航程不同可以分为近程、中程和远程飞机。远程飞机可以完成中途不着陆的洲际越洋飞行,航程一般为 10 000 km 以上;中程飞机的航程一般在 3 000 km 左右;近程飞机的航程一般在 1 000 km 以内。近程飞机一般用于支线,因此又称为支线飞机。中、远程飞机一般用于国内干线和国际航线,因此又称为干线飞机。

飞机客舱内机身直径小于 5 m、客舱内部宽度大约为 3 m,座位之间只有一条旅客过道的客机称为窄体飞机;而客舱内机身直径大于 5 m,客舱内部宽度大约为 4.72 m,布置有两个旅客过道、旅客座位,因此被划分为三部分的客机称为宽体客机。

第三节 航空旅客运输管理

一、民用航空旅客运输生产管理

随着全球航空公司之间竞争的加剧,各个航空公司争先采用先进的管理方法,优化组织结构,简化工作流程,从而提高服务质量,以吸引更多的旅客。

民航旅客生产过程是一个将旅客、行李从始发地运送到目的地而产生的位移的过程。因此,民航旅客运输生产的产品就是位移。旅客运输生产与其他的生产有形产品行业(工业行业)的生产既有相同之处,又有不同的地方。从生产和运作的全过程看,这两种产业生产出最终产品均需原材料、信息等的输入,经过社会组织的生产和运作过程,输出产品或服务,如图 6—4 所示。如果没有这三个步骤,产品和服务无法产生,这是两个产业的相同之处。他们也有不同之处,工业企业生产的产品是有形的,可以储存和保管,这些产品的生命周期包括生产、交换、分配、消费等过程。而民航旅客运输生产的产品是无形的,不能储存,产品一经产生,立即被旅客消费,即生产的过程和消费的过程合二为一。

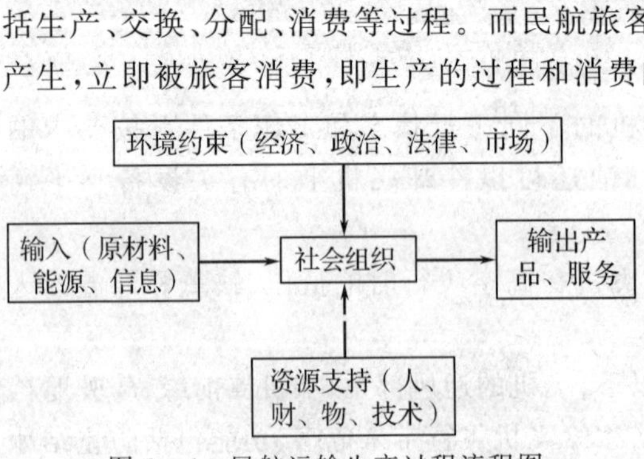

图 6—4 民航运输生产过程流程图

1. 民用航空旅客运输生产组织的内容

民航旅客运输生产组织包括的内容很多,主要有以下工作内容。

(1)计算飞机的最大可用业载。从事民航旅客运输生产组织工作的人员应能迅速准确地计算出本次航班的最大业务载重,既保证航班的飞行安全,避免超载飞行,又最大限度地减少航班的空载,提高民航运输的经济效益。

(2)多航段航线的载量分配。对于新开辟的多航段航线或对于已有航线当出现机型变化或机座变化时,恰当地分配各航段的载量,据此控制各航站的售票量,以保证整个航线的最大运输效益。有关工作人员应了解本航站的限制载量及其原因，培养工作人员的全局观念和航站之间及航站内各部门之间相互配合的思想意识和工作作风，以保证全局的最大利益。

(3)航班业载的配载工作。对于直达航班，在满足航班的最大可用业载的前提下，根据业载各部分内容的轻重缓急情况，适当地为航班配载，使航班的装卸更合理并使空载减少到最低程度。

对于多航段航班，参照各航段分配的载量和业载，各部分内容的轻重缓急进行配载，使飞机在各航站起飞时都不超载，同时要做到各航站之间的相互配合，使在保证全局利益的条件下尽量满足各航站自身的利益。

(4)载重平衡工作。除了保证飞机不超载飞行之外，还要保证飞机在飞行时处于平衡状态，才能更进一步地保证飞行的安全。合理地安排各种业载的装载位置，使飞机的起飞中心位于合适的位置上，既便于驾驶员的操纵，也便于飞机自身性能的发挥，同时也能缩短飞机在各航站的业载装卸时间，减少航班延误。尽管目前国内一些比较大的机场已经建立了离港控制系统，使办理旅客乘机手续、飞机的载重平衡和拍发各种业务电报等工作初步实现了计算机自动化，但仍有相当多的航站还处于手工操作阶段；而且即使实现了计算机自动化，工作人员仍需熟悉了解各项工作的方法，以便在计算机一旦出现故障能以手工方法进行工作。

(5)办理旅客进出港手续。主要包括以下工作：查验客票旅客的身份证；办理行李收运工作；发登机牌等。从事这部分工作的人员与旅客直接接触，其工作的好坏直接反映了所属运输企业服务质量的高低，将直接影响所属运输企业乃至整个民航在旅客心目中的形象，因此要求工作人员具备良好的职业道德和丰富的工作经验，迅速准确地工作，以减少每位旅客办理乘机手续的时间，减少因本项工作的不足造成航班延误的情况，给旅客留下良好的印象。

(6)部分出售和签转客票。在确定出航班还有剩余座位时，可以再出售和签转一部分客票，以满足旅客的临时需求并减少航班的空载，提高飞机场的客座利用率和载运率。

(7)拍发和处理各类电报。把航班从本站出发时的装载情况及服务要求等信息及时通知前方各站，以便前方各站采取相应措施做好工作准备和服务准备。另外，根据其他站拍发来的业务电报所提要求，根据本站的情况提供适当的帮助或采取相应的措施。

(8)编制和处理各种业务文件。迅速准确地编制和处理各类业务文件，减少与机组交接时间，避免因编制业务文件工作的错误造成航班延误。

(9)各类不正常情况的处理。当出现不正常情况时，应采取适当的措施，以减少给旅客造成的经济损失和不便，也尽量弥补给承运人造成的经济损失和信誉损失。

(10)航班座位和代理人的管理。由于民航运输的产品具有不可储存性，因此航空公司应当尽一切所能将本次航班的座位销售出去，航班座位的管理就显得相当重要了。销售代理人是民航运输客票销售的很重要的渠道，保证销售代理业务健康有序的发展是民航运输业务持续增长的关键。

(11)离港系统功能及其操作。随着航班的增加和计算机的普及，世界上有很多航空公司和机场采用离港系统来办理旅客的乘机手续。离港系统分为三个部分：航班数据控制(FDC)，办理乘机手续(CKI)和配载平衡(LDP)。采用离港系统，可以节省航班操作的时间，也便于航空公司进行收益管理，促进民航运输业的全球化发展。

2. 民用航空旅客运输生产管理

民航运输是一个复杂的过程，它需要地面保障和空中服务等多方面工作的密切配合，通过各个生产体系的有关部门进行综合协调共同完成，如图 6—5 所示。

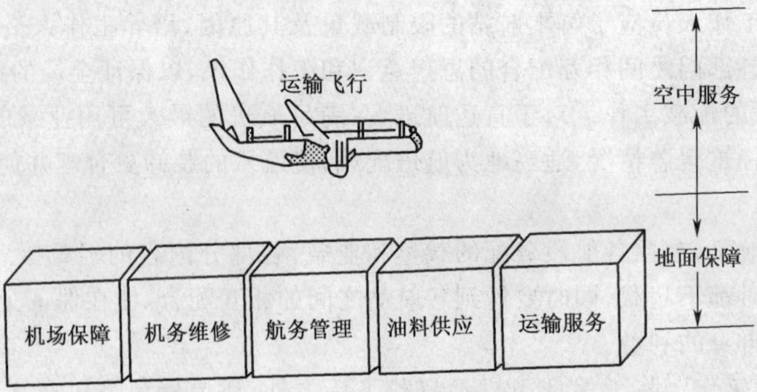

图 6—5 民航运输生产部门配合示意图

(1)民航运输生产体系。根据生产性质,民航运输生产可以分为 5 大体系。即机场保障体系、机务维修管理体系、飞行保障体系、运输服务体系和油料供应体系。各生产体系分别由民航总局的有关部门负责管理。

(2)民航运输生产管理指标体系。民航运输生产管理指标可以分为数量指标和质量指标。数量指标是指一定时期内生产经营活动在数量方面应达到的要求,通常用绝对数表示,如周转量、运输量、运输收入等;质量指标是表示生产经营活动的质量、效率和效益的指标,通常用相对数表示,如飞机生产率、飞机利用率、客座利用率等。

这些指标体系是衡量生产计划中的航线生产计划、飞行生产计划的指标。

①数量指标。民航运输的数量指标主要有飞行班次、飞行万公里、飞行小时、航空运输量、航空运输周转量、旅客平均运程、机场旅客吞吐量和机场起降架次等。

②质量指标。民航运输的质量指标主要有航班载运率、航班座位利用率、飞机利用率、飞机可利用率、飞机生产率、航班正常率和生产效率等。

(3)民航旅客运输生产过程。民航旅客运输生产的任务,实质上是实施航班计划,完成将旅客和行李从始发机场安全地运送到目的地机场。为实现这一生产目标,机场保障部门、机务维修部门、航务管理部门、油料供应部门以及运输服务部门等,在运输现场指挥部门的统一组织协调下,分工合作,共同完成。

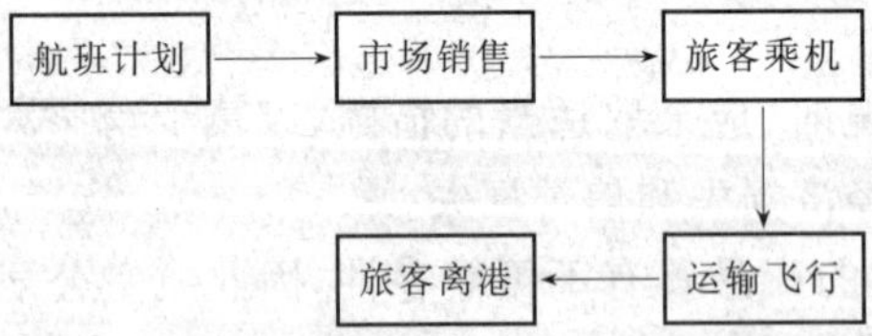

图 6—6 民航旅客运输过程生产阶段流程图

民航旅客运输过程,可以分为航班计划、市场销售、旅客乘机、运输飞行和旅客离港等 5 大生产阶段,如图 6—6 所示。

在每一个生产阶段,各生产体系的各个部门,将根据具体生产任务和要求,进行生产调度和组织实施。

二、民用航空旅客运输生产计划管理

生产计划是按照企业的发展规划,结合企业的近期发展状态,根据企业资金、运力、市场和人力资源等情况,具体落实完成生产任务的实施方案和阶段部署,一般以季度、月份或星期为单位。

企业生产计划不仅应该是一个实事求是地发展生产的行动指南,而且应该是鼓舞企业员工积极努力工作的奋斗目标。因此,企业生产计划既要具有切实的可行性,又要能够充分发挥企业的最大生产潜力。因此,生产计划是指导企业生产的重要纲领,将直接影响企业的发展进程。

1. 民用航空旅客运输生产计划基础

民航旅客运输生产计划是贯彻实施企业发展目标和企业发展规划的具体行动部署，是制定企业其他计划的重要基础，包括航班计划、航线计划、机队计划、飞行维修计划、财务计划等工作。因此，科学地、合理地、实事求是地编制生产计划，对于合理地组织生产，充分地发挥企业潜力，提高生产效率和生产质量，具有极其重要的意义。

制定具体生产计划，首先必须确立切实可行的企业发展目标，认真地总结经验，客观地分析现状，充分地树立信心。一般而言，制定生产计划将经历以下几个方面的准备工作。

2. 航班计划和航线计划

(1)航班计划。航班计划是针对定期航班设计。民航运输企业的生产行为，都是围绕实现航班计划而共同努力的。因此，航班计划涉及航空公司、机场、航务、油料等多个单位的若干部门。

民航运输企业的计划部门，根据企业的发展目标和市场要求，确定运输飞机航线、机型、航班班次、航班班期以及航班时刻等具体内容，供生产部门安排和实施。

(2)航线计划。航线生产计划是一项综合性计划，通常是一系列指标，用于衡量民航运输企业的生产量、生产能力、生产效益和生产质量。它不仅用于确立企业运输生产的各项目标，而且用于考核各项生产指标的完成情况。航线运输生产计划通常使用两大类指标：计划性指标和考核性指标。

3. 飞行生产计划

航空公司的另一个重要生产计划，就是飞行生产计划，飞机是航空公司的重要生产工具，它集中了企业的巨额资金。如何充分利用飞机，最大限度地发挥机队的作用，为企业创造更多的效益，制定好飞机生产计划就十分重要。

飞行生产计划包括飞机利用计划、飞机需求计划、空勤人员飞行计划、飞机维修计划。

为保障飞机安全，必须保障投入飞行的飞机具有适航条件。因此，必须根据机型及其部件的技术性能要求以及生产季节，做好飞机的维修计划，以保证有足够数量的飞机投入运输生产飞行。

根据机型及其部件的性能要求和使用使命，飞机除了航班飞行的例行检查外，还必须安排定期的不同程度的检修。这种定期检修的周期，因航空公司而异。

民航旅客运输生产，是航空公司、机场、航务、油料等单位生产部门协调工作的过程。在周密的、科学的生产计划指导下安全生产，充分发挥人力、物力和财力的作用，提高生产效率。民航运输企业的生产计划，如同其他计划一样，在充分调研的基础上形成，在生产实践中逐步调整和完善。

三、航空公司运价管理

旅客运价就是指运输旅客、行李或货物(不包括邮件)收取的价格和关于其可用性和使用的条件，以及在一些国家包括一家承运人或其代理人向有关管理当局(电子或书面形式均可)申报的文件。

1. 运价的发展变化

航空旅客运价包括国际航空旅客运价和国内航空旅客运价。航空旅客运价在最初阶段被称为建议运价，具体价格和条件可以由民航运输协会运价协调协议，在更为广泛的世界范围的基础上采用多边协调运价的方式。多年来，各航空公司一直运用运价协调会议机制从事多边协调关于其在世界各主要地区内和相互之间的运价以及运价组成规则和条件。国际航空旅客运价组成规则的变化已经经历了三个发展阶段，现今使用的运价组成规则是第三阶段的运价规则。早在20世纪四五十年代，当时的运价是采用以当地货币来计算的，这种运价的基础货币是美元和英镑。美元为西半球（美洲）国家使用，英镑为西半球以外的其他国家使用，把美元、英镑按照固定的比价换算成当地货币运价。20世纪60年代后期，由于汇率的浮动引起美元、英镑两种货币与各国货币比价的浮动，1973年国际航协运价协调委员会对其运价组成规则进行了新的修改。修改的结果是继续维持美元/英镑两种基础货币，从1973年2月开始冻结美元/英镑与各国货币汇率的比价，当地货币运价通过基础货币运价（美元/英镑）货币调整系数折算比价来制定。

随着国际航空旅客运价组成规则的进一步研究和发展，国际民航运输协会运价协调委员会1996年4月又引进一种新的运价组成规则，即运价单位概念（New Pricing Unit Concept，简称NPUC），并经国际民航运输协会运价协调大会批准于2000年6月开始启用。

2. 运价的制定

民航运价的制定应考虑定价因素、方法和运价形式等因素。

(1)定价因素。制定运价水平应当合理并照顾到一切有关因素。所谓有关因素主要指经营成本、合理的利润、消费者对商品价格的反映、市场供求状况和竞争、国家政策，以及消费者的行为，尤其是心理行为，有的还加上一些其他因素，例如航班性质、佣金率等。

(2)定价方法。制定运价的方法一般由有关航空公司间进行协商，取得协议后报有关政府批准。航空公司间的协商一般主张多边协商，并尽可能利用国际民航运输协会IATA的运价协议机构。这是因为两点间的运价不是孤立的，也不限于两国间或两国制定的承运人。因此，国际航空运输协会仍是国际运价的多边磋商和制定的机构，它掌握了大量的成本统计和市场经济资料。到1978年美国民航委员会公布“陈述理由令”后，IATA对国际运价的权威才受到了挑战。

(3)航空运价的形式。航空运价一般采用国家统一运价、浮动运价和市场议价三种形式。

①国家统一运价。我国国内航空客货运输的基本价格由国家决定，国际空运价由有关国家政府协商决定。

②浮动运价。国家在统一定价的同时，规定了运价上下浮动的幅度，就使得航空公司在确定本公司运价时可以根据市场供求变化作出选择。

③市场议价。对运输有特殊要求的旅客和货物，对一些季节性、时令性强，且运输要求较高、难度较大的货物，在载运率、客座率较低的航线上，航空公司和用户之间按照自愿互利的原则和市场供求变化议定运价。

在运价制定的过程当中，政府应尽量避免干预，如果政府感到必须干预，则应以不差别待遇为基础。

3. 运价的管理

实际上关于旅客运价管理要涉及各种各样的因素，可以通过我国的运价的政策发展以及运价的形成机制来看我国的运价管理。

随着民航运输企业产权改革的深入、现代企业制度的建立、宏观经济环境的改善和社会主义市场经济体制框架的基本形成，民航运输企业的市场主体地位已逐步确立，与民航运输机制相配套的民航运输企业运行的动力机制、约束机制、信息传导机制也逐步完善。民航运输价格将逐步走向以市场定价为主、政府间接调控为辅的路子上来。政府要做好宏观间接调控，必须利用一定的技术手段，及时跟踪市场动态，作出预测。可以选择国内外一些主要航线（比如目前常用的48条干线）采集数据，编制出航空运价指数，并把它与国家GDP指数、零售物价指数、居民可支配收入指数等宏观经济变量结合起来统筹考虑。政府可根据航空运价指数的变化，通过发布市场信息、控制运力投放和航线审批间接干预运价以减少市场的过度波动，使民航运输资源得到更有效的利用，使民航运输企业的经济效益得到提高，并对国家的经济发展和社会进步作出贡献。

(1)运价机制运行环境。运价形成机制涉及形成主体、形成策略和形成环境等方面。其中运价环境包括国内环境和国外环境。

我国实行社会主义市场经济体制，这是我国航空运价形成机制的国内基本环境。由此决定，我国的航空运价是在两个基本因素的作用下形成的，一是市场供求关系，二是国家价格调控政策。

国际环境一直是我国航空运价形成机制的重要决定因素。入世后我国面对的是来自发达国家的太空开放呼声，为我国民航的机务维修、计算机订座和销售服务系统带来新的挑战和机遇。这些都必然对我国民航的运价形成机制带来深刻影响。

(2)航空运价的管理模式。1999年以来，尽管民航总局采取了开展运力、统一运价等一系列措施提高客座率，增加收益，但民航运输企业仍然不能摆脱严峻的生产形势，旅客运量甚至出现了负增长，与铁路、公路运量节节攀升形成了鲜明的对比。究其原因是多方面的、多层次的，既有国民经济发展趋缓、消费需求不足的宏观影响，也有航空公司运力过剩、管理不善的因素。但从民航有关部门的价格管理的角度，目前，民航运输产品的价格已不能适应目前航空消费市场，成为制约民航运输发展的“瓶颈”。为了适应市场经济体制，建立了适应我国的航空运价模式，即政府宏观调控与监督、由企业根据市场自主定价和由行业中介组织协商定价等。

(3)运价管制的三种形式。

①批准双轨制。“百慕大一型”中有关运价的条款规定为大多数双边协议所采用，现在仍然是使用最广泛的方法，要点在于运价需要双方航空管理当局的批准，可以是明示或者暗示规定的。

②否定双轨制。除非双方管理当局予以否定，否则运价有效。

③起始地原则。对有争议的运价，由航班始发地国家行使运价否定的权利。

从运价管理的历史看，双边批准的形式更多的被双边否定条款或者开放天空所取代，在地区协议或者“单一市场”中倾向于不使用运价条款，和运力领域一样，越来越多地使用竞争政策作为工具。

我国双边协议中的票价需要双方指定的航空公司协商同意并在实行的60天前提交双方的民航管理部门批准，即传统管制方式下的批准双轨制。

(4)新的运价体系——多等级舱位运价体系和多等舱位管理。随着民航旅客运输市场的发展，消费者的类型也变得多种多样，根据市场的需求，应运而生地出现了一种比较适合现代民航旅客市场的新的运价体系，即：多等级舱位运价体系。该运价体系的产生最初是由于我国国内商务旅客的出现，而且队伍越来越壮大，正是为了适应这一群体的要求，才诞生了多等级的舱位运价体系。该体系是建立在“收益管理”理念之上的，可以让航空公司把空运市场盘活，而只有运价的灵活运用，才能彻底放开航空公司的手脚，用市场手段解决市场问题。

更重要的是，多舱位多等级运价体系将为大众进入航空旅行消费领域降低门槛，这会使民航原来单一的公务和商务市场趋向多元化。多级票价结构,它不是类似"一种价格,多种折扣"的价格策略,而应是根据市场需求特征制定的,附加不同限制条件的多级价格体系。航空公司定价的全部秘密就是"乘客不同,价位不等",即对时间敏感,价格不敏感的公务旅客收高价,而对休闲和探亲访友这些价格敏感,时间不敏感的旅客收低价。在相同的平均运价水平下,差别价格将刺激出更多的需求。

四、航空客运的收益管理

1. 收益管理的基本概念

收益是航空公司衡量经营成果的一个很重要的指标,在航空公司实行单一票价的情况下,收益高就意味着利润高,航空公司可以通过计算收益的高低来确定经营状况的好坏。

衡量收益有两个指标:一是每客英里(或客公里)收益=运输收益/客英里(或客公里),可表示为 yield/RPM 或 yield/RPK;二是每座英里(或客公里)收益=运输收益/座英里(或客公里),可表示为 yield/ASM 或 yield/ASK。通常,除特别说明外,一般来讲收益是指每收益旅客单位英里(或客公里)的收益,即上述第一个指标——客英里(或客公里)收益。

航空客运收益管理是指航空公司运用预测和优化等科学决策理论和手段,使每一航班的每一航段的每个座位以最好的价格出售。从而获得最大的收益。其基本要素是价格 price 和座位 inventory,即对价格和座位的管理。

收益管理是一套在正确的时间、正确的地点,把正确的产品销售给正确的旅客的方法,是为了最大限度地增加收益而进行的有选择地接受和拒绝订座的过程。

2. 收益管理的方法和途径

现代收益管理主要通过超售、舱位座位分配、流量控制和团体管理来实现航班收益的优化。

(1)超售。超售是指接受的旅客数超过相应的票价舱位座位数或飞机所能提供的座位数。航空公司之所以要进行超售,是因为航空公司允许旅客取消订座,而不用交纳任何罚款,甚至在购买机票后,退票或误机也只交纳少量的赔偿金。据美利坚航空公司的统计,大约有 15% 的座位在销售一空的航班上未被利用。因而,航空公司通过采用所销售的座位数超过允许的座位数,以补偿旅客取消订座造成的空位损失。超售能为航空公司带来额外收益,已成为航空公司收益管理不可或缺的方法。

(2)舱位座位分配。舱位座位分配即将航班的座位分配给各票价舱位。舱位座位分配的目的是确保把座位留给后订座的高收益旅客,限制低票价座位的数量。这种做法主要基于以下认识:旅客对低价格座位的需求量经常会超过航班的实际运力,如不加以限制,他们就会挤占高收益旅客的座位;低收益旅客的订座时间比高收益旅客早。

为了进行舱位座位分配,保证高收益旅客的订座要求,首先要根据历史数据,预测各舱位登机的旅客需求,然后再结合特定日期和特定航班的运力、当前的订座状况、旅客购票行为方式以及竞争对手的价格策略等因素,从高到低依次确定高票价舱位的座位保护水平。

(3)流量控制。根据旅客流量流向有选择地接受或拒绝旅客订座的过程。其目的是使收益最大化。

(4)团体管理。团体的票价一般有较大的折扣,订座通常早于个人订座,团体订座在预订之后,甚至在飞机起飞之前会取消部分或全部订座。通常,在考虑是否接受团体时,要根据飞机的大小,需求和订座的状况预测飞机离港时的空座位数,再结合团体的规模、旅行路线,以及竞争对手的反映等因素，确定是否接受团体订座。航空公司团体管理的原则是，尽量把团体安排到最空的航班上，以避免挤占散客的座位。由于团体的种类较多，且特性各有不同、变化较大，因此，一些航空公司设专门的部门或派专人管理团体。团体得以妥善安置的同时，不排挤散客的需求，确保航班收益优化。

以上是优化航班收益的四种途径，每一途径都从不同角度促使航班收益提高。对每一途径来说，都需要航空公司预测旅客行为，采取适当的步骤和方法，去捕捉最大化收益的机会。事实上，为了优化航班收益，也为了使旅客满意，每一项工作都是在困难的权衡中进行的：超售是“空座位”和“拒绝登机”的权衡；舱位座位分配是迟订票、高收益和早订票、低收益的权衡；流量控制是短航程、大量需求和长航程、高收益的权衡；团体管理是大量低收益旅客和少量不确定、高收益旅客的权衡。

3. 收益管理系统

(1)收益管理系统的组成。航空公司收益管理系统实际上由两部分组成，包括机票价格差异管理及航班座位存盘管理。价格差异管理是航空公司根据其每个市场不同特性，确定机票价格的种类与数量的过程，即决定“价格产品”的不同价格及其适用条件。座位存盘管理的目的则在于决定每个航班中不同的“价格等级”可利用的座位数量，其过程主要是通过座位超售、折扣舱位的数额分配以及旅客的行程管理来完成的，如图 6－7 所示。

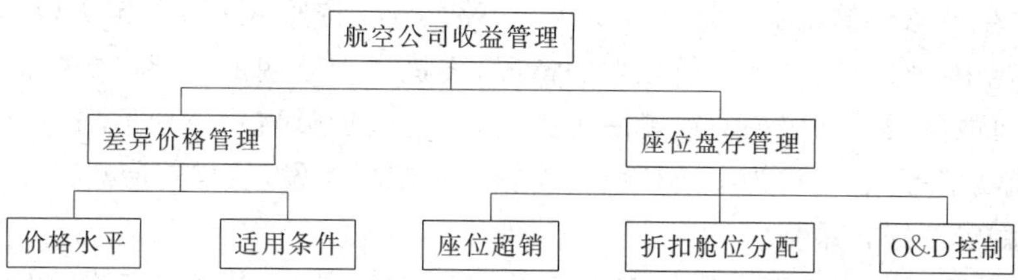

图 6－7 收益管理系统的基本组成

(2)收益管理系统性能的判定。准确的市场预测可以说是收益管理最重要的组成部分，是确定舱位订座限额的基础。根据美国麻省理工学院民航运输实验室的研究结果，市场预测准确度提高 10％，在市场需求旺季航空公司收益就可以提高 1％～4％。正因为如此，市场预测的准确性成为判定航空公司收益管理系统是否成功的一个重要尺度，同时也是衡量收益管理系统软件好坏的一个重要标志。

五、航空旅客运输安全管理

1. 民航的安全管理组织机构

建立健全民航的安全保障体系，是民航运输安全的重要保证。《中国民用航空飞行规则》规定安全生产是民航运输企业各级领导和全体员工的重要职责。通过严密组织，有效地实施各项安全生产规章制度，确保运输生产安全。

中国民航系统安全生产管理，实行部门一把手负责制，并按照行政管理关系建立中国民航安全委员会。安全委员会由民航总局、地区管理局、省市区管理局、航空公司、机场当局、航务管理机构、油料公司等单位的主管安全领导和安全机构民航各运输生产安全的人员组成。

2. 安全监察与管理机构

(1)民航各级安全监察管理机构的主要职责是：

①监督检查各生产部门执行有关飞行安全的各项规章制度情况，落实安全保障措施；

②及时掌握各单位的安全生产形式，监督检查生产事故的调查和处理，并提出安全指导意见；

③制定有关民航安全生产的规章制度；

④组织飞机事故的调查；

⑤组织新航线、新机场、新机型的安全检查。

(2)安全监察管理机构的权利。根据民航当局有关安全生产的政策法规和规章制度，民航生产安全监管机构具有以下职权：

①有权立即停止使用危及安全生产的设备和人员；

②有权要求有关部门对影响安全生产的问题进行处理，采取措施，限期解决；

③有权要求有关部门报告安全情况，提供相关资料；

④有权要求有关部门对违章、失职的当事人和事故责任人进行处理。

3. 飞行不安全因素分析

根据国际民用航空组织对已经发生的空难事故的调查分析，认为空难事故的主要原因可以分为人为因素、交通环境因素、飞机性能因素、天气因素和其他因素等5大类，尽管少部分原因比较孤立，但是大部分是多种因素结合在一起所产生的后果。

4. 建立安全报告系统

从事安全生产工作的人员必须区分事故与事故征候，按照ICAO的定义，在飞机受到损坏时，飞机在飞行中出现人员受重伤或死亡的情况，飞机去向不明的情况，这些称为事故。与此相对应，发动机故障或发动机损坏或者发生火灾，过于接近障碍物或地形的情况，飞机危险接近或失去导航功能等，这些称为事故征候。能够担负起早期发现、早期治理事故任务的角色之一的，正是这种安全报告系统。

安全报告的目的就在于避免飞机在飞行中发生事故，然而，在遇到有诱发事故可能性的事态时，参加飞行的人自愿提供情报，把这些情报反馈给有关人员，就能够做到防患于未然，防止由同样原因引起的事故发生。

5. 驾驶舱安全管理

驾驶舱安全管理(CRM)也称机组安全管理。民航运输业发展到今天，世界各国民航管理当局对人员年龄、健康、工作技能、培训等方面的标准控制，对飞机、通信导航、空管系统等设备的技术革新，严密的生产管理，采取的种种措施，都旨在尽可能地防止和减少人为失误。根据对国内外民航飞行事故的原因和成功管理的经验分析，一般认为与驾驶舱里飞行人员有关，是直接影响安全的主要因素。驾驶舱管理实际上是安全管理的重中之重的部分，因此，必须引起航空公司安全管理部门的重视。

6. 飞行人员的选择与培训

民航运输业的快速发展，引起对飞行驾驶人员需求的增加。挑选和培养飞行驾驶人员不仅对思想品德、身体健康、文化知识、综合素质等方面有极其严格的要求，更重要的是对他们进行综合的、科学的和有效的各种飞行技能培训。培养一个出色的飞行驾驶人员需要很长的时间和很高的代价。飞行员是航空公司的宝贵财富。因此，选拔和培养优秀飞行驾驶人员，是航空公司长期发展战略的重要组成部分。

7. 航空保险

(1)航空保险的概念。民用航空在国民经济中具有重要的地位。为保障民用航空运输的安全，避免或减少飞机的安全风险事故带来的人身和财产损失，航空保险作为有效的预防措施，正随着民航事业的发展逐步扩展。

民航运输工具具有价值高、技术要求严格、运输速度快和风险大的特点。航空保险是以与航空有关的物质财富及其有关利益为保险标的的各种保险的总称。包括：对航空器制造、航空器所有权、航空器运行及维修可能产生的风险予以保险；对地面航站设施（机场建筑物及其设备、导航设备等）予以保险；对使用航空器进行经营活动可能产生的风险予以保险等等。

(2)航空保险的主要险种。目前，我国航空保险的主要险种有航空器的机身险、航空旅客运输法定责任险、航空货物运输法定责任险、航空器第三责任险、航空旅客以外伤害险、航空货物运输险、航空器试飞保险和航空保险的其他险种。

(3)航空保险的形式。快捷的民航运输，给市场经济的参与者带来竞争上的优势。同时，也存在着发生保险事故的风险。为适应民航运输的特点和航空保险层次的多样化，航空保险的实施也分为不同的形式。

①自愿保险。它是保险人和投保人在自愿的基础上，双方一致同意订立保险合同，建立保险法律关系的行为。投保人有自行选择投保与否的权利。保险人对不符合保险比例的投保条件也享有拒绝承保的权利，如国内民航运输货物险、旅客人身意外伤害险等属于此范畴。

②强制保险，也叫法定保险。它是国家法律规定强制实施的保险。强制保险是国家干预国民经济活动的一种方式，为维护经济、秩序而设定。

第七章 港口运输

第一节 港口概述

一、港口发展概况

港口是位于江、河、湖、海、水库沿岸，具有明确界限的水域、陆域及相应的设备和条件，提供船舶出入、停泊，旅客上下，货物装卸、储存、驳运，以及船舶补给、修理等技术和生活服务的场所。它是水陆运输乃至交通大动脉的枢纽，是各种货物换装和集散的中心，是各种运输工具的衔接点。旅客在港口上下，货物在此集散、暂存、换装并改变运输方式。

新中国成立半个多世纪来，我国港口发展大体经历了以下三个阶段：

第一个阶段为恢复发展阶段，时间是由 1949 年至 1972 年。解放初期，我国仅有大小泊位 200 多个，其中只有沿海 6 个港口拥有深水位泊位，码头长度仅 3 万多 m，各类装卸机械 200 余台。经过 20 多年的自力更生和艰苦创业，到 1972 年，全国主要港口泊位增加到 617 个，其中沿海深水泊位增加到 92 个，码头长度增加到 5.1 万 m，各类装卸机械增加到 7 200 台，新增吞吐能力 6 384 万 t。

第二个阶段为起步发展阶段，时间是由 1973 年至 1978 年。随着我国国民经济和对外贸易的发展，港口吞吐能力日显不足，压船、压货等现象日益严重。为此，国务院于 1973 年发出了“3 年改变港口面貌”的号召。交通系统以此为契机，加大人力、物力、财力的投入，港口建设进入起步发展阶段。经过 3 年的建设，港口吞吐能力有了大幅度提高。到 1978 年底，全国主要港口泊位数增加到 735 个，其中沿海深水泊位增加到 133 个，码头长度增加到 6.5 万 m，各类装卸机械增加到 9800 台，6 年间新增吞吐能力 1 亿多吨。港口吞吐能力的提高及其功能结构的改善，为第三阶段的大发展奠定了良好的基础。

第三个阶段为快速发展阶段，时间是由 1979 年至现在。在改革大潮的洗礼和推动下，我国港口建设迎来了快速发展时期。到 20 世纪末，我国共有港口 1 200 多个，码头泊位 3.3 万个，主要港口泊位数比 1979 年增加了 11 倍多，其中深水泊位增加了 3 倍多。

经过半个多世纪的建设，我国港口已初步形成码头种类齐全、布局合理的整体格局，部分海港的技术装备和管理水平已接近世界先进水平。港口功能已由以装卸、集散货物为主逐步扩展到仓储、加工、商贸等多个领域。

“十五”期间，我国沿海港口（含长江南京以下港口）共新增千吨级以上生产性泊位 583 个，其中深水泊位 344 个，新增吞吐能力 10.4 亿 t，五年新增吞吐能力占总数的 40%。截至 2005 年底，全国沿海港口（含长江南京以下港口）泊位数达到 2 770 个，其中深水位 1 113 个；通过能力达到 25.2 亿 t(6 150 万 TEU)；货物吞吐量达到 33.8 亿 t，其中集装箱吞吐量达到 7 193 万 TEU，居全球首位。2006 年，全国港口吞吐量和集装箱吞吐量达 56 亿 t 和 9 300 万 TEU，连续四年稳居世界第一。

“十一五”期间，我国沿海港口将新增深水泊位639个，新增通过能力21亿t。届时，全国沿海港口深水泊位将达到1 752个，总通过能力将达到46亿t。重点建设上海国际航运中心（上海、宁波、苏州）、大连、天津、青岛、厦门、深圳、广州等集装箱干线港大型集装箱码头；以新建和改造相结合，相应建设支线港和喂给港。新增集装箱专业化泊位吞吐能力7 960万TEU。

到2010年，全国沿海集装箱专业泊位数量达到377个，通过能力达到1.36亿TEU；沿海港口分层次布局将进一步完善，煤炭、原油、液化天然气（LNG）、铁矿石、集装箱等运输体系大型化专业码头布局将基本形成，功能结构更趋合理，沿海港口基础设施有效供给能力将明显增加。“十一五”期间，重点建设上海、天津、大连等国际航运中心及其他沿海主要港口，相应发展地区性重要港口，适度建设地方中小港口。20万t级以上原油和铁矿石接卸码头的布局和能力适应外贸运输的需要；集装箱干线港规模化港区基本形成；改善长江口、珠江口出海航道及主要港口航道的通航条件；继续改善岛屿交通条件；使港口适应度接近1∶1。

目前，我国虽然已成为世界港口大国，但离港口强国的标准还有很大差距。至今还没有形成世界级国际集装箱枢纽港，这与我国的综合国力和航运大国地位极不相称。目前，我国港口集装箱化率仅为60%，与世界级国际集装箱枢纽港90%以上的集装箱化率相比，差距很大。内河港口的落后面貌还未得到根本改变。因此，我国港口发展战略上应立足于大力提高竞争能力，特别是要提高国际集装箱枢纽港的竞争能力。港口建设的方针应从港口码头泊位数量转向泊位质量；港口发展的重点应从以建设为主转向以现代化管理为主；港口发展的核心应从传统技术转向信息技术和人才开发。

当前，我国正在加强煤炭、集装箱、矿石、石油等能源和外贸货物运输所需的沿海和内河主枢纽港的建设，形成较完善的、以水运为主的集装箱联合运输体系，既有集装箱枢纽港，又有干线港和支线港，并形成我国集装箱国际枢纽港；建成现代化的以水运为中心的金属、煤炭、石油、粮食等大宗能源、原材料联合运输系统；形成便捷的滚装运输和陆岛交通体系。

二、港口的功能

港口的功能具有多元性和发展性两大特征。其中，多元性是指港口在社会经济运行过程中的许多方面或多或少地发挥着一些作用；发展性是指港口所具有的功能不是一成不变的，而是随着经济运行方式的日趋复杂和世界科学技术水平的不断提高，港口的功能也由少变多、由简单到复杂。

随着经济快速发展和科学技术水平的提高，特别是全球经济和运输一体化步伐的加快，对港口的要求也越来越高，因而港口功能也在不断拓宽和延伸。港口最基本的功能是为船舶进行装卸、仓储功能。按照用途、种类的不同，港口的具体功能有所区别。就商港而言，其主要功能有以下一些方面。

1. 装卸和仓储功能。这是港口的最基本功能，主要包括对各种货物的装卸、搬运、储存、保管、分发、配送等。

2. 运输组织管理功能。港口作为综合运输体系中的重要枢纽，需要以满足客户要求为目标，通过有效的运输组织和管理，把各种运输方式有机地联系起来，从而使物流供应过程快速、经济、合理。

3. 贸易功能。随着市场经济的发展，港口已逐步成为对外交往和贸易的窗口。越来越多的贸易机构在港口或港口附近开辟专门的区域，以从事商品贸易活动。港口不仅自身要具备这种功能，而且要为这种贸易活动创造良好的条件。

4. 信息功能。通信及信息服务系统是港口现代化的重要组成部分，也是形成物流服务中心和管理中心的重要基础。现代港口是多种信息的汇集中心，同时，也是提供各种信息的服务平台。

5. 服务功能。作为大量车、船等交通工具的集散地和大量人流活动的聚集地，港口，特别是现代化的主枢纽必须能够提供优质的口岸服务及生产、生活服务。除边防检查、“一关三检”、维修、海事服务外，还包括船、车的燃料供应，船员、客商、港口相关人员的餐饮、娱乐、居住及其他生活服务。

6. 生产加工功能。这包括两方面的含义，一是属于流通领域的货物加工，即分选、换装、包装等；二是随着贸易自由化及现代物流的发展，国际、国内许多制造商及生产企业，为了降低原材料运输成本而充分利用港口的综合优势，在港区或港区附近建立产品加工工厂或配装厂，以进行产品加工制造，然后再通过港口外运或在当地销售。

7. 辐射功能。随着港口功能的不断完善和现代化物流的发展，港口对海外和内陆腹地的辐射作用不断扩大、加深，同时对周边地区的带动作用也越来越强。这不仅促进了腹地经济的发展和对外交流，也使港口自身的功能得以拓展和完善。

8. 现代物流功能。现代物流作为一种先进的组织方式和管理技术，正受到各国的高度重视，在全球范围内，它已成为一个极具发展空间和潜力的新兴产业。为了充分发挥现代物流供应链重要的节点作用，越来越多的港口正在向现代物流中心发展。

除了上述功能外，随着海洋石油、海洋渔业、海洋资源的开发，现代港口正在向航运和海洋产业的服务中心和后勤基地转化。港口功能的多样性还带动了其他诸多的贸易和产业活动，使港口的城市功能逐渐扩大。

港口就其功能而言，是交通运输枢纽、水陆联运的咽喉，是水陆运输工具的衔接点和货物、旅客的集散地。在世界经济一体化发展的形势下，港口正向国际贸易综合运输中心和国际贸易后勤基地的多功能方向发展。

三、港口的分类

由于不同的港口在功能、位置、规模、能力、自然条件等方面差别较大，因此，需要根据其用途、地理位置、自然条件、地位、运量等进行分类。

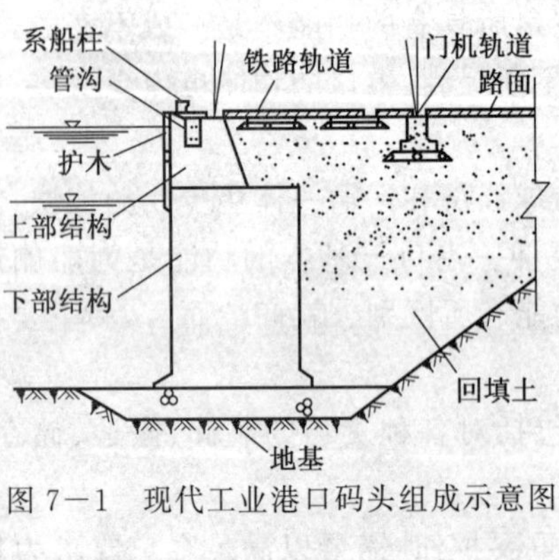

图 7—1 现代工业港口码头组成示意图

1. 按用途分类

(1)商港。又称贸易港，是以一般商船和货物运输为服务对象的港口。它兼运各类货物，设有不同的货物作业区。商港不但要有优良的自然条件，还必须具有工商业比较集中、经济比较发达、交通比较便利的条件，并具有从事海、陆、空联运的各种设施。如上海港、香港港、鹿特丹港、神户港、汉堡港、纽约港等，都是世界上著名的商港。

(2)工业港。主要是供大型工矿企业输入原材料和输出产品而专门设置的港口，又称业主码头。如上海宝钢码头、武汉工业码头等。现代工业港口码头组成部分如图 7—1 所示。

(3)军港。专供军用舰艇、船舶使用的港口。如美国的珍珠港、中国的旅顺港。

(4)渔港。专为渔船服务的港口。它为渔船提供停泊、修理、给养、装卸、冷藏加工、保鲜储运等服务,同时,还提供生产贸易和分运的功能。如舟山港。

(5)旅游港。专为游艇服务的港口。

(6)避风港。专供大风情况下船舶临时避风用的港。这种港一般很少有完善的停靠设施,如日本琉球群岛中的奄美大岛港。

2. 按地理位置分类

(1)海港。位于有掩护的海湾内或位于开敞海岸上的港口。利用海湾、岬角等天然障碍为掩护,海港可避免或减少风浪、潮汐、沿岸输沙的影响。当天然掩护不能满足要求时可修建防波堤。如大连港、青岛港、神户港、横滨港等。

(2)河港。位于沿河两岸的港口。如重庆港、武汉港、汉堡港等。

(3)湖港与水库港。位于湖泊或水库边的港口。如岳阳港、徐州港、扬州港等。

3. 按自然条件分类

(1)天然港。具有天然的船舶停靠和避风条件,有足够的水域面积和天然水深条件,底质适于抛锚的港口。如大连港、香港港、旧金山港、东京港等。

(2)人工港。经人工开挖航道、港池,并建有防波堤的港口。如天津港。

4. 按地位分类

(1)航运中心港。这是港口高度集约化的产物。这类港口所在城市的经济、金融、贸易等十分发达,有广阔的经济腹地,有众多的固定航线通往国内、国际各个主要港口。它一般都是集装箱枢纽港。

(2)主枢纽港。这是一种地理位置优越、辐射面广、货源充足、设施先进、功能齐全、有较多固定航线的港口。它一般位于综合运输骨架的交会点,是客、货集散中枢。

(3)地区性枢纽港。这类港口的服务范围主要是某个地区。

(4)地区性重要港口。它在地区经济发展及对外开放中有着重要的作用。

(5)其他中小港口。除上述以外的中小港口。

5. 按运量分类

(1)国际集装箱枢纽港。这是国际集装箱运输主干航线的起始港、终点港或主要挂靠港,是所在地区集装箱和货物集散的枢纽。

(2)区域性枢纽港。这是国际集装箱运输主干航线的挂靠港或区域性国际航线的起始港、终点港,本地区及邻近地区集装箱货源充足,并有一定数量的支线港。

(3)支线港(又称喂给港)。这是区域性集装箱国际航线或分支航线的挂靠港,或是少数区域性国际航线及国内集装箱航线的起始港、终点港。

6. 按潮汐的影响分类

(1)开敞港:是指港内水位潮汐变化与港外相同的港。

(2)闭合港:是指在港口入口处设闸,将港内水域与外海隔开,使港内水位不随潮汐变化而变化,保证在低潮时港内仍有足够深水位的港。如伦敦港。

(3)混合港:是指兼有开敞港池和闭合港池的港口。如比利时的安特卫普港。

四、港口的组成

港口由水域和陆域两大部分组成。

1. 港口水域。它是指与船舶进出港、停靠、作业等相关的水上区域,因此必须要求它有足够的水深和面积，水面基本平静、流速缓慢，以便船舶的安全操作。其主要设施有航道、港池、锚地、船舶调头水域、码头前水域、防护建筑物、导航标志、助航标志等。

2. 港口陆域。它是指从事与港口功能相关服务的陆上区域，因此必须要求它有适当的高程、岸线长度和纵深，以便安装装卸设备、仓库和堆场、铁路、公路及其他各种必要的生产、生活设施。其主要生产设施有码头、仓库、堆场、铁路、公路、港区道路、装卸机械、运输机械等。

五、港口的腹地

港口腹地是指港口货物吞吐和旅客集散所涉及的地区范围。现代化的港口一般具有双向腹地，即面向内陆的陆向腹地和面向海外的海向腹地。港口与腹地是互相依存、相辅相成的。港口的发展建设必须以腹地范围的开拓和腹地经济的发展为后盾，腹地是港口赖以生存和发展的基础；同时，港口是腹地的门户，港口的建设对腹地经济的发展会产生重要影响。

1. 陆向腹地

港口的陆向腹地是指以某种运输方式与港口相连，为港口产生货源或消耗经由该港口进出口货物的地域范围。港口陆向腹地的大小不仅与港口所在的地理位置有关，而且也与港口同内地之间的贸易和运输联系的紧密程度相关。

从地理位置上看，港口的陆向腹地可分为近处腹地和远处腹地。而港口吞吐量的大小则主要取决于该港相对于这两种腹地的区位属性，即既取决于该港相对于其近处腹地的向心性或集中性，又取决于该港相对于其远处腹地的中间化程度。世界上一些大的港口大多具有这两种区位属性，因而具有较为广阔的经济腹地。如位于长江入海口的上海港，直接依托长江三角洲地区，不仅担负江、浙、沪等地大部分货物的进出口，而且其腹地范围通过各种运输方式延伸到几乎整个长江流域。而一些国际性的港口，其腹地甚至可以覆盖几个国家，如位于莱茵河和马斯河入海口的鹿特丹港就属于这类港口，其陆向腹地不仅覆盖了荷兰、比利时、卢森堡，而且还延伸到德国。鹿特丹港处理的进出德国的货物量比德国最大的港口汉堡港还要多，经过鹿特丹港运往德国的货物占该港进出货物的70%以上。

港口陆向腹地的大小，主要取决于该地区与其他地区是否存在贸易关系以及贸易量的大小。另外，这种贸易关系又取决于该地区经济发展水平和规模，同时该地区人口密度的大小也是决定腹地进出口需求的重要因素。影响港口陆向腹地范围大小的另一个重要因素是该地区与该港口之间的运输关系。目前，世界上多数港口与腹地之间的联系主要是通过内河、铁路、公路等来连接的。

当然，港口的陆向腹地是有限的，它不可能无限制的扩大。这主要是因为在其他条件不变的情况下，随着腹地范围的扩大，腹地与港口之间运输距离延长，运输成本增加。更重要的原因还在于其他港口的竞争。货主在选择港口时，通常要比较运输线路、运输工具、运输费用、运输时间、中转次数、港口班轮密度等因素。此外，货主与承运人之间的某些协议也会影响到货主对港口的选择。

2. 海向腹地

港口的海向腹地是相对于港口的陆向腹地而言的。港口的海向腹地是指通过海运船舶与某海港相连接的其他国家或地区，它可以是某一个国家或地区，也可以是几个国家或地区，甚至可以是几个大洲。如上海港，它与世界上160多个国家和地区的400多个港口通航，因而对上海港而言，这些国家和地区都成了它的海向腹地。

如果把腹地看成是港口发展初期的传统条件，海向腹地的开拓则为港口的发展注入了新的活力。随着世界经济一体化的发展,今后海向腹地对港口的作用和影响将不断加强。

六、港口通过能力

1. 港口通过能力的概念

港口通过能力是指港口企业的生产能力。它是在外部环境条件为一定时港口各项生产要素和经营管理条件综合作用的结果。它分为理论通过能力、营运通过能力和后备通过能力。理论通过能力是港口最大的通过能力,它是指港口在一定时期(通常是一年)内,在港口设施为既定、劳动力为一定时,在一定的组织管理条件下,最大限度利用港口各生产要素所能装卸的一定结构的货物的自然吨数。它由营运通过能力和后备通过能力所组成。港口营运通过能力是港口的实际通过能力。它是港口编制年度生产计划和短期作业计划的基础。其定义是港口在一定时期(通常是一年)内,在港口设施和劳动力为既定时,在一定的组织管理条件下,港口各生产要素在得到合理利用时所能装卸的一定结构的货物吨数。它与理论通过能力的区别在于生产要素的利用程度不同。后备通过能力则是应付运输工具或货物密集到港时的那部分生产能力,在非高峰时则以闲置状态存在着。

2. 影响港口通过能力的主要因素

港口通过能力通常与货物结构有密切关系。在港口生产要素为一定的前提下,不同时期通过能力的变化,主要是由货物结构的变化所引起的。货物对通过能力的影响主要表现为货物种类、批量、单件重量、运输的形式(如散装、包装等)以及货物在流向和时间上的分布特征等。

港口设施和设备是港口企业进行生产活动的物质基础。它们的数量和规模、性能和技术状态是影响港口通过能力的主要因素。进港航道的水深、宽度、曲率半径及其可利用的潮位将限制进港船舶的最大尺度和来港船舶的数量;锚地的规模、水深、掩护程度及其距港池或装卸泊位的距离决定着港口水上过驳能力、船舶让档时间以及内河港口对船队的编解能力。泊位的数量、结构、水深及其装备情况,包括岸壁机械的数量、技术性能和技术状态都决定着泊位的通过能力;仓库和堆场的面积及其布置,仓库的结构特征,进出库场的方便程度和库场使用的机械,不仅决定着库场的能力,而且决定着装卸效率,它们是影响港口通过能力的主要因素;其他辅助设施和设备,如供电能力、港内运输能力、装卸机械的维修能力、港内导航设备等都会影响到主要设施和设备能力的充分发挥。

港口的总体布置对通过能力的影响主要表现在码头的布置,码头前沿、堆场和仓库的相对位置;水域、路域面积是否满足需要;港内外交通的方便程度。此外,有水中转的港区,船舶之间的换装是否方便等,也会影响通过能力。

装卸工人和机械司机的技术水平、数量和积极性的发挥程度通过设备在时间上的利用程度以及装卸效率的高低体现出来。此外,装卸工人与司机的劳动组织形式,如轮班制度及工组的组成等,对港口通过能力也有影响。

港口的自然条件,如风、雨、雪、雾、气温、水深,都会对港口通过能力产生影响。如有些货物雨天不能装卸;遇有大雾船舶不能进出港,使港口无法作业等。

此外,港口的经营管理水平以及港口系统和外部环境之间的协调发展程度等,对港口通过能力也起着重大的作用。

3. 港口通过能力的计算

港口综合通过能力在一般情况下是指能力最小环节的能力。由于港口各环节的功能不同,计算单位也不一样。在计算港口通过能力时,首先要分别计算各环节的能力,如泊位装卸能力、库场堆存能力、铁路线装卸能力、工人装卸能力、机械装卸能力等，然后再把它们化为自然吨数进行平衡，从而确定港口综合通过能力。

七、港口的规划

港口规划按层次的不同可分为港口布局规划、港口总体规划、港口港区规划三个层次。

1. 港口布局规划

港口布局规划是根据国家或地区资源、生产力布局、港口自身特点以及未来的发展战略，对港口的建设地点、类型、规模及建设时间做出的宏观安排，以充分满足国民经济长远发展的需要。港口布局规划是构成国家或地区经济发展规划，特别是国际贸易发展以及国家综合运输网规划的重要组成部分，是确保港口持续、稳定、协调、有序发展的重要依据。

港口布局规划针对主要货物，如集装箱、粮食、矿石、钢铁等大宗货物，结合国际航运网络发展趋势进行综合平衡，提出各类港口的数量及其发展方向；再依据地区的社会、工业、农业、自然条件、环境条件、城市条件等进行实际的工程研究，提出重点港口的改建、扩建、新建位置的地区性安排。

港口布局规划的主要内容有：全国范围内的运输市场调查和预测；全国范围内的港口、岸线资源的调查分析；货源分配、大宗货物运输的综合平衡；各类港口的合理布局、功能、发展方向；重点港口的建设安排纲要；投资规模及有关的政策、措施建议。

编制港口布局规划，除必须充分考虑地区经济发展水平、岸线资源、港口功能、港口规模等因素外，同时还必须注意以下几个问题：

(1)港口布局规划应以国家和地区国民经济的发展规律和要求为基础，配合、支持、促进其经济的发展。在未来经济的发展过程中，港口不仅是服务于区域内既有经济发展的基础设施，而且是一个国家、地区、城市在全球范围内进行资源配置的重要场所。这一点已经成为各国发展本国经济的共识。日本临海地区重工及化工业的发展，新加坡、韩国、中国台湾经济的腾飞，以及深圳、宁波、上海、厦门等港口城市多年来经济发展的经验，都有力地证明了港口对地区经济发展的巨大贡献。

(2)港口布局规划必须与综合运输体系相协调。公路、铁路、水运、航空及管道等多种运输方式共同构成了现代综合交通运输体系，港口是其中的枢纽。港口的发展必须与其他运输系统的发展紧密相联，因此，港口的布局规划应充分研究大的交通环境，密切注意与其他部门发展规划的衔接，进行深入的研究分析。

(3)港口布局规划应注意合理使用岸线资源。深水岸线和水域是国家的宝贵资源，随着船舶大型化的发展，深水资源显得更为珍贵。“深水深用，浅水浅用”是港口规划建设中一贯强调遵守的原则。港口的布局规划应在全国范围内岸线资源调查分析的基础上来进行，合理安排使用岸线，优先保证深水岸线的有效使用。

(4)港口建设安排应适度超前国家、地区经济的发展。港口作为重要的交通枢纽，其建设发展与国家和地区的经济发展水平密切相关。在进行港口建设的同时，也应搞好与之相关的城建、市政、电力等配套设施的建设。港口建设的投资较大、周期较长，因此应根据国民经济的发展预测，适度超前建设。

(5)港口布局应遵循综合平衡的原则，合理规划，避免重复建设。国家或地区的港口布局应以其对内、外贸易的运输量为依据，考虑自然条件的影响，有重点地建设一批大型港口，发挥枢纽港的作用。同时，还应建设一些满足地方经济发展和大港疏运需求的中、小港口。各类港口应有计划地建设，以避免无序竞争和重复建设。

2. 港口总体规划

港口总体规划是对一个具体港口建设发展的总体安排，是解决今后一定时间内的发展方向和分期、分阶段的发展计划。

港口总体规划要在深入调查研究的基础上，对港口的现状进行评估，找出制约港口发展的主要问题。通过定量分析论证港口的经济腹地，预测规划期内吞吐量能达到的水平。据此，确定港口在未来一定时期内的发展目标、方向，根据“深水深用，浅水浅用”的原则，划定港区水、陆域界限，提出港口的合理布局，明确不同港区的具体功能，根据发展预测提出分期实施的建设序列。

港口总体规划涉及的主要内容有：港口现状的分析评价；港口经济腹地的发展分析和港口吞吐量的预测；港口基本性质和主要功能的界定；到港船型的发展及货流的预测；主要港区港址的确定；港口岸线利用规划；港口陆域布局规划；港口水域布局规划；港口集疏运的规划；港口配套设施的规划；港口环境保护的规划；建设资金筹措方案的确定；规划分期实施的计划；港口信息与商务系统的规划；港口总体规划及专项规划布置图的绘制；港口总体规划文件的编写；其他有关内容、建议的提出。

3. 港口港区规划

通常大中型港口都由若干个港区或作业区组成。港口港区规划是对港口总体规划中涉及的组成部分进行深入规划，是实施港口总体规划的一个步骤。

港口港区规划涉及的内容主要包括以下几个方面：详细地分析预测运量、船型、船舶周转量；就已预测的各类货物运量，研究可选用的装卸工艺及其对未来生产效率的影响；确定泊位组，提出恰当的水域、陆域尺度及相应的位置方案；对上述方案所涉及的海岸段进行深入的勘测，以利于调整泊位位置和选择合理的布置方案；仓储系统、分运中心方案布置；集疏运系统能力与布置方案；港区配套设施规划与配置；投资估算与资金筹措方案选择，有弹性的建设时间表；经济效益初步分析、经营思路调整；环境评价与规划；港口港区未来发展向自由贸易区（保税区）转变的规划方案；港区规划布置图；编制港区规划文件报上级有关部门。

港口远景规划和中期规划都要求进行港口总体规划，两者涉及的面是一致的，但深度要求不同。水域、海岸线和岸上土地使用，是远景规划所要求的总体规划中最主要的内容。

我国国民经济发展计划以五年为一个周期，因此港口发展规划的时间阶段也应以五年为一个周期，以便于与国家计划相协调。

第二节　港口装卸组织

一、港口生产过程

港口装卸企业的生产过程主要是货物的换装过程，也就是人们按照预定的目的，在车、船到达港口后，在港内运用劳动工具进行装卸作业，是货物在不同运输方式之间完成换装的组织过程。

科学合理地组织生产过程，就是要通过组织工作，使港口企业在保证安全和质量的前提下，使整个生产过程的各个工艺环节相互衔接、协调配合，保证人力、物力、空间、时间等都得到最合理的利用，使整个生产过程取得最佳的经济效果。

1. 生产过程的组成

港口企业的生产过程由准备过程、基本过程、辅助过程、服务过程等四个环节组成。

准备过程是指基本生产活动之前所进行的全部技术准备和组织准备工作，包括编制装卸作业计划，确定货物操作过程、装卸工艺、装卸地点，准备接运工具、装卸机械、货运文件等。

基本过程是指货物在港内的装卸过程，又称货物的换装过程。它是指货物从进港到离港所进行的全部作业的综合，包括卸船、装船、库场作业、港内运输等。

辅助过程是保证基本生产过程正常进行所必需的各种辅助性生产活动，如装卸机械的维修与保养、装卸工具的加工制造与管理、港口各项设施的维修及动力供应等。

生产服务过程是保证基本过程和辅助过程顺利进行所需的各种服务活动。为基本过程服务的有理货业务、仓储业务和计量业务；为船舶服务的有技术供应、生活必需品供应、燃料和淡水供应、船舶的检修、压舱污水处理等；为货主服务的有货物鉴定、检验包装等。此外，还有集装箱的清洗与检修、港内垃圾与污水处理等。

在组织生产过程时，既要组织好基本生产过程，也要组织好其他三个过程。特别值得注意的是，在组织生产过程中，不但要注意各项设备的组织，而且还要抓好信息的组织工作。在港口生产过程中，由于信息流通不畅而引起的生产中断占有很大的比例。例如，船舶积载图未能在船舶到港前收到，港口则无法提前准备；外贸出口货物虽然已经抵港，但由于某项手续尚未办妥而不得不“退关”。

2. 生产过程的主要任务

(1)保持港口的畅通，加速车、船、货的周转。

(2)保证按期、按时、安全、优质地完成车、船装卸任务，特别是重点船和货的装卸。

(3)充分合理运用港口能力和一切技术手段，完成生产任务，使各种劳动消耗减少到最低限度。

(4)保证与港口生产过程有密切关系的其他部门之间的全面协作。

3. 生产过程的基本原则

为了从生产过程中取得最佳的经济效益，生产过程必须遵循连续性、协调性、均衡性、经济性这四项原则：

(1)连续性的原则：是指要保证关键作业和主导工序作业的连续性，同时，还要保证辅助过程和生产服务过程与基本生产过程之间尽可能组织平行作业或合理安排顺序，避免发生作业中断。

(2)协调性的原则：是指港口生产各主要环节之间，作业线上各工序之间，在生产能力上配合要得当，同时还要保证装卸作业与各种运输工具之间配合要得当。

(3)均衡性的原则：是指在相同的间隔时间内，下达的任务均衡，同时也包括各个阶段、各个工序所完成的任务相同或稳步上升。这是港口生产过程水平高低的集中体现。

(4)经济性的原则：是指在组织港口生产过程中不仅要考虑完成任务的数量，还要全面考虑经济效果。这是港口生产过程优劣的重要标志。

二、船舶在港作业组织

1. 船舶在港作业过程

船舶在港作业的全过程包括联检(对外轮)、锚地等泊、引船入港、靠泊、卸货、移泊、装货、各种辅助作业及各种技术作业、燃料供应、办理货运文件、办理离港手续、引船出港等。

2. 组织船舶在港作业应注意的问题

(1)组织船舶在港的各项作业按顺序连续进行,并尽可能缩短这些作业的延续时间。

(2)组织船舶在港的各项作业尽可能平行进行,如在装卸作业的同时完成船舶供应工作及船舶修理工作。

(3)重点组织好船舶的装卸作业,缩短装卸作业时间。

总之,组织船舶在港作业的目标,就是最大限度地缩短船舶在港的停泊时间。

三、港口的装卸作业组织

港口装卸作业组织包括船舶作业组织、火车作业组织、库场作业组织、车船直接换装作业组织等。为保证各项作业环节之间的衔接和生产效率的一致,每一类型的生产组织都应编制出作业组织程序,确定出各作业环节的配工人数、工具的种类和数量等。

港口是交通运输枢纽,设计港口装卸工艺的目的是经济合理地完成货物在不同运输工具之间的换装。货物在港口换装有两种形式:直接换装和间接换装。直接换装是指将货物从一种运输工具直接换装到另一种运输工具;间接换装是指货物经过港口的仓库或堆场储存之后再换装到其他运输工具。在直接换装作业中,货物只经过一个操作过程,而在间接换装作业中,货物要经过两个以上的操作过程。一般说来,操作过程越多,港口为了完成货物换装所耗费的人力、物力则越大。因此,直接换装是最为简单的作业形式,在生产作业组织中应该尽可能地采用。但是,车船直接换装作业时,车船在港的停留时间较长。故采取何种作业方案,要根据具体情况确定。

四、集装箱场作业

1. 集装箱场的布置形式

集装箱场是集装箱办理站的重要组成部分,是组织集装箱运输的基层生产单位。为适应集装箱存放、装卸和搬运作业的需要,集装箱场的地面要硬化,集装箱的箱位地面应力求在同一水平面上。集装箱的作业场地,包括装卸、搬运机械的通路,应能够承受装卸、搬运机具的轮压荷载,集装箱存放场地面应能够承受集装箱的最大荷载。集装箱场的布置必须与装卸作业方式相适应。在确定装卸机械类型和台数后,可根据作业方式对线路、道路、箱区、箱位、停车场等进行统筹布置。

(1)集装箱场布置的基本要求

①集装箱场的布置应充分利用场地面积,尽可能地缩短移动式机械的行程,并且能够迅速地挑选集装箱。

②装卸线路和场内道路的布置应能保证场内各种作业的方便性和安全性,装卸和搬运时采光和瞭望条件要好。

③道路的布置应使机动车辆都能单方向行驶。

④集装箱各作业区的划分应使各项作业互不干扰。

⑤箱位应按每辆货车装载的箱数分组成列、成行放置,以便于配车和装车作业。集装箱的放置方向应便于起重机的起吊作业。

⑥门式起重机的走行轨道应按埋轨式设计,以便叉车或其他机动车辆跨轨作业。

⑦集装箱办公室的设置地点应便于货运、装卸人员和货主办理货物承运和交付作业。

⑧为了及时维修技术状态不良的集装箱，应设置集装箱维修工厂（或车间），并配备必要的维修设备。

(2)码头集装箱场平面布置

集装箱码头作业对场地条件及场地划分要求较高，除应具备足够的场地面积外，对其全部生产区域的划分也比较严格。根据作业功能的不同，可分为码头前沿、前方堆场和后部地带三部分。码头前沿是指从岸壁到堆场前沿供船舶装卸作业的场地，包括停泊船舶的岸线、集装箱装卸桥作业区域等部分。前方堆场是为保证集装箱装卸作业的连续性而设置的存放集装箱的场地，是集装箱码头主要占地区域。根据作业要求，可分为集装箱编组场和集装箱堆场。编组场用于临时性堆放集装箱，场地邻靠码头前沿，用于存放待装船的集装箱或从船上卸下待转运的集装箱，又称为调度场或调配场。其面积取决于所采用的装卸工艺方案。集装箱堆场用于集装箱的交接、保管，位于编组场的后方，集装箱进入该场地一般堆存时间较长。集装箱堆场可以划分为若干箱区，每个箱区又由若干箱位组成，其面积取决于堆存的箱量和所采用的装卸工艺方案。集装箱堆场后部地带设有拆装箱库、指挥塔、检查桥（闸口）、维修车间等。码头集装箱场平面布置如图 7—2 所示。

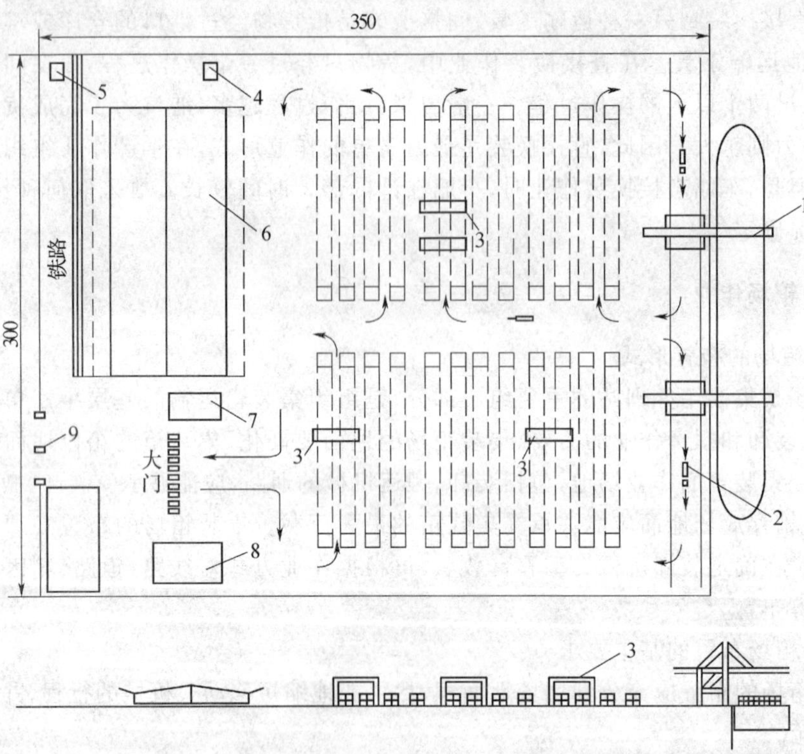

图 7—2　集装箱码头平面布置（单位：m）

1—岸边集装箱装卸桥；2—拖挂车；3—轮胎式龙门起重机；4—加油站；
5—电力站；6—拆装箱库；7—办公室；8—维修车间；9—门房。

2. 集装箱场的配置

(1)集装箱场的设计运量

集装箱运量是设置集装箱场和配置集装箱设备的基本依据。集装箱场可按近期运量或远期运量进行设计，近期运量是指集装箱场投入运营后第 5 年的运量，远期运量是指集装箱场投入运营后第 10 年的运量。集装箱场的设计运量应在充分调查分析的基础上通过科学预测得到。

(2)集装箱场箱区的划分及布置

在集装箱场内,可根据需要设置发送箱区、到达箱区、掏装箱区、中转箱区、备用箱区、空箱区、待修箱(定修箱和临修箱)区、专用箱区等。箱区在集装箱场内的布置应遵循以下原则:

①中转箱区应布置在便于集装箱直接换装的交通便利处;

②拼装箱区和掏装箱区应尽量设置在仓库附近,尽量减少各环节的作业干扰和中间运输量;

③中转和维修箱区尽量布置在作业区外围,靠近维修车间一侧,便于取送和维修,并减少对正常作业区的干扰;

④合理布置箱位,既要考虑充分利用堆场面积,又要留足运输通道和装卸机械作业区及箱与箱之间的距离,做到安全方便;

⑤合理利用与选择集装箱装卸机械和起重运输设备,除保证机械进出场区畅通和足够的作业半径外,应尽量减少其行走距离,提高设备利用效率;

⑥堆场应有一定坡度,以利排水,但要力求平坦,以利堆码稳妥;

⑦堆场场地必须坚固耐用,应根据堆码层数进行设计与处理;

⑧大型集装箱场可在集装箱装卸作业区外另设专门的掏装箱区及堆箱场地。

(3)拆装箱库和作业区

拆装箱库及其作业区包括货物仓库、拆装箱作业区、装卸站台和一些辅助生产用房,设置时应满足下列功能要求:

①设置拆装箱平台,留有足够的拼装箱场地以便于进行拆、装箱作业;

②能满足机械装卸作业所需工作场地的要求,以免相互干扰;

③留有适应理货空间,以利于货物的集结和疏运。

仓库是保管存放受理货物、到站货物、中转货物的场所,包括集零为整的集装箱发送货物仓库、拆整为零的集装箱到达货物仓库、零担货物仓库和仓储仓库。

3. 集装箱堆场作业

集装箱堆场作业是指集装箱在集装箱堆场上进行的装卸、储存、保管和交接时进行的作业。

无论是发货人待发的集装箱,还是从集装箱船卸下后待交给收货人的集装箱,都必须经过集装箱堆场交接。从这个意义上来讲,可以认为集装箱堆场是码头的延伸部分,因此集装箱堆场是国内运输系统的起点和终点。

(1)堆场作业计划。堆场作业计划是指集装箱堆场上的集装箱储存和配置计划,是根据预定的集装箱进出口计划来编制的,应充分利用集装箱堆场的有限场地储存集装箱,以便顺利地把集装箱交付给收货人或装上船舶。因此,堆场作业计划制定得好坏,对整个集装箱堆场的作业效率有很大的影响。

(2)集装箱在码头的作业流程。出口集装箱、进口集装箱和存储箱的作业流程分别如图7－3、图7－4、图7－5所示。

(3)集装箱堆场的安全作业。集装箱堆场上存放着大量的空、重箱,必须保证安全,避免发生意外事故。特别是当集装箱或箱内货物可能被暴雨或大潮损坏时,必须把集装箱拴固起来,捆扎牢固。为了防患于未然,港口有关业务人员必须时刻掌握当地的气象条件。

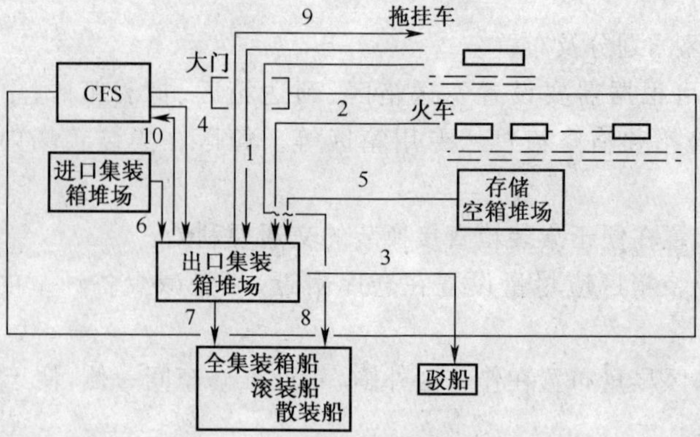

图 7－3　出口集装箱流程图

1－出口集装箱大门接收；2－出口集装箱火车接收；3－出口集装箱驳船接收；4－在 CFS 装箱；5－存储空箱变成出口空箱；6－进口箱变成出口箱；7－装船；8－出口集装箱直接装船；9－出口箱大门交付；10－出口箱拆箱。

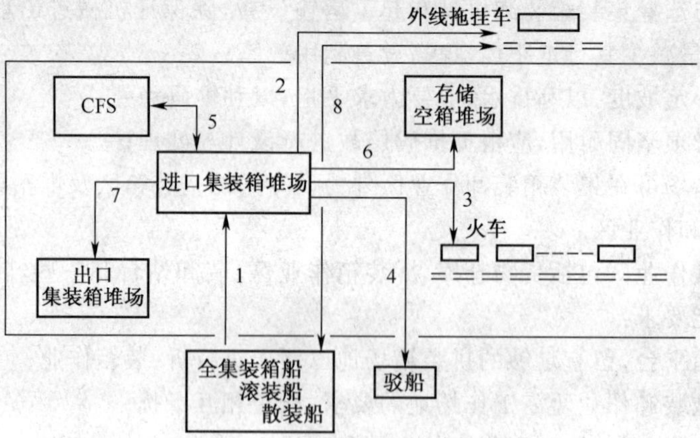

图 7－4　进口集装箱流程图

1－卸船；2－进口集装箱大门交付；3－进口集装箱火车交付；4－进口集装箱驳船交付；5－进口集装箱 CFS 拆箱；6－进口空箱变成存储空箱；7－进口重箱变成出口重箱；8－进口集装箱直接交付。

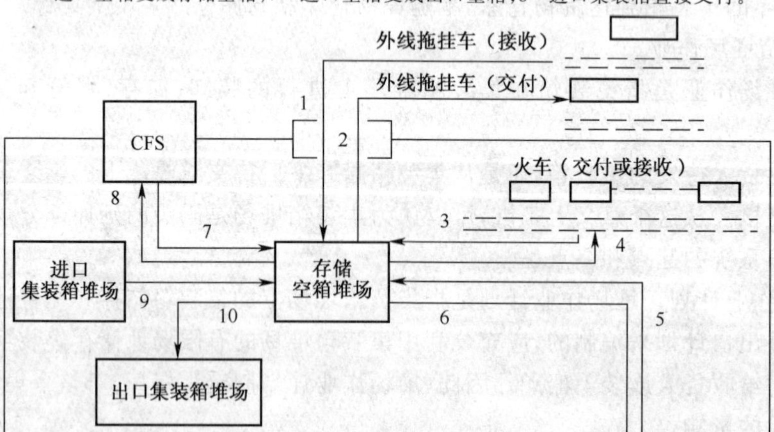

图 7－5　存储空箱流程图

1－存储空箱大门接收；2－存储空箱大门交付；3－存储空箱火车接收；4－存储空箱火车交付；5－存储空箱驳船接收；6－存储空箱驳船支付；7－拆箱并返回堆场；8－存储空箱从堆场移动至 CFS 并装箱；9－进口空箱变成存储空箱；10－存储空箱变成出口空箱。

第三节 港口集装箱运输

一、集装箱运输概述

1. 集装箱的种类及其特点

集装箱(Container)是一种专门供周转使用,便于装卸机械化、大型化的载货容器。它将货物汇集成较大的成组化运输单位。集装箱种类繁多、用途各异,如密封集装箱、通风集装箱、冷藏集装箱、保温集装箱、开顶集装箱、框架集装箱、液体集装箱,等等。当初,由于箱体规格差异影响到国际运输,后由国际标准化组织(International Organization for Standardization,简称ISO)统一制定了由IA到3C型共3个系列13种标准规格。其中IC型(8英尺×8英尺×20英尺)称为20英尺集装箱。为了统计方便,习惯上又把20英尺集装箱作为标准箱。因为20英尺集装箱的英文名为Twenty－feet Equipment Unit,简称TEU,所以用TEU表示标准箱。钢质集装箱外形如图7－6所示。

集装箱具有以下四个特点:①箱体坚固,可多次重复使用;②按货物运输特性设计制造,适用于公路、铁路、水上运输的多式联运;③便于货物储存、搬运、换装、减少货差、减少货损;④减少装卸费用,缩短运输时间,降低运输成本,保护货物运输安全。

图7－6 钢质集装箱外形图

2. 集装箱运输

集装箱运输是指将一定数量的货物装入特制的标准规格的集装箱箱体内作为一个运输单位进行运输的方式。集装箱运输有其突出的四个优点:①提高装卸效率,船舶在港装卸货物时间短,缩短运输时间;②适用于多种运输方式,包括水上与陆上的联运,只需将箱体进行装卸即可;③保证货物运输安全;④便于实现管理现代化。

集装箱运输作为一种先进的运输方式是交通运输现代化的重要标志,也是杂件货物运输的方向。尤其是近年来以港口为节点的集装箱多式联运系统正日益成为国际物流活动的主导运输组织形式,其功能和效益将在更深、更广的范围内得到发挥和体现。

集装箱多式联运是集装箱运输发展的高级形式,它以集装箱为运输单位,将不同的运输方式有机地组合在一起,构成连续的、综合性的一体化货物运输。通过一次托运、一次计费、一份单证、一次保险,由各运输区段的承运人共同完成货物的全过程运输,即将货物的全过程运输作为一个完整和单一的运输过程来组织。

集装箱特别是国际标准集装箱运输的出现和发展,促进了各种运输方式之间的配合与合作,引起了运输组织技术和经营管理上的巨大变化。单件运输发展成为成组运输,传统的单一方式运输发展成为跨国界的多种运输方式联运,"门到门"运输日渐取代"港到港"和"站到站"运输。运输单据和手续也日趋简化和统一,大大提高了运输效率,海、陆、空连续接运已成为国际贸易中件杂货运输的一个主流,在世界件杂货运输中占据了支配地位。集装箱不仅对运输本身,而且对与运输有关的其他部门也带来了很大的影响。如过去服装出口是用手工叠装,大纸箱套小纸箱,小纸箱装衣裳,从生产车间到上船至少要经由10多个环节。实行集装箱挂装后,服装在厂里直接挂在集装箱内出口,既节省了包装和烫熨工序的人工、材料、电力,又节约了大量的时间。

集装箱和多式联运体制在发达国家重视物流和加强物流管理的过程中得到了突出的发展,也促进了国际间物流发生了巨大变化。以国际集装箱运输为中心的国际多式联运是世界运输环境对国际分工、国际贸易和世界市场最新变化在运输方面的要求所做出的反应。建立在良好多式联运基础上的综合物流系统更是以其大量减少成本、提高物流质量和为客户创造价值向国际集装箱运输企业展示了其独特的一面,其蕴藏的巨大利润激励着各国集装箱运输企业向建立统合物流系统的方向发展。

3. 集装箱运输的发展概况

自集装箱运输的兴起,至今发达国家集装箱运输发展过程大致经历了以下5个阶段:

第一个阶段是港间试验期,时间在20世纪60年代。其主要特征表现为集装箱被大规模地推向海洋运输,海上集装箱运输日趋活跃。但这时期还主要是国内沿海运输,集装箱型比较杂乱,船舶的装卸以船用装卸为主,这些特征说明了集装箱运输还处在初始发展阶段。

第二个阶段是港间成熟期,时间在20世纪70年代。这是国际间集装箱运输迅猛发展的时期。在这一阶段,集装箱采用了国际标准,集装箱运输由国内沿海运输迅速发展到国际海运,各个港口开始注重进行港口的专项建设,修建专用的集装箱泊位,港口集疏运体系逐步形成,铁路出现了与海运的联运,出现了集装箱多式联运经营人和国际货运代理人的联运服务。

第三个阶段是内陆发展期,时间在20世纪80年代。发达国家件杂货运输很大程度上实现了集装箱化,国际集装箱运输在船舶与港口环节的发展已近完善。发达国家将重点放在了港口集装箱集疏运体系和配套软件的建设方面。为了使集装箱从港口向内陆延伸,许多发达国家对内陆集疏运的公路、铁路、中转场站、车辆等进行了大规模的投资建设,基本上形成了适应需要并且现代化水平很高的配套体系。现代化的集装箱运输技术基础加上成熟的多式联运经营人和代理人的优质服务,使这个时期集装箱运输突破了传统运输方式的"港到港"运输概念,"门到门"的国际集装箱多式联运进入了普及和发展阶段。

第四个阶段是内陆成熟期,时间在20世纪90年代初期。集装箱多式联运在发达国家趋于完善,港口内陆集疏运网络相当发达。在联运的经营管理方面,利用专用设施和设备,建立专门组织机构,实现专业化管理;统一管理规章、运输单证、运费率、规模标准,实现正规化管理;广泛采用电子计算机及联机网络,建立管理信息系统,实现现代化管理;在国内外广泛建立分支机构和业务代理机构,实现联运的国际化。其总的特征是,发达国家间的多式联运将适应后工业社会服务经济的要求,向综合物流方向转化,为企业、用户提供应时、"零库存"的全方位物流服务,同时国内物流和国外物流也融为一体。

第五个阶段是综合物流时期,时间在20世纪90年代中期。多式联运经营人为了适应不断变化的环境,努力提供一个体系完整的运输网络。20世纪90年代中期发生在国际班轮业的大规模兼并重组已使全球承运成为可能,利用门到门的运输方式将原材料和产品运往世界各地的可能性日益明显。多式联运经营者已将服务范围拓展到各种领域,集装箱运输班轮公司除了经营传统的海运业务外,还介入了陆上运输、代理、仓储、流通领域等。此外,多式联运经营人以顾客的需要为中心，具备了高效率的国际管理经验，与货主的良好合作关系和高科技的通信联系，能够收集、管理、传递国际多式联运所需的一切信息，拥有综合物流的功能去统辖从发货人到收货人为止的整个物流。

4. 我国铁路集装箱发展概况

我国集装箱运输首先在铁路上进行了开创性的运营。1955 年，铁道部成立了集装箱运输营业所，各铁路局成立了集装箱运输营业分所，有关单位也成立了专门机构负责管理集装箱业务。但铁路集装箱运输发展缓慢，落后于公路和海运的发展速度。铁路快速发展中，要求把加快集装箱运输发展作为一项紧迫任务来抓，到 2020 年，形成以上海为中心，连接各集装箱中心站，运营里程达 1.6 万 km 的双层集装箱运输网络。

5. 我国集装箱发展综合情况

20 世纪 70 年代初期，面对世界上蓬勃发展的国际集装箱运输形势，我国开始在水运企业组织集装箱运输的试验。1973 年开辟了海上国际集装箱运输，至今已经经历了 30 多年的时间。这期间我国水运企业集装箱运输的发展经历了试运、创业、发展三个阶段：

第一个阶段是试运阶段，时间自 1973 年至 1978 年。在此阶段，只是在组织上、港航基础设施和技术等方面，为以后的正式运营做了初步的准备工作。

第二个阶段是创业阶段，时间自 1979 年至 1986 年。在此阶段，建立了专门的组织机构，制定规章制度，培养专业人才，建设集装箱船队和专用码头，配置大型专用机械设备等方面均初具规模，并开辟了一批集装箱运输班轮航线。

第三个阶段是发展阶段，时间自 1987 年至现在。在此阶段，集装箱运输，特别是国际集装箱运输和港口吞吐量大幅度增长，我国拥有了一支现代化的集装箱运输船队，建成了一批集装箱专用深水泊位，集装箱运量大幅度提高。集疏运的管理工作同时也上了一个新台阶，建立了较为通畅的集疏运系统和全球集装箱运输的干支线网络，完善了口岸集装箱管理系统，逐步健全了港、场、站和"一关三检"的协作关系以及集装箱运输单证的统一制定和运作等等。伴随着集装箱运输的迅速发展，我国国际集装箱运输已引起全世界航运界的广泛关注。

二、珠江三角洲国际集装箱港口运输

1. 港口概况

改革开放以来，珠江三角洲地区利用中央赋予的特殊政策和毗邻港澳的地域优势，抓住机遇，大力发展外向型经济，初步形成了多层次、多功能、全方位的对外开放格局和外向型经济体系。随着珠江三角洲地区良好的经济增长势头和对外贸易的迅速发展，区内的集装箱运输得到了迅猛发展，各海运企业和港口争相开展集装箱运输业务。珠江三角洲地区作为我国外向型经济最发达的地区，其集装箱生成量约占全国生成量的 50%。

目前，珠江三角洲拥有集装箱泊位的港口共有 40 多个，占三角洲内总港口数的 34.8%。在全国港口国际集装箱吞吐量前 10 名中，珠江三角洲地区就占有 4 家。珠江三角洲水运集装箱运量主要集中在深圳港、广州港及中山港。未来珠江三角洲的集装箱运输将呈持续发展趋势，而且市场潜力巨大。

珠江三角洲地区的集疏运条件很好，目前区内主要公路有 105、106、107、321、324、325 等国道，广深、广湛、广汕、广肇、深汕等省道以及广深高速、广珠高速、深汕高速、广佛高速、广三高速等高级公路。区内已建成的铁路主要京广、京九、广九、广梅汕、广湛等线。

航道方面，三角洲水网的主要航道有东平水道、莲沙容水道、小榄水道、鸡鸦水道、顺德水道、江门水道、东莞水道、陈村水道、崖门水道等。因为区内集装箱港口集中在珠江三角洲及大中城市范围内，集装箱码头与高等级公路的距离都比较近，疏港公路条件也普遍较好，完全满足集装箱车辆对公路的要求。但有一些港口港区位于城市闹市区，造成城市交通与港口陆上交通之间的冲突，影响了港口作业。这些港区有广州港的新风码头、河南(洲头嘴)、芳村等港区，珠海港的九洲码头，虎门港的货柜码头等。

2. 集装箱运输现状

区域内的港口国际集装箱始于近十多年，以惊人的速度得到发展。尤其是20世纪90年代初邓小平同志南巡讲话之后，各地掀起一个新的引进外资的高潮，外向型经济得到进一步的发展。区内港口纷纷多渠道筹集资金和新建集装箱码头泊位，港口吞吐量快速上升，比同期区内经济发展速度、港口吞吐量及外贸吞吐量都大得多。区内集装箱吞吐量在全国范围内也占有相当大的比例。

区内有个别港口码头已采用了世界上最先进的集装箱装卸机械，盐田和蛇口港区已配备了国际现代化港口通用的集装箱装卸桥，但大部分集装箱港口码头是基于简易改造投入营运，加上港口企业资金不足，无力更新营运设施，使得许多港口的集装箱装卸机械和工艺较落后，导致生产效率不高。广州港目前正抓紧EDI中心的建设，深圳赤湾港区和盐田港区初步建起了EDI系统。珠江三角洲内陆集装箱场站推广EDI技术则刚刚开始。

三、长江三角洲国际集装箱港口运输

1. 港口概况

长江三角洲地区是指上海，江苏的南京、镇江、常州、无锡、苏州、扬州、南通以及浙江的杭州、嘉兴、湖州、绍兴、宁波、舟山共14个市74个县市(县级市)，这是我国经济实力最为雄厚、城市化水平最高的地区之一。进入20世纪90年代，在上海浦东开放和我国改革开放重点转向长江流域的带动下，长江三角洲成为改革开放的前沿地带，这一地区长期蕴藏的经济发展潜力得以释放，在全国的经济发展中占据重要地位。目前，长江三角洲地区已成为我国以加工工业为主的最大的综合工业基地和集约化程度最高的综合性农业基地，是乡镇企业最发达的地区，也是外商投资的热门地区。该地区人口仅占全国的6%，但贡献出16%的国内生产总值、22.4%的工业产值、20%的出口额，区域内人均国民生产总值和人均工农业总产值分别是全国平均水平的2倍和2.43倍，外资投资项目数和金额数分别约占全国的20%和25%。该区域通过长江水运大动脉，沟通面积180万km^2，人口3.5亿，粮、棉、工业产量占全国半数的长江流域，具有极为广阔、发达的腹地和市场。

长江三角洲地区区位条件得天独厚，它位于我国东海海岸线的中点，扼长江入海口，并处于世界环球航线附近。区域内大陆海岸线长近千里，长江优良航线600 km。区域内还有近200 km的深水岸线，可建万吨级～30万t级深水泊位几百个。随着集装箱运输时代的到来，长江三角洲地区港口的集装箱运输变得非常活跃。长江三角洲港口群在地理上以连接江、海、陆的运输枢纽上海港为核心，北翼包括南京港、镇江港、高港港、江阴港、张家港港、南通港6个主要内河港，南翼主要包括宁波港、舟山港等海港，港口群内大中小港口总数近30个。20世纪90年代以来，随着该区域经济的快速发展所带来运输的派生需求，使得区域内港口集装箱吞吐量一直保持在全国总量的30%以上。长江三角洲地区港口不仅承担本地区的外贸进出口任务，而且是长江中上游和相关腹地对外贸易的重要门户，其地位及其重要。

长江三角洲地区的国际集装箱港口初步形成了有远洋干线港、支线港(开部分近洋线)和

喂给港等三个层次的港口群和运输网络。其中上海港已初步形成内外两个扇面辐射的集装箱运输网络枢纽港；宁波港、南京港、张家港港形成近洋航线和通往上海的内支线并举的支线港；其余港口形成以内支线为主的喂给港，这是长江三角洲集装箱港口系统的最基本特征。

2. 集装箱运输现状

处于长江流域经济发展龙头地区的长江三角洲是我国大陆集装箱运输最繁忙的区域之一。长江三角洲地区港口不仅承担本地区的外贸进出口任务，而且是长江中上游和相关腹地对外贸易的重要门户，其地位及其重要。20 世纪 90 年代以来，该地区内港口集装箱吞吐量以高增长率递增。上海港是我国大陆沿海最大的集装箱港，1998 年已跻身于世界十大集装箱港之列。宁波港以其良好的港口和航道条件得到了较大的发展，江苏四港的集装箱运输也有了一定的规模。长江三角洲地区现有集装箱泊位 21 个，为全国总量的 37%；集装箱一次最大堆放能力为 11 万多 TEU，堆存能力占全国总量的 25%强。

长江三角洲地区港口开出的国际集装箱班轮中，近洋航线所占比重较大，远洋航线较小。由于我国大陆集装箱运输起步较晚，迄今为止还没有一个国际集装箱枢纽港，长江三角洲的远洋国际集装箱运输大多是向香港、新加坡和日本有关港口喂给，由境外中转。南京长江大桥以上的港口以内支线经过下游主要港口喂给。部分远洋集装箱通过公路、铁路运至深圳或香港中转，近洋集装箱分江海直达和通过长江下游港口中转这两种方式。

四、环渤海地区国际集装箱港口运输

1. 港口概况

环渤海地区包括辽宁、河北、山东、天津、北京 3 省 2 市及渤海海域。陆地面积 51.54 万 km^2，占全国陆地面积的 5.4%。该地区是我国最主要的城市和工业集聚区之一。该地区资源极其丰富，集中了我国三个最大铁矿区中的两个，同是又是我国第二个巨大的含油气区；农业产品在全国具有重要的地位，棉花产量占全国的 40%以上。该地区人口密集，大中城市集中，经济实力雄厚，科学技术水平较高。该地区以渤海为地理中心，具有地域上的关联性和整体性，扼我国北方地区通向海洋的门户，是我国东北、华北经济核心区之所在。其腹地范围几乎包括半个中国，也是首都圈之所在，政治经济战略地位十分重要。

环渤海地区的集装箱港口主要是为我国北方提供贸易运输服务，相对于长江三角洲地区和珠江三角洲地区，其集装箱运输发展相对缓慢。这一方面是由于地缘政治和地缘经济的原因，环渤海地区的开放较南方晚，开放的规模较小；另一方面是因为环渤海地区产业结构表现为资源型产业强大，深加工工业和第三产业相对落后。目前该地区主要集装箱港口有青岛港、天津港和大连港。

2. 集装箱运输现状

环渤海地区有 2 亿人口，近年来经济增长迅速，而且潜力很大，正在大规模地走向国际市场，有可能成为亚洲东北部、北部、中部广大区域范围内大的经济核心区之一。随着该区国民经济水平总体实力的进一步提升，对外贸易的进一步发展，特别是产业结构的高级化，其未来的集装箱运输将具有很强的后发优势，拥有潜在的巨大增长空间。目前，我国西北、东北和华北大部分地区的对外开放和经济发展与东南沿海地区相比显得缓慢，但是待开发的资源丰富，潜力极大。随着国家北方与南方、东部地区与中西部地区协调持续发展战略的实施，必将有力地促进该地区进出口贸易的增加，将对北方集装箱港口的进一步发展产生强大的推动作用。

在我国集装箱运输事业的发展中，环渤海湾地区的集装箱港口发挥了重要的作用。随着我国北方地区经济的进一步发展，运输基础设施的进一步完善，环渤海地区的港口将在集装箱运输方面具有巨大的增长空间和发展前景。但在长江三角洲地区和珠江三角洲地区均出现了以某一港口为主枢纽港的情形下，该地区却呈现的是一种多极化的发展趋势，始终无法形成一种该地区的区域性主枢纽港。

目前，我国南部沿海有以香港为主、深圳为辅的国际性枢纽港格局，中部沿海有上海组合港之间优势互补，枢纽港已具雏形。而北部沿海的大连、天津、青岛三港之间枢纽港之争由来已久、尚未定局。从港口及地方利益出发，每个港口都需要投资和发展；但从国家整体利益及提高我国港口国际竞争力的角度出发，从三港之中尽快确定北部沿海之枢纽港已刻不容缓，若继续拖延下去，势必造成国家投资分散、箱源分散，难以形成枢纽港之设备能力和箱量规模，无法吸引干线船舶挂靠，结果仍无一成为枢纽。

三港的港口设施、设备能力都已发展到相当规模，彼此间的差距正在缩小，三港的集装箱航线差距也正在缩小。近几年，青岛港与天津港在干线分布上已相当接近，欧洲、美西、美东、波斯湾等远洋航线在两港的进出口业务相当繁忙，再加上日本、韩国、东南亚等近洋航线，各港在装卸运输上都有不同程度的压力。但是自 1997 年下半年以来，也开始开辟远洋航线。最近这两年，由于山东外贸出口的发展速度和潜力，青岛在集装箱处理量方面已居三港之首，并在前湾投产了我国大陆沿海目前最大的集装箱泊位，码头岸线全长 400 m，水深 14.5 m，可接纳第五代集装箱船进行满载装卸，若干线船舶挂靠，因不必进入渤海，航行时间可比挂靠天津缩短 40 h，易被船舶公司选为挂港。青岛还在大陆沿海港口中首家通过了 ISO 9002 质量体系认证，在国际集装箱运输单证处理上率先实现 EDI 传输。三港为争夺环渤海地区的枢纽港地位，各自在服务、效率、口岸环境等方面都竞相改善，但是三港中的任何一个港很难形成如上海和深圳那样区域性的绝对优势。

从环渤海地区已有的港口设施和交通网发展水平，以及该地区经济总体实力和内外运输联系的规模和性质看，均还没有达到港口地区有效组合的阶段，需要经过一段时间的发展与努力，但环渤海地区最终将形成自己区域性的枢纽港。

第四节　港口运输在大陆桥运输中的作用

一、大陆桥运输概述

1. 大陆桥的概念

大陆桥(Land Bridge)是指两个海洋之间横贯大陆的铁路线，它把两洋与陆地的运输有机地连接起来，起到连接两洋间运输的桥梁作用，从而形成一条海洋－陆地－海洋的直通联运线。

例如，新亚欧大陆桥东起我国连云港，西至荷兰鹿特丹，全长 10 900 多 km，其中中国境内 4 131 km。它以中国、独联体、欧洲铁路为陆上桥梁，把太平洋以及波罗的海、黑海连接起来，是新兴的亚欧国际集装箱运输陆上通道。因为它是除西伯利亚大陆桥之后的连接亚欧的第二座大陆桥，所以被称作为“新亚欧大陆桥”。1990 年 9 月 12 日，新亚欧大陆桥全线贯通。1992 年 12 月 1 日，连云港组织了新亚欧大陆桥的首列列车进行试运。

目前世界上的大陆桥主要有三条：北美大陆桥、俄国的纳霍德卡经西伯利亚到西欧的亚欧大陆桥、以我国连云港为东桥头堡的新亚欧大陆桥。

新亚欧大陆桥国际集装箱运输自1992年开通正式运营以来，已经为世界上10多个国家和地区运输了货物，成为目前连接亚欧两大洲最经济、最快捷的国际运输线。

2. 大陆桥运输的概念

大陆桥运输一开始就与国际标准集装箱运输相结合。所谓大陆桥运输，就是专指大陆桥国际集装箱运输。大陆桥运输使海洋集装箱运输船舶与铁路集装箱直达列车密切相衔接，是国际多式联运的重要组成部分，也是国际多式联运的最佳形式，是国际交通运输的新成果。

常规的大陆桥运输是指采用符合国际标准化组织（ISO）规定的20英尺或40英尺集装箱，装载在直达专用列车上，利用横贯大陆的铁路作为中间桥梁，将其与大陆两边的海上运输连接起来，从而形成跨越大陆、连接海洋的国际集装箱多式联运方式。

3. 大陆桥运输的经济效益

大陆桥运输是集装箱运输和国际多式联运开展以后的产物。它开始于1967年6月埃以战争之后，远东与欧洲之间的海上货运船舶不得不改道绕行非洲好望角或南美洲合思角，因此导致航程和运时大为延长，加上油价的上涨，航运成本倍增。而当时正值集装箱运输的兴起，这促使大陆桥应运而生，从远东诸港到欧洲的贸易运输，于1967年底首次开辟了使用美国大陆桥运输线路，把原来的全程海运，改为海一陆一海联合运输形式，试运结果表明经济效益甚佳。如以日本东京至英国伦敦为例：全程海运，西行航线苏伊士运河为20 108 km，若绕道好望角为27 930 km；如东行航线经巴拿马运河为22 880 km，绕道合思角为31 480 km。当采用北美洲大陆桥运输线，全程运输距离仅为20 790 km，比绕道好望角缩短航程7 140 km；比经巴拿马运河缩短里程2 090 km，比绕道合思角缩短10 690 km。又如从日本东京至荷兰鹿特丹，经由原苏联西伯利亚铁路干线的欧亚大陆桥，全程仅有13 000多km，比经苏伊士运河、好望角、合思角都大大缩短了里程。

二、港口运输在大陆桥运输中的作用

港口是大陆桥的桥头堡。港口运输在大陆桥运输中发挥着十分重要的作用。

连云港是我国沿海中部的一个重要集装箱港口，位于江苏省东北部的黄海之滨，背倚云台山，有东西连岛为天然屏障，水域广阔，风平浪静。它北距青岛101 n mile，南距上海338 n mile，东距日本500 n mile，距韩国322 n mile。港口岸线总长40.6 km，水域面积30 km^2，生产区面积4万m^2，具有建设第三代、第四代集装箱泊位的深水条件。1999年连云港港全年共完成国际集装箱11万TEU。由于连云港港位于我国陇海铁路的东端起点，横贯内陆的陇海线和兰新线铁路，使其经济腹地广阔，贯穿我国东部、中部和西部三个经济地带，包括河南、陕西、甘肃、青海、新疆、鲁南、苏北、皖北、鲁东南等11个省区，面积约360万km^2。1992年新亚欧大陆桥的开通，使连云港成为了新亚欧大陆桥的东桥头堡。目前已承担了全国大陆过境集装箱总量的90%以上，使其在我国集装箱多式联运系统中发挥了重要的角色。目前连云港大力发展陆桥运输和海铁联运业务，新增开连云港至福建、广东诸港内贸集装箱航线，航班密度进一步增加。

连云港的内陆集疏运系统十分发达，河海相通，港路相接，水陆空相连。

目前，大陆桥运输的发展面临海运集装箱运输日益强烈的竞争。20世纪90年代以来，海上集装箱运输发展迅速，集装箱船舶已从第二、三代进入了第四代、第五代，船舶航行速度提高到25 n mile/h，第五代集装箱船一次可装载6 000 TEU，集装箱船正朝着大、快的方向迅速发展。根据伦敦德鲁里航运咨询公司估算，6 000 TEU的超巴拿马型船营运中每个箱位可节约

20%的费用，加上目前海运业竞争激烈，海上承运人必须通过改进信息网络、改善服务设施、缩短货物运送时间、提高运送速度以及降低运价等手段来提高自身的优势，这就使大陆桥运输时间短、运费省的优势受到了削弱。另外，全球性的海运承运人正与各大集装箱枢纽港及陆上运输系统联手建立一种以多式联运系统为基础的全球性综合物流系统，通过为货主提供更精确、更快捷和更经济的物流服务来吸引更多的集装箱货物。由于大陆桥铁路集装箱专列一次只能装载 100 TEU，所以通过大陆桥运送的集装箱货物在整个国际集装箱多式联运系统中的比重是非常小的，以海运为核心的集装箱运输在全球集装箱多式联运系统中始终占据着主导地位。

第八章 管道运输

第一节 管道运输概述

一、管道运输的历史与现状

管道运输系指用加压设施加压流体(液体或气体)或流体与固体混合物,通过管道输送到使用地点的输送系统。我国古代为了灌溉农田和冶炼金属,发明了水车和唧筒这类原始的流体机械来提升水或鼓风,输送管道多用竹木管。早在秦汉时期就用竹木管输送卤水,在明末清初还用竹木管输送天然气。进入现代,随着生产力的发展,在城市建设中,供水、供热和供煤气等公用设施也随之发展,并形成管网,以满足城市居民生活的需要。但真正意义的用作运输产业的管道运输,则始于19世纪石油天然气的开发与利用。

美国于1865年在宾西法尼亚修建了世界上第一条输油管道,直径50 mm,长度9 km。该州于1874年又修建了一条直径100 mm,长度96 km的输油管道。石油和天然气由于地质成因,往往是油气伴生的,在开采石油的同时,也开采了天然气,石油和天然气逐渐成为世界各国的重要资源和能源。目前,全世界大型石油和天然气管道总长已超过200万km,石油天然气的开采与运输得到了蓬勃的发展。许多长输管道跨越多国,最大管径达1 220 mm,最长距离达5 500 km,石油和天然气管道几乎遍及世界各大洲,使管道运输作为一种产业得到世界各国的重视与推动,成为继公路、铁路、空运、海运之外的第五大运输体系。更为重要的是在人类的实践中管道运输的效应逐步被放大甚至升级,在实现运输变更,推动能源结构和产业结构调整的同时,更是担负起了保障国家能源安全的使命。

我国发展石油天然气工业主要是在建国以后,1958年我国克拉玛依油田首先开发建设了克拉玛依—独山子炼油厂的输油管道,管径为150 mm,全长20 km。20世纪60年代以后,特别是改革开放以后,随着我国石油工业的蓬勃发展,管道运输得到了较大的发展:1970年以来,随着大庆、辽河、胜利、大港、华北、中原、新疆等油气田的相继开发,以及海上油气田的开发,我国不仅建成了陆上输油、输气管道,也建成了成品油输送管道。进入90年代,我国油气长输管道每年以超过400 km的建成速度递增,使我国油气田的管道运输进入一个新的历史时期。海上油气管道、成品油管道、大型供气管道的联网实行网络化,以满足全国各地区对能源不断增长的需要。如建在世界屋脊,穿过永冻土带青藏高原上的格尔木—拉萨成品油管道,管径150 mm,全长1 080 km,可输送汽油和柴油,是我国目前最长的顺序输送管道。建在南中国海崖城13—1气田至香港的输气管道是我国第一条大口径(700 mm),长距离(800 km),高压力(8 MPa)的海底输气管道。距离较长的陕西清边—北京的输气管道也已建成投产,东北、华东、西南、西北和广东地区的输油、输气管道运输网络已初步形成,尤其是2004年投产的西气东输管道系

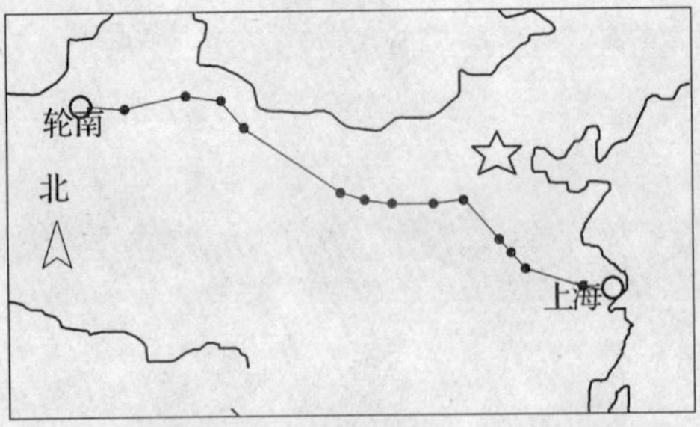

图 8－1 西气东输工程示意图

统，线路总长约 4 000 km，如图 8－1 所示。放射型的支线覆盖中国许多大中城市，使我国形成了横贯东西，呈区域型覆盖的油气管道运输网络。全国石油天然气产量的 90%通过这些管网输往各地用户。按照国家计划，还将继续建设更多的油气管道，以满足国民经济发展和人民生活对资源和能源不断增长的需要。

二、管道运输业的拓展

随着油气管道运输的发展，各国逐渐注意到管道运输方式的诸多优点，因而促进和刺激了粒状物料的浆体管道运输，从而加快了矿产资源的开发，降低了运输成本，避免了精矿的输出设施(铁路或公路)的昂贵投资。粒状物料的浆体管道运输是以水为载体来输送粒状物料的。

1957 年美国建成了世界上第一条输煤管道，管径 254 mm，全长 173 km；1967 年澳大利亚建成了世界上第一条铁精矿输送管道，管径 244 mm，全长 85 km；1978 年英国建成了世界上第一条磷酸盐矿浆输送管道，管径 229 mm，全长 91 km；近年来国外又发展了密封容器管道输送，它仍以水为载体，物料装于密封容器中利用水的浮力减小摩擦，靠水力进行管道输送。

为了扩大管道运输的应用范围，国外已出现了以气体为载体的容器管道输送系统，它利用带有轮子的容器列车在管道内运行，物料在装载站自动定量装入容器内，在卸载站自动卸除。英国和德国利用这种输送方式运送邮件，哈萨克斯坦利用这种输送方式输送粮食，已建成了 70 条总长 650 km 的容器粮食输送管道。

我国在发展石油天然气管道运输的同时，也发展了粒状物体的浆体管道运输，以减轻铁路运输的压力，降低开发矿业的投资和运营费。我国 1997 年建成的从山西太钢尖山煤矿到太原钢铁公司的铁精矿输送管道，管径 229 .7 mm，全长 120 km，年运输精矿 200 万 t。如若新建铁路专用线路输送精矿，不仅投资多，运营费用也高。1998 年建成了从辽宁省鞍钢调军台铁矿到鞍山钢铁公司的铁精矿输送管道，管径 243 mm，全长 20 km，年运输精矿 300 万 t，克服了现有环市铁路运输能力不足的困难。1996 年建成了从贵州省福磷矿区兴隆坝选厂到杨柳坪的磷精矿输送管道，管径 228.6 mm，全长 45.6 km，年运输磷精矿 200 万 t。此外，还有已经建成和正在建设的输煤管道等。总之，我国管道运输业正处在蓬勃发展中，各种物料包括石油、天然气、精矿、矿石、煤炭的长距离管道输送，以及短距离的气力输送，很多都正在建设或筹划之中，我国的管道运输必将随着国民经济的发展而拓展到更广阔的应用领域。

三、管道运输方式的优点与局限性

1. 管道运输的优点

管道运输方式，特别是长距离管道运输方式，与其他方式相比，具有下述优点：

(1)运费低，能耗少。管道运输方式是流体和浆体的输送方式，不存在铁路或公路运输方式所述的牵引机车、汽车和车厢的非物料额外能耗，只要克服液体或浆体在管道内的摩擦阻力和提升，即可完成运输作业。没有铁路或公路的维护检修费用，因此，管道运输方式的能耗小，运营费用低。据国外资料报告：发达国家采用管道运输石油，每吨千米的能耗不足铁路的1/7，在大量运输时的运输成本与水运接近，因此在无水条件下，采用管道运输是一种最为节能的运输方式。由于我国管道工程尚属初创，管径小，压力低，优势未能充分发挥出来，其成本大致为铁路运输成本的80%,还有很大的发展潜力。

(2)运量大,劳动生产率高。管道运输是一种连续工程,运输系统不存在空载行程,因而系统的运输效率高。理论分析和实践经验已证明,管道口径越大,运输距离越远,运输量越大,运输成本就越低。以运输石油为例,管道运输、水路运输、铁路运输的运输成本之比为1∶1∶1.7。一条管径为1 220 mm的管道年输送原油量可达1亿t以上,而每100 km的操作人员仅为铁路的一半,为公路汽车运输的1/9。

(3)输送系统简单,基建投资少。管道运输系统与其他运输系统相比较为简单,主要包括加压设施(泵站或压气站)、输送管道(干线管道和分配管网)和辅助设施,因而基建投资少。

(4)建设速度快,施工周期短。由于输送系统简单,工程量相对其他运输方式较少,设备重量轻,管道由厂家订货,输送管道多为埋设,主要是土方施工,采用分段施工方式,因此建设速度快,施工周期短。管道运输系统的建设周期与相同运量的铁路建设周期相比,一般来说要短1/3以上。我国建设大庆至秦皇岛全长1 152 km的输油管道,仅用了23个月的时间,而若要建设一条同样运输量的铁路,至少需要3年时间。新疆至上海市的全长约4 000 km的西气东输天然气运输管道,建设周期不超过2年,但是如果新建同样运量的铁路专线,建设周期在3年以上,特别是地质地貌条件和气候条件相对较差,大规模修建铁路难度将更大,周期将更长。统计资料表明,管道建设费用比铁路低60%左右。

(5)受地形条件的限制少,占地少。管道运输方式不同于铁路或公路运输方式,对地形没有严格的限制,甚至没有限制,因而管线线路没有铁路或公路的迂回曲折问题,易于克服地形障碍,输送路径最短,从而可以节约投资,为加快建设速度创造有利条件。而且运输管道通常埋于地下,对土地的永久占有很少,仅为公路的3%左右。在交通运输系统的规划中,考虑管道运输方案,对于节约土地资源,有重要意义。

(6)受外界影响小,安全可靠。管道运输方式能够长期连续稳定地运输,不受气候和其他交通事故的影响,事故几率小,作业效率高。而且大部分管道深埋地下,无噪声,对环境的污染少。尤其对于石油、天然气这些易燃、易爆、易挥发、易泄漏的资源,采用管道运输方式,既安全,又可以大大减少挥发损耗,同时也可大大减少由于泄露导致的对空气、水和土壤的污染,有利于环境保护和生态平衡。

2. 管道运输的局限性

管道运输虽然具有很多优点,但也具有以下的局限性:

(1)只能输送特定的物料。如:石油、天然气、特定的粉状或粒状物料(精矿、矿石或其他固体物料),运输功能单一,不如铁路或公路运输可以运输任何物资以至客运。

(2)只能进行定向、定点运输。一般只能运输大宗、特定、适宜于管道运输的物料,不如铁路和公路运输,可以进行双向不定点多种物资的运输。且对输送物料的物理及化学特性均有严格要求,只允许输送不会产生物理性质和化学性质变化的物料。

(3)管道运输系统的输送能力不易改变。每个管道运输系统的运输能力一经确定,输送系统的设备和管道就是确定的,不能改变的,如果要增加运输能力就必须增加设备和管道的输送能力,通常是很困难的。因为要增加输送能力,管道的泵压力就要提高,设备的输送压力也随之提高,采用原有的设备和管道在技术上是通不过的,只好另建管道运输系统,这一点不如铁路运输,可以通过提速、改变机车等措施解决。

(4)浆体须进行脱水处理。浆体管道运输物料到达终点后,须进行脱水,才能供用户使用。

四、管道运输与其他运输方式的关系

随着生产力的发展，交通运输业也获得相应的发展。工业和农业的现代化，必然带动和促进交通运输业的现代化。运输方式也越来越多样化，在传统的公路、铁路、城市轨道、水运、空运、港口运输方式之后，近几十年又出现和发展了运输石油、天然气、粒状物料的浆体等的管道运输方式。管道运输方式是是一种新型的运输方式。这几种运输方式，以其各自不同的特点共同承担着国民经济对交通运输业的要求，构成了当代运输体系。他们之间是相辅相成、互为补充的关系，因此都需要大量发展，发挥各自特长和优势，最大限度地提高运输的效能。

五、管道运输技术的发展趋势

随着管道运输工程建设的发展，我国管道运输的科技水平也在不断提高，科研、设计和施工能力已具备了相当的实力，基本可独立承担管道运输工程的设计施工。主要设备、设施、仪表等均开始了国产化进程。已经具备用国际质量标准承建大口径、长距离油气输送管道、新型储油罐、储气罐，穿越大型河流以及水下管道施工的能力。并已与法国、日本等国家大公司合作，在国外承建输送管道。但是，与发达国家相比，我国的管道输送技术还存在一定的差距，主要体现在以下几个方面：

1. 在管道所用的管材与制管工艺方面

我国采用的 16 号锰钢，制管工艺不够完善，管子泵压低，导致泵站间距短，耗钢量大。目前，我国在 2004 年投产的西气东输干线采用了管径 1 016 mm，材质 X70 级钢，压力为 10 MPa 的设计技术，是我国管道建设史上管径最大，输送距离最长、压力、材质和钢级最高的输气管道，达到了同类管线的世界先进水平。2005 年，国产 X80 级钢管的成功应用，标志着我国高等级管线钢和钢管制造技术实现了质的飞跃，从而大大缩短了与世界先进水平 X100 级钢管的差距。

2. 在输油工艺方面

我国原油多为高凝固点、高含蜡、高黏度的原油，需要采用加热炉直接输送，而国外部分管道采用换热器间接加热，利用高速流动的摩擦热输送或经热处理后常温输送的技术可大大降低技术难度与输送成本。

3. 在机、泵、阀门等方面

国外发展的方向是单级、大排量、中扬程、高效率的离心泵，电机、阀门的调节性、可靠性均优于我国目前的水平。

4. 在自动化技术方面

国外采用先进的全线控制的自动化技术，我国虽然也在研究自动程序控制，并试用微波通信，但离全自动化技术还有距离。

5. 在防腐技术方面

国外普遍采用阴极保护与管道涂层相结合的技术，我国仍以沥青玻璃布涂层为主。

6. 在管道施工技术方面

我国在机械化水平、绝缘质量、焊接工艺、质量检测方面仍存在一定差距。

虽然存在上述差距，但是，我国管道建设的几十年历程，仍然可以说是一部浓缩的科技进步史，我国油气管道已走出了一条靠科技自主创新与引进、消化吸收再创新具有中国特色的自我发展之路，在较短的时间内达到了发达国家奋斗了一个多世纪所达到的先进水平。到 2005

年，以建成的两条西气东输管线和中哈管线为标志，我国油气管道在设计、施工等主要方面，已经从整体上达到了 20 世纪末的世界先进水平。

目前，输气管道运输正朝大口径(1 400 mm 以上)、高压力的方向发展并不断研制采用新材料、新技术、新工艺。采用大口径管线不仅可以增加能力，还能降低投资和输送成本。近年来，新建管道压力较过去有较大的增加，增大输气压力既可以提高输气能力，还可以减少压气站数量，降低经营成本。不过大口径、高压力管道的应用，需要有高强度的钢材做保证，这也间接促进了冶金、制管、焊接、施工等工艺技术的发展。

国外研究和采用的新技术还包括新的输气工艺，如管道运输条件下天然气密度的提高技术，着重研究在低温高压下气态或液态输送天然气的技术，它可以提高输气能力。为了改善原油的流动性，以降低输油成本，一般以原油为燃料，通过热煤炉加热原油以降低黏度，减小阻力。此外，还研究了添加降凝剂、减阻剂、原油环输送、原油磁处理等先进技术，以降低原油黏度、凝固点、降低输送阻力，并防蜡防垢。国外还研究采用输送高速流动的原油，使其摩擦而生热，省去了燃油加热设施，以达到最好的经济效益。

第二节 管道运输基础设施和生产管理

一、管道运输系统的分类

1. 按所输送的物料分类

运输管道按所输送的物料不同，可分为原油管道、成品油管道、天然气管道和固体料浆管道(前两类经常称为油品管道或输油管道)。

(1)原油管道。原油一般具有比重大，黏稠和易于凝固等特性。用管道输送时，要针对所输送原油的物理特性采用不同的输送工艺。原油运输不外是自油田将原油输送给炼油厂，或输送转运原油的港口或铁路车站，或两者兼而有之。其运输特点是：运输量大，距离长，收油点和交油点少，故特别适宜用管道输送。世界上的原油约有 85%是用管道输送的。

(2)成品油管道。成品油管道输送汽油、煤油、柴油、航空煤油和燃料油，以及从油气中分离出来的液化石油气等成品油(油品)。每种成品油在商业上有多种牌号，常采用在同一管道中按一定顺序输送多种油品的工艺，这种工艺能保证油品的质量和准确地分批运到交油点。成品油管道的任务是将炼油厂生产的大宗成品油输送到各大城镇的加油站或用户。有的燃料油则直接用管道输送给大型电厂，或由铁路用槽车外运。成品油管道运输的特点是批量多，交油点多。因此，管道的起点段管径大，输油量大，经多次交油后，输油量减少，管径亦随之变小，从而形成成品油管道多级变径的特点。

(3)天然气管道。输送天然气和油田伴生气的管道，包括集气管道、输气干线管道和供配气管道，就长距离运输而言，输气管道系指高压、大口径的输气干线。这种输气管道约占全世界管道总长的一半。

(4)固体料浆管道。固体管浆管道是 20 世纪 50 年代中期发展起来的，20 世纪 70 年代初已建成能输送大量煤炭料浆的管道。其输送方法是将固体粉碎，与适量的液体配置成可泵送的浆液，再用泵按液体管道工艺进行输送。到达目的地后，将固体分离送给用户。目前料浆管道主要用于输送煤、铁矿石、铝矾土和石灰石等矿物，配置浆液主要用水，还有少量采用燃料油或甲醇等液体作载体。

2. 按用途不同分类

运输管道按用途不同可分为集输管道、输油(气)管道和配油(气)管道三种。

(1)集输管道(集气管道)。它是指从油(气)田井口装置经集油(气)站到起点压力站的管道,主要用于收集从地层中采集出来的未经处理的原油(天然气)。

(2)输油(气)管道。以输气管道为例,它是指从气源的其他处理厂或起点压力站到各大城市的配气中心、大型用户或储气库的管道,以及气源之间相互连通的管道,输送经过处理符合管道输送质量标准的天然气,是整个输气系统的主体部分。

(3)配油(气)管道。对于油品管道来说,它是指炼油厂、油库和用户之间的管道,对于输气管来说,是指从城调压计量站到用户支线的管道,压力低、分支多、管网稠密、管径小,除大厦使用钢管外,低压配气管道也可用塑料管或其他材质的管道。

二、管道运输系统的基本设施

管道运输与其他运输系统最主要的差异在于:管道运输系统中,运输工具都是固定的,不需要凭借运输工具的移动来完成运输任务。因此,管道运输系统所需要的基本设施也不同于其他运输系统。

管道运输系统的基本设施包括管道、储存库、压力站(泵站)、控制中心和通信设施。

1. 输送管道

管道是管道运输中最主要的部分,它的制造材料可以是金属、混凝土或塑胶,完全依靠输送的货物材料及输送过程中所承受的压力大小而决定。

2. 货物的储存槽

由于管道输送的过程是连续进行的,因此管道两端必须建造足够容纳其所承载货物的储存槽。

3. 运输动力的压力站

货物经由管道从甲地输送到乙地,必须靠压力来推动,压力站就是管道运输动力的来源。一般管道运输动力的来源有气压式、水压式、重力式及最新的超导磁力式。通常气体的输送动力来源靠压缩机提供,这类压力站彼此的设置距离一般为 80～160 km。液体的输送动力来源则是靠泵提供,这类压力站彼此的设置距离一般为 30～160 km。

4. 监控中心

管道运输虽具有高度自动化的特点,但仍需要良好的控制中心,并配置最现代的监测器及熟练的管理及维护人员,随时检测、监视管道运输设备的运行情况,以防止意外事故发生时所造成的漏损及危害。

5. 通信中心

通信系统是管道运行调度和指挥的重要工具,应建设有站内通信、站际通信、全线通信及移动通信系统,并高效地工作,保障调度指挥、设备监控,各项管理都能及时到位,确保输送能力,提高运输效率。

三、管道运输的生产管理

在管道运行的生产过程中,为获得良好的经济效益,必须对管道运输实行统一指挥和调度,以保证管道在最优化状态下长期安全而平稳的运行。管道运输的生产管理包括下面几个方面。

1. 管道运输的计划管理

根据管道所承担的运输任务和管理的设备现状编制合理的运行计划，以便有计划地进行生产，包括年度计划、月度计划、批次计划、周期计划等。同时还要编制加压站、库的输入和输出计划，以及分输和配气计划，然后根据这些计划安排管道全线的运行计划，力求发挥全线的设备优势，调整到最佳运行参数，充分发挥输送设备的效能，减少能耗，尽可能获得最好的经济效益。另一方面，根据输送任务和管道设备状况，编制设备维护检修计划和辅助作业计划。

2. 管道输送设备管理

对管道站库的设备进行维护和修理以保证管道的正常运行。管理的主要内容包括对设备状况进行分级，并进行登记；记录各种设备的运行情况、编制设备的日常维修和大修计划，改造和更新陈旧、低效能的设备，保养在线设备。设备管理的方法是：

(1)编制操作规程。根据各种设备的运行性能、技术参数、安全特性，编制各种设备的运行操作规程，使各种设备都有章可循，发挥设备的优势、承载的潜力，做到高效、优质、安全。不允许违章作业，并保存设备的运行记录。

(2)编制检修规程。各种设备的检修都要按照设备的检修规程，按照设备特性及各种技术参数进行调整。设备在运行过程中损坏或锈蚀、疲劳的零部件应予以更换，以确保设备检修后能安全、经济运行，达到最好的经济效益。检修规程还应包括：保存检修记录，并将检修后设备调整过的技术参数记录保存。

(3)完善备件图册。根据运行和维修的记录存档逐步摸索出各种设备、各种零部件的使用周期，从而编制出较为完整的备件图册，从而为适时采购维修及大修的零部件作出计划，以备使用。

这上述三项资料的积累，为制定设备的日常维修和大修计划，改造和更新陈旧、低效能的设备，保养在线设备提供可靠的依据。

3. 管道运输的线路管理

管道运输的线路管理，包括自然灾害和其他因素的损坏。管理内容包括：日常的巡视检查线路构筑物和穿越、跨越工程设施的维修、管道防腐层的检修和维修、管道渗漏检查和维修；清管作业和管道沿线的放气、排液和清扫作业；管道线路设备的改造和更换、管道紧急抢修工程的组织等。

4. 信息传输和监控

管道运输线路长、站多、库多，输送的货物易燃、易爆、易凝或易沉淀，且在较高的压力下连续运行，这就要求管道运输的生产管理具备有可靠的监控设备和先进的信息传输技术，实现调度管理的现代化，利用各种仪表、监控设施和计算机，对管道运输系统进行检测、监视和操作，实行遥控、遥测和遥信。管道运输系统的控制设备采用监控和数据采集系统(SCADAT)，通过调度控制中心和区域调度中心的计算机对整个输送系统进行检测、监视和操作。SCADAT系统包括可编程序控制器、人机接口、监控计算机、打印机、远程数据通信系统，具有集中监视、操作、管理、控制功能，能显示流量、压力、温度、液位、浓度、气体密度、设定值、报警值等运行参数，可定期或随机打印运行记录，为实现计算机的开环控制和闭环控制创造条件，实现输送过程的自动化在线控制。为防止自然灾害及不可见因素对管线的损害，日常巡视检查，以及维护沿线的放气、排液、清扫等作业的方便，配置移动通信是不可缺少的，它可以由调度中心直接指挥到人，指挥到沿线的每一个角落。

第三节 输油(气)管道的主要设备及工作原理

一、输油管道

1. 输油管道的组成

长距离输油管道由输油站和管线两大部分组成,如图 8—2 所示。输送轻质油或难凝固原油的管道不需要加热,油品经一定距离后,管内油温等于管线埋深处的地温,这种管道称为等温输油管道,它无需考虑管内油温与介质的热交换。对易凝、高黏油品,不能采用这种方法输送,因为当油品黏度很高或其易凝时,每公里管道的压降将高达几个甚至几十个大气压,这种情况下,加热输送管道要考虑摩阻的损失,输送工艺更为复杂。

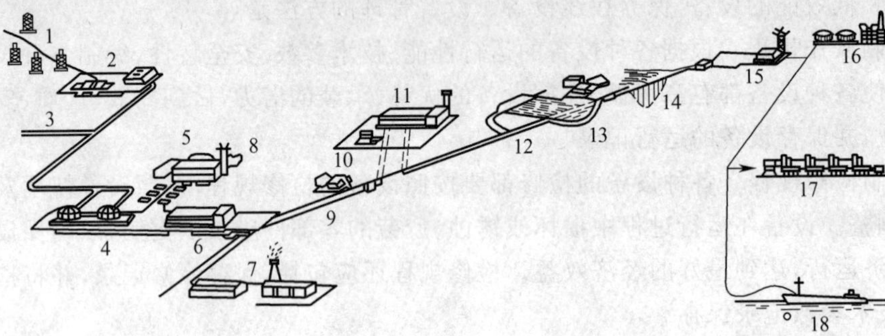

图 8—2 长距离输油管道组成

1—井场;2—输油站;3—来自油田的输油管;4—首站罐区和泵房;5—全线调度中心;6—清管器发放室;7—首站锅炉房;8—微波通信塔;9—线路阀室;10—维修人员住所;11—中间输油站;12—穿越铁路;13—穿越河流;14—跨越工程;15—车站;16—炼厂;17—火车装油线桥;18—油轮码头。

(1)输油站。输油站包括首站、末站及数个中间输油站等。

输油管道的起点称为首站,其任务是集油,经计量后加压向下一站输送,故首站的设备除输油机泵外,一般有较多的油罐。输油管道沿途设有中间输油站,其任务是对输送的原油加压、升温,也俗称中间泵站。中间泵站的主要设备有输油泵、加热炉、阀门等设备。输油管道末站接受输送来的全部油品供给用户或以其他方式转运,故末站有较多的油罐和计量装置。

(2)管线。输油管道的线路(即管线)部分包括管道、沿线阀室、穿越江河、山谷等的设施和管道阴极防腐保护措施等。为保证长距离输油管道的正常运营,还设有供电和通信设施。

2. 输油管道的主要设备及其工作原理

(1)离心泵。离心泵是一种将机械能(或其他能)转化为液体的液力机械。它也是国内外输油管线广泛采用的原动力设备,是输油管线的心脏。泵的种类很多,按工作原理可将其分为叶气式泵(如离心泵、轴流泵等)、容积式泵(如齿轮泵、螺杆泵等)和其他类型泵(如射流泵、水锤泵等)三类。管线上的输油泵几乎都采用离心泵,大型的输液泵可采用多级离心泵串联工作,每级的扬程可高达 500～600 m。国内铁大线采用的 KS 型离心泵扬程达 190 m,排量达 300 m^3/h。离心泵通过离心力的作用是完成介质的加压输送任务,其结构如图 8—3 所示。

离心泵应有良好的密封性能,包括转子轴伸部分与固定壳体间的密封(也称轴端密封)和

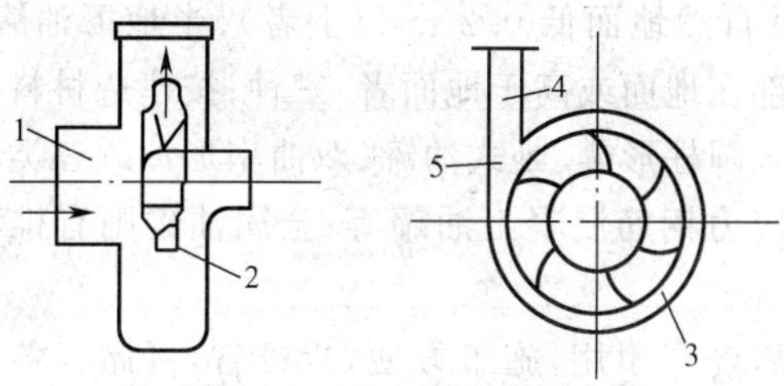

图 8—3 离心泵结构示意图

1—吸入室；2—叶轮；3—排出量；4—压扩管；5—泵舌。

泵内高低压腔的密封。

目前国内输油管道采用的输液泵主要有：400KD 型、DKS 型、KS 型、SH 型、D(DA)型、Y(YS)型、DY 型等。带动离心泵的原动机一般是电动机、柴油机和燃气轮机。电动机价廉、轻便、体积小、效率高，工作平稳、易于控制、安全性能好，应用最广泛。

(2)输油泵站。输油泵站设于首站和中间输油站，它的基本任务是供给油流一定的能量(压力能或热能)，将油品输送到终点站(末站)。输油站包括生产区和生活区两部分，生产区又可分为主要作业区和辅助作业区。主要作业区的设备或设施包括输油泵房、总阀室、清管器收发装置、计量间、油罐区、油品预处理装置(多设于首站)、加热炉或换热器组等；辅助作业区包括供电系统、供热系统、供水系统、排污与净化系统、车间与材料库、机修间、调度及监控中心、油品化验室与微波通信设备等。生活区指供泵站工作人员及家属居住用的设施。

要经济、安全地将规定输量的油品从起点输送到终点需要消耗的压力常达几百个大气压，它需要在沿线设置若干个泵站来提供压力能。确定泵站数量的原则是各泵站提供的总扬程与消耗的总能量平衡。全线采用不同方式(“从泵到泵”或“旁接油罐”)输送油品时，可通过图解法或特性曲线求得。在实际设计中，出站温度通常设定一个最高界限值，油品的比热容也需要分段选取，通过对管道的分段降温和热负荷测算来确定合理的站间距离。

(3)输油加热炉。在原油输送过程中对原油采用加热输送的目的是使原油温度升高，防止输送过程中原油在输液管道中凝结，减少结蜡，降低动能损耗。通常采用加热炉为原油提供热能。

加热炉一般由四个部分组成，即辐射室(炉膛)、对流室、烟囱和燃烧器(火嘴)。加热方式有直接加热和间接加热两种方式。直接加热方法是使燃油在加热炉管内直接加热，再经辐射室炉管被加热到所需的温度。直接加热炉的工作原理如图 8—4 所示。

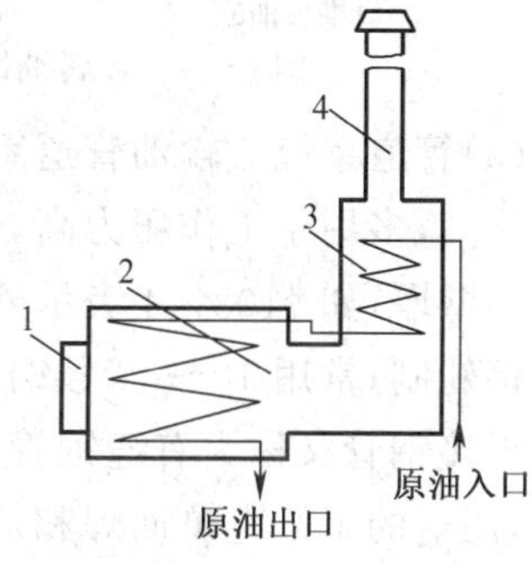

图 8—4 加热炉工作原理示意图

1—燃烧器(火嘴)；2—辐射室；3—对流；4—烟囱。

目前我国用得较多的是管式加热炉，它操作方便，成本低，可以连续、大量地加热原油(重质油)。管式加热炉有多种炉型，如石油工业早期使用的、较为简单的箱式炉(方箱炉)，以及斜顶炉、立式炉、圆筒炉、间接式加热炉等。箱式炉结构简单，操作方便、取料方便，但占地面积大、施工周期长、效率较低。斜顶炉有单斜顶和双斜顶之分，它为弥补方箱炉膛中气体充满度不佳的缺陷而将炉顶改为倾斜方向，改善了箱式炉炉内受热不均匀的问题。圆筒炉是输油管道上常用的另一种加热炉，有卧式和立式两种。其结构较紧凑，可减少占地面积和钢材耗用量，其烟气由下向上流向合理，热效率较高，但不太适合野外分散的施工作业，多在炼油厂使用。

除上述直接加热炉外，还有一类间接式加热炉，也称热煤炉。它利用某种中间热载体(又称热煤)通过换热器加热油品(原油)。间接加热炉的优点是安全可靠，但系统复杂，不易操作，造价较高。

(4)储油罐。油罐是 19 世纪 60 年代发展起来的一种储存石油及其产品的设备，油罐按建造方式分为地下油罐（罐内油品最高液面比邻近自然地面低 0.2 m 以上者）、半地下油罐（油罐高度的 2/3 左右在地下）和地上油罐（油罐底部在地面或高于地面者）三种；按建造材料分为金属油罐、非金属油罐；按罐的结构形式分为立式圆柱形罐、卧式油罐、双曲率形油罐三类。在立式圆柱形油罐中，非金属油罐有砖砌油罐、预应力钢筋混凝土油罐等；金属油罐则有椎顶油罐（图 8—5）、悬链式无力矩顶油罐等类型。

一般应用较广的是钢质金属油罐，安全可靠，经久耐用，施工方便，投资省，可储存各种油品。非金属油罐大都建在地下或半地下，用于储存原油或重油，容积较小，易于排空，油品蒸发比钢罐低，抗腐蚀能力亦比金属罐强；其缺点是易渗漏，不适合储存轻质油，且当罐底发生不均匀沉陷时易产生裂纹，难以修复。

我国输油管道常用的 5 000 m^3 容积的立式圆柱形拱顶钢罐，如图 8—6 所示。其内径为 22.6 m，罐壁高 13.95 m，总高 16.55 m，底板中心采用 6 mm 的 A3F 钢板，边板厚度为 8 mm，壁板由 10 层圈板对接焊成，厚度由下而上分别为 12～4 mm。壁板顶部和罐盖顶板用角钢连接，角钢作为加强环承受罐顶拱角的水平力。为保证油罐正常储油和进行各种操作，油罐必须配置一系列附件，如梯子和栏杆等。

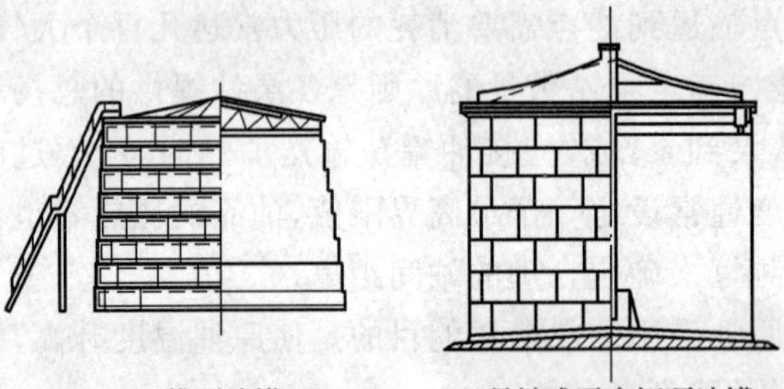

(a) 椎顶油罐 (b) 悬链式无力矩顶油罐

图 8—5 金属油罐示意图

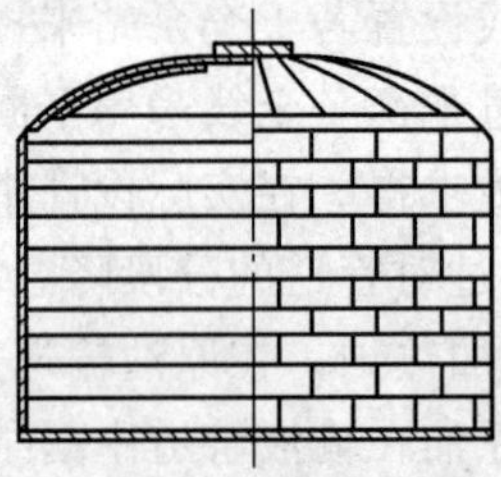

图 8—6 立式圆柱形拱顶钢罐

(5) 管道系统。输油管道系统一般采用有缝或无缝钢管。无缝钢管壁薄，质轻，安全可靠，但造价高，多用于工作压力高，作用较频繁的主要输油管线上。无缝钢管的规格标称方法是：外径×壁厚，如 ϕ108×4 表示外径为 108 mm，壁厚为 4 mm 的无缝钢管。无缝钢管常用碳素结构钢轧制，常用 10～45 号钢，长度在 12～40 m，承受压力在 200～400 N/cm^2。

焊接钢管又称为有缝钢管，是目前输油管路的主要用管。制造材料多为普通碳素钢和合金钢，制造的工艺有单面焊和双面焊两种，一般可耐 300～500 N/cm^2，其规格标称方法采用公称口径的毫米或英寸数，如 Dg100 表示公称直径为 100 mm 管（即 4 英寸管）

(6) 清管设备。油品在运输过程中，管道的结蜡使管道缩小，造成输油阻力增加、能力下降，严重时可使原油丧失流动性，导致凝管事故。处理管道结蜡有效而经济的方法是机械清蜡，即从泵站收发装置处放入清蜡球或其他类型的刮蜡器械，利用泵输送原油在管内顶挤清蜡工具，使蜡清除，并随油带走。进行管道清蜡要求不导致管道明显变形，且清蜡工具易通过；同时清蜡器应具有足够强度，在清蜡过程中不易变形和损坏。

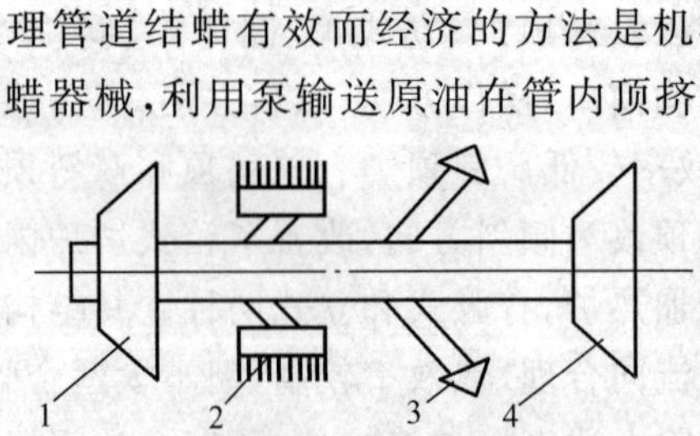

图 8—7 机械清管器构造示意图

1—前皮碗；2—钢刷；3—刮板；4—后皮碗。

清蜡器按功能可分为清蜡、封堵、检测三类，前两类清管器按结构也可分为皮碗式、球式、泡沫式和机械清管器四种，我国目前普遍应用的有机械清管器和泡沫清管器两类。机械清管器的构造如图 8—7 所示，它刮蜡效果好，使用寿命长，但遇到变形管道和障碍物时通过能力较差，且较笨重。泡沫清管器的优缺点则相反，通常用于有较大变形的管道。

国外近年研制了一些新型的清管器。如英国气体公司研制的智能检测清管小车可在不影响管线运行的条件下使用，并可检测出有意义的缺陷，指出假的缺陷、缺陷程度及其位置。

(7)计量及标定装置。为保证输油计划的完成，加强输油生产管理，长输油管线上必须对油品进行计量，以及时掌握油品的收发量、库存量及耗损量。现代管道运输系统中，流量计已不仅仅是一个油品计量器，它还是监测输油管道运行的中枢。如通过流量计调整全线运行状态，校正输油压力与流速、发现泄漏等。输油管道上常用的流量计有容积式流量计和涡轮流量计两种，实际中应根据所输油品性质、流速与流量范围，计量要求(如精度等)与仪表安装要求(温度与压力等环境条件等)来选择。计量系统包括流量计、过滤器、温度及压力测量仪表、表达系统及排污等五个部分。一般来说，流量计只能测体积。大庆油田安装了一套我国自行研制出的原油计量装置，能及时报出体积、质量、原油中的含水量等重要数据，且系统误差在 0.4%以内。

3. 管道防腐措施

管道和储油罐的腐蚀会造成穿孔，从而引起油、气、水的跑漏甚至爆裂。根据金属管道腐蚀的机理，可将其分为两大类：一是化学腐蚀，即金属表面与周围介质发生作用而导致的破坏；二是电化学腐蚀，它是指在腐蚀过程中有电流产生的腐蚀。

在管道运输中，管道和储油罐的防腐主要有以下措施和方法：

(1)选用耐腐蚀材料制造的管道，如一般城市采用的聚氯乙烯管，海洋油气管中采用的含铂和钛的合金钢管。

(2)在输送或储存介质中加入缓蚀剂抑制管道的内壁防腐。

(3)在管道内外壁上采用防腐绝缘涂层，使钢管与腐蚀介质隔离。例如在输气管道内壁喷涂环氯树脂，即可防止内腐蚀，也可减少输送时的摩擦阻力。

(4)采用阴极保护法，对被保护的金属管道通以外接电流，使整个管道成为腐蚀电池的阴极而得到保护，此法也可用于保护储油罐罐底。

二、天然气管道

我国是世界上最早使用管道输送天然气的国家之一。1600 年左右，竹管输气已有很大发展。但第一条现代化意义输气管道却是 1963 年在四川建成的管径 326 mm、长度 55 km 的巴渝管系。从全世界来看 18 世纪以前主要用木竹管输送，1880 年首次出现蒸汽驱动的压气机，19 世纪 90 年代钢管出现后，管道运输进入工业性发展阶段。到 20 世纪末，美国、西欧、加拿大等国家先后建成了规模较大的输气管网和跨国输气管道。按照规划，我国也将在 2015 年前建成“两纵两横”输气管道 12 374 km。

1. 输气管道的组成

输气管道系统主要由矿场集气管网、干线输气管道(网)、城市配气管网以及与此相关的站、场等组成。这些设备从气田的井口装置开始，经矿场集气，净化及干线输送，再经配气管网送到用户，形成一个统一的、封闭的输气系统，如图 8—8 所示。

2. 输气管道的主要设备及工作原理

(1)矿场集气。集气过程指从井口开始，经分离、计量、调压、净化和集中等一系列过程，到向干线输送为止。集气设备包括井场、集气管网、集气站、天然气处理厂、外输总站等。

一般气田的集气有单井吸气和多井集气两种流程。单井集气方式下的每一口井场除采气

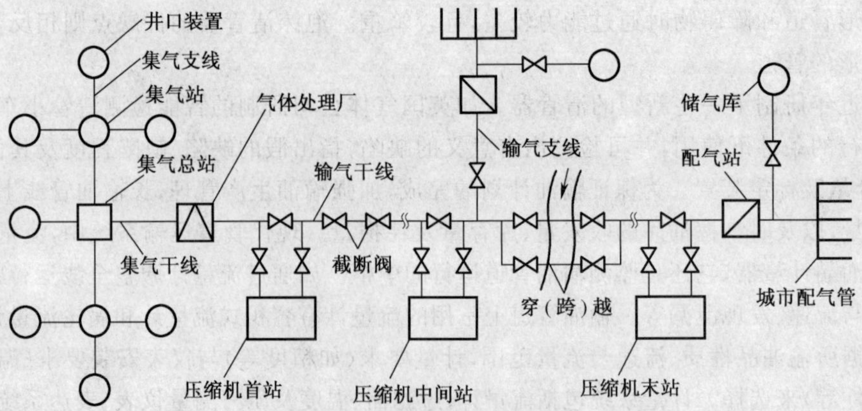

图 8-8 管道输气系统示意图

树外,还有一套独立的节流(加热)、调压、分离、计量和预处理等工作,井场只有采气树。气体经初步减压后送到集气站,每一个集气站可汇集不超过 10 口井的气体。集气站将气体通过集气管网集中于总站,外输至净化厂或干线。多井集气处理的气体质量较好,劳动生产率高,易于实现管道自动化,多用于气田大规模开发阶段。

单井集气与多井集气都可以采用树枝形或环形集气管网。环形管网可靠性好,但投资较大。由于气井井口压力较高,集气管道工作压力一般可达 1×10^7 MPa 以上。

(2)净化。气体中杂质的存在,不但会损坏管道、降低管道的输送效率,更会对压缩机叶片产生严重破坏。据计算,如果天然气中的杂质含量达到 30 mg/m^3 时,压缩机将会在几小时内因叶片被严重冲蚀而丧失正常工作能力。因此在输气规范中明确规定必须清除杂质。

目前,在输气管线上经常使用的除尘分离设备有旋风分离器、多管旋风除尘器、过滤器等。

①旋风除尘分离器。旋风除尘分离器是利用天然气在筒体内选中所产生的离心力将杂质甩到器壁后,杂质顺器壁下沉进入排污管,从而将杂质从天然气中除去的除尘设备,它的作用原理如图 8-9 所示。

这种分离器的特点是:a. 结构简单,无运动零部件,没有附属设备,制造容易,安装方便;b. 运行维护简单,压力损耗低;c. 性能稳定,不受含尘气体的浓度、温度限制;d. 处理量大,体积小,结构紧凑;e. 适合处理含固体颗粒和液体的气体,但液体含量过高,如股状水进入时会应撞击筒壁飞溅而夹带出分离器;f. 流量太大会影响分离器的效果。

这种分离器曾经是输气管线上使用最广泛的除尘设备。

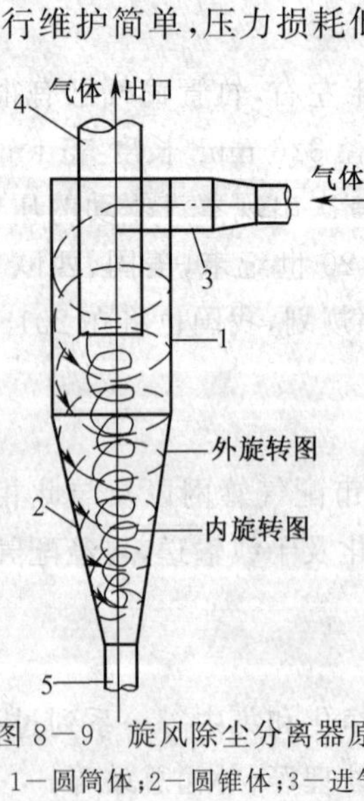

图 8-9 旋风除尘分离器原理图

1-圆筒体;2-圆锥体;3-进气管;4-出气管;5-排污管。

②多管旋风除尘分离器。目前在输气管线上使用的旋风除尘器已作了很大改进,叫多管旋风除尘器。它的作用原理一样,只是在一个筒体内以同心圆方式排列数圈旋风子,就像在一个大筒体内安装很多个小的旋风分离器一样,每个旋风子在气体进口处有导向叶片,使气体流向产生更强的离心力,从而提高分离效果。实验证明,它更适合于大流量、高压力、含尘粒度分布广的干天然气,其除尘效率可达 93%~99%,因此更适合长输管线上净化天然气用。

③过滤器。过滤器是一种最常见的气－固、液－固分离设备，被广泛使用在炼油化工装置上，在输气管线上也在不同场合上使用。它的最大优点是可根据含尘粒度的大小和除尘要求高低采用相应的过滤材料。除尘粒度最小可达 0.5 mm，因此很适合在气压站上使用，但是它不能分离气体中的水滴，且阻力损失比较大，尤其要求除去微细颗粒时，过滤材料必须更致密，尽数厚度都要增加，使得气体通过的阻力大大增加，另外，它需要经常清洗，否则过滤元件会堵塞。

整个净化过程是在净化厂处理的，净化厂处理的天然气由输气站首站调压，送入输气干线，实现长距离输送。

(3)干线输气。干线是指从矿场附近的输气首站开始到终点配气站为止的输气管道。干线输送包括管线和站场两个部分。管线不仅指管道本身，还包括通过特殊地段，如：江河湖泊、铁路、高速公路等穿越工程；管道截断阀室；阴极保护站及线路护坡、堡坎等构筑物。站场部分有首站、清管站、气体接收站、气体分输站、压气站、门站等。清管站通常与其他站合建为一个站场，同时完成多种功能。流程如图 8－10 所示。

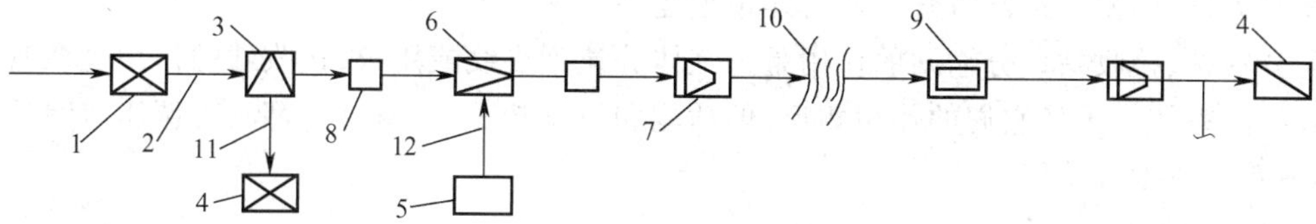

图 8－10　干线输气流程图

1－输气首站；2－输气干线；3－气体分输站；4－城市门站(末站)；5－气体处理厂；6－气体接收站；7－增压站；8－截断阀室；9－清管站；10－河流穿越；11－输气支线；12－进气支线。

①首站。首站是输气管道的起点，有的管线就建在气田的气体净化厂附近，这样的首站功能较简单，只要有计量和清管装置就可以了。一般的首站，具有调压和气体除尘、除液功能。

②压气站。压气站又称为输气站，其主要功能是给气体加压以提高管道的输送能力，核心设备是压气机和压气机车间，任务是对气体进行调压、计量、净化、加压和冷却，使气体按要求沿着管线向前流动。由于长距离输气需要不断提供给压力能，故沿途每隔一定距离(一般为 110～150 km)设置一座中间压气站(或称压缩机站)。首站是第一个压气站，当层压力大致可将气体送达第二站时，首站也可不设压气机车间。第二站开始称为压气站，最后一站即干线网的终点——城市配气站。压气站可按作用分为压气站、调压计量站、储气库三类。调压计量站多设在输气管道的分输处或末站，其作用是调节其他压力、测量气体流量，为城市配气系统分配气量并输到储气库；储气库则设于管道沿线或终点，用于解决管道均衡输气和气体消费的昼夜及季节不均衡问题。

压气机(或称压缩机)是提高气体压力以输送气体的机器。它可分为容积型和速度型两大类。前者通过压缩体积、增大密度来提高气体压力；后者则通过提高气体速度并使其从很高的速度降低，使动能转化为压力能。输气管上的压缩机主要是容积型的活塞式往复压缩机和速度型的离心式旋转压缩机。

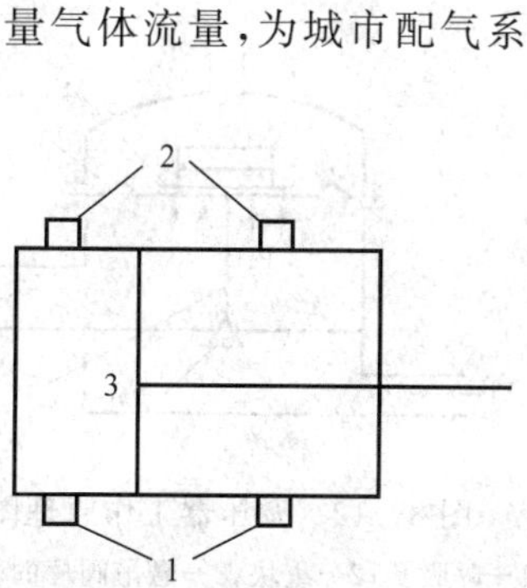

图 8－11　往复式活塞压缩机原理图

1－吸气口；2－排气口；3－活塞。

往复式活塞压缩机的原理如图 8－11 所示。

往复式压缩机的优点是排出气体的压力稳定、调节性能好，效率高，对压缩机制造材料要求不高，但结构复杂、易换件多、噪声较大，多适用于升压要求高、输气量低的线路。如气田后期增压。

另外，还有离心式压缩机，其优点是结构紧凑、排气均匀连续、可直接串联运行，振动小、易损件少、机内无需润滑油，不污染输送气体，转速高、节能、维修工作量小。但对流量小、压力要求高的输送要求难以满足，效率较低(近年来已有所改进，可达 84%以上)。在管径和流量不断增大的今天，离心压缩机发展很快，在输气干线上占据了绝对优势。

压气站的站址应选择地面平坦、有缓坡可排水、土壤承载能力不低于 0.12 MPa，地下水位低、土壤干燥的地方。

③清管站。清管站的功能是在进行清管作业时接收和发送清管器，同时清除在清管过程中流入站内的杂质和污物。在管线投产初期，杂质和污物数量和种类较多，主要是施工过程中留在管道内、未能在投产前清除干净的粉尘、泥土、铁锈等。经过长期运行之后，管内清除出来的主要是铁锈，以及可能有水和液态烃。清管站尽量和其他站场合并建设，只有当其他两个中间站间距太长，不便于进行清管作业时才单独建站。

④分输站、接收站。分输站的作用是把气体分流到支线或用户；接收站的作用是在管线中途接收气源来气。虽然它们的作用相反，但功能和设备却都是一样的，都具有调压、计量、气体除尘、清管器收发等功能。

(4)城市配气

①城市配气站。城市配气站是指配气站(即干线终点)开始，通过各级配管网和气体调压所按用户要求直接向用户供气的过程。配气站是干线的终点，也是城市配气的起点与枢纽。气体在配气站内经分离、调压、计量和添味后输入城市配气管网。城市配气管网形成可分树枝形和环形两类，按压力则可分高压、次高压、中压和低压四级。由于不同级别的管网上管道等设备的强度不同，上一级压力的管网必须调压后才能输向下一级管网。城市一般没有储气库，可调节输气与供气间的不平衡。例如当输气量大于城市供气量时，储气库储存气体，否则输出气体。

②调压器。天然气供应系统的压力工况使用调压器控制，调压器根据天然气的需用工况将天然气调至不同的压力。

调压器安装在门站、分配站、储配站、输配管网和用户处。

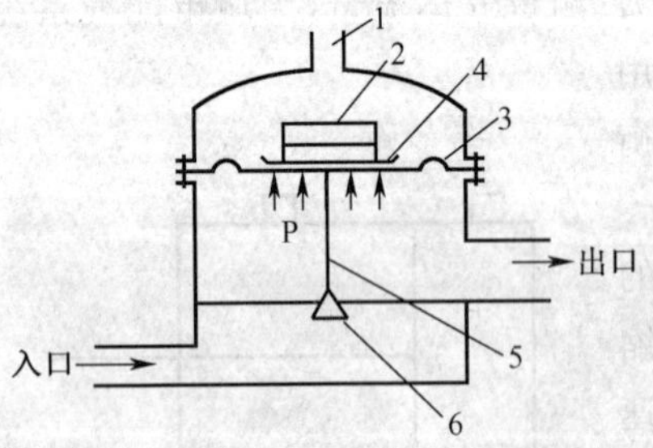

图 8－12 调压器工作原理图

1－呼吸孔；2－重块；3－悬吊阀杆的薄膜；4－膜上的金属压盘；5－阀杆；6－阀心。

调压器的工作原理如图 8－12 所示。

在天然气输配系统中，所有调压器都是将较高的压力降至较低的压力，因此调压器是一个降压设备，其作用是降低压力，并保持出口压力在一定范围内稳定。

当出口处的用气量增加或入口压力降低时，燃气出口压力降低，失去平衡，此时薄膜下降，使阀门开大，燃气流量增加，使压力恢复平衡状态。

当出口处用气量减少或入口压力增加时，燃气出口压力升高，此时薄膜上升，带动阀门使开度减小，燃气流量减少。因此又逐渐使压力恢复到原来的状态。

可见，不论用气量及入口压力如何变化，调压器可通过重块(或弹簧)的调节作用，自动地保持稳定的供应压力，因此调压器与其连接的管网是一个自动调节压力的系统。

(5)流量计。天然气在输送、分配和使用过程中,需要对天然气的输送量、分配量和用户用量进行计量。

天然气流量计就是用来指示天然气的瞬时流量和显示天然气体积的一种计量仪表。

天然气流量是一个动态量值,被测天然气包括气体和液态,不同种类和状态的天然气具有不同特性,天然气在管道内的输送压力可以从低压到高压,被测流量可以从微小流量到较大流量。天然气总量的计量对象类型很多,气源售出计量、城市购入计量、区域供气计量和用户计量等,为准确地测量天然气流量,对不同情况的天然气在不同条件下的计量方法,选择合适的天然气流量计。

居民用户,供气压力小于 3 kPa,流量 1～4 m^3/h,管径 Dg15 应选皮膜式天然气表。

工业用户用气量大于 100 m^3/h,也可选用叶轮天然气流量计。

城市天然气输配系统的接收站、分配站、压缩储气站和调压计量站,近年来趋向采用涡轮式天然气流量计、涡街式天然气流量计、超声波流量计、旋转容积式流量计和旋转旋涡式流量计等。

参考文献

[1] 沈志云．交通运输工程学[M]．北京：人民交通出版社，2003.
[2] 黄方林．现代铁路运输概论[M]．成都：西南交通大学出版社，2002.
[3] 宾任祥．现代铁路运输设备[M]．成都：西南交通大学出版社，2003.
[4] 黄方林．铁路运输新设备[M]．北京：中国铁道出版社，2005.
[5] 徐大振．交通运输管理概论[M]．北京：人民交通出版社，2003.
[6] 交通部公路司．道路运政管理知识读本[M]．北京：人民交通出版社，2004.
[7] 郗恩崇．高速公路管理学[M]．北京：人民交通出版社，2000.
[8] 孙 章．城市轨道交通概论[M]．北京：中国铁道出版社，2000.
[9] 周庆瑞．新型城市轨道交通[M]．北京：中国铁道出版社，2004.
[10] 张庆贺．地铁与轻轨[M]．北京：人民交通出版社，2000.
[11] 何宗华．城市轻轨交通工程设计指南[M]．北京：中国建筑工业出版社，1993.
[12] 国务院．"十一五"规划纲要全文[N]．人民日报，2006.
[13] 谢如鹤．交通运输导论[M]．北京：中国铁道出版社，2003.
[14] 中国交通年鉴编辑委员会．中国交通年鉴[M]．北京：中国交通年鉴社，2006.
[15] 徐公达．航空旅客运输[M]．北京：航空工业出版社，2000.
[16] 佟立本．交通运输概论[M]．北京：中国铁道出版社，2001.
[17] 张超．交通港站与枢纽[M]．北京：中国铁道出版社，2002.
[18] 冯树民．交通运输工程[M]．北京：知识产权出版社，2003.
[19] 白世贞．石油储运与安全管理[M]．北京：化学工业出版社，1998.
[20] 王绍国．管道运输工程[M]．北京：机械工业出版社，1998.
[21] 严铭卿．天然气输配工程[M]．北京：中国建筑工业出版社，2002.
[22] 钱仲侯．高速铁路概论(第三版)[M]．北京：中国铁道出版社，2006.
[23] 铁道第四勘察设计院.新建时速 300～350 公里客运专线铁路设计暂行规定[M]．北京：中国铁道出版社，2007.
[24] 韩宝明，李学伟．高速铁路概论[M]．北京：北京交通大学出版社，2008.
[25] 彭其渊，闫海峰，文超．高速铁路运输组织基础[M]．成都：西南交通大学出版社，2009.
[26] 何华武．创新的中国高速铁路技术(上)[J]．中国工程科学，2007，9(10)：4-18.
[27] 何华武．创新的中国高速铁路技术(下)[J]．中国工程科学，2007，9(10)：4-18.